Sección de Obras de Historia

PATRIOTAS, COSMOPOLITAS
Y NACIONALISTAS

LILIA ANA BERTONI

PATRIOTAS, COSMOPOLITAS Y NACIONALISTAS

La construcción de la nacionalidad
argentina a fines del siglo XIX

FONDO DE CULTURA ECONÓMICA

MÉXICO - ARGENTINA - BRASIL - COLOMBIA - CHILE - ESPAÑA
ESTADOS UNIDOS DE AMÉRICA - PERÚ - VENEZUELA

Primera edición, 2001

En tapa: dibujo de M. Lenz para *El Sudamericano*, 1890.

D.R. © 2001, FONDO DE CULTURA ECONÓMICA DE ARGENTINA, S. A.
        El Salvador 5665; 1414 Buenos Aires, Argentina
        e-mail: fondo@fce.com.ar
        Av. Picacho Ajusco 227; 14200 México D. F.

ISBN: 950-557-404-5

IMPRESO EN ARGENTINA - *PRINTED IN ARGENTINA*
Hecho el depósito que previene la ley 11.723

A LILIA SARA MARENGO
y JUAN BAUTISTA BERTONI

Introducción

ESTE LIBRO se ocupa de la construcción de la nacionalidad en la sociedad argentina a fines del siglo XIX. En aquellas dos últimas décadas se perfiló con nitidez un amplio movimiento que evidenció preocupaciones nacionales y aun nacionalistas de índole política e ideológica. Estas preocupaciones se manifestaron en diversas actividades culturales y políticas de asociaciones e instituciones que ocupaban el centro de las escena pública, en movimientos de opinión, en la acción de grupos informales y también en las campañas de un amplio movimiento patriótico, que abarcaron actos patrios y manifestaciones públicas, además de una vasta producción historiográfica, la edición de libros y revistas especializadas y la realización de homenajes y monumentos a los próceres.

La preocupación por la formación de la nacionalidad está inserta en un proceso de largo aliento; crece con el movimiento romántico de 1830 y se mezcla luego con la construcción del Estado nacional. En este libro sólo se estudia este proceso en el período que va de 1880 hasta el fin del siglo. Dos factores jugaron en esos años para acelerar el ritmo del proceso de construcción de la nacionalidad: la afluencia de la inmigración masiva, que transformó completamente la sociedad argentina en un momento de fuerte expansión económica, y el inicio de una nueva etapa de construcción de las naciones y las nacionalidades en Europa, en un clima de expansión colonial imperialista. En estas circunstancias, los problemas se volvieron más graves y la necesidad de respuestas más urgente. Para los grupos dirigentes, la solución a aquellas cuestiones pareció encontrarse en la afirmación de la nación y en la formación de una nacionalidad propia.

Estos problemas están prácticamente ausentes en la mayoría de los trabajos referidos al período. La aparición de una preocupación por la nacionalidad ha sido generalmente relacionada con la constitución de grupos políticos nacionalistas, y también con el despliegue de una reacción a la inmigración masiva. Se ha señalado la emergencia del interés por la nacionalidad hacia 1910,[1] pero en general se

---

[1] Véanse: José Luis Romero, *El desarrollo de las ideas en la sociedad argentina del siglo XX*, Buenos Aires, FCE, 1956; Adolfo Prieto, *El discurso criollista en la formación de la Argentina moderna*, Buenos Aires, Sudamericana, 1988; Carlos Altamirano y Beatriz Sarlo, "La Argentina del Centenario: campo intelectual, vida literaria y temas ideológicos", en *Ensayos argentinos. De Sar-*

sostiene que el nacionalismo se define en la década de 1920, cuando se constituyen los grupos políticos que se denominan a sí mismos nacionalistas,[2] aunque algunos autores reconocen la emergencia de un primer nacionalismo en 1910.[3] Por
contraste, suele considerarse que la época anterior –el largo período de expansión
entre 1880 y 1910– está despojada de un auténtico interés por lo nacional y do-
minada por la "mirada hacia afuera".

Por otra parte, en la historiografía argentina se ha planteado recurrentemente,
de manera explícita o subyacente en el tratamiento de temas diversos, la estrecha
relación que en las primeras décadas del siglo XX existió entre la inmigración masiva y la nacionalidad. Más allá de sus diferencias, estos planteos han coincidido
en subrayar una misma cuestión: la aceptación o el rechazo de los inmigrantes
por parte de la sociedad local. Del predominio asignado a una u otra actitud se
concluyen dos caracterizaciones globales y opuestas de la sociedad argentina: una
la quiere abierta, tolerante e integradora; la otra, cerrada y que rechaza. Ambas
pueden aducir testimonios diversos y convincentes. Desde una de esas perspectivas, la idea de una reacción de la población nativa a la afluencia de inmigrantes, y
la conflictiva convivencia entre ambos grupos, sirven para explicar el interés de
una parte de la sociedad por lo nacional y las posturas nacionalistas; sus evidencias se encuentran en diversos testimonios de actitudes xenófobas: prejuicios frente a lo distinto, desvalorización de los inmigrantes, discriminación hacia ciertos

---

miento a la vanguardia, Buenos Aires, CEAL, 1983 y Oscar Terán, *Positivismo y nación en la Argentina,* Buenos Aires, Puntosur, 1987.

[2] Existen varios estudios clásicos sobre el tema. Julio Irazusta (*El pensamiento político nacionalista,* Buenos Aires, Obligado, 1975) entiende el nacionalismo como un ideario sistemático,
vinculado a la aparición de grupos político ideológicos organizados. Federico Ibarguren (*Orígenes del nacionalismo argentino,* Buenos Aires, Celsius, 1969) concibe a los nacionalistas como
grupos políticos organizados con lealtades y enemigos comunes. Enrique Zuleta Álvarez (*El nacionalismo argentino,* Buenos Aires, La Bastilla, 1975) los considera como nacionalistas no sólo
por su postura ideológica sino también por sus actitudes políticas sistemáticas. Marysa Navarro
Gerassi (*Los nacionalistas,* Buenos Aires, Jorge Álvarez, 1968) entiende que son grupos políticos
con grandes diferencias de ubicación en el espectro político nacional y que no comparten un
mismo encuadramiento ideológico. María Inés Barbero y Fernando Devoto (*Los nacionalistas
(1910-1932),* Buenos Aires, CEAL, 1983) incorporan a su estudio la consideración de Cárdenas
y Payá de un primer nacionalismo hacia 1910 si bien consideran como nacionalistas –y a ellos
dedican lo fundamental de su estudio– a los grupos políticos constituidos, que se definen y son
definidos como nacionalistas. Diana Quattrocchi-Woisson (*Los males de la memoria. Historia y
política en la Argentina,* Buenos Aires, Emecé, 1995) también asume una caracterización semejante y un similar momento de origen.

[3] Carlos Payá, Eduardo Cárdenas, *El primer nacionalismo argentino en Manuel Gálvez y Ricardo Rojas,* Buenos Aires, Peña Lillo, 1978; Eduardo Cárdenas, Carlos Payá, *Emilio Becher
(1882-1921) De una Argentina confiada hacia un país crítico,* Buenos Aires, Peña Lillo, 1979.

grupos inmigratorios, y finalmente rechazo. Esta explicación, centrada en la idea de reacción, resulta insuficiente para el problema en su conjunto, pero tiene una virtud: subraya la existencia de conflictos, a menudo desdeñados por quienes proponen una imagen armoniosa de la sociedad.

Desde la otra perspectiva, basada en las múltiples evidencias de un proceso de integración casi espontáneo, de una fácil convivencia entre nativos e inmigrantes y de la aceptación local de otros usos y costumbres, las reacciones negativas o de rechazo de la sociedad serían casos excepcionales o aislados. Quienes así piensan no desvinculan la preocupación por lo nacional de una reacción ante la afluencia inmigratoria, pero la reducen a una postura aristocratizante de grupos reducidos de la elite. Entre ellos se habría gestado hacia el Centenario un espíritu nacionalista, síntesis de actitudes de rechazo a lo extranjero y a los inquietantes sectores populares en crecimiento, que finalmente se impondrían al conjunto de la sociedad a través de la política oficial. La concepción y difusión de esta postura es frecuentemente atribuida a algunos escritores, que son a la vez personajes expectables de la sociedad, como Manuel Gálvez o José María Ramos Mejía. Aunque ambas interpretaciones parecen ser contradictorias, corresponden a fenómenos y procesos que efectivamente se gestaron en la sociedad de la inmigración masiva. Cada una de ellas mira distintos sectores de la sociedad y explica procesos parciales.[4]

Esta forma de plantear la relación entre la inmigración y la preocupación por lo nacional, la construcción de la nacionalidad y la emergencia de nacionalismos, ha dejado de lado, quizá por considerarlo obvio, un aspecto que en su momento revistió una importancia decisiva. A fines del siglo pasado, cuando recibía los contingentes inmigratorios más numerosos, la Argentina se encontraba en medio de un proceso inconcluso de formación de la nación, entendido también en el sentido de constitución de una sociedad nacional. Tan importante como ese proceso es que ocurriera simultáneamente con el de formación de las naciones europeas –de donde provenían aquellos contingentes– y con la discusión de los criterios internacionales con los que se consideraba la existencia de las naciones. En la Argentina la formación de la sociedad nacional estuvo condicionada al mismo tiempo por ambos procesos: el que gestaba la sociedad local y el que vivían los otros países, en referencia a los cuales se moldeaba el futuro rumbo del proceso interno.

---

[4] Dentro de un amplio arco de variantes individuales, la primera postura aparece paradigmáticamente en Carl Solberg, *Immigration and Nationalism. Argentina and Chile 1890-1914*, Austin and London, Institute of Latin American Studies, University of Texas Press, 1970. El más clásico ejemplo de la segunda se formula en Gino Germani, *Política y sociedad en una época de transición*, Buenos Aires, Paidós, 1968. El libro de Carlos Escudé, *El fracaso argentino. Educación e ideología*, Buenos Aires, Tesis, 1990, plantea en forma extrema la interpretación de la reacción de la elite en el Centenario.

Estos factores, que intervienen también en los casos de otros países receptores de inmigración, tienen sin embargo rasgos singulares en la Argentina, donde el peso de los extranjeros –en relación con la sociedad receptora, relativamente pequeña, y a su organización estatal reciente y débil– resultó un condicionante decisivo. En otras palabras, es preciso recordar que en la Argentina los inmigrantes no sólo eran mano de obra vital para una economía en expansión, extranjeros que debían incorporarse a una sociedad con diferentes grados de integración y conflicto, potenciales ciudadanos de un sistema político en gestación e integrantes de una nación que estaba formándose, sino que además, y al mismo tiempo, eran miembros de otras naciones distintas, también en formación, y por esto mismo requeridos por Estados nacionales extremadamente celosos de su población. Resulta fundamental mirar a los hombres que vivieron esta etapa como actores de diferentes procesos y como protagonistas simultáneos de por lo menos dos historias.

El uso del término nacionalidad remite a la riqueza polisémica que tuvo en el siglo pasado; muchas veces fue equivalente de nación y también significó el conjunto de atributos en los que un pueblo basaba su aspiración a ser una nación, cuando aún no poseía un Estado. Es posible entonces usarlo en los sentidos antes mencionados, con la ventaja de conservar algunos otros sentidos anexos, utilizados también en el pasado para aludir a una zona ambigua de la realidad, de amplitud fluctuante, entre el individuo-ciudadano y la nación-Estado, recorrida por diversas formas de relación que iban desde una vaga idea de pertenencia hasta el más cerrado patriotismo, desde los lazos formales hasta los sentimientos y los ideales.

Para estudiar la construcción de la nacionalidad, se examinó el amplio espacio de la realidad histórica que se constituye entre el Estado, la política y la vida de la gente en sociedad, así como los sentimientos de pertenencia y patriotismo, entre los que cobra forma la nacionalidad. La cuestión se ubica en un espacio relacionado con la constitución de la nación-Estado en términos institucionales y jurídicos y su adquisición de un *status* de nación soberana frente a otras naciones, además de la formación de una sociedad nacional, es decir el establecimiento de vínculos de relación entre los individuos-habitantes y el Estado nacional. Estos vínculos se expresaron de manera formal –distintos tipos de leyes, como la de ciudadanía–, pero también se definieron a partir de otro tipo de relaciones: tradiciones culturales, emociones, deseos, aspiraciones y sentimientos. Entre unos y otros juegan las políticas y las ideologías de los Estados, las acciones de los individuos, los grupos y las instituciones, un conjunto de prácticas que cuentan con consenso o bien dan lugar a debates abiertos, pero que –vistas en su desenvolvimiento a lo largo de esta etapa– son reveladoras de un movimiento general, un proceso mayor en el que se perfila la construcción de la nacionalidad.

Para reconstruir ese complejo proceso fue preciso atender a los cambios de la sociedad, a los procesos culturales, a las ideas dominantes, a las acciones de los individuos, los grupos y las instituciones. Se prestó atención a los discursos elaborados, publicados en libros, fruto de la reflexión tranquila, a los discursos más espontáneos que suscitan los acontecimientos cotidianos, a las argumentaciones menos meditadas, nacidas al calor de los debates y estimuladas por algunos problemas urgentes. En los momentos de discusión hay un despliegue de argumentos a los que los protagonistas recurren, presionados por la necesidad de fundamentar una postura en el debate: se exigen definiciones, las opiniones se extreman y los matices se diluyen. Cuando el tema divide aguas, se ponen de manifiesto las diferencias más profundas que separan a los grupos. Así, en el vasto movimiento patriótico en el que participaron los grupos dirigentes junto a otros sectores más amplios, es posible advertir, más allá de ciertos propósitos comunes, las diferencias políticas e ideológicas que gradualmente los fueron separando, las tensiones que recorren la tarea de construcción de la nacionalidad y las diferentes ideas de lo que debía ser una nación. De estos debates nacieron las distintas denominaciones de sus protagonistas: patriotas, cosmopolitas y nacionalistas, con las que se definían o eran denominados. Aquellos patriotas que siguieron sosteniendo un patriotismo inclusivo, con valores compatibles con la pertenencia a un orden universal, fueron calificados de cosmopolitas por otros patriotas, que asumieron la defensa de la singularidad cultural y la raza nacional y se consideraron a sí mismos los únicos nacionalistas.

Este libro es producto de una tesis doctoral, presentada en la Facultad de Filosofía y Letras de la Universidad de Buenos Aires en junio de 1998. Marcela Ginestet, Viviana Mesaros, Vilma Bada y Bárbara Raiter colaboraron en distintas etapas de la investigación, que desarrollé en el Instituto de Historia Argentina y Americana "Doctor Emilio Ravignani", de la misma Facultad y en el Centro de Estudios Sociohistóricos de la Facultad de Humanidades de la Universidad de La Plata. Recibí apoyo de la Universidad de Buenos Aires, a través del Programa UBACYT, y del CONICET, a través de sus Proyectos de Investigación. Avances del trabajo fueron presentados en distintas jornadas y encuentros, y publicados en revistas especializadas. En esas ocasiones, las opiniones de comentaristas, árbitros y colegas fueron de gran utilidad. Ema Cibotti, Rubén Cucuzza y Diana Epstein me permitieron acceder a diversos archivos. José Carlos Chiaramonte dirigió la tesis doctoral. Natalio Botana, Ezequiel Gallo y Oscar Terán, miembros del jurado, realizaron comentarios que consideré al preparar la versión final. Agradezco a todos ellos, y muy especialmente a los colegas y alumnos de la Universidad de Buenos Aires, en cuyo estimulante clima intelectual pude llevar adelante este trabajo.

Primera parte
La nacionalidad en marcha

I. Los años ochenta:
una nacionalidad cuestionada

En 1887, el diputado Estanislao Zeballos afirmaba en el Congreso:

> La cuestión de la inmigración es el interés más grave que tiene la República Argentina en estos momentos; el Congreso debe ser previsor adoptando todas las medidas prudentes para realizar estos dos grandes propósitos: atraer hacia nuestra patria a todos los habitantes del mundo que quieran vivir en ella e inculcar en el corazón de los extranjeros el sentimiento de nuestra nacionalidad.[1]

Zeballos resumía las inquietudes del momento. Una de ellas era la cantidad creciente de inmigrantes que estaban llegando al país. "Cuando se ven llegar millares de hombres al día, todos sienten el malestar de la situación, como una amenaza de sofocación, como si hubiera de faltar el aire y el espacio para tanta muchedumbre", había escrito Sarmiento expresando una preocupación generalizada sobre las consecuencias de tal aluvión para una sociedad relativamente pequeña y una nación aún en formación.[2] A la inquietud se agregaba un temor: según algunos políticos italianos, que buscaban justificaciones para la expansión colonialista, la jurisdicción metropolitana debía extenderse allí donde había colonias de connacionales, y donde consecuentemente se prolongaba la nacionalidad italiana, como ocurría con el Río de la Plata; en ese caso la anexión sería simplemente la consagración de un derecho natural. La convalidación de tal pretensión podía encontrarse en la categórica afirmación de uno de los teóricos de la nacionalidad italiana, Pasquale Stanislao Mancini: "¿Cuál es el límite racional de derecho de cada nacionalidad? Las otras nacionalidades".[3]

Ya fuera por el fantasma de una sociedad en disgregación, o por la posibilidad, tanto o más amenazante, de que la soberanía nacional fuera cuestionada, en

---

[1] Congreso Nacional, Cámara de Diputados, *Diario de Sesiones*, 21 de octubre de 1887.

[2] D. F. Sarmiento, *El Diario*, 10 de setiembre de 1887, reproducidas en *Condición del extranjero en América, Obras Completas*, tomo XXXVI, Buenos Aires, Luz del Día, 1944, pp. 206, 207.

[3] Pasquale Stanislao Mancini, "De la nacionalidad como fundamento del derecho de gentes" en *Sobre la nacionalidad*, Madrid, Tecnos, 1985, p. 57.

la década de 1880 la nacionalidad se ubicó en el centro de las preocupaciones de los grupos dirigentes. No era un tema completamente nuevo, pues el interés por la nacionalidad puede encontrarse mucho antes, con el romanticismo; sin embargo en la Argentina no fue un factor demasiado significativo en la construcción de la nación.[4] Según se entendía por entonces, nación y Estado eran equivalentes; construir la nación supuso prioritariamente lograr, a través de un dificultoso proceso, los acuerdos políticos mínimos, la imposición del orden, el armado institucional, jurídico y administrativo; también, dotarla de un punto de partida legítimo y de una historia. Hacia 1880, con un dominio más pleno del territorio nacional y con la federalización de Buenos Aires, el Estado nacional surgió como el exitoso resultado del proceso previo.[5] Pero en ese momento triunfal, la sociedad pareció entrar en un proceso de disolución: ante los angustiados ojos de muchos contemporáneos, la sociedad nacional y la nacionalidad –entendida como la manifestación de la singularidad cultural de un pueblo– parecían entrar en disgregación. Entonces, la cuestión de la nacionalidad cobró una importancia diferente. En los años previos, particularmente en la década de 1870, aparecieron indicios de preocupación por la nacionalidad –ya en la definición de los problemas, ya en las ideas–, pero en la década de 1880 esta cuestión adquirió una complejidad y una urgencia completamente nuevas. Los factores mencionados confluyeron para acelerar su despliegue: el ritmo que asumió la afluencia de la inmigración masiva y el clima de aguda competencia imperialista entre las naciones europeas. En estas circunstancias los viejos problemas se tornaron graves y la necesidad de respuestas fue urgente. La solución se encontró en lo que sin duda era un imperativo del momento: la afirmación de la nación y la formación de una nacionalidad propia.

Una realidad problemática

La inmigración era una realidad antigua, pero en los años ochenta adquirió características tales que generó un novedoso y contradictorio clima de sentimientos. La imagen positiva del inmigrante, y la entusiasta confianza en las posibilidades del fu-

[4] Hacia 1810, en la aún vigente tradición del Derecho Natural y de Gentes, se consideraban como sinónimos Estado y nación, asociados a "la circunstancia de compartir un mismo conjunto de leyes, un mismo territorio y un mismo gobierno", mientras que la nacionalidad sólo aparece más tarde, con el romanticismo. Véase J. C. Chiaramonte, "La formación de los Estados nacionales en Iberoamérica", *Boletín del Instituto de Historia Argentina y Americana "Dr. E. Ravignani"*, tercera serie, núm. 15, 1997.

[5] Véase Tulio Halperin Donghi, *Proyecto y construcción de una nación (Argentina 1846-1880)*, Caracas, Biblioteca Ayacucho, 1980; Oscar Oszlak, *La formación del Estado argentino*, Buenos Aires, Editorial de Belgrano, 1985.

turo económico argentino que despertaba su presencia, se combinaron al final de la década con algo de inquietud y temor por los rasgos de la nueva sociedad aluvional.

En los primeros años de la década de 1880 los inmigrantes que ingresaban anualmente rondaban los 50 mil –cifra ya significativa–, pero desde 1885 el número creció sostenidamente, saltando a casi 300 mil en 1889; además, al enorme flujo se agregó la disminución de los regresos.[6] "Gigantescas son las proporciones que han alcanzado las cifras de la inmigración en el año que termina", afirmó *La Prensa* a comienzos de 1888, vinculando esa afluencia masiva con las cosas más diversas, como aquel cólera que asoló al país en 1887, y cuya "influencia fue más intensa y formidable sobre la inmigración que afluía, al parecer, adrede, en corrientes continuas y cifras verdaderamente enormes produciendo y aumentando los conflictos de la situación". Dato significativo: la relación que se estableció con el "flagelo" fue aceptada sin más examen, por lo que "la prevención contra el inmigrante se apoderó de todas las poblaciones con excepción de las de esta Capital y de la provincia de Santa Fe".[7]

Desde mediados de la década, el gobierno había iniciado una agresiva campaña de captación de inmigrantes en Europa, reemplazando su tradicional política de fomento de la inmigración espontánea –básicamente ofrecer garantías y amplias libertades a quienes libremente quisieran inmigrar– por otra de fuerte estímulo, a través de medidas "artificiales" como el subsidio estatal de los pasajes a los inmigrantes. Se organizó un complejo plan de fomento: el Departamento de Inmigración fue trasladado al área de Relaciones Exteriores y se creó una red de oficinas de Información y Propaganda en Europa. Ésta tenía una sede en París y oficinas en Londres, Basilea, Berlín, Bruselas y otras ciudades europeas, que se encargaron de alentar la emigración, informando y distribuyendo pasajes que el gobierno argentino subsidiaba.[8] La magnitud de los recursos empleados muestra la importancia que el gobierno de Juárez Celman asignaba al plan de fomento de la inmigración,

---

[6] A partir de 1880 los ingresos de inmigrantes aumentan notoriamente: hasta 1885 no superan los 50 mil; en 1886 son 114.480; en 1887, 137.427; en 1888, 177.267; en 1889, 289.014. También aumentan los que se quedan: en 1881 el saldo positivo fue de 13.469 personas; en 1886, 67.126; en 1887, 80.440; en 1888, 114.430 y en 1889, 185.119. Véase H. Ciapuscio, E. Rissech y J. Villar, "Entrada, salida y saldos de extranjeros, 1875-1973", en Dirección Nacional de Recursos Humanos, *Inmigración en la Argentina. Política y corrientes, 1876-1976.* Buenos Aires, mimeo, 1974.

[7] *La Prensa*, 1º de enero de 1888.

[8] En noviembre de 1886 la Comisión General de Inmigración y la Oficina de Tierras y Colonias pasaron al área del Ministerio de Relaciones Exteriores; el 1º de enero de 1887 se crearon las Oficinas de Información y Propaganda; el 3 de noviembre de 1887 se establecieron los pasajes subsidiados (Ley 2201) y se creó la Comisión Central de Inmigración (Ley 2252); el 19 de setiembre de 1889 se otorgaron por decreto 500 mil pasajes subsidiados a estancieros, industria-

decisivo para afianzar la expansión económica.[9] El plan se articulaba con la captación de capitales europeos; las oficinas de Información y Propaganda debían servir para la venta de las tierras públicas en Europa y para canalizar nuevos capitales, mientras las exposiciones de productos argentinos, como la de 1888, preparada por la Unión Industrial y la Sociedad Rural, procuraban consolidar la imagen de un país pujante y próspero.

El gobierno de Juárez Celman buscó a través de una política activa acelerar y profundizar la expansión que la Argentina vivía desde el inicio de la década por las favorables condiciones de la economía mundial: una sostenida demanda para sus productos exportables y una intensa afluencia de capitales y de mano de obra. El presidente, rodeado de un grupo agresivo y emprendedor, utilizó los resortes del Estado para aprovechar al máximo las posibilidades de la coyuntura y promover y orientar el crecimiento económico.[10] Sin embargo, los recursos fiscales eran aún modestos; el aparato administrativo, todavía precario, se formaba con dificultad, por la escasez de recursos y por la carencia de personal idóneo para sus nuevas funciones, ya fueran contadores o maestros. Con estas ventajas y carencias, Juárez Celman dedicó los recursos del Estado a estimular las actividades privadas y garantizar sus beneficios, y también a realizar aquellas obras que no interesaban a los empresarios o que no podían quedar libradas a un funcionamiento espontáneo.[11] Así, mientras se dejaban en manos privadas los ferrocarriles o la colonización agrícola, que eran rentables, se generó una agresiva política bancaria,

---

les y otros empresarios, con el fundamento de la necesidad de mano de obra; el 21 de setiembre de 1889 se dispuso la venta de tierras públicas en Europa (Ley 2.641) y el 12 de octubre de 1889 se las estableció como fondo de los Bancos Garantidos. Finalmente, luego de la Revolución del 90, el 23 de junio de 1891, la Ley 2.783 derogó la Ley de venta de tierras públicas. Donald S. Castro, *The Development of Argentine Inmigration Policy, 1852-1914*, Ph. D. Thesis, UCLA, 1970, pp. 136-141 y 168-172.

[9] En 1881 se habían destinado alrededor de 190 mil pesos m/n; en 1887 el presupuesto creció a 300 mil y en 1889 a 8.750.000. Gran parte de esta suma –unos 5.300.000 pesos m/n– se dedicó al plan de los pasajes subsidiados con el cual se trasladaron 152.537 inmigrantes durante 1888, 1889 y 1890. Véase Juan Alsina, *La inmigración europea*, Buenos Aires, 1898, p. 127.

[10] Véanse Ezequiel Gallo y Roberto Cortés Conde, *La república conservadora*, Buenos Aires, Paidós, 1972; Tim Duncan, "La política fiscal durante el gobierno de Juárez Celman, 1886-1890. Una audaz estrategia financiera internacional", en *Desarrollo Económico*, vol. 23, núm. 89, abril-junio 1983, pp. 11 a 34; y *Government by Audacity, Politics and the Argentine Economy, 1885-1892*, Ph. D. Thesis, Melbourne, 1981.

[11] Esta reorientación fue anunciada por Juárez Celman en su mensaje al Congreso del 4 de mayo de 1887: "La acción del gobierno es indispensable como inicial allí donde ningún interés particular puede llevar a cabo ciertas obras de magnitud, pero esa necesidad se hace discutible desde que aparecen intereses opuestos". Citado por Agustín Rivera Astengo, *Juárez Celman, 1844-1909*, Buenos Aires, Kraft, 1944, pp. 462-463.

se lanzó una arriesgada campaña financiera internacional y se llevó adelante un ambicioso –aunque no el más sensato, en la opinión de muchos contemporáneos– plan de fomento de la inmigración.

Esta apuesta al crecimiento desencadenó importantes consecuencias. Es sabido que el gobierno de Juárez Celman intentó cabalgar por sobre la ola especulativa que, sin embargo, terminó por hundirlo. Un problema menos espectacular, pero a la larga más complejo, fue el rápido crecimiento de la población extranjera y las encontradas opiniones que esto suscitó. El cambio de la antigua imagen positiva de la inmigración a otra más matizada, e incluso crítica, que se observa en muchos testimonios, se relacionó con la aparición de una sensación de inundación, hasta entonces desconocida. Conjuntos enormes de extranjeros se agregaban a la población del país, presumiblemente en forma permanente, y no se advertían señales de su progresiva integración. La extranjeridad aparecía como un brote fuerte y pujante en la sociedad argentina. "Dentro de poco nos veremos convertidos como Montevideo en una ciudad sin rasgos", sostenía Estanislao Zeballos; "nosotros vamos a ser el centro obligado a donde convergerán quinientos mil viajeros anualmente; nos hallaremos un día transformados en una Nación que no tendrá lengua, ni tradiciones, ni carácter, ni bandera".[12]

Lo que asustaba más era el cálculo prospectivo: "a los Estados Unidos ya han llegado doce millones por lo menos, y en pocos años habrán llegado a nuestro país mayor número que los que originalmente lo pueblan, y los ya arribados",[13] calculaba muy preocupado Sarmiento en noviembre de 1887; pocos meses después insistía: "podría llegarse a medio millón al año y a un millón, pues nada tienen estas cifras de imaginarias, con lo que tendríamos antes del año 1900 –faltan doce años– diez millones de habitantes, de ellos seis millones que no son ciudadanos."[14]

Por otra parte, era evidente que estaban llegando "otros" inmigrantes, provenientes de zonas más atrasadas. Cuando las expectativas se dirigían a estimular la inmigración de Europa del Norte, la composición del conjunto variaba en otro sentido, acentuando aún más la proporción de italianos y de españoles, con predominio de los sectores más modestos. Pero además comenzaron a llegar nuevos grupos, como los judíos provenientes de Rusia y los árabes del Imperio Turco.[15] Si bien numéricamente reducidos, resultaron notables. Por su novedad y por el exotis-

---

[12] Congreso Nacional, Cámara de Diputados, *Diario de Sesiones*, octubre de 1887.

[13] *El Diario*, 16 de noviembre de 1887.

[14] Ibíd., enero de 1888, reproducido en *Condición del extranjero...*, ob. cit., p. 286. Tanto Sarmiento como Zeballos calculaban para los siguientes años medio millón de inmigrantes anuales, cantidad que sólo se alcanzó en 1912 y 1913, antes del corte que produjo la Primera Guerra Mundial, y luego, en algunos años de la segunda posguerra.

[15] Véase Haim Avni, *Argentina y la historia de la inmigración judía, 1810-1950*. Buenos Aires, Magnes Press AMIA, 1983, p. 124.

mo de su aspecto oriental, que acentuaba la creciente sensación de cosmopolitismo, parecían colocarse en el límite de lo admisible para la sociedad argentina.

En el debate público emergieron críticas enérgicas y las primeras argumentaciones sobre el rechazo de los inmigrantes. En 1889, en el momento en que se recomendaba rechazar a los judíos rusos arribados en el "Welser", se hicieron súbitamente visibles en Buenos Aires los árabes provenientes de Turquía. Sus vestimentas y su extraño idioma, exhibidos en la venta callejera –actividad predominante entre los recién llegados–, los singularizaban, aun en esa ciudad de extranjeros. Los diarios alertaron sobre la dudosa calidad de los recién llegados, cuya afluencia se atribuía a la "inmigración artificial" generada por los pasajes subsidiados.[16] En lugar de los laboriosos agricultores que prometía la inmigración espontánea, la nueva política atraía elementos "indeseables": exóticos judíos y turcos, chulos españoles, gitanos del Mediterráneo, malvivientes, enfermos, y niños de todos los puertos.[17]

La crítica a la calidad –"hombres sin oficio, malvivientes, haraganes y mendigos"– puso de manifiesto las dudas sobre la posibilidad de incorporar a esos inmigrantes en particular, pero a la vez revelaba la aparición de una desconfianza más general sobre el proceso de integración de los extranjeros en su conjunto. La imagen del inmigrante laborioso y emprendedor, agente decisivo para la transformación de la realidad, se miraba de manera más crítica, era relativizada y adquiría incluso matices negativos.

Un clima de sentimientos encontrados y una imagen ambigua de la inmigración aflora por entonces en distintos sectores de la sociedad. Se manifiesta en la agresividad de algún grupo de clase alta cuando los "señoritos de galera y bastón [...] hacen provisión de piedras y cascotes en la obra de la Casa de Gobierno y de la Estación Central para tirarle a los nápoles".[18] Está presente también en la sensibilidad predispuesta de sectores mucho más amplios, que constituyen el público lector de los duros artículos periodísticos de Sarmiento sobre los "bachichas" en *El Diario* o *El Nacional,* un público con "reservas frente al fenómeno inmigratorio

---

[16] *El Diario* publicó a lo largo de 1889 una serie de artículos contra la inmigración subsidiada y "perjudicial": "Inmigración perjudicial", 6 de mayo de 1889; "Inmigración de vagos", 4 de julio de 1889; "Inmigrantes y mendigos", 8 de julio de 1889; "Socialistas limosneros", 24 de julio de 1889; "El Brasil suprime la inmigración", 21 de agosto de 1889; "Respecto de los mendigos turcos", 4 de setiembre de 1889; "La mendicidad en las calles", 13 de setiembre de 1889; "Buena inmigración", 18 de noviembre de 1889; "La mendicidad en la República", 9 de octubre de 1889 y 18 de noviembre de 1889.

[17] Véase Lilia Ana Bertoni, "De Turquía a Buenos Aires. Una colectividad nueva a fines del siglo XIX", *Estudios Migratorios Latinoamericanos,* año 9, núm. 26, 1994 y Luis Alberto Romero y Lilia Ana Bertoni, "Movimientos migratorios en el Cono Sur, 1810-1930", en: B. Leander (coord.), *Europa, Asia y África en América Latina y el Caribe,* México, Siglo XXI-UNESCO, 1989.

[18] "Apedreadores de trenes", *La Nación,* 23 de noviembre de 1888.

[…] menos sutiles […] [y] capaz de apreciar las imprecaciones, el tono insultante, las alusiones burlonas, los perfiles caricaturescos."[19] También se lo encuentra en "los epítetos, siempre empleados ofensivamente, máxime por la plebe",[20] o en la reiterada protesta de Sarmiento por la indiferencia y aun la negativa de los extranjeros hacia la ciudadanía y la integración a la vida política, "la expresión ideológica más benévola de una creciente toma de distancia frente al fenómeno inmigratorio", expresada "en clave de xenofobia sistemática y radical por Eugenio Cambaceres en su novela *En la sangre*, de 1887".[21]

También inquietan los cambios en una colectividad "vieja" como la italiana, en la que el gran crecimiento se acompañó de notables transformaciones internas. Preocupaba la pérdida de ascendiente interno de la elite tradicional –liberal, republicana y anticlerical–, que además de una sólida posición en los negocios estaba bien relacionada con la sociedad local. Este grupo tuvo una fuerte influencia política y cultural entre los italianos locales, pero en la década del ochenta perdió afinidad con la orientación política del nuevo Estado italiano y además resultó desbordada por la masa de los nuevos inmigrantes, con los que tuvo cada vez menor coincidencia ideológica.[22] En la colectividad local le disputaron el liderazgo otros grupos más cercanos al gobierno italiano, algunos decididamente monárquicos, vinculados a la nueva red consular, y también intelectuales que apoyaban la nueva y ambiciosa política exterior del Estado italiano. Desde entonces se acentuaron los enfrentamientos entre quienes competían por la dirigencia de sus connacionales, y algunos se convirtieron en propagandistas de la política exterior italiana desde las asociaciones y los diarios. Su prédica –advertían celosos observadores como Sarmiento y Estanislao Zeballos– apuntaba a la creación de un enclave cultural de italianidad en el Río de la Plata, cuyas consecuencias serían peligrosas en un país que acentuaba día a día sus rasgos cosmopolitas.

Para quienes escrutaban el futuro, la disgregación de la sociedad era una posibilidad, porque el cosmopolitismo y la extranjerización cabalgaban sobre la rápida transformación social creada por la expansión económica. Las nuevas posibilidades de ascenso, e incluso de súbitos y espectaculares encumbramientos, descolocaron a los

---

[19] Tulio Halperin Donghi, "¿Para qué la inmigración? Ideología y política inmigratoria en la Argentina (1810-1914)", en: *El espejo de la historia. Problemas argentinos y perspectivas latinoamericanas*, Buenos Aires, Sudamericana, 1987, p. 217.

[20] B. Bossi, *Veritá e Giustizia. Le scuole italianne in America*, Génova, Tip. dal Commercio di Genova, 1888, p. 8.

[21] Tulio Halperin Donghi, "La integración de los inmigrantes italianos en Argentina. Un comentario", en: F. Devoto y G. Rosoli, *La inmigración italiana en la Argentina*, Buenos Aires, Biblos, 1985.

[22] Véase Grazia Dore, *La democrazia italiana e l'emigrazione in America*, Brescia, Morcelliana, 1964.

antiguos troncos patricios, perturbando el viejo orden social. Inclusive, algunos de los extranjeros o nativos que ascendieron más rápidamente eran de origen oscuro: nuevos ricos vinculados a empresas e inversores extranjeros, cuyo ascenso perecía ilegítimo. Las tensiones se tradujeron en prevención ante el éxito, en acusaciones sobre materialismo descarnado y falta de ideales, en alarma frente a los extranjeros.

La prosperidad misma parecía relajar todas las diferencias sociales hasta convertirse en factor de disgregación. Para explicar este cambio, Lucio V. Mansilla decía, con asombro y fastidio:

> Pero es que ahora todos quieren ser *señores*. Mi madre, que pertenecía a una familia de butibamba y butibarren se casó con unas enaguas que están ahí en una caja y con un abanico que yo tendría vergüenza de regalar a mi cocinera […] y así sucede que hoy todos quieren ser iguales […] *iguales*; y cuando alguno pasa en coche, hay quien dice: ¿a dónde irá ese ladrón?[23]

Los patrones referenciales de la vieja sociedad patricia se desarmaban; nuevos sujetos ocupaban viejos lugares mientras se opacaban los grupos tradicionales, inmersos en conjuntos más vastos y más prósperos. ¿Quién era quién en la sociedad argentina? Y aun: ¿qué era la sociedad argentina? El fuerte componente extranjero hacía suponer el deslizamiento inevitable hacia una disgregación, vivida también en términos de pérdida de identidad cultural y nacionalidad.

Una *"più grande Italia al Plata"*

Estos problemas se complicaron con los derivados de la orientación de la política exterior de las naciones europeas, y de Italia en particular; según temían algunos podía llegar a amenazar el reconocimiento internacional de la Argentina como Estado independiente y plenamente soberano. También había dudas sobre la repercusión de los proyectos expansionistas sobre los residentes extranjeros.

Este problema fue denunciado tempranamente por Sarmiento, preocupado por el tono de las deliberaciones en el Congreso Pedagógico Italiano que sesionó en Buenos Aires en 1881, y por el eco que estas discusiones tuvieron en diarios como *La Patria Italiana* y *L'Operaio Italiano*. En una serie de artículos confesó su asombro por la pretensión de que las escuelas italianas en el Río de la Plata fueran un instrumento de formación de la nacionalidad italiana.[24] Expresó a la vez su

---

[23] Intervención de Lucio Mansilla en la sesión del 7 de julio de 1891, Congreso Nacional, Cámara de Diputados, *Diario de Sesiones*, p. 315. Subrayado en el original.

[24] Véanse los siguientes artículos de Sarmiento aparecidos en *El Nacional* en enero de 1881: "Las colonias sin Patria", el 10; "Las escuelas italianas. Su inutilidad", el 13; "Las escuelas italia-

preocupación por la relación de esas aspiraciones con una idea que iba ganando fuerza en Europa, según la cual los grupos de connacionales residentes en el extranjero formaban "colonias", a partir de las cuales era posible organizar reclamos y fundar derechos de autonomía.

La idea de otra Italia fuera de Italia, en el Río de la Plata, se basaba en la existencia de una colectividad numerosa y económicamente poderosa, que conservaba su fuerza cultural y era capaz de influir sobre el elemento local y hasta predominar en él.[25] El mantenimiento de la cultura italiana en el Plata, especialmente de la lengua, y la vinculación efectiva de los residentes con la madre patria, se convirtieron en condición de su existencia. Las escuelas italianas adquirían, por lo tanto, una importancia decisiva. Esta concepción, que cobró fuerza desde los años ochenta a medida que creció el impulso expansivo imperialista, se reforzó –a los ojos de algunos grupos dirigentes locales– por el comportamiento de los inmigrantes, indiferentes a la naturalización y a la ciudadanía, y en consecuencia reacios a una integración completa a la vida de su nuevo país.

Estos recelos se alimentaron con el conflicto que estalló en Montevideo en marzo y abril de 1882. Dos italianos, que habían estado detenidos por el gobierno uruguayo, declararon ante la legación italiana haber sufrido torturas. El vicecónsul inició una reclamación diplomática y solicitó el auxilio de la Marina de Guerra de su nación, que respondió de inmediato al llamado, sin haber apelado previamente a la Justicia local: los dos italianos se refugiaron en un barco de guerra, frente al puerto de Montevideo. La situación se agravó por las protestas indignadas de los residentes italianos. El asunto amenazó convertirse en un serio conflicto internacional, que se evitó por la eficaz intervención del barón Cova, plenipotenciario italiano ante el gobierno argentino, quien ordenó al capitán del barco de guerra abstenerse de actuar. Pese al feliz desenlace, Sarmiento advirtió sobre la trascendencia del problema:

> La mayor parte de nuestros diarios ha aceptado la acción diplomática en el asunto creyendo que estaba comprometida sólo la humanidad [...] No es [...] cuestión de humanidad como pareció a todos al principio, es cuestión de derecho público, de respeto a las formas de todo gobierno, es en fin, causa americana, en cuanto puede reducirse a un acto que puede repetirse en cualquier pequeño Estado sudamericano.[26]

---

nas", el 14; "Emigración de Europa a América", el 18; "Una Italia en América", el 19; "La nostalgia en América", el 24, en: *Condición del extranjero...*, ob. cit.

[25] Véase Grazia Dore, *La democrazia italiana*, ob. cit., cap. "Tra i miti di una 'più grande Italia': la 'più grande Italia' al Plata".

[26] Sarmiento, "Lo que faltaba", en: *El Nacional*, 21 de marzo de 1882, reproducido en: *Condición del extranjero...*, pp. 96 y 97.

Sobre esto advertía también la propia experiencia. En el pasado, los reclamos originados en los derechos de los residentes extranjeros o en el de sus empresas y negocios habían resultado en bloqueos o emplazamientos de las flotas de guerra de los países europeos reclamantes. Sarmiento, muy atento a las recientes intervenciones europeas para garantizar los intereses de sus connacionales –en este caso de Alemania en África–, sostenía: "en un tiempo dado los países colonizados, vendrán a ser de hecho provincias alemanas"; y agregaba: "esto lo han hecho otras veces los ingleses para apoderarse sin título de las islas Falkland, ¿por qué no lo haría la Italia?".[27] Esa política expansionista unía el ejercicio del derecho de la fuerza, propio del auge de la *Realpolitik*, al de la legitimidad otorgada por la nacionalidad. Las anexiones se fundamentaban sosteniendo que los grupos de connacionales emigrados e instalados en cualquier lugar fuera de Europa, siempre que no fuera una nación plenamente reconocida, constituían una nacionalidad con derecho a la autodeterminación; o bien se decía que un territorio poblado por connacionales generaba derechos de anexión para la nación potencia a la que aquéllos pertenecían por origen.

Se trataba, en realidad, de un principio nuevo. Hacia 1830 había comenzado a aparecer en la escena política europea una concepción de nación, afín con la sensibilidad romántica, que era diferente a la consagrada por la Revolución Francesa, y también distinta a la más vieja formulada por el Derecho de Gentes.[28] Entroncaba con la tradición de ideas que a fines del siglo XVIII se constituyó en reacción a los principios de la Ilustración y del liberalismo.[29] En contraposición con el universalismo, se valoró la singularidad cultural de un pueblo. Johann G. Fichte definió la nación como una entidad cultural y propuso a los alemanes, durante la ocupación francesa de Prusia, un programa de educación nacional y exaltación de la cultura alemana cuya singularidad estaba en la lengua, viva y creadora, que penetraba toda la vida del pueblo alemán.[30] Esta concepción se desarrolló en los trabajos de artistas, ensayistas y políticos. El pueblo-nación fue concebido como un ser vivo o espíritu que mantiene constante su esencia a través del tiempo; su-

---

[27] Sarmiento, "Ojo al Cristo que es de Plata", *El Nacional,* 12 de julio de 1882, en ibíd., p. 133.

[28] La Revolución Francesa definió la nueva nación fundamentalmente como un cuerpo político; véase Eric Hobsbawm, *Naciones y nacionalismos desde 1780. Programa, mito, realidad,* Barcelona, Crítica, 1991. Era también la concepción del Derecho de Gentes; un reconocido tratadista, G. Vattel, definía: "Una Nación, un Estado es […] un cuerpo político, una sociedad de hombres unidos juntos para procurar su ventaja y su seguridad por la reunión de fuerzas". Véase *Le Droit de Gens ou Principes de la Loi Naturelle apliqués a la conduite e aux affaires des Nations et des Souverains,* París, Guillaumin et Cie., 1863, p. 109.

[29] Me refiero al movimiento del "*Sturm und Drang*", que se constituye en disputa con los valores de la Ilustración, y a pensadores como Lessing y Herder. Johann G. Herder, *Filosofía de la Historia para la educación de la humanidad,* Buenos Aires, Nova, 1950.

[30] Véase Johann G. Fichte, *Discursos a la nación alemana,* Madrid, Tecnos, 1988.

perior a los individuos e independiente de sus decisiones, se revelaba a través de la lengua, las costumbres y los mitos transmitidos de generación en generación.[31]

Estas ideas tuvieron influencia en pensadores y en divulgadores. La idea de nacionalidad se fue conformando tanto al calor de las adhesiones entusiastas que despertaron la difusión de los ideales revolucionarios y las conquistas napoleónicas como de las reacciones adversas que suscitaron. Tuvo éxito entre quienes aspiraban a "liberar a los pueblos" y a constituir nuevas naciones rechazando el reparto de tierras y pueblos dispuesto por el Congreso de Viena, y así la descripción de nacionalidad se transformó en el sustento de programas políticos. Se difundió por toda Europa de la mano de los movimientos revolucionarios y nacionalistas; cobró importancia en Italia, donde la fragmentación en múltiples Estados bajo dominio extranjero tan distante del modelo de Estado-nación obligaba a quienes buscaban la unidad y la independencia a utilizar una construcción ideológica contundente que operara como principio legitimador.

Con la formulación de Pasquale Stanislao Mancini la nacionalidad se convirtió en una fundamentación para el nuevo Estado italiano. Desde la cátedra de la Universidad de Turín, hacia 1850, formuló la teoría –incorporada con su nombre al Derecho Internacional Privado– según la cual la nacionalidad misma es una persona jurídica. La tradición del Derecho Natural y de Gentes, imperante hasta entonces, reconocía a los Estados esa condición de personas jurídicas. Mancini, por el contrario, afirmó: "En la génesis de los derechos internacionales, la *nación* y no el *Estado*, representa la unidad elemental".[32] La nación –que en esta concepción es equivalente a la nacionalidad y anterior al Estado– era el conjunto de hombres que tenían en común la raza, la lengua, las costumbres, la historia, las tradiciones y que, además, habían logrado una "conciencia de la nacionalidad". Se explicaba como "el sentimiento que ella [la nación] adquiere de sí misma y que la hace capaz de constituirse por dentro y de manifestarse por fuera".[33] Desde

---

[31] Ernest Moritz Arndt, por ejemplo, compuso su poesía patriótica siguiendo estas ideas y Friedrich Jahn organizó de acuerdo a ellas sus grupos gimnásticos nacionales. Otros, en otras lenguas, siguieron sus ejemplos. Véase F. Jahn, *Recherches sur la nationalité, l'esprit des peuples allemands et les institutions en harmonie avec leurs moeurs et leurs caractères*, 1825.

[32] Mancini agregaba: "Quien abra los volúmenes de Grocio y de Vattel encontrará profesada sin duda alguna la opinión contraria; e igualmente pensaron los liberales del siglo XVIII, cuyo evangelio era el *Contrato Social.* Unos y otros coincidían en que, a sus ojos, no las naciones, sino sus gobiernos, eran los sujetos capaces del vínculo jurídico". P. S. Mancini, "De la nacionalidad como fundamento del derecho de gentes", en *Sobre la nacionalidad*, p. 42.

[33] Mancini añadía: Un conjunto agregado de hombres "no formarán nunca una nación sin la unidad moral de un pensamiento común"; "[será] un cuerpo inanimado, pero aún incapaz de funcionar como una *personalidad nacional*"; P. S. Mancini, "De la nacionalidad como fundamento del derecho de gentes", en ibíd., p. 35. El subrayado es original.

este punto de vista, podía entenderse que los grandes conjuntos inmigratorios que se mantenían extranjeros en sus nuevos lugares de residencia, y que conservaban los rasgos culturales que –como la lengua– definían la nacionalidad, constituían parte de la nación de origen.

En la Argentina, parecía confirmar esta idea la abrumadora tendencia de los extranjeros a no naturalizarse; esto permitía a los hijos nacidos en la Argentina conservar la nacionalidad de sus padres, una cuestión sobre la cual la Argentina y varios de los países de emigración aplicaban criterios opuestos.[34] Esos hijos, reclamados como propios por las naciones de origen y educados en otros idiomas, desarrollaban una adhesión a otras patrias y adquirían conciencia de otra nacionalidad, mientras que en el país la propia nacionalidad se diluía cada vez más, a medida que aquéllas cobraban fuerza. Esto le planteaba al país una situación de vulnerabilidad potencial. Por una parte, emergieron temores de fragmentación interna, por la amenazante consolidación de enclaves de otras nacionalidades. Éstos podían usarse para respaldar la intervención de potencias metropolitanas, con el pretexto de defender los derechos de sus connacionales, avasallados por los gobiernos locales; enojosos reclamos de este tipo se repitieron con frecuencia en esos años. Al mismo tiempo, la existencia de otras nacionalidades atentaba contra la unidad cultural propia de una verdadera nacionalidad; se temía que la República Argentina fuera vista como una nación en formación; o, peor aún, como *res nullius* y no como una verdadera nación.

Esta nueva concepción de la nacionalidad, utilizada en una época de expansión colonialista, tenía una consecuencia: en el exterior los extranjeros continuaban siendo sus portadores, la transmitían a sus hijos, y consecuentemente podían ser considerados parte de ella más allá de sus fronteras. Precisamente por entonces comenzaba la etapa más intensa de las migraciones internacionales y de la febril actividad colonialista en todo el mundo. Se desató una inusitada competencia entre las naciones potencias que modificó las pautas de las relaciones entre los Estados.

Hasta mediados del siglo XIX había predominado en el sistema internacional el criterio del equilibrio de poder en el llamado Concierto de las Naciones. Luego de la caída de Napoleón, en el Congreso de Viena se reordenó el mapa de Europa, atendiendo al equilibrio entre las potencias y con indiferencia de los criterios de homogeneidad étnica o cultural, de algún principio de nacionalidad o de autodeterminación de los pueblos. Se retomó la tradición del Derecho de Gentes del siglo XVIII, que en la teoría reconocía derechos semejantes a todos los Estados soberanos más allá de sus dimensiones, y suponía que era posible una coexistencia

---

[34] Muchos países europeos de emigración reconocían el *jus sanguinis* como criterio para determinar la nacionalidad. En cambio, la República Argentina, como otras naciones americanas, había adoptado el *jus solis* para la determinación de la nacionalidad.

armónica entre ellos, en tanto la tensión entre los intereses opuestos impidiera el predominio neto de uno.[35]

Sin embargo, el sistema de Viena no sobrevivió a la ola revolucionaria de 1848 y al estallido de la guerra de Crimea en 1854. En los años siguientes se alteró el equilibrio de poder en Europa y, como resultado de la exitosa *Realpolitik* de Cavour y Bismarck, se crearon dos nuevos Estados, Italia y Alemania. La vieja legitimidad fue perdiendo sentido y la política internacional se basó cada vez más en la fuerza. Si bien las nuevas naciones fueron creadas por los Estados, lograron suscitar un entusiasta apoyo popular, dieron vuelo al principio de la nacionalidad y alentaron los ideales de autodeterminación de los pueblos.

El criterio de la nacionalidad cobró un enorme prestigio: la constitución del nuevo Estado italiano se había respaldado en él y el Estado alemán fundó en ese mismo principio la anexión de Alsacia y Lorena luego de vencer a Francia en 1870. En los años siguientes y hasta la Gran Guerra, el prestigio del principio de nacionalidad no cesó de crecer; los movimientos nacionalistas se multiplicaron en Europa, particularmente en los Balcanes y en los imperios plurilingües de Austria-Hungría y Rusia, alentando movimientos separatistas, pero emergieron también en la compleja vida política de las naciones del oeste europeo.

En la política internacional fueron relegados los tradicionales principios universales heredados del siglo XVIII, así como la idea de una posible convivencia pacífica de las naciones.[36] El antiguo principio del equilibrio no fue reemplazado por otro, excepto el obligado reconocimiento del derecho del más fuerte, ejercido por la nación más poderosa, y la idea, progresivamente aceptada, de que el poder conlleva su propia legitimidad. A la imagen de la armonía entre los Estados se fue superponiendo otra: el ámbito internacional era un terreno de disputa donde se dirimía la superioridad sin más reglas que la fuerza, mientras que el objetivo de una nación-potencia era alcanzar la dominación más amplia posible.

Aunque las ideas pacifistas no desaparecieron, resultaron fortalecidas las posturas defensivas y nacionalistas que parecieron las más adecuadas para interpretar el funcionamiento del mundo y la economía. Se afirmaron las formas económicas monopólicas y las naciones combinaron una competencia agresiva con un cerrado proteccionismo. Perdida la confianza en los viejos valores, las clases poseedoras se volcaron entusiastas a respaldar la agresiva conquista de mercados y de zonas

---

[35] Vattel afirmaba: "Toda nación, todo Estado soberano independiente merece la consideración y el respeto porque él figura inmediatamente en la gran sociedad del género humano". Véase G. Vattel, *Le Droit de Gens ou Principes de la Loi Naturelle*, ob. cit., p. 1.

[36] Un referente fundamental de esta concepción fue Kant. Véase Immanuel Kant, *Sobre la paz perpetua*, Madrid, Tecnos, 1994 e *Ideas para una historia universal en clave cosmopolita y otros escritos sobre Filosofía de la Historia*, Madrid, Tecnos, 1994.

de influencia, las políticas armamentistas y las conquistas territoriales. Por su parte, los gobiernos fueron más sensibles a las demandas de éxito y gloria nacional, en tanto sectores cada vez más amplios de la población participaban en la política y eran sensibles a esos logros. El potencial industrial y la posesión de colonias se convirtieron en los rasgos que definían el perfil de una nación-potencia.

La rivalidad se acentuó con la incorporación de las nuevas potencias recientemente unificadas, ávidas por obtener su parte en el reparto colonial y descontar la ventaja que les llevaban las más antiguas.[37] Por razones de prestigio, Italia necesitaba poseer territorios coloniales. En 1885 —recordado como el "año del ardimiento"— la ocupación de Massaua generó un enorme entusiasmo. La interpelación al ministro de Relaciones Exteriores del Reino, Pasquale Stanislao Mancini, originó, con motivo del envío de la expedición militar a Massaua, un debate sobre el rumbo deseable para la política colonial, que se extendió a los diarios y revistas especializadas.[38] Si todos reconocían la importancia de la posesión de colonias, especialmente para una nación que pretendía alcanzar el nivel de potencia, muchos rechazaban que se recurriera a las intervenciones armadas. Según una vieja idea —vinculada a la expansión comercial genovesa de las décadas anteriores— podían formarse colonias libres, "espontáneas", es decir surgidas de la iniciativa pacífica y privada de los emigrantes; la idea se fortaleció por la aversión profunda de la opinión pública a las conquistas violentas y a los sacrificios en dinero que representaban las colonias "políticas". Se sostuvo que en realidad Italia ya poseía excelentes exponentes de esas co-

---

[37] En febrero de 1885 culminó la Conferencia de Berlín, que dio un fuerte impulso a la expansión colonial en África. Ya en mayo de 1884 Alemania había proclamado su Protectorado en el sudoeste de África, a partir de reclamos de ciudadanos alemanes instalados allí. Italia, por su parte, consiguió territorios coloniales en la costa del Mar Rojo. Desde 1865 existía un establecimiento privado en Assab, a partir del cual pretendió la posesión del territorio. Assab fue cedida a Italia en 1883, en 1885 se ocupó Massaua y le fue cedida la costa de los Danalikes, y en 1889 Etiopía le reconoció la posesión de Eritrea. Años después sus ambiciones expansivas fracasaron con la derrota de Adua, y en 1896 la Paz de Addis Abeba consagró la independencia de Etiopía, estableciendo los límites con las posesiones italianas. Véanse David Fieldhouse, *Economía e imperio. La expansión europea, 1830-1914*, vol. 29 de Historia Económica Mundial, Madrid, Siglo XXI, 1977 y Joseph Ki-Zerbo, *Historia de África Negra. Del siglo XIX a la época actual*, tomo II, Madrid, Alianza, 1980.

[38] Según lo resumía P. S. Mancini, la opinión pública se dividía entre quienes empujaban al gobierno a lanzarse a una decidida política de adquisición de colonias —de acuerdo con el tono general de la política europea y para dar salida a la presión demográfica en el Mezzogiorno—, y los que sostenían que Italia debía abstenerse de realizar cualquier acción directa. Para Mancini la respuesta se encontraba en el medio: convenía desarrollar un nuevo sistema colonial basado en la emigración italiana; si bien estaba dispersa, podría concentrarse en un lugar en el que flameara la bandera italiana, donde el gobierno interviniera apoyando los intereses de los particulares. Véase Grazia Dore, *La Democrazia Italiana...*, ob. cit., pp. 169-170.

lonias "espontáneas" en América, especialmente en la Argentina y el Uruguay, y que sus resultados habían sido altamente beneficiosos para Italia.

En ese contexto apareció en el *Giornale degli Economisti* un artículo de Girolamo Boccardo, prestigioso economista y senador del Reino, que rápidamente se conoció en la Argentina, generando un fuerte malestar.[39] Boccardo aconsejaba a su gobierno una acción más directa en sus "colonias" espontáneas en el Río de la Plata. El autor entendía por "colonia" el establecimiento de una población que conservaba relaciones de amistad y sujeción con el país nativo, el que en relación con aquélla denominábase "metrópoli" o "madre patria". La distinguía de la "emigración", fenómeno individual, y también de la "conquista", que era la ocupación violenta del territorio de otra nación y el sometimiento de sus habitantes: "la emigración y la conquista pueden ser medios de colonización pero no son colonias".[40] La razón que hasta entonces había impedido al gobierno italiano aprovechar su excepcional situación le resultaba enigmática, "tratándose de Estados irremediablemente mal constituidos, devorados por la anarquía, donde las autoridades locales son notoriamente incapaces de ofrecer a las clases trabajadoras las condiciones regulares de orden y de vida que ellas necesitan".[41] Boccardo lamenta que Italia sea la única entre las grandes potencias europeas que "no posee ni una pulgada de territorio en el Nuevo Mundo" –a pesar de haber sido italianos los grandes descubridores de América–, mientras existiría una vasta provincia de italianos allá sobre los márgenes del Plata y sus afluentes, donde "nuestros conciudadanos que la habitan terminarán por olvidar hasta su misma lengua". A ellos, a diferencia de lo ocurrido en otras colonias, les ha faltado:

> la acción directa, vigilante, activa del gobierno. Extender esta acción hasta la ocupación, hasta la toma de posesión cuya oportunidad no se hará esperar no nos parece pues que se trata de expansión artificial sino de la consagración natural de un hecho del ejercicio, de un derecho creado por el trabajo y la virtud de muchas generaciones de nuestros conciudadanos. Y se podrá comparar la importancia comercial y política de una colonia en el Plata con la posesión de un centenar de kilómetros de costa insalubre.[42]

[39] El artículo fue comentado en *La Prensa*, 1º de julio de 1886.

[40] Boccardo distinguía los términos en su *Dizionario Universale di Economia politica e commercio*, Milán, Treves, 1881. Sobre la cuestión véase Grazia Dore, *La Democrazia Italiana...*, ob. cit., pp. 148 y 149.

[41] Los párrafos citados fueron tomados de la extensa transcripción que de buena parte del artículo de Boccardo hizo Lamas; en Pedro S. Lamas, *L'Italie et la République Argentine. Un rêve de prise de possession des rives de la Plata. Un article à sensation du "Giornale degli Economisti"*, París, Avenue Carnot 17, 1886.

[42] En el razonamiento de Boccardo, la radicación definitiva de los italianos en el Plata tiene otra ventaja para la economía de Italia, que justifica dirigir hacia allí los esfuezos expansionistas. Quienes

El senador Boccardo aconsejó a su gobierno "consagrarse con asiduidad y constancia al estudio y a la solución de este problema: dirigir nuestra expansión colonial hacia donde la llaman espontáneamente los verdaderos intereses y las tradiciones del país". Este consejo, brindado al gobierno italiano por una figura de prestigio, resultaba inquietante en la Argentina: aunque fuera sólo una opinión, nadie podía garantizar que en una etapa de entusiasmo colonialista no se convirtiera en proyecto. Para tranquilizar a la opinión pública, el ministro de Relaciones Exteriores argentino sostuvo en 1885 que "los escritos del senador Boccardo incitando al gobierno italiano a colonizar la América del Sur que han visto la luz en muchos diarios europeos trajeron a nuestro país ciertas alarmas que son por muchos motivos completamente infundadas".[43]

Aunque algunos italianos, funcionarios e intelectuales podían ser receptivos a este mensaje, responder a él no era la posición más conveniente para la mayoría de los residentes. Así opinaba B. Bossi, que había regresado a Italia luego de residir 52 años en América, y se presentaba como "un italiano independiente, que rechaza y combate la doctrina del oportunismo".[44] Según Bossi, el profesor Boccardo "aconseja a nuestro gobierno una inmoralidad, una injusticia, una imposibilidad [...]", resultado de su ignorancia de la realidad, de la historia de la Argentina y de los otros Estados americanos. Bossi quería disipar los errores planteados por Boccardo, ayudar a las relaciones armoniosas entre los dos países, y proteger "los intereses de los italianos que habitan en América, para evitar a nuestra colonia serios disgustos que podrían derivarse del imprudente consejo que da a nuestro gobierno". Por eso llamó la atención sobre "la condición de los italianos en los otros países americanos si se admitiese que basta la existencia de los colonos para crear este nuevo derecho de la fuerza tomando posesión bajo el auspicio de los cañones de las naves acorazadas", así como los grandes perjuicios que traería a Italia el regreso a la patria de dos millones de emigrantes y la pérdida de las cuantiosas remesas que éstos envían mensualmente a sus familias. Además, explica Bossi, "nuestra colonia en la República Argentina [...] está compuesta de variados elementos muy heterogéneos" y no todos ellos son bien vistos".[45] Para el periodista italiano Angelo Rigoni Stern, que viajó por el país ese año, el consejo del senador Boccardo había "desatado una penosa impresión especialmente en la colonia italiana en Buenos Aires, cuyos hijos son argentinos y aunque así no lo fueran saben

---

emigran son en su gran mayoría modestos trabajadores, y una vez que han ahorrado un capital regresan a la Península "para disputar a sus compatriotas un rincón de tierra"; esta competencia elevaría el precio de la tierra, haría bajar el precio de los productos y perturbaría la economía italiana.

[43] *Memoria del ministro de Relaciones Exteriores al Honorable Congreso de la Nación*, 1885.

[44] B. Bossi, *Noblesse Obligue*, Génova, Tipografia Marittima, 1886, p. 4.

[45] Ibíd., p. 15.

perfectamente que la República Argentina no cedería a una ocupación extranjera, de ningún modo, ni por cualquier pretexto".[46]

Las argumentaciones de Boccardo fueron rebatidas primero por Pedro S. Lamas y más tarde por Adolfo Saldías. Lamas publicó en París un folleto para denunciar y refutar los argumentos de Boccardo, intervenir en el debate europeo y disipar posibles intenciones de intervención, poniendo de manifiesto las preocupaciones del momento. Basándose en testimonios de personajes insospechables para los italianos como Edmundo de Amicis, estableció que la corriente espontánea de inmigrantes hacia la Argentina se originaba en las libertades y garantías de que gozaban los inmigrantes, unidas a la prosperidad del país. Según Lamas, Boccardo exageraba sobre el número de residentes italianos, sobre el que se fundaban los proyectos de absorción territorial: si bien la colectividad italiana, con unos 300 mil residentes, era la más numerosa, el conjunto de los inmigrantes de otras procedencias la superaba, y bastaban "ellos solos, en la hipótesis fantástica y original de un levantamiento general, para vencer a los colonos italianos que Boccardo en su optimismo singular considera como los auxiliares de su proyecto de conquista".[47] Es significativa la interpretación que hace Lamas de esta parte de la argumentación de Boccardo, alertando sobre la posibilidad de un levantamiento general de los colonos italianos, compartida por muchos miembros de la elite política: probablemente ese fantasma estuvo presente durante la movilización política iniciada con la Revolución del Noventa, cuando los extranjeros emergieron con fuerza en la vida política.

A pesar de que cotidianamente había noticias de la expansión colonialista en el mundo, es poco probable que las mentes más serenas creyeran que el Reino de Italia quisiera aplicar la propuesta de Boccardo en el Río de la Plata. No obstante, era palpable la influencia que podía tener entre los residentes italianos, alimentando reivindicaciones que, sin llegar al extremo de un planteo separatista, los impulsaran al menos a buscar un protagonismo político y a disputar el liderazgo con las elites locales.

El otro argumento de peso que esgrimió Pedro Lamas era la existencia, en las márgenes del Plata, de:

> una verdadera nacionalidad, con todos sus caracteres de existencia, de homogeneidad, de fuerza moral y psíquica; el sentimiento de solidaridad, las tradiciones, derrotas y triunfos que marcan en la historia los esfuerzos por conquistar la independencia y la libertad; los grandes hombres, ídolos del pueblo, e inclusive los escritores, los poetas que han cantado los grandes dolores como los acontecimientos gloriosos de la patria".[48]

---

[46] Angelo Rigoni Stern, *L'Immigrazione nella Repubblica Argentina*, 1886.
[47] Pedro S. Lamas, *L'Italie et la République Argentine…*, ob. cit., p. 12.
[48] Ibíd., p. 13.

A los fundamentos tradicionales de la soberanía argentina Lamas agregaba la existencia de "una verdadera nacionalidad". Era un argumento irrebatible para Italia, pero a la vez subrayaba otro de los fantasmas de la elite: esa "nacionalidad argentina" esgrimida por Lamas para refutar las pretensiones italianas era la que, precisamente en esos años, se descubría en proceso de disgregación.

En la argumentación de Lamas, esa "nacionalidad del Plata" debía promover la resistencia local a los intentos italianos, y suscitar el apoyo de los otros Estados americanos, que se sentirían amenazados en su existencia. En virtud de la doctrina Monroe, también Estados Unidos respaldaría a la Argentina, y por último las otras potencias europeas, con intereses en la Argentina mucho mayores que los de Italia, impedirían este intento. Italia fracasaría, y además sus intereses comerciales sufrirían cuantiosas pérdidas. Según Lamas, si el artículo de Boccardo sublevara seriamente la opinión en Italia, "creemos se reproducirá, por fuerza, en el Plata el American Party, que combate calurosamente en los Estados Unidos las leyes muy liberales en favor de los extranjeros [...] contra las cuales [...] ciudadanos eminentes se pronuncian abiertamente".[49]

Lamas concluye con una advertencia al gobierno italiano: un conflicto que entorpeciera la relaciones mutuas perjudicaría tanto como el rechazo de sus emigrantes; si bien "no aconsejamos a nuestros gobiernos del Plata llegar a esos extremos [...] sí pensamos que harían bien en hacer respetar estrictamente nuestras leyes constitucionales, y prohibir la introducción de vagabundos, de viciosos y de criminales reconocidos".[50]

El artículo de Lamas fue leído y discutido con interés y sus argumentos circularon entre quienes se preocupaban por los nuevos problemas de la sociedad; puntos centrales de la refutación de Lamas parecen haber contribuido a definir algunas de las líneas de acción emprendidas para enfrentarlos.

De todas maneras, los recelos locales aumentaron por las agresivas actitudes de la política exterior italiana: en 1885 el ministro Del Viso debió pedir explicaciones al ministro italiano, conde Robilant, "con motivo de las palabras pronunciadas" por el diputado Roux "en el Parlamento que se reputaron desaprensivas para la dignidad de la República".[51]

Otros temores se sumaron, contribuyendo a crear un clima de acechanzas para la Argentina. Las cuestiones con los países europeos de emigración, sobre los cuales se estaba en alerta,[52] operaron sobre una opinión sensibilizada por las pers-

---

[49] Ibíd., p. 17. "En Estados Unidos –decía Lamas– comienza a preocupar la calidad de los inmigrantes".

[50] Ibíd., pp. 18 y 19.

[51] La Prensa, 1º de julio de 1886.

[52] Se advertían los riesgos de intervenciones en defensa de intereses económicos. En 1882,

pectivas de guerra con Chile y con otros países limítrofes. Según Bernardo de Irigoyen, que fue canciller del presidente Roca, los derechos argentinos en las zonas limítrofes habían sido amenazados en la década de 1870.[53] Ernesto Quesada recordaba que la *Nueva Revista de Buenos Aires* había sido fundada para "estudiar el derecho internacional público latino americano, especialmente examinando las cuestiones pendientes entre las diversas naciones de la América".[54] Si bien las posibilidades de guerra eran remotas, habían excitado la sensibilidad en torno a las cuestiones vinculadas con la soberanía nacional.[55] A ello se agregó una fuerte suspicacia por la política expansionista de los Estados Unidos y sus ambiciones hegemónicas en el continente americano, acerca de las cuales ponía sobre aviso en 1886 Ernesto Quesada.[56] Para sacar de su error a la opinión pública, que "parece mostrarse cada vez más favorable a las tendencias *yankees*", advertía que la tradicional política de no intervención de aquel país había cambiado y que se iniciaba una nueva política –como algunos han empezado a llamarla– "del destino manifiesto de los Estados Unidos", país lanzado tras la crisis de 1873 a la conquista de nuevos mercados. Por ello es que buscan crear una Unión Aduanera Americana,

---

por ejemplo, L. V. Mansilla advertía a Roca en una carta sobre la injerencia europea en Egipto, que "ha tenido por principal fundamento el deber de proteger los valiosos intereses europeos radicados en aquel país. En este sentido tenemos que estar atentos los estados Sud Americanos que se hallan poco más o menos en la misma situación, es decir, obligados por la inmigración, por los empréstitos, concesiones de navegación, de ferrocarril, etc. etc.". (Carta de L. V. Mansilla al Exmo. Señor presidente, Brigadier General Julio A. Roca, París, octubre 24 de 1882, Archivo General de la Nación.)

[53] Según Bernardo de Irigoyen la Argentina vivió momentos angustiosos durante la presidencia de Avellaneda debido a la hostilidad de los países limítrofes y a las intenciones del Brasil de arrebatarle la soberanía de la isla Martín García mediante la intervención de las potencias europeas y Estados Unidos. Véase también José Bianco, *Negociaciones internacionales*, Buenos Aires, 1904, pp. 7 y ss.

[54] Ernesto Quesada, "Un publicista argentino en Europa", en: *Reseñas y Críticas*, Buenos Aires, Lajouane, 1893, p. 465.

[55] Gustavo Ferrari denominó "liberalismo nacional" a los rasgos "nacionales" de algunos políticos de la época, como Adolfo Saldías, Vicente y Ernesto Quesada y Estanislao Zeballos, impresionados por la situación de peligro latente con los países vecinos, especialmente Chile; también se manifestaba en el diario *La Prensa* la defensa del territorio, el celo armamentista y el revisionismo histórico. Gustavo Ferrari, "Zeballos y la defensa de la Patagonia", en: *Segundo Congreso de Historia Argentina y Regional*, Academia Nacional de la Historia, Buenos Aires, 1975, tomo II, pp. 419-427; también Roberto Etchepareborda, "La generación argentina del Destino Manifiesto", en: *Investigaciones y ensayos*, Academia Nacional de la Historia, Buenos Aires, tomo XVI, 1974, pp. 111-137.

[56] Ernesto Quesada, "La política americana y las tendencias yankees", en: *Revista Nacional. Historia Americana, Literatura, Jurisprudencia*, año I, tomo II, 1887, pp. 129-143 y 193-210.

que indudablemente será hegemonizada por el coloso americano.[57] Quesada estaba convencido de que en un futuro cercano "los intereses más vitales de la Europa y de los Estados Unidos" comenzarían a encontrarse "en pugna abierta" en los mercados de América Latina: un nuevo peligro se abriría entonces en el horizonte de la nación. Todo ello contribuía a fortalecer la convicción de que la soberanía de la nación estaba amenazada.

Este clima de amenazas era simultáneo con la eclosión del problema inmigratorio, impulsado por la política de promoción de la inmigración seguida por Juárez Celman, que provocó esa sensación de inundación. No obstante, nadie dudaba de que la inmigración debía seguir siendo propiciada, pues de ello dependía el éxito del proceso emprendido. El mismo Quesada, al advertir sobre los riesgos del nuevo expansionismo norteamericano, observó que aquel país cerraba "sus puertas a la inmigración en general", y que "el Río de la Plata, pues, fatalmente tendrá que ser el punto a donde se dirija la emigración europea, y apenas se establezca regularmente esa corriente, a la vuelta de pocos años, este país asombrará al mundo con sus progresos maravillosos!". En Quesada aparece tempranamente una peculiar combinación de actitudes, que será característica de muchos otros políticos en torno al cambio del siglo: una posición alerta y defensiva de lo nacional, muy temerosa del avance extranjero –particularmente anglosajón–, combinada con una fe en la grandeza futura del país, más allá de todo correlato con la realidad. Quesada concluía aquellas observaciones con una rotunda manifestación de optimismo: "Este país está, pues, llamado a ser, dentro de poco, un gigante".

En su tierra, la única autoridad

Aquellas advertencias se combinaron con la convicción de que era imperativo encontrar soluciones a problemas que tenderían a profundizarse. Hacia fines de la década de 1880 la elite dirigente ya había madurado algunas respuestas. Una de ellas consistió en afirmar internacionalmente el criterio de soberanía nacional y precisar y definir el ámbito de la autoridad jurisdiccional del Estado.

Respecto de los derechos de soberanía del Estado sobre el territorio nacional, Bernardo de Irigoyen había sentado las bases de la postura, más firme, de la República Argentina. En la denominada *Nota de Colombia* –la Carta-Declaración que envió a la reunión de Panamá, en diciembre de 1880, en la que repudiaba las

---

[57] Luego del ejemplo de Alemania, la idea de formar una unión aduanera era vista como un peligroso primer paso hacia una unificación de los diferentes Estados americanos bajo el liderazgo de Estados Unidos.

expansiones territoriales realizadas por la fuerza– estableció los principios de la política continental. En ese texto se sostuvo que los territorios de cada una de las nuevas repúblicas americanas habían quedado establecidos por el *uti possidetis* de 1810. Se afirmó además que no existían en la América independiente territorios que pudieran ser considerados *res nullius*, y en consecuencia susceptibles de ser conquistados por otras naciones. Éste fue desde entonces un punto fundamental de la argumentación argentina, frecuentemente usado frente a las pretensiones externas, tanto de los Estados limítrofes como de los europeos.

Respecto del reconocimiento de la plena soberanía del Estado sobre su juris-dicción, Lamas ya había señalado que había un problema y una exigencia: "Los gobiernos del Plata no pretenden nada más allá de la estricta justicia, más allá de la reciprocidad más absoluta en las relaciones recíprocas. Que se respeten su sobe-ranía y sus leyes, que se reconozcan sus derechos de ser en su tierra frente a los nacionales como a los extranjeros la única autoridad".[58]

Éste fue el criterio que la Argentina buscó apuntalar internacionalmente, con-vocando juntamente con el Uruguay –los dos países más expuestos a posibles con-flictos de ese tipo, debido a sus numerosos residentes extranjeros– a la reunión de un Congreso Sud Americano de Derecho Internacional Privado, al que también concurrieron Bolivia, Paraguay, Chile, Perú y Brasil y que se reunió en Montevi-deo a fines de 1888. Entre las variadas cuestiones tratadas se perfiló la constitución de un frente sudamericano para afirmar en el plano internacional, "en materia de jurisdicción […] el principio de la ley territorial y de la potestad de los jueces", base de la soberanía de los Estados.[59] Roque Sáenz Peña explicó el problema de los "países cuya población se completa y se transforma diariamente por el concurso de las nacionalidades europeas". "Necesitamos […] sentirlos incorporados a nues-tra vida nacional, necesitamos someterlos a la acción de nuestras leyes"; porque de-bido a "ese estatuto personal […] [se] mantiene al extranjero con la mirada fija en su país de origen, en sus leyes y en sus códigos patrios, en sus ministros y en sus cónsules, segregándose en el hecho de la colectividad social que los protege". Agre-gaba una exhortación: es "necesario contrarrestar también la acción de los gobier-nos que se empeñan en mantener vínculos de sujeción y de dominio, más allá de sus fronteras; que esos hilos invisibles que sujetan al hombre a una soberanía que ha abandonado, se desaten al cruzar el océano".[60]

Sáenz Peña planteaba así una cuestión atinente a la soberanía de una nación: la de la autoridad plena del Estado sobre la población que habitaba su territorio

---

[58] Pedro Lamas, *L'Italie et la République Argentine...*, ob. cit.

[59] *Actas del Congreso Sud Americano de Derecho Internacional Privado, Montevideo, 1888-1889*, Buenos Aires, Imprenta de la Penitenciaría Nacional, 1894, pp. 11, 12, 147 y 148.

[60] Ibíd., pp. 152 y 153.

jurisdiccional. Su ejercicio fundamentaba también su derecho a seleccionar la inmigración y a expulsar a aquellos elementos que considerara perjudiciales:

> Nosotros somos y tenemos que ser hospitalarios con el extranjero [...]; hay razones de conveniencia recíproca que nos obligan a fomentar su incorporación a nuestras sociedades, [pero] debemos tratar de que el cosmopolitismo no nos mire destituidos de toda defensa; hemos sentido ya ciertos síntomas perturbadores que nos hacen pensar en la necesidad de seleccionar y depurar la masa anónima.[61]

Esta afirmación suponía un cambio de posición muy fuerte sobre un tema central de la política argentina. Con términos similares fundamentará Miguel Cané, diez años después, su proyecto de ley de expulsión de extranjeros.[62] El Congreso de Montevideo constituyó un gran paso adelante en la consolidación de los principios de plena jurisdicción del Estado sobre los habitantes, fueran nacionales o extranjeros, y consecuentemente en la afirmación de la soberanía de la República Argentina.

Sin embargo, para estar a tono con los criterios de la época, y que no se pusiera en duda la soberanía nacional, los grupos dirigentes pensaron que también era imprescindible contar con una "nacionalidad" en los mismos términos en que la concebían las potencias colonialistas. Si bien la afluencia permanente y sostenida de inmigrantes era necesaria para sostener el crecimiento económico, su presencia parecía constituir un mentís a la existencia de una nacionalidad argentina.

Construir la nacionalidad

El momento era crítico. Precisamente cuando se reveló la importancia de la existencia de una "nacionalidad" argentina, que apuntalara a una nación soberana e indiscutida, se percibió la endeblez de los rasgos que la configuraban, que parecían estar diluyéndose en un torrente sin color por la afluencia demasiado caudalosa de otras aguas. "¡Es que nosostros vamos perdiendo el sentimiento de la nacionalidad con la asimilacion del elemento extranjero!", sostenía con preocupación Estanislao Zeballos en el Congreso en 1887; y agregaba: "La nacionalidad no se forma cuando la masa es extraña". En ese momento, se reveló con claridad a los grupos dirigentes que el proceso social y cultural no podía abandonarse a su movimiento espontáneo, y que aquellos aspectos culturales que tenían que ver con la formación de una identidad nacional requerían de una decidida, intensa y constante acción del Estado nacional. "Ha llegado el momento –agregó Zeballos– de que el

---

[61] Ibíd., pp. 158 a 160.
[62] Miguel Cané, *Expulsión de extranjeros. Apuntes*, Buenos Aires, 1899, pp. 73-76, 125-126.

Congreso se preocupe, con cualquier pretexto y en cualquier circunstancia de que el extranjero que se asimile a esta tierra sea afecto a la nacionalidad argentina […]; al descuidar la formación de esos elementos descuidamos por completo garantir el porvenir de nuestra nacionalidad".[63]

La solución que encontraron fue lanzar un fuerte emprendimiento de construcción de la nacionalidad, que apuntara a la vez a diversos problemas. Había que invitar a los extranjeros a naturalizarse, para que participaran formalmente en la vida política y a la vez asumieran un compromiso más firme con el país, con lo que se podría acabar con una "fuente […] perenne de cuestiones y reclamaciones embarazosas con las potencias del Continente europeo", pues en materia de naturalización "el gran principio que hay que proclamar y sostener […] es la territorialidad de la ley".[64] Era también necesario lograr que los hijos de extranjeros nacidos aquí se hicieran argentinos plenos también por la lengua, las costumbres, la manifiesta adhesión a la patria, y a la vez, cercenar el crecimiento y desarrollo de enclaves de nacionalidades extranjeras, cuya existencia no había sido hasta entonces considerada como problemática. Tampoco se podía permitir a los cónsules extranjeros –como sugería Pedro Lamas– "tener registros e inscribir como ciudadanos italianos a los hijos nacidos bajo la bandera de nuestra República".

Desde entonces se prestó una atención distinta a las actividades culturales de los grupos extranjeros en las asociaciones, periódicos y escuelas, pues a la luz de los nuevos problemas se habían convertido en elementos que definían la pertenencia a una nacionalidad. Se hizo evidente para muchos que aspectos, ámbitos y tradiciones hasta entonces considerados no demasiado importantes, o que habían sido vistos hasta entonces de otra manera –fiestas patrias y espacios públicos, banderas y escudos, escuelas y enseñanza del pasado– tenían en realidad gran importancia y estaban en buena parte "ocupados" por colectividades extranjeras. Como afirmó Zeballos:

> El abandono con que nosotros consideramos al inmigrante como elemento político […] es un peligro, porque el hombre […] vive también de ideales; puesto que los extranjeros no tienen una patria aquí, se consagran al culto de la patria ausente. Recórrase la ciudad de Buenos Aires, y se verá en todas partes banderas extranjeras, en los edificios; las sociedades, llenas de retratos e insignias extranjeras; las escuelas subvencionadas por gobiernos europeos, enseñando idioma extranjero; en una palabra, en todas partes palpitando el sentimiento de la patria ausente, por que no encendemos en las masas el sentimiento de la patria presente.[65]

---

[63] Congreso Nacional, Cámara de Diputados, *Diario de Sesiones*, 21 de octubre de 1887.

[64] L. B. Tamini, "Estudio sobre las leyes que rigen la ciudadanía en Inglaterra", en: *Memoria del Ministerio de Relaciones Exteriores, 1884*, Buenos Aires, 1885, pp. 471 y 472.

[65] Congreso Nacional, Cámara de Diputados, *Diario de Sesiones*, 21 de octubre de 1887.

Si bien no varió demasiado el tono habitual del discurso oficial, siempre teñido de entusiasmo y de gran confianza en el futuro de una Argentina abierta a todos, la preocupación por la nacionalidad afloró en la acción empeñosa puesta en torno a un conjunto de medidas y disposiciones dirigidas a su construcción.

Su importancia fue creciendo en la opinión pública hasta configurar un movimiento social bastante amplio que agrupó, en un cruce transversal, a miembros de la elite social y económica, a políticos vinculados con el gobierno y a opositores, a instituciones oficiales, clubes privados, grupos de opinión, damas de beneficencia, grupos de oficiales del ejército y asociaciones de maestros. Terminó, finalmente, despertando el entusiasmo popular en las manifestaciones patrióticas que se organizaron para sustentarlo.

En los siguientes capítulos y a través de tres líneas de desarrollo se seguirá el proceso de formación de la nacionalidad en una primera etapa: el armado de la escuela pública y el conflicto con las escuelas de las colectividades extranjeras; la preocupación nacional en torno a las fiestas patrias, y finalmente el problema de la naturalización de los extranjeros.

II. La escuela y la formación de la nacionalidad, 1884-1890

Maestros indiferentes y alumnos que ignoran el idioma

En diciembre de 1887 Estanislao Zeballos, presidente del Consejo Escolar del XI Distrito de la ciudad de Buenos Aires, alertó en su informe al Consejo Nacional de Educación (CNE) sobre una inquietante realidad de las escuelas. A su juicio, allí se descuidaba el cultivo de la adhesión a la patria y no se atendía a la formación de la nacionalidad:

> niñas distinguidas decían en pleno a la comisión que esos estudios [de civismo] les eran repugnantes. Ignoraban hasta la utilidad de que una buena madre de familia tenga nociones cívicas para desempeñar la tarea fundamental de cultivar las primeras nociones en el alma destinada a animar al ciudadano de la República.[1]

Esas afirmaciones correspondían a un momento álgido del interés por la nacionalidad, una preocupación que creció en los últimos años de la década de 1880. Precisamente Zeballos, por entonces presidente de la Cámara de Diputados, había planteado allí, unos meses antes, la gravedad de esta cuestión, en una intervención que se hizo famosa.[2] En este informe, reclamó un cambio de actitud en la escuelas. Según su diagnóstico, el problema estaba en la escasa importancia asignada a ciertas enseñanzas, y en que los maestros no suscitaban en los niños los sentimientos patrióticos.

> Se nota en el personal docente una tendencia a servir como se sirve el empleo vulgar y tedioso [...] se explican así la enseñanza de memoria y tediosa, y ciertas fisonomías de maestros que expresan sin escrúpulos los signos de un profundo aburrimiento durante los actos escolares.[3]

[1] Consejo Escolar del XI Distrito, Informe del presidente E. Zeballos y del secretario Miguel Auli, 7 de enero de 1888, en: *El Monitor*, tomo VII, núm. 128, marzo de 1888, p. 349.

[2] El 21 de octubre de 1887, en la discusión de la Ley de jubilaciones para los empleados de la Administración Pública, sostuvo que ésta debía ser exclusiva para los argentinos.

[3] Consejo Escolar del XI Distrito, Informe del presidente E. Zeballos y del secretario Miguel Auli, 7 de enero de 1888, id. sup.

Zeballos calificaba la actitud de los maestros de apática e indiferente hacia los asuntos nacionales y concluía que aquel era "un mal orgánico extensivo a toda la República y que esteriliza los sacrificios y los anhelos de la Nación por formar un apostolado de la noble profesión del maestro", ya que ni la escuela ni su magisterio estaban contribuyendo a la formación de la nacionalidad.

Desde su creación en 1880, el CNE sólo tuvo jurisdicción sobre las escuelas de la Capital Federal y de los Territorios Nacionales, pues la Constitución Nacional estableció que la educación primaria era competencia de las provincias. Las escuelas de la ciudad de Buenos Aires que pasaron a la Nación con la capitalización tenían condiciones muy diversas; había algunas muy prestigiosas –la de Catedral al Norte, por ejemplo– y otras de condiciones más precarias. En todas ellas –y más tarde, con dificultad, en los Territorios Nacionales– el CNE se concentró desde los años iniciales en mejorar la calidad de su enseñanza, actualizarla y organizar la institución escolar, tarea que supuso un esfuerzo conjunto de maestros, inspectores y miembros del Consejo.[4]

La orientación nacional de la enseñanza no era considerada una cuestión problemática; se entendía que esa orientación existía en la educación primaria desde las primeras escuelas patrias. La formación se centraba en la capacitación y aunque incluía conocimientos de lengua, historia, leyes u organización política, no se los consideraba como instrumentos específicos para la formación de la nacionalidad. Esto es lo que expresa el indignado comentario de Sarmiento sobre los propósitos italianizantes del Congreso Pedagógico Italiano, reunido en Buenos Aires en 1881:

¿Educamos nosotros argentinamente? No; educamos como el norteamericano Mann, el alemán Fröebel y el italiano Pestalozzi nos han enseñado que debe educarse a los niños. Les hacemos aprender de manera racional todo aquello que hoy se enseña en las escuelas bien organizadas del mundo.[5]

Un punto de vista semejante puede advertirse a lo largo de varios años en *El Monitor de la Educación Común*, "órgano oficial de difusión" del CNE y canal de comunicación entre el Consejo y los maestros.

---

[4] Véanse Juan P. Ramos, *Historia de la instrucción primaria en la República Argentina 1810-1910, Atlas Escolar*, Buenos Aires, Jacobo Peuser, 1910; Juan Carlos Tedesco, *Educación y sociedad en la Argentina (1880-1900)*, Buenos Aires, CEAL, 1982; Gregorio Weinberg, *Modelos educativos en América Latina*, Buenos Aires, 1983; Hobart A. Spalding, "Education in Argentina 1880-1914: the Limits of Oligarchical Reform", en *Journal of Interdisciplinary History*, vol. III, núm. 1, 1972; Adriana Puiggrós (dir.), *Historia de la Educación en la Argentina*, vol. I y II, Buenos Aires, Galerna, 1990-1991.

[5] D. F. Sarmiento, "Las escuelas italianas. Su inutilidad", en *El Nacional*, 13 de enero de 1881; reproducido en: D. F. Sarmiento, *Condición del extranjero en América*, p. 66.

Las primeras inquietudes sobre el tema de la nacionalidad no aparecieron en las escuelas sino en un sector de la opinión pública y en la prensa, que reclamó a los educadores una actitud más celosa. Refiriéndose al Congreso Pedagógico Italiano, el diario *La Nación* consideró "altamente lamentable" la decisión de la Dirección General de Escuelas de la Provincia de Buenos Aires de no asistir al mismo, para supervisarlo, pese a tratarse "de un asunto tan importante como la enseñanza [...] que se debe dar a los hijos de los residentes extranjeros".[6]

La cuestión de la orientación nacional figuró explícitamente en las conclusiones del Congreso Pedagógico Internacional reunido en Buenos Aires en 1882, pero ocupó un lugar secundario entre otros temas discutidos, como la profesionalización del maestro.[7] La orientación nacional de la educación fue expresamente establecida en la Ley Nacional de Educación (1.420) de 1884; ésta debía responder a

un principio nacional en armonía con las instituciones del país, prefiriendo la enseñanza de materias como la historia nacional, la geografía nacional, el idioma nacional y la instrucción cívica de acuerdo con el régimen político del país, armonizando esa enseñanza con las condiciones de la sociedad y cuidando especialmente de la formación del carácter de la juventud.[8]

Sin embargo, la orientación nacional no era un tema problemático en las escuelas, que tenían otra cuestión más urgente que resolver: de qué manera enseñar adecuadamente sin disponer de la necesaria cantidad de maestros bien preparados y sin contar con edificios adecuados para el número de alumnos. Así, se desarrolló en las escuelas una trabajosa y compleja tarea de armado del sistema escolar, de formación de su cuerpo docente y técnico, de actualización de métodos y contenidos, de introducción de nuevas prácticas de funcionamiento, concentradas en elevar su calidad y eficacia; transformación comparable a la que se producía en los sistemas más modernos del mundo. Al mismo tiempo, se tendió a depositar cada vez más los problemas y las aspiraciones de la sociedad en las escuelas.[9] La

---

[6] "Noticias", en *La Nación*, 8 de enero de 1881.

[7] "Actas del Congreso Pedagógico Internacional", Buenos Aires, 10 de abril al 8 de mayo de 1882, en *El Monitor*, tomos I, II y III. Véase también *Debate parlamentario sobre la Ley 1.420*, Estudio preliminar, selección y notas de Gregorio Weinberg, Buenos Aires, Raigal, 1956; Rubén Cucuzza, *De Congreso a Congreso. Crónica del Primer Congreso Pedagógico Argentino*, Buenos Aires, Besana, 1986.

[8] Antonino Salvadores, *La instrucción primaria desde 1810 hasta la sanción de la Ley 1.420*, Buenos Aires, Consejo Nacional de Educación, 1941, p. 366.

[9] Véanse Simonetta Soldani y Gabriele Turi (comps.), *Fare gli italiani. Scuola e cultura nell' Italia contemporanea*, Bolonia, Il Mulino, 1993; Mona Ozouf, *L'École, l'Église et la République*,

preocupación por la cuestión nacional fue apareciendo poco a poco. En 1884, el subinspector Otamendi creía que algo había cambiado en la escuela: echaba de menos el canto del Himno Nacional y señaló un inquietante retroceso en la enseñanza de la historia.[10] En otro informe, se expresó preocupación por la falta de enseñanza de contenidos cívicos; de acuerdo con los programas vigentes, eran contenidos correspondientes a quinto y sexto grado, que una gran mayoría de los niños no cursaban.[11] También los inspectores de los Territorios Nacionales echaban de menos la historia nacional en las escuelas.[12]

El tono de alarma se manifiesta en los diarios. En setiembre de 1884, *El Nacional* señaló en el informe del CNE al ministro la falta de

la indicación del empeño especial que es menester dedicar al cultivo del idioma español. Mil causas lo corrompen, y sobre todo en Buenos Aires. La inmigración incesante a estas riberas trae su ininteligible jerigonza. […] El comercio cosmopolita pone el sello a esta confusión, y a menos de tener el don de lenguas, como los apóstoles, no es fácil ser claro ni hacerse escuchar en una nueva torre de Babel.[13]

La corrupción del idioma fue una de las principales prevenciones sobre las consecuencias culturales de la inmigración. Más que otras, fue rápidamente compartida por los inspectores y maestros pues constituía una dificultad específica para la enseñanza en las escuelas primarias: "los alumnos de las escuelas apenas si conocen nuestro idioma en su inmensa mayoría".[14] La alta proporción de hijos de inmigrantes que hablaban otras lenguas convirtió en serio desafío el logro de una buena enseñanza del idioma nacional.

1871-1914, París, Éditions Cana/Jean Offredo, 1982; Pierre Vilar, "Enseñanza primaria y cultura popular en Francia durante la III República", en: P. Bergeron (comp), *Niveles de cultura y grupos sociales*, México, FCE, 1977; Christianne Mora, "La difusión de la cultura en la juventud de las clases populares en Francia desde hace un siglo: la acción de la Liga de Enseñanza", en: P. Bergeron (comp.), ibíd. y Harvey Graff, *The Literacy Myth. Literacy an social structure in nineteenth century city*, Nueva York, 1979.

[10] Consejo Escolar del VI Distrito, "Informe del secretario Otamendi", enero de 1884, en: *El Monitor*, tomo III, núm. 52, 1884, p. 356 y ss.

[11] Consejo Escolar del II Distrito, Informe del presidente Félix Martín y Herrera y del secretario Alberto Méndez, 10 de febrero de 1884, en *El Monitor*, tomo III, núm. 56, 1884, p. 497.

[12] Víctor Molina, "Informe de inspección a los Territorios Nacionales", enero de 1885, en: *El Monitor*, tomo V, núm. 81, 1885, p. 684.

[13] *El Monitor*, tomo IV, núm. 66, 1884, p. 202.

[14] Ibíd., tomo VII, p. 653.

Una educación de carácter nacional

En 1887 se advierten los frutos de un movimiento renovador en el CNE, que coincide, como se verá, con el auge de la preocupación por la nacionalidad y la manifestación del entusiasmo patriótico. El CNE fue reorganizado internamente y se redefinieron los objetivos, acentuando los aspectos nacionales de la orientación institucional. La reforma fue dirigida por un grupo de funcionarios, entre los que se destacaba Félix Martín y Herrera; recogió las inquietudes de los maestros y los secretarios de los Consejos Escolares de Distrito. En marzo de 1887, en el editorial "Nuestra palabra. En plena acción", *El Monitor* anunció un conjunto de medidas para regularizar la inspección, mejorar el nivel de enseñanza y la asistencia de los niños, establecer nuevos horarios y crear una comisión destinada a estudiar la reforma de los planes de estudio. Hubo reformas en la organización de la institución misma, la creación de un cuerpo técnico, administrativo y de inspectores, perfeccionamiento de los docentes y progresiva puesta al día de las viejas escuelas.

Con nuevos planes y programas se buscó mejorar contenidos y métodos, y a la vez acentuar su carácter nacional. *El Monitor* señaló el nuevo propósito: "en pro de la gran causa de la educación que labra pacientemente el cimiento de la nacionalidad".[15] Para ello se destacaron los contenidos nacionales en los nuevos planes y programas y se estableció la selección y autorización periódica de los libros de texto; se otorgó mayor importancia a la enseñanza de la historia patria y a la realización de actos escolares, y se procuró que las actividades escolares trascendieran hacia la sociedad en ocasión de las fiestas patrias.

Un problema fundamental, del que dependía el éxito de toda la empresa, era la plena vigencia de la escolaridad primaria obligatoria. Captar, si no toda, al menos una parte significativa de la población infantil en las escuelas comunes, se convirtió en la condición ineludible para los otros propósitos de la escuela, ya que hasta entonces los resultados obtenidos en ese aspecto eran modestos. El ritmo de crecimiento de la población contrastaba con el casi estancamiento de la matrícula escolar. A pesar de los esfuerzos realizados —orgullosamente exhibidos, como la inauguración en 1885 de los nuevos y magníficos edificios— aún faltaban aulas y también faltaban buenos maestros.

La selección y autorización periódica de los textos para la enseñanza en las escuelas públicas acabaría —aclaraba *El Monitor*— con la vigencia indefinida del texto antiguo y desactualizado. Una cierta uniformidad en los libros sería ventajosa también para las familias: la diversidad de textos pedidos creaba gastos adicionales cuando los niños cambiaban de escuela, cosa común por las frecuentes mu-

---

[15] "Nuestra palabra" (artículo editorial), en: *El Monitor*, tomo VI, núm. 111, 1887, pp. 331-334.

danzas de las familias modestas.[16] Además –continuaba el editorial– la "medida es igualmente ventajosa para los autores y editores de libros dedicados a la enseñanza", porque para estos últimos sus libros de texto tendrán a su favor el ancho campo de acción de todas las escuelas del Estado y la garantía de un mercado seguro durante tres años. En cuanto a los autores, agregaba un argumento de interés nacional:

> llamamos la atención de los autores americanos sobre la importancia esencialísima que entraña el que los textos de las escuelas sean compuestos aquí; esto es, dentro del génesis de nuestra habla, modos y costumbres nacionales [...]; (de) ordenar, en fin, una fórmula espontánea, y si se nos permite la expresión, *nacional*, que sea a la vez práctica, filosófica y de avance.[17]

Unos meses antes se había iniciado la reforma de los planes y programas. A partir de los dictámenes de la comisión *ad hoc*,[18] Juan M. de Vedia, inspector técnico y redactor de *El Monitor*, elaboró un reglamento y plan de estudios que fue presentado al CNE a fines de 1887. Finalmente, Martín y Herrera redactó personalmente los programas de cada una de las asignaturas "para dar armonía y uniformidad al plan y programas", que fueron dados a conocer en diciembre de 1887.[19] Se trataba de

> una reforma que surge de la experimentación práctica en el propio país [y es] resultado de muchos períodos educativos; no es por lo tanto la copia servil de exóti-

---

[16] Informes de Inspección en *El Monitor*, tomos VII y VIII. Las familias seguían las oportunidades de trabajo dentro de la ciudad y aun de la ciudad al campo en la época de la cosecha. Al regresar se reubicaban según la disponibilidad de vivienda y el nivel de los alquileres; en consecuencia, los niños cambiaban frecuentemente de escuela y debían adquirir otros libros. Véanse Hilda Sabato y Luis Alberto Romero, *Los trabajadores de Buenos Aires. La experiencia del mercado: 1850-1880*, Buenos Aires, Sudamericana, 1992 y Ofelia Pianetto, "Mercado de trabajo y acción sindical en la Argentina, 1890-1922", en: *Desarrollo Económico*, núm. 94, vol. 24, julio-setiembre de 1984.

[17] *El Monitor*, tomo VI, núm. 111, 1887, 331-334. Subrayado en el original.

[18] La comisión *ad hoc* estaba presidida por el nuevo vocal del Consejo, Félix Martín y Herrera e integrada por los directores de escuela, señora García de Ryan y señor Diez Mori, y por dos inspectores técnicos. Trabajó durante 1887; convocó también a los subinspectores de los catorce distritos escolares de la Capital para que formularan dictámenes individuales sobre los principios generales comunes.

[19] Proyecto de Plan de estudios para las escuelas comunes de la Capital y Territorios Nacionales (Félix Martín y Herrera, presidente de la comisión de elaboración) y Plan de estudios, programas y horarios para las Escuelas Comunes, en: *El Monitor*, tomo VII, núm. 129, 1888, pp. 386-388 y 396-397.

cos reglamentos ó prácticas engendradas en principios generales [sino que busca] la solución de problemas particulares a nuestra nación en armonía con sus condiciones y necesidades y con la ley vigente. Es por lo tanto una obra puramente argentina, y como tal tiende a robustecer por medio de la educación común el principio de la nacionalidad y sus aspectos en el orden moral y material.[20]

La caracterización no deja dudas sobre la importancia atribuida a su carácter nacional. También se subraya que esos planes, tendientes a robustecer la "nacionalidad", están libres del "inmenso recargo de asignaturas". Según *La Tribuna Nacional* están libres del "carácter demasiado general y cosmopolita que [los] han afectado por mucho tiempo".[21] El diario expresa una idea que empieza a repetirse: lo "cosmopolita" es un rasgo opuesto a lo "nacional" y no complementario.

Los nuevos programas daban preferencia a los "ramos referentes a la República: su geografía, tradiciones, historia y organización política".[22] En primero y segundo grado, donde "predomina la lectura como base de conocimientos, entra también en el programa el idioma nacional". Desde el tercero, "aparece la geografía de la República, su historia, deberes con la Patria". En cuarto y quinto grado,

la instrucción cívica, la historia, la geografía de la República y universal, constituyen bases principales por su amplitud y predicado. Son motivo de la enseñanza en ambos grados, nuestra organización política, el ciudadano: sus deberes y derechos, la Nación, las provincias y el municipio; forma de gobierno, declaraciones y garantías; poder legislativo, poder ejecutivo. De la índole de estos estudios se destaca el pensamiento capital que preside a su formación: la educación en esa forma es esencialmente nacional y tiende a formar buenos e inteligentes ciudadanos.[23]

Un aspecto importante de estos nuevos programas es "la amplitud que toma [...] el estudio de la gramática elemental", que incluía elocución, recitaciones, análisis lógico, redacción y ortografía. Se trataba de "una reacción favorable", pues suponía un mejor conocimiento del idioma nacional.

Otro propósito de la simplificación de los contenidos fue solucionar o atenuar el masivo abandono de la escuela después de los primeros grados. Se pensaba "que el recargo de materias en los grados superiores trae consigo el alejamiento de la escuela, bien sea porque los padres se opongan al trabajo excesivo que requie-

[20] "Reforma del Reglamento y Plan de Estudios", en: *El Monitor*, tomo VII, núm. 122, 1887, p. 50.

[21] "Colegios Nacionales" (artículo editorial), en: *El Monitor*, tomo VII, núm. 124, 1888, p. 148.

[22] "Reforma del Reglamento y Plan de Estudios", en: *El Monitor*, tomo VII, núm. 122, 1887, p. 53.

[23] Ibíd., p. 51.

ren esos estudios, bien porque los alumnos en su generalidad se declaran impotentes para poder dominarlos". La deserción significaba que la gran mayoría de los niños tenía una escolaridad breve, insuficiente para que la escuela cumpliera su función formadora.

El aumento de los niños en primer grado contrastaba con el reducido número de los que terminaban el ciclo primario completo: "durante el último período escolar, de los 27.715 niños que han asistido a las escuelas de la Capital, solamente 186 cursaban en el sexto grado". En procura de una solución para estas diferencias, los contenidos de los programas del sexto grado se redujeron a "lógicas proporciones con los grados precedentes [...] y a un complemento de la instrucción cívica con el conocimiento del poder judicial, gobierno de provincia, régimen municipal".[24] Sin embargo, el problema de la altísima deserción también fue encarado en esta etapa desde otros ángulos.

Esta reforma fue pronto seguida por nuevos planes y programas para las escuelas normales y los colegios nacionales. En conjunto, configuraron un ambicioso plan de reorganización de la educación pública, dirigido por el ministro Filemón Posse: los niveles primario y secundario se articularon en un sistema único al establecerse, por primera vez, la obligatoriedad del ciclo primario completo para ingresar a los colegios secundarios; también se proyectaba lograr la armonización con el nivel universitario.

En las escuelas normales, el propósito fue "fijar límites" a los estudios y reducir "el número de años para obtener el título de maestro normal". A la vez, "acentuar un carácter definido a los estudios normales" reduciendo el número de asignaturas que "recargan los estudios con un exceso de trabajo y un tipo de conocimientos de escasa o de incierta aplicación" y ampliar el "estudio de la historia y la geografía nacional, con otros conocimientos análogos, como son los deberes y los derechos constitucionales [que] marcan de una manera gráfica ese carácter".[25] Se destacó en ambas reformas la acentuación de su carácter nacional. *La Tribuna Nacional* expresó los beneficios de tales enseñanzas:

> Es necesario que la juventud aprenda a conocer su patria; a sentir sus glorias o sus duelos; sus anhelos y sus necesidades, sus orígenes y destinos, así como las responsabilidades que ellos entrañan y se reparten sobre todos sus hijos. La indiferencia que nace en la ignorancia es la pendiente que lleva a los pueblos a su decadencia; no se ama hasta el sacrificio lo que no se conoce o se conoce imperfectamente: si el amor local engendra valerosos caudillos, el amor de la patria crea héroes y grandes varones. Es necesario inculcar estos conocimientos y estas ideas en la infancia y

---

[24] Ibíd., p. 52.
[25] "Escuelas Normales" (artículo editorial), en: *El Monitor*, tomo VII, núm. 123, 1888, p. 97.

proseguirlos en todos los desarrollos de la edad y de la instrucción. La geografía, la historia, el idioma y la instrucción cívica son los instrumentos de esa educación y de esos altos fines.[26]

La falta de maestros bien formados, más allá del grupo de excelencia de los normalistas, determinó que la mayoría de los grados estuvieran en manos de ayudantes muy mal preparados. Los maestros que egresaban de las escuelas normales eran pocos en relación con la demanda, con el agravante de que una vez obtenido el título algunos eran atraídos hacia trabajos mejor remunerados. Era lento el reemplazo de los maestros mal preparados o desactualizados, y especialmente de los ayudantes, ese género de "semialfabetos" –tal como los calificó algún inspector indignado– que se empleaban transitoriamente como maestros ayudantes a falta de mejor empleo. Por tradición, tenían a su cargo los primeros grados, los más numerosos, pues se pensaba que allí el maestro necesitaba menos conocimientos. El mejoramiento de la calidad y eficacia de la escuela parecía estar ligado a la disponibilidad, en corto tiempo, de buenos maestros. Sin embargo, estas reformas de los planes de estudios de las escuelas normales despertaron algunas críticas.[27]

Según el nuevo criterio general de promoción, se requería la aprobación completa del ciclo primario para ingresar a los colegios secundarios. Hasta entonces, los requisitos habían sido bastante flexibles: la modificación de 1885 sólo había fijado como requisito mínimo la aprobación del cuarto grado, y los últimos grados, quinto y sexto, seguían sin ser indispensables. La exigencia se trasladó a todos los alumnos del país pues los nuevos planes regían para todo el ámbito de la educación primaria, pública y privada. Esto implicó organizar mejor un sistema de control –de contenidos y calidad de la enseñanza, como lo estipulaba la ley 1420– para todas las escuelas; en ese universo, las "escuelas comunes" del CNE se convirtieron en poco tiempo en el parámetro de calidad que las demás se esforzarían en alcanzar.[28]

La campaña por la obligatoriedad escolar

Como se vio, un problema fundamental, que condicionaba los logros de la refoma, era la matrícula escolar. La cuestión se tornó apremiante al percibirse simultáneamente su estancamiento y el crecimiento de la población infantil formada en gran

[26] "Instrucción pública, las reformas", en: *La Tribuna Nacional*, citado por *El Monitor*, núm. 124, tomo VII, 1888, pp. 147 y 148.

[27] Pablo Pizzurno defendió las reformas en varios artículos publicados en *La Prensa*, en enero de 1888.

[28] Puede advertirse en los resultados de los exámenes que rendían los niños de las escuelas privadas o los alumnos libres en los "Informes sobre exámenes", tomos VII y VIII de *El Monitor*.

parte por hijos de extranjeros. A eso se sumaron los intentos de constituir a través de sus escuelas otras identidades nacionales y de cultivar lealtades hacia otras patrias. Pero además del problema específico que las escuelas de los extranjeros representaban, había una cuestión previa: ¿cómo podría ser la escuela pública formadora de la ciudadanía y la nacionalidad si no era capaz de captar, no sólo a la mayoría, sino a toda la población infantil? Era imprescindible trascender sus limitados alcances.

Se trataba de dos cuestiones vinculadas: se debía obtener la mayor matriculación posible y lograr una asistencia cotidiana regular. El lento crecimiento de la matrícula escolar era un problema antiguo,[29] pero en estos años se advirtió un tono de alarma nuevo. El subinspector Bernabó, del V Distrito Escolar de la capital (La Piedad), expuso en octubre de 1887 la grave situación que reflejaban las cifras de inscripción en los últimos años. En las escuelas del distrito se habían inscripto 1.682 niños en 1884, y 1.848 en 1885, con un crecimiento muy modesto en relación al de la población de la ciudad; pero en 1886 la matrícula se redujo a 1.702 niños, y en 1887 a 1.724. "Si las cifras que he apuntado se repiten en la misma proporción en los demás distritos de la Capital acusarían un descenso en la educación tanto más notable en cuanto el aumento diario en la población es un hecho indiscutible".[30] Frente al notable crecimiento de la población, el número de escolares aumentaba muy poco, o incluso decrecía. "Se impone pues, la necesidad de que las autoridades se penetren de la importancia de este punto y aúnen sus esfuerzos para conseguir que la educación común obligatoria no esté solamente inscripta en la ley sino que se traduzca en un hecho normal, cualesquiera que sean los medios que se emplearan al efecto."[31]

Además, el número de inscriptos dependía de la propia capacidad de recepción de las escuelas —edificios e instalaciones, amplitud del cuerpo docente y técnico, estructura administrativa—, factor que condicionaba estructuralmente la obligatoriedad, y que debía crecer paralelamente con el crecimiento poblacional. Los recursos destinados a la educación nunca fueron demasiado abundantes, como lo evidencia la modestia de los sueldos, aunque en comparación con otras épocas se hicieron aportes notables que por sí solos revelan que la educación era una verdadera empresa de interés nacional.

Lo cierto es que también se necesitaba aumentar la capacidad de atracción de la escuela. Aún no se había formado, ni en los padres ni en sectores amplios de la

---

[29] Véanse: D. F. Sarmiento, *Informe III del estado de la Educación Común, durante el año 1879 en la Provincia de Buenos Aires,* presentado al Consejo General de Educación por el director general de escuelas, Buenos Aires, 1880 y el *Informe sobre el estado de la Educación Común en la Capital,* presentado por el superintendente general de Educación, Buenos Aires, 1881.

[30] Consejo Escolar del V Distrito (La Piedad), Informe del subinspector Bernabó, octubre de 1887, en: *El Monitor,* tomo VII, núm. 121, 1887, p. 33.

[31] Ibíd., p. 33.

sociedad, un sólido consenso acerca de la importancia de la asistencia a la escuela ni de la obligatoriedad establecida por la ley. Eventualmente, se debería recurrir a la coerción: "He aquí una enfermedad crónica cuyo tratamiento debe ser enérgico por parte de los Consejos Escolares. Es verdad que tenemos tarjetas de inasistencia, las cuales deben mandarse diariamente a casa de aquellos niños que hubieran faltado a clase, bien, pero de qué sirven?". Los motivos de las ausencias "son frívolos y ridículos [...] impóngaseles multas, oblígueseles a que envíen sus hijos diariamente a clase y habremos dado un gran paso".

El opinante, un profesor normal, recomendaba que todo director de escuela tuviera el deber de pasar cada mes al Consejo Escolar del distrito, juntamente con las planillas de estadística, la nómina de aquellos padres cuyos hijos hubieran faltado continuamente a clase sin justificación, a fin de que el Consejo aplicara la pena marcada por el Reglamento. Así se solucionaría el problema y "se haría conocer a los padres de familia el deber que tienen no sólo de enviar diariamente sus hijos a la escuela sino el de respetar y observar la ley que así lo manda".[32]

Además, muchos niños solían trabajar desde los diez u once años pues sus familias necesitaban su aporte.[33] La escolaridad demandaba algunos gastos, aunque mínimos, que creaban dificultades a las familias más modestas. Éstas y otras razones más específicas coincidían con la falta de una convicción definida acerca de la importancia de la escuela, consenso que sólo terminará formándose bastante tiempo después, apuntalado por la acción continua de la misma escuela. De momento, su ausencia obligaba a una tarea activa para conseguir una asistencia continua y regular.

Sin embargo, precisamente en estos años, cuando la formación de la nacionalidad aparecía como un tema urgente, la constitución de un hábito de asistencia regular se dificultó por la epidemia de cólera de 1886: las escuelas se despoblaron y cerraron, truncando el año escolar; la situación se agravó con las epidemias de difteria y de viruela de comienzos de 1887. "El descenso de asistencia que hago notar —decía un informe escolar de fines de 1887— se puede atribuir como en las demás escuelas del Distrito I a la epidemia de difteria que apareció en los primeros meses del año, seguida de cerca por la viruela".[34] Los efectos negativos, sin embargo, se prolongaron por el temor que despertaban los lugares que habían sido

---

[32] *La Prensa*, 24 de abril de 1887.

[33] Véanse: Eduardo O. Ciafardo, *Los niños en la ciudad de Buenos Aires (1890-1910)*, Buenos Aires, CEAL, 1992; Juan Suriano, "Niños trabajadores. Una aproximación al trabajo infantil en la industria porteña a comienzos del siglo", en: Diego Armus (comp.), *Mundo urbano y cultura popular*, Buenos Aires, Sudamericana, 1990 y Estela Pagani y María Victoria Alcaraz, *Mercado laboral del menor (1900-1940)*, Buenos Aires, CEAL, 1991.

[34] Consejo Escolar del I Distrito, Informe del secretario E.G. Espinosa, diciembre de 1887, en: *El Monitor*, tomo VII, núm. 125, 1888, p. 220.

centros de contagio. El CNE debió buscar cómo superar esta difícil situación y contrarrestar la imagen negativa que dejaron las epidemias.

La escuela, la enfermedad y la vacuna

Lo primero fue establecer y publicitar las excelentes condiciones higiénicas de las escuelas. El presidente Juárez Celman inauguró los nuevos edificios escolares mientras el CNE sostenía que las escuelas eran ámbitos sanos, ventilados e higiénicos, a los que confiadamente podían concurrir los niños, más seguros allí que en cualquier otro lugar de la ciudad. El médico escolar Carlos L. Villar informó en 1887 al CNE sobre la situación de las escuelas que inspeccionaba asiduamente: "Los edificios completamente nuevos, y en perfecto estado higiénico ofrecen una verdadera garantía para la salud de los niños por la capacidad de sus salones, fácil ventilación e iluminación y sus espaciosos patios". Hoy "menos que nunca podrían señalarse las escuelas como causas productoras del mal que indico y que se propaga en la población con un carácter alarmante".[35]

Esto se debía a que, como explicaba el doctor Villar, "el germen de la difteria se encuentra esparcido en toda la población"; "de la casa del pobre, del conventillo, que sirve de combustible para la preparación del mal, pasa a la del rico, el que a su vez por vecindad se encarga de transportarlo a otra parte". Los síntomas aparecen en las escuelas, pues allí se reúnen los niños de toda la población, pero la enfermedad se originaba en otra parte, en sitios peligrosos por el hacinamiento, como los conventillos. Sugería un duro programa de emergencia:

> No siendo posible clausurar las escuelas en las cuales no existe peligro alguno, es de todo punto urgente que la Municipalidad intervenga por medio de la Asistencia Pública [...] para evitar en lo posible la propagación [...] el Director de cada escuela anota el domicilio del niño que sale enfermo sospechado de difteria, esta nota servirá para trasmitirla al médico municipal de la sección o al inspector para que inspeccione el domicilio, si es casa de inquilinato, aísle al enfermo, pida su desalojo si se encuentra en malas condiciones higiénicas, desinfecte el local e impida la concurrencia de los demás niños de la misma casa a las escuelas [...] [que] no llevarían consigo el mal ni serían agentes conductores del mismo para sus compañeros como sucede actualmente.

Esta campaña podía tener resultados contrarios a los buscados y alejar aún más a los niños de la escuela. Debido a este seguimiento y control, que podía culminar

---

[35] Informe del doctor Carlos L. Villar, 15 de setiembre de 1887, en: *El Monitor*, tomo VI, núm. 105, 1886, pp. 139 y 140.

en el desalojo de la familia, y a los métodos compulsivos de higienización que empleaba la Asistencia Pública, los niños y los padres prefirieron eludir la escuela. El informe de diciembre de 1887 del Distrito I da algunos indicios: "La vacunación también ha contribuido, y más que nada la negligencia de los padres, todo reunido ha influido en la disminución y en la irregularidad de las asistencias."[36] El miedo al contagio ahuyentaba a los niños y a los padres de las escuelas tanto como el miedo a la vacuna, ya que la idea de sus efectos perniciosos o de secuelas más o menos graves estaba bastante difundida. Al parecer, no era absolutamente inocua; los niños –señalaban los maestros– necesitaban alrededor de seis días para reponerse luego de una vacunación.

Desde tiempo atrás ésta era obligatoria en las escuelas, aunque probablemente no se la exigía con rigurosidad y sólo se procedía a la vacunación general en las épocas de epidemias.[37] En 1884 se creó en Buenos Aires la Asistencia Pública, un organismo municipal dedicado a los problemas generales de la salud urbana o a las emergencias. Su nuevo y emprendedor director, José María Ramos Mejía, fue investido con facultades extraordinarias a causa de la epidemia de cólera de 1886, de manera que el control sanitario, la higienización y la vacunación tuvieron un instrumento de acción más eficaz, que se extendió también hacia las escuelas.

El CNE había organizado durante 1886 el Cuerpo Médico Escolar, un departamento dependiente del mismo Consejo. Así, en setiembre de 1887 se aprobó un plan de seguimiento de los niños y de control de la salud familiar, en conjunto con la Asistencia Pública, debido a las condiciones sanitarias y psicológicas creadas por la epidemia de cólera, que había puesto de manifiesto la vulnerabilidad sanitaria. La sensibilizada opinión pública reclamó soluciones urgentes. *La Prensa* señaló: "La epidemia pasada puso en evidencia, sobre todo, la falta de aptitudes administrativas de este país [...] ¿Cómo entró el cólera? [...] La pregunta sirve para fijar las responsabilidades, que jamás deben desaparecer de la mente pública de aquellos que teniendo el deber de organizar un servicio sanitario completo del puerto descuidaron su mandato". El gobierno había fallado al no establecer una cuarentena para los ingresantes, puesto que desde 1884 el cólera asolaba los puertos europeos; "¿qué hacen nuestras autoridades, todos los sabios

---

[36] Consejo Escolar del I Distrito, Informe del secretario Espinosa, 31 de diciembre de 1887, en: *El Monitor*, tomo VII, núm. 125, 1888, p. 220.

[37] L. Gutiérrez y R. González señalan que la actitud de las autoridades en materia de salud se caracterizaba por un comportamiento cíclico de "inercia-pánico"; en las épocas de epidemias, la Asistencia Pública recurría con frecuencia a intervenciones violentas para realizar sus campañas sanitarias con vacunación compulsiva. Véase Leandro H. Gutiérrez y Ricardo González, *Las condiciones de la vida material de los sectores populares en Buenos Aires, 1880-1914*, Buenos Aires, Pehesa-Cisea, mimeo, mayo de 1983, pp. 10-11.

higienistas?".[38] Durante todo el año 1887 y el siguiente existió un estado de inquietud por la reaparición de las enfermedades contagiosas. Hubo rumores sobre la reaparición del cólera en la Boca del Riachuelo, en Buenos Aires y en Rosario: "la mayoría de los atacados residen en conventillos, donde los preceptos de aislamientos y desinfección no se practican por lo general [...] estas últimas enfermedades se observan a menudo en los niños".[39]

Los niños se encontraron también en medio de una disputa jurisdiccional. A principios de 1887 el CNE había dispuesto visitar las escuelas de la Capital para vacunar a los niños que aún no lo estuviesen, expedir un certificado y elaborar informes sanitarios sobre las escuelas. Ese año el CNE clausuró varios establecimientos escolares, por ejemplo el de la calle Pasco por la propagación de la viruela y la escuela n° 3 del Distrito XIII, por la difteria. Aunque la Asistencia Pública fue informada de todo, no se dio por satisfecha. En julio de 1887, el administrador municipal de la vacuna comunicó al CNE que, por orden del doctor Ramos Mejía, serían los médicos y practicantes de esa repartición los que realizaran en adelante la vacunación y revacunación en las escuelas.[40]

Sin embargo, la presencia de la Asistencia Pública y los métodos de sus médicos generaron resistencias entre docentes, padres y alumnos y un conflicto que llegó a los diarios. En agosto, Ramos Mejía denunció al presidente del CNE que la directora de la escuela pública de Juncal y Libertad había escondido a las alumnas de 5° y 6° grado para evitar la vacunación, obstruyendo la labor de la Asistencia Pública.[41] El CNE decidió respaldar a la directora y envió

a los Consejos Escolares de Distrito una circular por la cual se les comunica que hasta nueva orden no deben permitir se practique la vacunación en las escuelas públicas. El Consejo ha comunicado esta resolución al ministerio de Instrucción Pública. Los doctores Wernicke y Lastra se han manifestado conformes con esa resolución y han aconsejado también se ordene la suspensión de la vacuna en las aulas hasta tanto se aplique otro procedimiento y una experiencia lo autorice.[42]

---

[38] *La Prensa*, 12 de octubre de 1887. Véanse también: Leandro Gutiérrez y Ricardo González, *Las condiciones de la vida material...*, ob. cit.; Héctor Recalde, *Higiene pública y secularización*, Buenos Aires, CEAL, 1989; Diego Armus, *Los Médicos*, Buenos Aires, CEAL, 1981; Adriana Álvarez, "Ramos Mejía: salud pública y multitud en la Argentina finisecular" en: Mirta Lobato (comp.), *Política, médicos y enfermedades. Lecturas de historia de la salud en la Argentina*, Buenos Aires, Universidad Nacional de Mar del Plata-Biblos, 1996.

[39] *La Prensa*, 30 de diciembre de 1887.

[40] Ibíd., 21 de julio de 1887.

[41] Ibíd., 13 de agosto de 1887.

[42] Ibíd., 18 de agosto de 1887.

Puesto que hacía ya mucho tiempo que la vacunación era un requisito asociado con la escuela,[43] en esta actitud de los docentes fue determinante el procedimiento empleado por la Asistencia Pública. En el caso anteriormente citado, es presumible que la directora estuviera defendiendo el pudor de las niñas de los últimos grados. Pero en cualquier caso, la dureza del procedimiento de vacunación y de la campaña sanitaria más general despertaron temor en las escuelas e incidieron negativamente en la asistencia de los niños.

El CNE actuó con mesura, suspendió las medidas resistidas y anunció que "han quedado terminadas las disidencias que se habían producido respecto a la vacunación obligatoria en las escuelas públicas". Estas disidencias, que reflejaban un conflicto de poderes, habían sido allanadas en el más alto nivel, en una reunión entre el ministro de Instrucción Pública, Filemón Posse, el presidente del CNE, Benjamín Zorrilla, y el director de la Asistencia Pública, Ramos Mejía. Allí se convinieron un procedimiento y una forma adecuados para las escuelas, sin que se impidiera la campaña sanitaria a cargo de la Asistencia Pública. El CNE exigiría a todos los alumnos la presentación de certificados de vacunación, cumpliendo lo estipulado por la ley, y en los casos dudosos se podía exigir la exhibición de la prueba material. Si no se presentaba el certificado, el alumno debía ser vacunado inmediatamente y si se negaba "por sí o autorizado por sus padres" podía ser separado de la escuela, a la que sólo volvería previa presentación del certificado de vacuna. Finalmente, la Asistencia Pública continuaba la vacunación en las escuelas comunes, pero "este acto será indefectiblemente llevado a cabo en cada escuela y en cada caso bajo la dirección de un médico competente autorizado para ello, en presencia del director [...] y en los días y horas que de antemano se designe [...] [y] los padres de los alumnos de cada escuela [serán] prevenidos con anticipación [...] sea para que presten su conformidad o para que provean a sus hijos de certificados que comprueben estar ya vacunados".[44]

La vacunación siguió constituyendo un factor de temor para los niños y los padres: "la asistencia de los alumnos no fue regular –señalaban los maestros– a pesar de la alta inscripción, en gran parte, debido al terror de la vacunación obligatoria de los niños en las escuelas".[45]

A mediados de 1888 se organizó en forma definitiva el Cuerpo Médico Escolar (CME). Su misión –explicaba El Monitor– era preservar la vida de los niños, puesta

[43] Introducida en 1805, la vacuna se difundió como prevención, en buena parte gracias a la incansable tarea del padre S. Segurola. Rivadavia creó una comisión "conservadora de la vacuna" de la viruela y la estableció como requisito para asistir a las escuelas del gobierno.

[44] La Prensa, 21 de agosto de 1887.

[45] Consejo Escolar del IV Distrito, "Informe del presidente Alberto Méndez y del secretario Paunero", enero de 1888, en: El Monitor, tomo VII, núm. 135, 1888, p. 693.

en peligro por la falta de cuidados higiénicos debidos a la ignorancia, el descuido o el abandono y además convertir la escuela en un lugar seguro. Ésta "por su índole plural es un ámbito especialmente vulnerable porque [...] cada escuela es el *summun* de las democracias en donde el pobre y el rico se canjean sus elementos propios bajo el mismo techo [...]". El CME se proponía seguir diariamente el movimiento de los enfermos contagiosos denunciados por los médicos seccionales para detectar los posibles focos de peligro en el municipio y prohibir "la entrada a las escuelas de todos los niños que tengan contacto con los enfermos".[46] Sin embargo, las denuncias que con frecuencia aparecían en los diarios sobre casos "peligrosos" en los establecimientos escolares, aunque muchas veces eran infundadas, creaban la suficiente alarma como para vaciarlos. El CNE debió pedir colaboración a los diarios, sugiriendo "que enviaran las denuncias al Cuerpo Médico, en vez de publicarlas, alarmar y perjudicar la asistencia a la escuela".[47] Crear un hábito generalizado de asistencia regular resultaba una tarea larga y difícil, que era rápidamente socavada por noticias de este tipo.

Entre la atracción y la coerción

La inasistencia escolar tenía causas más antiguas y generales, que las epidemias sólo acentuaron y complicaron. José Francisco López, autor de un libro sobre la instrucción pública en Alemania –que *El Monitor* publicó en sucesivos números– comparó la acción negligente del gobierno argentino con el de Prusia y otros Estados de Alemania, donde había residido varios años como encargado de la Legación argentina.

> El Estado nuestro es liberal con la educación del pueblo; cree cumplido su deber con dar los dineros del presupuesto, pero sin tomarse la pena de investigar y vigilar el cumplimiento de las leyes escolares; flotando en medio mismo de nuestra Capital esos enjambres de muchachos vagos, sin vida escolar ni de familia, a pesar de la escuela obligatoria en teoría y de los recursos escolares, también en teoría, pues la parte que asiste a ella no llega a un 30 por ciento y de éste, más de la mitad salen de aquéllas antes de concluirla [...].[48]

[46] "Informe del jefe del Cuerpo Médico Escolar, Dr. Carlos L. Villar", 15 de mayo de 1888, en: *El Monitor*, tomo VII, núm. 135, 1888, pp. 690 y 691. El CME estaba integrado por el Dr. Carlos Villar, médico jefe; los médicos, D. Urquiza y A. Valdez, los practicantes, Enrique Palacios y Manuel Cordiviola y un secretario, Pío Bustamante.

[47] "Informe del Cuerpo Médico Escolar", agosto de 1888, en: *El Monitor*, tomo VII, núm. 139, 1888, p. 904.

[48] José Francisco López, "La instrucción pública en Prusia y Alemania", ibíd., tomo V, núm. 99, 1886, pp. 1313 y 1314.

En su opinión, el Estado no asumía sus obligaciones, la sociedad era indiferente y los padres negligentes e ignorantes. En el mismo sentido, Francisco B. Madero, presidente del Consejo Escolar del Distrito I, recomendó "arbitrar algunas disposiciones en el año próximo [1888] para obligar a los padres de familia que se muestren reacios para matricular o mandar sus hijos a la escuela a que abandonen esta culpable indiferencia".[49] Se afirmaba la convicción de que había llegado el momento de hacer cumplir la obligatoriedad.

En particular preocupaban los distritos más poblados, como Monserrat, donde la matrícula era muy baja: "apenas asciende a la cuarta parte de los niños del distrito [...]; la de varones a la octava parte [...] estos hechos son graves en un distrito donde abundan las colmenas humanas llamadas conventillos".[50] Una de las razones era el trabajo infantil. Generalmente, entre los nueve y los once años, los niños de las familias muy modestas se iniciaban en algún tipo de trabajo que no requería calificación.[51] La calificación lograda con algunos grados de la escuela primaria, si bien representaba para el futuro una mejora laboral, retrasaba varios años la obtención de un salario.

Pero además la escuela podía ser poco atractiva: en algunas escuelas el aprendizaje de la lectura y la escritura no era muy estimulante. La situación de las escuelas de la ciudad que quedaron bajo la órbita del CNE era variada: junto a algunas excelentes y afamadas existían otras poco renovadas; algunas habían sido pequeñas y rudimentarias escuelas a cargo de un maestro particular.[52] En este conjunto heterogéneo la mejora de la calidad de la enseñanza dependía fundamentalmente de la capacitación de los maestros. Lo que más preocupaba a los inspectores eran los maestros-ayudantes poco calificados, a cargo de los primeros grados, quienes usaban métodos anticuados para enseñar las primeras letras. Los informes de inspección indican que hasta 1884 no se había universalizado la enseñanza simultánea de la lectura y la escritura; muchos maestros sin formación normalista aplicaban el viejo método de enseñar en forma separada a leer primero, y luego a escribir. Con los nuevos planes de estudio en enero de 1888, fue necesario reiterar que la enseñanza de la lectoescritura en los primeros grados debía ser simultánea. La dificultad para capacitar a estos maestros-ayudantes era el poco tiempo que permanecían en su tarea, en la que eran sustituidos por otros igual-

---

[49] Consejo Escolar del I Distrito, "Informe del presidente Francisco B. Madero", ibíd., tomo VII, núm. 125, 1888, p. 207.

[50] Consejo Escolar del XI Distrito, Informe del presidente Zeballos y del secretario Miguel Auli, ibíd., tomo VII, núm. 128, 1888, p. 347.

[51] Los informes de inspección brindan múltiples indicios sobre la incidencia del trabajo infantil. Véanse los tomos VI, VII, VIII y IX de El Monitor.

[52] Véanse: D. F. Sarmiento, Informe III del Estado de la Educación Común, ob. cit., e Informe sobre el Estado de la Educación Común en la Capital, ob. cit.

mente malos. Con el tiempo, los maestros-ayudantes se capacitaron o desaparecieron, reemplazados por maestros normales.[53]

Otra de las viejas costumbres, conservada a pesar de reiteradas indicaciones en contra, era la promoción según criterios subjetivos, combinada con una fuerte tendencia de los maestros a hacer repetir el grado a los alumnos. Con este viejo sistema, los niños podían permanecer durante varios años en el mismo grado, y ésta era una de las causas de que la escuela fuera poco atractiva. En 1887 los inspectores informaban a la Comisión Didáctica, creada para modificar esta situación e integrada por Félix Martín y Herrera y Benjamín Posse: "Los padres se muestran descontentos al ver transcurrir los años sin adelantos apreciables y los alumnos se hastían del estudio y de la escuela estacionándose en el mismo grado".[54] Los informes de inspección señalan la gran cantidad de alumnos en los primeros grados, debida –para su asombro– no sólo al crecimiento de la matrícula sino a la gran abundancia de alumnos repetidores:

> Lo que pasa en el primero se repite a menudo en los demás grados y es cosa digna de observarse cómo recorriendo ciertas escuelas e interrogando a los niños se llega a descubrir que una gran mayoría repite el segundo, repite el tercero y así sucesivamente, ya porque se encontraron deficientes en tal o cual materia que no se había enseñado bien en la escuela de enfrente, ya por uno u otro motivo cualquiera.

La repetición se relaciona con una vieja costumbre: "lo especial del caso –decían los inspectores– es que si se revisan las planillas de los exámenes anteriores se encuentra que muchísimos de los que repiten un curso habían sido aprobados en el mismo y aun con la calificación de distinguidos".[55] Esta situación hacía que los inspectores se preguntaran:

> ¿Qué resulta de todo esto? Que los años pasan, los alumnos se fastidian de la escuela, y así se van despoblando los grados superiores porque los varones se dedican a alguna ocupación lucrativa y las niñas llegadas ya a cierto grado de desarrollo físico, bastante precoz en nuestro clima, no se avienen ya con la disciplina de la escuela y la abandonan antes de haber cumplido unos y otras su educación primaria.[56]

[53] El CNE organizó un sistema para la capacitación de los maestros a través de las Conferencias Didácticas y las Conferencias Doctrinales; también existían cursos nocturnos de capacitación como el de la Escuela Normal de Profesores de Buenos Aires.

[54] "Informe del inspector técnico Juan M. de Vedia", setiembre de 1887 (basado en Secretario Bernabó, "Informe del Consejo Escolar del V Distrito", 4 de agosto de 1887), en: *El Monitor*, tomo VII, núm. 121, 1887, p. 25.

[55] Ibíd., p. 30.

[56] Idem.

Los exámenes eran verdaderos espectáculos brindados al público, formado por los padres de los alumnos, los vecinos y los notables de la sociedad que integraban las comisiones examinadoras, que observaban los logros infantiles y reconocían la labor del maestro. Las calificaciones bajas o intermedias eran consideradas una recriminación pública para el maestro, y se había convertido en una regla que los niños obtuvieran sobresaliente o distinguido. Esta ceremonia quedaba disociada de la promoción, que el maestro resolvía luego reubicando al alumno con criterios que variaban mucho de un docente a otro; así ocurría que quienes en los exámenes públicos habían sido calificados con sobresaliente repitieran el grado.

Se procuró modificar esta curiosa situación con el nuevo reglamento de exámenes para las escuelas públicas nacionales que se dictó en noviembre de 1887. Estableció tres tipos de exámenes –de ingreso, trimestrales y anuales– y reformó la integración de las comisiones examinadoras, tradicionalmente formadas por personalidades de la cultura y vecinos destacados de la comunidad. En adelante se integrarían con el personal docente del distrito y serían presididas por un vocal del Consejo Nacional, agregándose, por primera vez, el maestro del grado examinado, aunque sin voto. Los exámenes debían ser evaluaciones más eficaces y objetivas sobre el trabajo anual. A los inspectores les costó mucho lograr que los maestros modificaran sus tradicionales criterios subjetivos. Con la idea de afirmar un criterio más objetivo de promoción, la reforma del Reglamento de Exámenes creó también el certificado de promoción, que se debía otorgar obligatoriamente a partir de la calificación de "bueno" obtenida en el examen de fin de año. Este certificado aseguraba la promoción al grado inmediato superior en cualquier escuela pública y evitaba que se hiciera repetir el grado arbitrariamente al niño que cambiaba de escuela.

En suma, esa escuela desalentaba a los padres y alejaba a los niños. ¿Por qué iban a preferir la escuela pública? Daba lo mismo recurrir a un maestro particular que, como era costumbre, tenía una pequeña "escuela" en su casa, empresa particular que manejaba casi a su arbitrio. El niño también podía aprender en una escuela de las asociaciones de inmigrantes, en las que además se hablaba la lengua materna. ¿Por qué elegir las escuelas comunes del Estado?

Para el CNE fue un objetivo prioritario hacer preferibles las escuelas comunes. Implicaba en primer lugar hacerlas mejores: mejores edificios, mejores maestros, mejor selección de los contenidos y métodos más modernos. La competencia se libraba además en la aceptación de los propios niños, y para eso debían ser también más atractivas. Según la opinión de algunos inspectores, la matriculación y la asistencia dependían del trato que se daba a los niños en algunas escuelas y de la fama que se iban haciendo. Así, según los informes del Consejo, la escuela infantil de ambos sexos de Viamonte 67, en el Distrito I, tiene numerosos alumnos porque es la más avanzada en su ubicacion en la parte Noroeste del Distrito que es el paraje donde está radicada la mayor aglomeración de niños [...] [que] unida al cariñoso atractivo para con sus alumnos que siempre ha ejercido la directora de esta escuela hace que esté constantemente llena habiendo sucedido que el Consejo ha tenido que intervenir para suspender la admisión de alumnos.[57]

Algo similar pasaba en la Escuela de varones nº 1 del Distrito IX, dirigida por Mauricio Penna, donde "el aprovechamiento y la bondad con que son tratados los alumnos prueban las pocas faltas que se notan, sin sacrificar la educación moral e intelectual del niño ni mucho menos la dignidad del obrero".[58] Por el contrario, la fama negativa de una escuela podía desviar los alumnos hacia otra más atractiva: "el excedente de alumnos –de la infantil de Viamonte 67– que no se ha podido recibir en esta escuela ha preferido ingresar en la de niñas italiana y en la de la calle San Martín a dos cuadras más de la infantil".[59]

Un problema que contribuía a dificultar la asistencia escolar era el desplazamiento de la población hacia nuevos barrios, derivado del rápido crecimiento de la ciudad. En el Distrito I, la menor inscripción de ese año se debió a "la casi total desaparición de los muchos conventillos que existían en la parroquia, los que proporcionaban el mayor contingente de alumnos de esta escuela".[60] En los informes de inspección se percibe ese crecimiento de la ciudad día a día: en el abarrotamiento sorpresivo de alguna pequeña escuela, en la aparición de una nueva aglomeración en los bordes, o en la inesperada sobrepoblación de un barrio. En las zonas nuevas aparecían primero escuelas particulares precarias; tiempo después, cuando el poblamiento se había consolidado se fundaba una nueva escuela común. A veces era bastante después, pues este movimiento frecuente y no planificado de la población superaba las previsiones del Consejo y complicaba bastante su tarea.

El normal desenvolvimiento del curso escolar era afectado también por el trabajo de la familia. Una queja reiterada de maestros e inspectores es que un grupo numeroso no terminaba el año escolar o dejaba sin realizar sus exámenes porque la familia se trasladaba al campo. Algunos docentes lo atribuían a las malas condiciones sanitarias de la ciudad y las epidemias; es posible que otros se trasladaran para trabajar en las cosechas.[61] Cualquiera fuera la causa, el ritmo es-

[57] Consejo Escolar del I Distrito, "Informe del secretario Espinosa", enero de 1888, en: *El Monitor*, tomo VII, núm. 125, 1888, pp. 221 y 222.

[58] "Informe del Consejo Escolar del IX Distrito", ibíd., tomo VII, núm. 124, 1888, p. 161.

[59] Consejo Escolar del I Distrito, "Informe del secretario Espinosa", enero de 1888.

[60] Consejo Escolar del I Distrito, "Informe", en: *El Monitor*, tomo VIII, núm. 143, 1888, p. 120.

[61] Informes de Inspección correspondientes a 1887 y 1888 en: *El Monitor*, tomos VII y VIII.

colar se perturbaba por el retiro de los alumnos, así que se propusieron soluciones como adelantar los exámenes o acortar el año lectivo: en 1887, el Distrito Escolar III había resuelto comenzar los exámenes antes de la fecha fijada para que los alumnos tuvieran el año completo, pues un número grande salía al campo: "de otro modo sería posible que los padres coloquen a sus hijos en otros establecimientos de educación, abandonando los del Estado que son los que ofrecen mayor garantía".[62]

Desde enero de 1888, la campaña por la obligatoriedad se intensificó. La matrícula, imprescindible para cursar los estudios en cualquier escuela, debía sacarse cada año en el Distrito Escolar de residencia; el CNE recordó a todos los Consejos Escolares la obligación de llevar un libro de registro de las matrículas y rendir mensualmente cuentas de estos ingresos al Consejo. Establecida en 1882, la matrícula, que tenía un pequeño costo, había sido incluida en la ley 1.420 aunque hasta entonces casi no se había tomado en cuenta.[63]

El registro de las matrículas permitía el control del cumplimiento de la escolaridad con independencia del establecimiento donde se realizara. Agregó un elemento más a la competencia por los alumnos pues muchas pequeñas escuelas particulares eludían este requisito, quizá porque suponía un gasto no desdeñable para las familias modestas, que se sumaba al pago del maestro particular y podía desviar la clientela hacia una escuela pública. Según el informe del Consejo Escolar de Flores, de mayo de 1888, la inscripción en la Escuela Elemental de Niñas de Rivadavia, en Caballito, no era muy numerosa debido a la multitud de colegios particulares que había en la zona; lo mismo ocurría con la baja inscripción en la Infantil Mixta nº 8, Calle de la Arena (Bañado), que se atribuía no sólo a la desidia de los padres sino también a las muchas escuelitas particulares que admitían a los niños sin matrícula.[64]

Algunos Consejos Escolares tuvieron iniciativas interesantes en esta campaña en pro de una matriculación general. Los Consejos estaban habitualmente integrados por miembros destacados de la sociedad: escritores, científicos y hombres públicos, así como prósperos hombres de negocios que no sólo respaldaban la labor del Consejo sino que a veces, como en este caso, sugerían respuestas novedo-

---

Véanse también H. Sabato y L. A. Romero, *Los trabajadores de Buenos Aires...*, ob. cit. y O. Pianetto, "Mercado de trabajo"..., ob. cit.

[62] Consejos Escolares del II y III Distrito, "Informes sobre exámenes del presidente Bonifacio Lastra", diciembre de 1887, en: *El Monitor*, tomo VII, núm. 127, 1888, p. 316.

[63] Informe del inspector nacional F. D. Guerrico sobre expedición de matrículas en las Escuelas de las Colonias, ibíd., tomo VII, núm. 131, 1888, p. 496.

[64] Consejo Escolar de Flores, "Informe", mayo de 1888, ibíd., tomo VII, núm. 140, setiembre de 1888, p. 939 y 941.

sas. En 1887, el CE del Distrito I respaldó la iniciativa del flamante director de la Escuela Graduada de Varones nº 1, Pablo Pizzurno, para realizar una fiesta escolar en la escuela a su cargo, como complemento de los exámenes de diciembre. Se procuraba, de esta manera, consolidar en la comunidad el aún incipiente consenso a favor de la escuela:

El programa de la fiesta ha sido confeccionado comprendiendo cantos escolares y ejercicios de gimnasia por los alumnos de la escuela; algunas piezas escogidas de piano y violín [...] pero la parte principal de este programa, y el objeto esencial de la fiesta, lo que ha dado más animación y cautivado el interés del numeroso público que asistió, han sido las lecciones dadas a los alumnos, sobre diferentes ramos de enseñanza, dadas en presencia del público, por el Director y varios maestros; lecciones dadas a distintas secciones del 1º, 2º y 3er grado, en la forma acostumbrada en la escuela. Esta parte de la fiesta ha sido la más amena, la que más ha llamado justamente la atención, teniendo la importancia de poner de relieve las ventajas de los métodos modernos aplicados con maestría, y que los progresos pedagógicos nos han conducido a hacer de las lecciones de enseñanza, antes áridas, penosas y mortificantes para los niños, ahora una útil y amena diversión, a propósito para figurar en el programa de una fiesta [...] El señor vocal de ese Consejo Dr. Don Félix Martín y Herrera, los vocales del Consejo Escolar señor Dr. Perrone y el señor Gallardo, los señores inspectores general y técnicos, han sido testigos del magnífico éxito obtenido en esta parte del programa. La concurrencia ha sido numerosa y escogida, compuesta de padres de los alumnos, todo el personal docente del distrito y directoras de las escuelas graduadas del municipio y varias distinguidas familias del distrito y fuera de él".[65]

Los Consejos Escolares de los Distritos XIV y XI –este último presidido por Estanislao Zeballos–, muy preocupados por la bajísima matriculación, prepararon una serie de medidas para "estimular a los padres de familia y aplicar con todo rigor el carácter obligatorio de la educación". Los padres fueron invitados a "presenciar los exámenes de sus hijos, en horas que no son de labor", invitaciones que sin embargo fueron "recibidas con una indiferencia deplorable".[66] En el Distrito XIV se dispuso fijar carteles en las esquinas, para anuncio y advertencia, y a la vez controlar la población mediante un cuerpo de vigilancia formado por vecinos que habían prestado servicios en el Censo.[67] El CNE aprobó esta iniciativa, pero mo-

---

[65] Consejo Escolar del I Distrito, "Informe del secretario Espinosa", enero de 1888, p. 224.

[66] Consejo Escolar del XI Distrito, "Informe del presidente E. Zeballos y del Secretario Miguel Auli", 7 de enero de 1888, en: El Monitor, tomo VII, núm. 128, 1888, p. 347.

[67] Los carteles decían: "Se hace saber al vecindario de la Parroquia de Balvanera que de acuerdo con lo que dispone la ley de educación vigente, todos los padres deben concurrir a la secretaría de este Consejo [...] a proveerse del certificado de matrícula [...] el cual les será expe-

derando el rigor de los consejeros del Distrito XIV, según las indicaciones del inspector Técnico Juan M. de Vedia: los comisionados de vigilancia debían ser gratuitos, se limitarían a compeler a los padres a matricular a sus hijos, las multas sólo se impondrían después de una advertencia verbal, y en caso de no obtener resultado, una amonestación por escrito, y éstas no excederían el mínimum de las penas establecidas en la ley. Pocos días después, el CE del Distrito XI dispuso estimular la concurrencia a las escuelas imprimiendo carteles en español y en italiano, distribuidos a domicilio y fijados en parajes públicos.[68] También decidió realizar un censo de la población infantil en edad escolar para determinar la situación y arbitrar las soluciones. Los resultados se publicaron en julio de 1888 y esta medida fue imitada por otros Consejos Escolares, como los de los distritos I y V.

El Consejo del Distrito XI adoptó otra ingeniosa medida: la creación de un puesto de médico para el distrito. Luego de una investigación personal realizada por algunos miembros de este Consejo se había descubierto que "ciertas escuelas extranjeras dependientes de las sociedades de beneficencia o de socorros mutuos ofrecen mayores facilidades y encarnan múltiples beneficios para los intereses de los padres o tutores de los niños en edad escolar, a pesar de tener que hacer un desembolso en forma de cuota mensual".

Los miembros del Consejo inquirieron sobre las "causas de esta anomalía", con el propósito de "atraer el mayor número de educandos a las escuelas públicas sometidas a su inspección y cuidado"; se descubrió que "ellas eran la resultante de la asistencia médica gratuita que proporcionaban esas instituciones a los hijos de sus asociados". Explicaron al CNE que como consecuencia de la creación del puesto de médico del Distrito XI y del censo escolar,

> de los setecientos niños de ambos sexos que en este distrito no recibían educación en 1887, más de la mitad concurren ya a nuestras escuelas, habiendo abandonado otros tantos establecimientos particulares de enseñanza para inscribirse en los que encontraban mejor enseñanza, mayor control y tratamiento esmerado sin tener que hacer ningún desembolso. De lo que se convencieron por medio de nuestra propaganda.[69]

---

dido previo pago de un peso nacional y a los indigentes se les expedirá gratis [...] Los padres, tutores o encargados que no den cumplimiento a lo arriba indicado serán multados con arreglo al artículo 44, inc. 8vo de la ley de Educación, cuya multa será de 5 a 100 pesos m/n. Capital, enero 30 de 1888". Consejo Escolar del XIV Distrito, "Nota al CNE del Presidente Juan B. Ballesteros y del Secretario Félix Meyer", en: *El Monitor*, tomo VII, núm. 131, 1888, pp. 503 y 504.

[68] "Notas diversas", ibíd., tomo VII, núm. 128, 1888, p. 376.

[69] Consejo Escolar del XI Distrito, "Informe del médico escolar José Pereira Rego Filho", ibíd., tomo VIII, núm. 159, 1889, p. 941.

Así, se ponía de manifiesto otra preocupación anexa al propósito de lograr la asistencia efectiva de los niños a las escuelas. Además de librarse una lucha contra la falta de escolarización, había una competencia con las escuelas de los grupos inmigratorios extranjeros por la captación de la población infantil.

La cuestión de las escuelas de los extranjeros

En enero de 1888, en plena campaña por la obligatoriedad de la educación elemental, *El Monitor* publicó un viejo informe que el ministro de Justicia, Culto e Instrucción Pública había encargado en 1885 a Ángelo Rigoni Stern sobre las escuelas de las asociaciones italianas en la Argentina.[70] En aquel momento –como se señaló en el capítulo I– el Ministerio lo había solicitado debido a la inquietud que crearon las noticias de Italia, el papel que se atribuía a las escuelas italianas en el Río de la Plata en la formación de la italianidad y el sentido que esto cobraba para la expansión colonialista italiana.

La cuestión no era nueva. Sobre ella Sarmiento había publicado en 1881 una serie de combativos artículos, en los que consideraba inadmisible que se diera a niños argentinos una educación italianizante. El mismo alerta había sido planteado por otros políticos y funcionarios. En febrero de 1884 L. B. Tamini, secretario de la legación argentina en Londres, comisionado por el ministro de Relaciones Exteriores para estudiar "las leyes que rigen la ciudadanía", decía en su informe que "las escuelas costeadas por extranjeros deben ser sometidas a una rigurosa inspección. Siendo argentinos los niños que se educan en ellas [...] los extranjeros están obligados a someterse a la ley del país".[71]

A pesar de que el problema era conocido y aun debatido desde hacía varios años, el CNE sólo publicó el informe de Rigoni Stern en enero de 1888, en el momento en que se daban a conocer a través de los diarios los nuevos planes de educación de "carácter nacional".[72] Su publicación, cuando la política sobre el tema estaba delineada, probablemente tenía como propósito tranquilizar a los docentes y a la opinión pública respecto de las escuelas italianas. También era una respuesta

---

[70] "Cuadro estadístico de la escuelas italianas de la Capital", en: *El Monitor*, tomo VII, núm. 123, 1888, pp. 99 a 107.

[71] L. B. Tamini, "Estudio sobre las leyes que rigen la ciudadanía en Inglaterra", en: *Memoria del Ministerio de Relaciones Exteriores*, Buenos Aires, 1885, pp. 468-476.

[72] En diciembre de 1887 se habían dado a conocer los nuevos planes para la educación primaria y el nuevo sistema de articulación con el nivel medio, que hacía obligatorio el sexto grado para ingresar en aquél. En enero de 1888 se dieron a conocer los nuevos planes para las escuelas normales y colegios nacionales.

a la circular de enero de 1888 del ministro Crispi aconsejando a sus compatriotas residentes en Argentina que estrecharan sus relaciones y procuraran vivificar el amor a la patria lejana. Su conocimiento causó cierta alarma: "Alguien ha querido ver en esa circular –decía un periodista argentino– el primer paso [...] de una política insidiosa con que el gobierno italiano pretende solapadamente preparar el terreno para constituir paulatinamente un Estado dentro de otro Estado y agrupar elementos que minen el organismo de éste".[73]

Esos "elementos" se agrupaban en torno a las asociaciones, los periódicos y las escuelas italianas. Crispi impulsó en Italia una política de gran potencia, fortaleciendo la italianidad en el exterior, para lo cual "la conservación de la lengua" era "el instrumento principal". El aparato escolar y paraescolar puesto bajo la dirección del Estado debía realizar, según Crispi, "no sólo la instrucción y la elevación de nuestros trabajadores, sino la propaganda de la cultura como medio de penetración política y de influencia comercial".[74] Dos importantes medidas confirmaron este rumbo: en diciembre de 1888 se sancionó una nueva ley sobre emigración, para tutelar a los emigrados, y en diciembre de 1889, la "Ley Crispi" estableció formas orgánicas para las escuelas italianas en el exterior, fundamentales para la nacionalización de las masas emigradas.[75] Finalmente, la circular Damiani de 1890 dispuso que "las escuelas que aspiraban a subsidios debían enviar informes trimestrales de actividades y estadísticas de alumnos inscriptos y examinados. Al cónsul le correspondía también el control político de las iniciativas escolares y la administración de los fondos".[76] Los países receptores podían ver en esto la intromisión de un Estado extranjero y la evolución de la política exterior de Italia auguraba conflictos. Dos meses más tarde estalló en la Sociedad Unione e Benevolenza un conflicto que dio lugar a una fuerte polémica en la opinión pública sobre las escuelas italianas, y provocó una enojosa situación con Italia.

En la asamblea del 15 de abril de 1888 se presentó a los socios un proyecto de reforma de las escuelas, elaborado por la Delegación Escolar y aprobado, con modificaciones, por la Comisión Directiva de Unione e Benevolenza. Se proponía la

---

[73] "Una Circular", en: *La Voz de la Iglesia*, 14 de enero de 1888.

[74] F. Grassi, "Il primo Governo Crispi e l'emigrazione come fattore di una politica di potenza", en: B. Bezza (comp.), *Gli italiani fuori d'Italia*, Milan, F. Angeli, 1983, p. 87, citado por Luigi Favero, "Las escuelas de las sociedades italianas en la Argentina (1866-1914)", en: F. Devoto y G. Rosoli, *La inmigración italiana en la Argentina*, Buenos Aires, Biblos, 1985; pp. 188 y 189. Véase allí mismo: Tulio Halperin Donghi, "¿Para qué la inmigración?".

[75] Luigi Favero, "Las escuelas de las sociedades italianas en la Argentina (1866-1914)", ob. cit., pp. 188 y 189. El 30 de diciembre de 1888 se sancionó la ley sobre la emigración (ley 5.866) y el 8 de diciembre de 1889, la "ley Crispi", Decreto Real núm. 6.566; en 1890 la circular Damiani complementó aquella ley orgánica.

[76] Ibíd., pp. 188 y 189.

reducción de las escuelas a los grados infantiles (1º y 2º grado), y el refuerzo del curso vespertino con enseñanza mercantil y de diseño, agregando además literatura e historia patria argentina. El proyecto fue rechazado, con gritos e insultos a la Comisión Directiva, por un grupo de socios "a cuya cabeza se encontraban los maestros y ex maestros intentando rebelarse a sus superiores";[77] el tumulto obligó a interrumpir la reunión y se amenazó a la Comisión Directiva y a la Delegación Escolar con un voto de desconfianza.

El conflicto creció, trasladándose a los diarios, que entablaron una fuerte polémica; las argumentaciones muestran la complejidad de los problemas depositados en las escuelas y la significación que se les atribuía, bastante lejana de su modesto papel real. Los diarios italianos defendieron a las escuelas con encendido tono patriótico y sostuvieron que los italianos formaban aquí "colonias" libres, prolongaciones de una gran Italia, cuya identidad cultural era protegida por las escuelas de las "infiltraciones del elemento local".

Los diarios argentinos respondieron a esas "inadmisibles" argumentaciones. Según *La Prensa* la reforma fue "dura y apasionadamente combatida y rechazada en nombre de los intereses y de las afecciones de la patria lejana [...] [por quienes] no quieren que sus hijos argentinos reciban educación argentina. Repudian a la patria de sus hijos y de su propia adopción". La cuestión de la educación afectaba a la nacionalidad:

los hijos de italianos nacidos en el suelo de la República, son argentinos y deben ser educados bajo los sentimientos de su patria única, que es ésta [...] La República no reconoce la ciudadanía de origen, es decir, la ciudadanía de los padres [...] y no admite que los extranjeros estén desde aquí dando ciudadanos o súbditos a sus patrias lejanas [...] ¿Se medita, por ventura, un propósito de conquista o apropiación de este país, por argentinos mistificados por su primera educación?[78]

Los diarios italianos sostenían que con esa educación sólo querían que sus hijos "no desprecien a sus padres" y "consuelen a sus viejos hablándoles el divino idioma de Dante".[79] *L'Operaio Italiano* afirmó el derecho a educar "italianamente", y calificó de "teoría ligera la ciudadanía natural" y de "accidental el hecho [del lugar] del nacimiento".[80] Para *La Patria Italiana*, las escuelas se habían instituido para "impedir [...] el proceso de infiltración, mediante el cual el elemento italiano se

---

[77] Società Unione e Benevolenza, "Ai Signori Soci della Società Unione e Benevolenza", (circular) Buenos Aires, 2 de mayo 1888. Véase también "Los italianos y sus escuelas", en: *El Nacional*, 17 de abril de 1888.

[78] *La Prensa*, 18 de abril de 1888.

[79] Ibíd., 19 de abril de 1888.

[80] *L'Operaio Italiano*, 17 de abril de 1888; *La Prensa*, 20 de abril de 1888.

connaturaliza e identifica con el elemento local [...] [pues, ese elemento es] a sus ojos una especie de prolongación de la patria grande lejana [...] una fuerza moral de resistencia del tipo nacional originario, contra la fuerza que ejercita el ambiente en cuyo medio se desenvuelve fatigosamente".[81]

La discusión sobre la educación de un conjunto de niños se había desbordado; *La Prensa* recomendó "detener el vuelo de las arengas en sus justos límites", pues la cuestión de las escuelas se había deslizado peligrosamente hacia un conflicto internacional. Sin embargo afirmó:

> [lo que] rechazamos con todo el vigor de nuestro patriotismo, es el llamamiento que se hace al gobierno italiano, a propósito de lo que a la instrucción primaria argentina afecta, a fin de que temple y dirija mejor su política colonial [...] ¿cree que la República Argentina es una colonia o hay dentro de ella colonias como las de África en que la política colonial italiana, francesa, o inglesa tenga campo de acción propia y jurisdiccional?[82]

La importancia atribuida a las escuelas en la formación de la nacionalidad, presente en las argumentaciones de unos y otros, terminó por marcar un límite a la autonomía de las actividades culturales de los extranjeros. En el campo educacional culminó por entonces un largo proceso de colaboración y de competencia entre las escuelas públicas y las particulares, especialmente las de las colectividades extranjeras; a partir de ese momento se definió en favor del predominio de las escuelas del Estado. La instalación del conflicto en el campo educacional se enmarcaba en el problema más amplio de la formación de la nacionalidad: las cuestiones educacionales específicas sólo se tornaron significativas cuando se "descubrió" la necesidad de que la escuela tuviera una función en la formación de la nacionalidad. La cuestión se sobredimensionó también al convertirse la escuela en ámbito de resonancia de la preocupación más general sobre los derechos políticos de los extranjeros y el cuestionamiento del criterio de nacionalidad, que se analizará en el capítulo IV.

Para los diarios italianos, la reforma propuesta en la Unione e Benevolenza se había debido a una "traición" a la italianidad perpetrada por la Comisión Directiva que había presentado el proyecto. Para los diarios argentinos, en cambio, se trataba de la reparación de un abuso: quienes plantearon la reforma "comprendían" la importancia de las medidas "nacionales" del CNE y se inclinaban a creer en la inconveniencia de sostener escuelas "exclusivamente italianas".[83] Según *La Prensa*, el

---

[81] *La Patria Italiana*, 17 de abril de 1888; *La Prensa*, 20 de abril de 1888.

[82] *La Prensa*, 20 de abril de 1888.

[83] Varios diarios argentinos dijeron que la reforma de las escuelas de Unione e Benevolenza se debía a la intención de armonizar con los propósitos argentinos. Según *El Nacional* ("Italianitos",

conflicto se había originado cuando algunos vocales del Consejo Directivo de la Sociedad propusieron la reforma de sus estatutos con el propósito de "argentinizar la enseñanza". Es posible que algunos de sus miembros, italianos de larga residencia, vieran en esta reforma la política más sensata para las escuelas y para las futuras relaciones de los residentes italianos en la Argentina. El doctor Perrone, por ejemplo, un italiano prominente, de larga residencia en el país y con muchas e importantes relaciones, era en ese mismo momento vocal del Consejo Escolar del Distrito I y asistía, junto con las autoridades del CNE, a los actos oficiales organizados en el distrito para fomentar la escolaridad en las escuelas comunes.

Por otra parte, la reforma era un intento de paliar una situación casi insostenible, ya que las escuelas constituían en ese momento un problema para la Unione e Benevolenza. Los establecimientos educativos de las asociaciones italianas habían nacido en una época en que existían muy pocas escuelas, que además funcionaban en condiciones muy modestas y cuando todas las iniciativas educativas eran calurosamente recibidas por todos, según el supuesto compartido de que si hacían posible la instrucción del pueblo, colaboraban con el progreso general del país. Ante el estallido del problema, *El Monitor* explicaba que aquellas escuelas:

> Llegaron a tener más de 6 mil niños [...] y nadie se alarmó; se miró en ese sacrificio que las asociaciones italianas se imponían, una plausible cooperación al ímprobo trabajo de educar los niños, que se transforman en seres útiles a la sociedad en la escuela, que redime de la ignorancia y el atraso [...] nuestras escuelas eran pocas [...] no daban asiento sino a seis o siete mil alumnos y teníamos más de 45 mil niños en edad escolar [...] dígasenos, si el auxilio que de cualquier parte viniera para ayudar la ardua tarea de educar [...] no sería recibida con aplauso por todos."[84]

---

18 de abril de 1888), "los autores del proyecto comprendían que sus hijos nacidos en territorio argentino, son argentinos y necesitan ser educados como argentinos [...] que es inconveniente abusar de la deferencia con que el país permite las escuelas italianas". Para *La Voz de la Iglesia* ("Tomamos nota", 18 de abril de 1888), "Una parte del Consejo de la Sociedad Unione e Benevolenza, dándose cuenta de la responsabilidad que podía arrojar el sistema de enseñanza [...] [quería] corregir el abuso harto frecuente de proporcionar a los hijos de italianos [...] una instrucción basada en principios que lejos de preparar ciudadanos argentinos, contribuyen poderosamente a enervar el espíritu nacional y a menoscabar el respeto y el amor a nuestras gloriosas tradiciones". También *La Prensa*, 18 de abril de 1888. Es además la versión de Adolfo Saldías: "italianos honorables, progresistas y amantes de la República Argentina, que forman parte del Consejo de la Unione e Benevolenza presentaron un proyecto tendiente a la supresión de las escuelas italianas. Se fundan en que 'no solamente las escuelas no dan resultado', sino que además es anormal e inconveniente sostener escuelas 'exclusivamente italianas' en un país libre, independiente, y que ofrece a los italianos una generosa hospitalidad". Saldías, *La Politique Italienne au Río de la Plata. Les Étrangers Résidents devant le Droit International*, París, Sauvaitre Éditeur, 1889, pp. 80 y 81.

[84] "Italianos y escuelas italianas", en: *El Monitor*, tomo VII, núm. 130, 1888, p. 435.

Las escuelas, fueran del Estado o de las colectividades, eran concebidas como un instrumento para el progreso social. Pero a principios de los años ochenta, y en torno a las escuelas italianas y su propósito de "educar italianamente", empezó a cobrar forma esta nueva concepción de la escuela, propulsada por un sector del grupo dirigente italiano, integrado por maestros, periodistas y funcionarios.[85] Sin embargo, con la modernización y el crecimiento de las escuelas del CNE, fue cambiando la importancia relativa de las públicas y las de las colectividades.

La Comisión Directiva de Unione e Benevolenza, colocada en difícil situación por el ataque de los diarios italianos, envió a los socios una hoja informativa con su versión de lo sucedido. Sostenía que la reforma se había originado en el difícil estado financiero de la Sociedad, por el considerable aumento de las expensas por enfermedad: "la sociedad se hace vieja y con ella gran parte de sus miembros". Por otra parte, no contaba siempre con la generosidad de los donantes y en los últimos años, a pesar del aumento considerable del número de socios, la mayoría eran obreros que podían aportar menos. Además, mientras los gastos de las escuelas se mantuvieron, el número de alumnos disminuyó notablemente, aumentando los costos por cada uno. Los hijos de los socios "han hecho total abandono de las escuelas", pues ahora la ciudad está provista de escuelas gubernamentales, con suntuosos edificios, más cercanas a sus casas. La Comisión Directiva se proponía "concentrar las escuelas sucursales en la Sede [...] y dar mayor desarrollo a las escuelas nocturnas". No proponía, "ni soñaba, la clausura sino refundir las escuelas de las sucursales en aquella de la Sede"; según decían, buscando atemperar los ánimos exaltados, sólo se trataba de reorganizarlas.[86] En realidad, el proyecto originalmente discutido en la Comisión Directiva contemplaba el cierre de la escuela diurna de la sede y daba en cambio mayor desarrollo a las escuelas vespertinas y de diseño; pero el cierre de la escuela diurna fue finalmente desestimado.[87]

El intento de reforma finalmente fue la culminación de una difícil situación que venía enfrentando la Sociedad por la evolución de sus escuelas. A lo largo de la década de 1870 había aumentado mucho el número de alumnos. Desde 1882, en cambio, se inició un acentuado descenso, pese a que el número de socios se había incrementado notablemente.[88] Por otra parte, desde 1884 las escuelas de-

---

[85] D.F. Sarmiento, "Las escuelas italianas. Su inutilidad"; Sobre los nuevos grupos dirigentes, véase Tulio Halperin Donghi, "La integración de los inmigrantes italianos en Argentina. Un comentario" en F. Devoto y G. Rosoli, *La inmigración italiana...*, ob. cit., pp. 87-93.

[86] Società Unione e Benevolenza, "Ai Signori Soci", suelto enviado a los socios.

[87] Società Unione e Benevolenza, *Libro di Verbali della C. D. e delle Asamblee*, 1888, Seduta 21, marzo, folio 40; y Seduta 31, marzo, folio 44.

[88] La proporción de niños que concurrían a las escuelas, respecto del número de socios, llegaba al 46,3% en 1872. Esa relación había descendido al 19,5% en 1883 y al 7,8% en 1887. En 1872 los socios eran 1.038, los alumnos 481; en 1880 había 1.232 alumnos y en 1887 los socios

bieron adecuarse a las disposiciones de la Ley 1.420 que las ponía bajo la supervisión y control del CNE. Por ejemplo, la matrícula anual de los alumnos, en vez de
entrar en la caja de la Sociedad debía enviarse a la del Estado; había además nuevos requisitos en materia de edificios –calidad, espacio e higiene–, de títulos a los
maestros, o de contenidos mínimos, que requerían una ampliación de los programas en uso.[89] Todo aumentaba los costos. Al mismo tiempo, era cada vez más difícil competir eficazmente con las escuelas del Estado. En 1884 se planteó elevar
de 10 a 12 años el momento inicial del pago de la cuota social, para evitar el creciente abandono de la escuela.[90]

Desde entonces, cada nueva propuesta de reforma de las escuelas societarias
dio lugar a nuevas fricciones entre las distintas tendencias que se disputaban la
dirección de los italianos;[91] así, se pusieron de manifiesto dos corrientes de opinión. Para unos, las escuelas eran sólo uno de los varios servicios que la Sociedad
brindaba a sus asociados; aunque estaban orgullosos de lo que habían representado, juzgaban la conveniencia de su funcionamiento en relación con la demanda,
con las posibilidades de mantenimiento, y en fin, con los intereses de la Unione e
Benevolenza como asociación. Otros socios, entre ellos algunos maestros, hacían
de las escuelas una cuestión de amor patrio y de defensa de la nacionalidad italiana *all'estero*: sucesivos intentos de reforma originados en el descenso de alumnos y
el aumento de los gastos fueron rechazados por estas razones.

Por estas mismas razones, también en 1884 se planteó mantener solamente
los grados infantiles (1º y 2º), arrendar el edificio de la escuela Sucursal Sud y
concentrar en la Sede los grados elementales (3º y 4º), con escasísimos alumnos.
En la ocasión, el delegado escolar Rocca explicó que, de los 600 alumnos de las
escuelas societales, sólo 103 correspondían a los grados 2º, 3º y 4º.[92] Mientras

---

eran 6.638 y 520 los alumnos. Véase Società Unione e Benevolenza, "Riassunto dei Rendiconte
amministrativi di dieci anni dal quale risulta la marcia progressiva della Società U. e B., 1872-
1881" y "Ai Signori Soci".

[89] Società Unione e Benevolenza, *Libro di Verbali*, 1884, Seduta 27 de diciembre, folio 180.
A lo largo de todo el año se realizan esfuerzos para poner en condiciones los edificios, especialmente de la Escuela Norte y de la Oeste. Cuando por moción del delegado escolar Dr. Rocca se
invita al CNE a presenciar los exámenes, se sugiere expresar que es "deseo manifiesto de la CD
que el CNE se convenza que las escuelas de la Unione e Benevolenza funcionan ateniéndose a
lo que ordena la ley en esta materia". *Libro di Verbali*, 1885, 25 de noviembre, folio 331.

[90] Società Unione e Benevolenza, *Libro di Verbali*, 1884, Seduta 11 mayo, folio 84 y Asamblea extraordinaria, 18 de mayo, folios 91, 92.

[91] Casi todos los medios de prensa registraron en estos años la disputa, pública y ruidosa, de
los diferentes grupos locales –mazzinianos, garibaldinos, republicanos, monárquicos, anarquistas,
socialistas, etc.– que se disputaban la dirección de los numerosos residentes italianos en el país.

[92] Società Unione e Benevolenza, *Libro di Verbali*, Seduta 12 marzo, folio 50.

muchos se inclinaban por brindar una enseñanza limitada a las primeras nociones y rudimentos, y en consecuencia por restringir la "enseñanza de la lengua patria a la Sede", otros sostenían que era responsabilidad de la CD "mantener la característica de italianidad de la escuela".[93] Las diferencias sobre el papel de las escuelas surgían en muchas otras situaciones: por ejemplo, en ocasión del nombramiento de un maestro se discutía largamente si debía prevalecer su capacitación o su condición de italiano.[94] Esas diferencias se acentuaron hasta desembocar en el conflicto de abril de 1888.

La polémica pasó del ámbito de Unione e Benevolenza a los diarios locales –argentinos e italianos– y creció como una bola de nieve. La noticia de la disposición del CNE de realizar una inspección en las escuelas italianas[95] llegó a Italia, pero tergiversada en una orden de clausura de todas las escuelas italianas dispuesta por el gobierno argentino: "la mala impresión producida en toda Italia" por la noticia, que "cayó como una bomba", promovió "la mayor excitación en el pueblo italiano y en su gobierno" e hizo que el ministro Crispi se apersonara frente al ministro argentino Del Viso requiriendo información.[96] En el Parlamento italiano, los diputados pertenecientes a la mayoría interpelaron al ministro y el subsecretario Damiani declaró enérgicamente ante el mismo: "Las escuelas italianas en Buenos Aires serán puestas a resguardo de todo ataque ulterior no importa de donde él viniera, con todos los medios de que Italia dispone".[97]

La cuestión estuvo a punto de suscitar un conflicto internacional. Adolfo Saldías publicó en París, en 1889, un trabajo destinado a denunciar y refutar las teorías italianas sobre el Río de la Plata, pues las intenciones "coloniales" de la política italiana fueron recogidas en los diarios europeos. Allí señaló que para ver un ataque en la aplicación de la ley argentina a las escuelas existentes en territorio argentino

---

[93] Società Unione e Benevolenza, *Libro di Verbali*, Seduta Extraordinaria, 23 marzo 1884, folio 51 y 52.

[94] Por ejemplo, en ocasión del nombramiento de una comisión examinadora para llenar el cargo de maestro inspector, la Comisión Directiva propuso que fueran "pedagogos competentes y con larga práctica en la enseñanza"; algunos socios disintieron, porque se proponía a no italianos que ocupaban puestos de inspectores en las escuelas argentinas –en este caso se trataba del inspector Santa Olalla–, en lugar de designar italianos, entre quienes había personas muy competentes. Società Unione e Benevolenza, *Libro di Verbali*, 1884, Seduta 30 enero, folio 19. En ocasión del nombramiento de un maestro de Caligrafía, se planteó si debía preferirse la mayor capacitación e idoneidad de un candidato no italiano o la condición de italiano del otro. Società Unione e Benevolenza, *Libro di Verbali* 1884, Seduta 6 agosto, folio 125; también 13 agosto, folio 131 y 27 agosto, folio 133.

[95] "Notas", en: *El Nacional*, 28 de abril de 1888.

[96] "La cuestión de las escuelas italianas", en: *La Voz de la Iglesia*, 8 de junio de 1888.

[97] Adolfo Saldías, *La Politique Italienne au Río de la Plata...*, ob. cit., pp. 82 y 83.

"es necesario que el gobierno italiano supusiera desde el principio un atentado a sus derechos de soberanía o de jurisdicción que él tendría sobre la República Argentina, semejantes a aquéllos que ejerce sobre Massaua o Trípoli".[98] Para Saldías "la rigurosa medida" de inspección del gobierno argentino era

> provocada por el hecho de que en las escuelas italianas, los profesores italianos se esfuerzan [...] en desarrollar [...] las ideas italianas y el sentimiento de su nacionalidad de origen. Esta educación constituye para el país un peligro muy grande, porque ella tiende a crear un estado dentro del estado y proveer a los inmigrantes italianos los medios seguros para un buen día convertirse en conquistadores y señores de esta región tan rica.[99]

B. Bossi, que ya había opinado sobre aquel artículo del senador Boccardo en 1886, publicó en Italia un folleto para aclarar algunos malentendidos sobre las escuelas. Explicaba –coincidiendo con un argumento que siempre había sostenido Sarmiento– que era totalmente innecesario subvencionar escuelas en la Argentina, donde abundaban las gratuitas del Estado, y donde había además muchas escuelas particulares, por lo que "las escuelas no dan ningún beneficio a Italia, al contrario fomentan mal humor en los nativos y pueden ser la causa de cuestiones serias". La prensa argentina combate las escuelas "no porque tema perder ciudadanos en los hijos de los italianos [...] sino porque se cree ofendida en su dignidad de nación independiente, porque le parece que Italia pretende formar un núcleo de poder en su patria o asumir una cierta idea conquistadora".[100] Al igual que Saldías, Bossi creía que esos conflictos determinarían en la Argentina un notable giro respecto de los inmigrantes: "si se persiste en el error se dará lugar a conflictos inevitables, que los diarios agigantarán, con aquellos países que al fin serán constreñidos a obligar a todo aquel que quiera habitarlos a hacerse ciudadano argentino, oriental, brasileño, etc.". Recordaba que esta "cuestión palpitante" de la naturalización automática de los extranjeros sólo estaba diferida, pero que "con la mínima protesta" podía "presentarse al Congreso", donde seguramente encontrará general aceptación.[101]

Aunque *El Monitor* procuró atemperar la cuestión,[102] la prensa en general reclamó una decidida defensa de la soberanía; aun los que creían que la prensa italiana perdía los estribos "cuando pone en discusión cuestiones de nacionalidad",

---

[98] Ibíd., p. 83.

[99] Ibíd., p. 84.

[100] B. Bossi, *Veritá e Giustizia. Le scuole italiane in America*, Génova, Tip. dal Commercio di Genova, 1888, p. 9.

[101] Ibíd., p. 15.

[102] "Italianos y escuelas italianas", en: *El Monitor*, tomo VII, núm. 130, 1888, pp. 433 a 438.

como *El Nacional*, sin embargo afirmaban: "toca al gobierno ocuparse de este asunto trascendental".[103] En efecto, hubo presión de la opinión pública para que se diera una respuesta firme. Se solicitó una definición del Congreso urgiendo la sanción de los nuevos planes de "carácter nacional".[104] *La Prensa* recordó que "nuestros constituyentes se propusieron fundar una Nación completa [...] [y] la educación de los hombres es uno de los resortes maestros en esa labor [...]". Por eso se debían conservar "íntegros e incólumes" los derechos de la soberanía y "el poder y el deber de educar al pueblo argentino bajo planes de educación argentina cuya consecuencia gloriosa es la formación de eso que tanto anhelan y de que tanto se enorgullecen todas las naciones, y que se llama el espíritu nacional, el genio nacional".[105]

Esta defensa de las atribuciones del Estado en el ámbito de la educación fue unánime; si bien era previsible en diarios como *El Nacional*,[106] resulta notable encontrarla también en *La Voz de la Iglesia*, defensora de la libertad de enseñanza y denunciante permanente de la política del Estado en ese campo.[107] Decía *La Voz de la Iglesia*: "no se debe tolerar por más tiempo en el seno de nuestra patria [...] Y puesto este caso, todas las medidas de vigor quedan justificadas [...] La libertad de enseñanza va a padecer detrimento [...] Y sin embargo la inspección oficial es necesaria en este caso de las escuelas italianas".[108] Y *La Prensa* insistía: "Es tiempo ya de metodizar esa función del Estado [...] que no haya una escuela en que no se enseñe lo que el Estado mande y que ninguna se escape de su inspección [...] No repudiamos las escuelas privadas: las queremos y las defendemos, como emblemas de la libertad y como fuerzas del progreso, pedimos sí que se cumpla en ellas el programa nacional".[109]

El CNE procuró restablecer la confianza en su pleno control de la situación:

> cuando la discusión ha venido, era precisamente cuando nuestra legislación escolar ha salvado el peligro, sujetando la escuela particular a la inspección de las autorida-

---

[103] "Italianitos", en: *El Nacional*, 18 de abril de 1888.

[104] *La Prensa*, 18 de abril de 1888.

[105] "El Estado y la enseñanza", en: *La Prensa*, 29 de abril de 1888.

[106] "La prensa monárquica y las escuelas italianas", 24 de abril de 1888; "Notas", 28 de abril de 1888; "Las escuelas italianas", 1º de mayo de 1888; y "Los Bachichas", 9 de mayo de 1888.

[107] *La Voz de la Iglesia* siempre defendió la libertad de enseñanza; por ejemplo: "La libertad de enseñanza y la Constitución", 17 de setiembre de 1888; en cambio, reclamó enérgicas medidas de control del Estado para solucionar este caso. Entre otros: "Tomamos nota", 18 de abril de 1888; "Escuelas italianas", 30 de abril de 1888; "A propósito de las escuelas italianas", 13 de junio de 1888.

[108] "Escuelas italianas", en: *La Voz de la Iglesia*, 30 de abril de 1888.

[109] "El Estado y la enseñanza", en: *La Prensa*, 29 de abril de 1888.

des escolares, encargadas de exigir en ellas la enseñanza de todo lo que pueda instruir y formar un buen ciudadano –el idioma, la geografía, la historia, la constitución nacional–, como está ordenado que se haga, incurriendo los infractores [...]
en penas, que pueden ir hasta la multa pecuniaria y la clausura de la escuela.[110]

El CNE omitía mencionar el duro esfuerzo realizado hasta entonces. Si bien nunca
se propuso cerrar las escuelas particulares, procuró en cambio asegurar el cumplimiento de las exigencias mínimas de contenidos y de funcionamiento establecidas
por la Ley 1.420. Cerrarlas hubiera sido una medida poco política en momentos
en que se buscaba generar confianza. Se propuso, en cambio, lograr el predominio
de las escuelas comunes consideradas, desde una perspectiva incluyente, el instrumento principal para la formación de la nacionalidad, y también para la capacitación individual y social.

En este sentido, sus objetivos fueron crecientes: según *El Monitor,* antes de dos
años el CNE "adquirirá por compra los edificios que poseen las diferentes asociaciones italianas en que funcionan sus escuelas".[111] *La Voz de la Iglesia* ponía al descubierto estas ambiciones en un comentario malévolo sobre Benjamín Zorrilla:

Este buen señor, en su afán de convertirse en abogado de los inmigrantes dijo que
se había aterrorizado cuando oyó la prédica que de todas partes se había levantado
contra las escuelas italianas [...] que su temor venía de las consecuencias que pudiera traer esa propaganda. Para combatirlas no es necesario tomar ninguna medida oficial; basta [...] hacer lo que ha hecho [...] el doctor Zorrilla, que privada-
mente, y demostrando las ventajas de las escuelas nacionales, ha conseguido que el
número de los inscriptos en las italianas se haya reducido de 8 mil alumnos a 3
mil. Muy diplomático, el Presidente del Consejo de Educación. No toquemos a
las escuelas italianas públicamente. Hagámosle una guerra solapada.[112]

Un sistema nacional

Simultáneamente, el CNE organizó los instrumentos institucionales que le permitieran tener un efectivo control sobre el campo educativo, tanto en las escuelas
propias como en las privadas, a través de la reorientación de la vieja inspección y
de la formación de un cuerpo técnico centralizado, que se organizó entre principios de 1888 y mediados de 1889.[113] El CNE recordó a los Consejos de Distrito

[110] "Italianos y escuelas italianas", en: *El Monitor,* tomo VII, núm. 130, 1888, pp. 433 a 438.
[111] Idem.
[112] "La escuelas italianas y el Dr. Zorrilla", en: *La Voz de la Iglesia,* 19 de octubre de 1888.
[113] "La inspección de las escuelas", en: *El Monitor,* tomo VII, núm. 135, 1888, p. 679.

que la Ley 1.420 ponía a las escuelas particulares bajo su directa inspección y vigilancia: "se ha sancionado hace meses" que en los exámenes de mitad del año y en los finales de las escuelas particulares "se hallen presentes los Inspectores Técnicos y Oficiales" para informar si en ellas se enseña "el mínimum de educación señalado por la Ley del 8 de julio de 1884".[114] Hasta entonces, la inspección tenía una existencia casi nominal, limitada a dos inspectores técnicos. Los secretarios de los Consejos de Distrito eran simultáneamente subinspectores, pero "más que tales –ellos mismos lo decían–, somos una especie de escribientes secretarios de los Consejos Escolares". Se esperaba que un cuerpo de verdaderos inspectores permitiría "una inspección permanente, activa e inteligente, independiente de toda otra autoridad que no sea el CNE [...] con atribuciones claramente determinadas y responsabilidades definidas". Los inspectores "podrían visitar las escuelas cuatro días a la semana [...] [pero] es indispensable que desaparezca esa dualidad incompatible, encarnada actualmente en los secretarios-subinspectores".

La creación de un cuerpo de inspectores obligó a replantear la relación con los Consejos Escolares; los subinspectores sugerían: "debemos ser independientes [...] para desempeñar estas funciones libre, amplia e independientemente"; y en esos Consejos "debemos ser miembros natos y permanentes con voz, por lo menos, en las sesiones [...] seríamos asesores en cuanto concerniese al personal docente y las escuelas [...] [puesto] que los Consejos se renuevan periódicamente y nosotros somos permanentes."[115] Esta permanencia, y su nueva relación directa y vertical con el CNE, otorgó a los subinspectores un mayor ascendiente en los Consejos Escolares y quitó a éstos algo de su autonomía: "Una inspección asidua de las escuelas [...] que informase mensualmente al Consejo Nacional reemplazaría admirablemente el cúmulo de asuntos que hoy se tramitan por las oficinas de los Consejos".[116]

Estos cambios crearon fricciones con los Consejos Escolares de distrito. El presidente del Distrito VII, Isaac P. Areco, sostuvo que la "independencia de los Consejos de Distrito trae forzosamente aparejada la dependencia de los secretarios rentados de los mismos consejos cuyos actos autorizan". Si los secretarios recibieran órdenes del CNE surgiría un conflicto de autoridad que "no sólo embarazaría la acción de los Consejos Escolares sino que los expondría a desaparecer".[117] Es posible que las autoridades de distrito estuvieran alertas, porque un cambio semejante se

---

[114] CNE, "Circular a los Consejos Escolares del 24 de octubre de 1884" y "Apéndice", ibíd., tomo VII, núm. 130, 1888, pp. 437 y 438.

[115] "Inspección de las escuelas comunes", ibíd., tomo VII, núm. 125, 1888, pp. 225 y 226.

[116] "La inspección de las escuelas", ibíd., tomo VII, núm. 135, 1888, pp. 679-680.

[117] "Isaac P. Areco, presidente del Consejo Escolar del VII Distrito al presidente del CNE", 7 de agosto de 1888, ibíd., tomo VIII, núm. 142, 1888, pp. 78-79.

había planteado en el de la Provincia de Buenos Aires.[118] El CNE recordó que no eran autoridades antagónicas y en el nuevo reglamento del cuerpo autónomo de inspección, aprobado en julio de 1889, se delimitaron aquellos ámbitos.

Los inspectores, nombrados por el CNE, debían poseer diploma de profesor normal y sus funciones, cuidadosamente detalladas, eran incompatibles con cualquier otro cargo en las escuelas primarias, públicas o particulares. Los dieciséis distritos de la Capital Federal –cada uno de ellos a cargo de un subinspector– se agrupaban en tres secciones, a cargo de los inspectores técnicos, quienes tendrían rotativamente la jefatura del despacho de inspección y una reunión semanal con todos los inspectores a su cargo.[119] La nueva inspección posibilitaría que el CNE pudiera no sólo organizar y controlar mejor la marcha de las escuelas comunes, sino hacer efectiva la supervisión académica sobre todo tipo de escuelas. Esto se reforzó con otra medida de "carácter nacional": en agosto de 1889 se comenzaron a aplicar efectivamente las disposiciones de la Ley 1.420 que exigía a los maestros con títulos extranjeros que éstos se revalidaran en las escuelas normales de la Nación. Hasta entonces, la práctica corriente había sido reemplazarlos por certificados provisorios que se otorgaban con facilidad, por lo que se suspendió su otorgamiento y se anularon los ya otorgados.[120] Poco después, en noviembre, un decreto del Poder Ejecutivo amplió las disposiciones reglamentarias de la Ley sobre Libertad de Enseñanza, estableciendo que los directores de los colegios privados deberían presentar al Ministerio la nómina de los profesores, indicando si eran titulados o no.[121]

En agosto de 1889, el CNE comunicó a los inspectores nacionales de las provincias la sanción de un nuevo reglamento para la inspección nacional que le permitiría extender de una manera más eficaz su influencia en el resto del país. Se había procurado paliar el atraso de la educación primaria en las provincias con la ley de subvenciones nacionales de 1871, que establecía reintegros de la Nación a las provincias en una proporción significativa, de acuerdo con los gastos realizados en educación. Los resultados, sin embargo, no habían sido los esperados; era habitual que los gobiernos provinciales desviaran los recursos destinados a educación para otros usos.[122] La reorganización de la inspección nacional con "un ins-

---

[118] "Los Consejos Escolares" en: *Revista de Educación*, La Plata, junio-julio de 1888; citada en "Los Consejos Escolares", en: *El Monitor*, tomo VII, núm. 136, 1888, pp. 749-750.

[119] CNE, "Reglamento de la inspección de las escuelas de la Capital, Colonias y Territorios", 15 de junio de 1889, en: *El Monitor*, tomo VIII, núm. 159, 1889, pp. 973 a 976.

[120] CNE, *Actas de Sesiones*, miércoles 14 de agosto de 1889.

[121] "Sobre enseñanza", en: *La Voz de la Iglesia*, 8 de noviembre de 1888.

[122] Los ardides más frecuentes eran simular los gastos, inflar los sueldos de los maestros, crear escuelas en el papel y maestros, materiales y planillas ficticios y aun especular con la moneda. Véase Juan P. Ramos, *Historia de la instrucción primaria en la República Argentina 1810-1900*, tomo I, Buenos Aires, Jacobo Peuser, 1910, p. 122 a 126.

pector nacional en cada una de ellas" permitiría no sólo controlar la inversión del fondo escolar, sino cooperar "con sus conocimientos profesionales y la experiencia adquirida" de modo tal que "prevalezca en todas, si es posible, un mismo sistema de enseñanza", para "hacer desaparecer ese desequilibrio de acción que no tiene razón de existir en nuestro país". De esta manera, se avanzaría en la consolidación de una educación de carácter y alcance nacional.[123]

Con plena convicción, el CNE convirtió a sus escuelas en las mejores, y en su empresa de extensión de la educación pública enfrentó la indiferencia paterna y la competencia de las escuelas de los extranjeros. Confluían sin conflicto el propósito central de capacitar a todos a través de la escuela común, una idea de una sociedad nacional incluyente y el propósito, más reciente, de formar la nacionalidad. Sin embargo, en la medida en que la nueva idea de nacionalidad –la misma que cobraba auge en Europa– fue definiéndose en términos de singularidad cultural, arrastró tras de sí otra definición de la sociedad nacional, caracterizada por la diferencia y la exclusión de lo distinto.

---

[123] CNE, Circular a los inspectores nacionales de las provincias con motivo del Reglamento recientemente sancionado, Buenos Aires, agosto de 1889; en: *El Monitor*, tomo IX, núm. 163, agosto de 1889, pp. 143 y 144.

III. Héroes, estatuas y fiestas patrias: construir la tradición patria, 1887-1891

Las fiestas patrias: una feliz inspiración

El 25 de mayo de 1887, *La Prensa* dedicó una nota –bastante más extensa que la breve crónica dedicada a la celebración oficial en la Plaza de Mayo– a reseñar las actividades del día anterior en la Escuela Graduada del Distrito I, donde su joven y distinguido director, Pablo Pizzurno,

> cumplió el día 24 con ese deber cívico de patriotismo. Reunió a los niños de la escuela y les explicó el acontecimiento glorioso que la patria celebra […] En seguida los condujo al patio, en donde había enarbolado una bandera nacional ante la cual los niños declamaron versos patrióticos […] [luego] todos cantaron el himno nacional […] La fiesta fue verdaderamente hermosa. El señor Pizzurno […] es digno de un elogio especial por la feliz inspiración que tuvo.[1]

La conmemoración –una iniciativa tan acertada que mereció el elogio de sus superiores y el reconocimiento de la sociedad– había nacido simplemente de la "feliz inspiración" de un director de escuela. Según indica la nota, hacia 1887 la celebración de las fechas patrias no constituía una actividad regular, instalada en la rutina escolar; tampoco lo era enarbolar la bandera, que luego sería ritual en esas fechas; los grandes días de la patria eran recordados según la iniciativa de sus maestros o directores. Las escuelas no eran un ámbito particularmente asociado con la simbología patria, donde las ceremonias conmemorativas, reiteradas anualmente, fueran como los eslabones de la memoria oficial de la nación.

La nota revela también la preocupación por la falta de animación y entusiasmo popular en las fiestas patrias. El redactor descubría en el festejo escolar un instrumento para revitalizar las fiestas públicas oficiales. Se podía despertar el amor patriótico en los escolares, y lograr además que "el pueblo entero" participara de la misma emoción, precisamente en un momento en que ésta se echaba de menos y la indiferencia pública comenzaba a preocupar. Según *La Prensa*:

[1] *La Prensa*, 25 de mayo de 1887.

Hace falta la restauración de las fiestas de otros tiempos, en que los millares de niños de las escuelas saludaban la salida del Sol de Mayo desde las plazas públicas entonando la canción patria con juveniles y conmovedoras voces, vestidos todos con los colores de la República. Estas ceremonias enseñaban a los argentinos desde la primera edad a sentir los estremecimientos del fervoroso amor a la patria: el pueblo entero participaba de la misma emoción. Es un culto sagrado que nunca debiera abandonarse.

En distintos ámbitos de la sociedad, en los últimos años de la década de 1880, se advertía una preocupación por la nacionalidad en torno a las fiestas patrias. A partir de 1887, precisamente, los esfuerzos para revitalizar las fiestas desembocaron en la organización de grandes celebraciones commemorativas, y los escolares fueron, en este primer momento, un instrumento de la reactivación de las fiestas públicas oficiales. En los años siguientes se desenvolvió un vasto movimiento de construcción de la tradición patria que se materializó en monumentos, institución de museos, recordación y homenaje de los próceres y en la elaboración de una legitimación de la identidad basada en la apelación al pasado patrio.[2]

Las fiestas en la Gran Aldea

Diez o veinte años atrás, las fiestas patrias entusiasmaban al pueblo, invitado a divertirse y a participar en juegos y entretenimientos. Los programas anunciaban carreras de sortijas, palos enjabonados, toda clase de juegos de azar, exhibiciones circenses y espectáculos como ascensión en globo, cohetes, fuegos artificiales e iluminación artística. Algunos entretenimientos resultaban especialmente atractivos: "La corrida de los chanchos, que ha ido a revolucionar profundamente los pueblos más lejanos de nuestra campaña, atrae cantidad de mortales con que vienen llenos los trenes del oeste, del norte, del Sud y de la Boca". En la plaza Once de Setiembre se había construido un circo "con asientos para dos o tres mil personas y en él tenían lugar las corridas de cerdos con la cola pelada y jabonada".[3]

---

[2] Véanse E. J. Hobsbawm, "Mass-producing traditions: Europe, 1780-1913", en E. Hobsbawm y T. Ranger (comps.), *The invention of tradition*, Cambridge, Cambridge University Press, 1983; Mona Ozouf, *La fête révolutionnaire 1789-1799*, París, Gallimard, 1976; Christian Amalvi, "Le 14-juillet", en Pierre Nora, *Les lieux de mémoire*, tomo I, París, Gallimard, 1984; Michelle Vovelle, "Lo popular cuestionado", en: *Ideologías y Mentalidades*, Barcelona, Ariel, 1985; Maurice Agulhon, *Marianne au Combat. L'Imagerie et la Symbolique Républicaines de 1789 à 1880*, París, Flammarion, 1979 y Maurice Agulhon, *Marianne au Pouvoir. L'Imagerie et la Symbolique Républicaines de 1880 à 1914*, París, Flammarion, 1989.

[3] *La Prensa*, 25 de mayo de 1872. En las crónicas de las fiestas patrias de entonces era infal-

En estas fiestas, el público estaba dispuesto a divertirse y entretenerse igual que en el Carnaval o el día de San Juan. La presencia del payaso, versión circense del legendario arlequín carnavalesco, confirma el carácter popular de la diversión:

> Llegó por fin el 25 de Mayo con gran contentamiento de los pirotécnicos y los muchachos […] A medida que se van acercando los días de Mayo veíase dibujado en todos los rostros la alegría […] El guarango […] que a la par del pilluelo y del payaso son los héroes de las fiestas[…] para el pueblo el payaso es el todo de las fiestas mayas. Sin payaso no hay alegría, no hay festejos, no hay fiestas patrias posibles.
>
> […] Como todos sabemos duran tres días para celebrar en debida forma tan gran aniversario. Los cohetes voladores, las bombas, los globos, la iluminación y los fuegos artificiales son los que las constituyen. Desde el amanecer del día 22 todo el pueblo abandona sus casas y se desborda en las plazas, en los bazares, en las tiendas […] el primer día aparece en todos los diarios de la Capital el programa de las fiestas, que no discrepa un ápice de los anteriores […] El segundo día la Municipalidad echa en honor al día cuatro globos […] el tercero, en vez de cuatro se echan veinte mostrando así que la Municipalidad no economiza el dinero cuando se trata de divertir al pueblo.[4]

Los organizadores respondían a las expectativas del público, preparaban los entretenimientos y renovaban año tras año la decoración de la Plaza de Mayo, el escenario de la fiesta, con luces ingeniosamente dispuestas, fuegos de artificio, flores, banderas y otros ornamentos. Los colores y los símbolos patrios se usaban con gran libertad combinados con una variedad de adornos que modificaban su diseño. Banderas y escudos, incluso los de las provincias, aparecían en farolas de género con gorros frigios con el nombre de argentinos ilustres y usualmente el sol, en un lugar destacado. A menudo, se adornaban con algún dispositivo moderno, como la luz de gas, y en todo se buscaba atraer por la novedad, el color o el ingenio.

Esa libertad creativa le dio a la fiesta un aire doméstico y un color patrio cálido y alejado de la solemnidad. La parte oficial de la fiesta, el *Te Deum*, la comitiva oficial, la revista militar, así como la simbología patria, se incluían en la celebración sin tapar las otras partes del festejo ni acaparar la atención. La festividad

---

table la mención de cucañas, calesitas, rompecabezas, acróbatas, pruebas gimnásticas, juegos pirotécnicos y bandas de música. También véase *La Tribuna*, 24 de mayo de 1870; 22, 23 y 24 de mayo de 1872 y 7, 8 y 9 de julio del mismo año.

[4] *La Prensa*, 25 de mayo de 1872. Para *La Tribuna* ("Fiestas Julias", 8 de julio de 1871), en las siguientes fiestas la gente podrá entregarse "a las más gratas diversiones del entusiasmo"; refiriéndose a la gran cantidad de público que concurrió a la Plaza de la Victoria, agrega: "que el pueblo goce ya que tanto tiempo vivió aterrorizado [por la peste]". ("La gente se divierte", en: *La Tribuna*, 9 de julio de 1871).

recordaba el nacimiento o la independencia de la patria, pero también recogía otros significados más remotos. La participación de "los pobrecitos de las escuelas del Estado [que] van tiritando de frío al pie de la pirámide a cantar el Himno Nacional" no se valoraba demasiado.[5] Además, la fiesta popular no se interrumpía por estos actos: "los acróbatas trepan en las cuerdas, el payaso lanza al aire sus alaridos […] A la noche vienen los fuegos, y el pueblo satisfecho y agradecido se derrama por las cuatro bocacalles de la plaza a llenar los teatros y cafés de la ciudad". A pesar del crecimiento de la población y de cambios como la luz de gas y el ferrocarril, todo el festejo tenía un aire pueblerino; conservaba –como la ciudad– muchos de los rasgos de otros tiempos[6] y cierto parentesco con aquéllas que describía "un inglés" que vivió en Buenos Aires hacia 1825, quien decía del 25 de Mayo:

> es recordado anualmente con un festival que dura tres días […] La madrugada del 25 los muchachos cantan el Himno Nacional frente a la pirámide: saludar el nacimiento del sol es una costumbre peruana. Durante el día tienen lugar diversos festejos: se plantan varios palos enjabonados […] [que] provocan gran hilaridad pues muy pocos consiguen treparlos […] También hay un ingenioso aparato llamado rompecabezas que consiste en una estaca colocada sobre pivotes, a la que se sube por una soga […] Por las noches se interpreta música militar en las galerías del Cabildo y pueden verse globos de fuego y fuegos artificiales de todas clases […] Todas las noches de fiestas permanece el teatro abierto siendo muy concurrido. Se canta el Himno Nacional y hay iluminación extraordinaria; concurren el gobernador y sus acompañantes.[7]

Las fiestas patrias conservaron estas características a lo largo de la década del setenta, aunque sujetas a circunstancias que afectaban su brillo: en 1874, el fraude electoral habría sido el responsable de la falta de entusiasmo en las celebraciones patrias, y en 1875 los efectos de la crisis forzaron a hacer economías que retrajeron el entusiasmo del público.[8] Desde los primeros años de la década del ochenta

---

[5] *La Prensa*, 25 de mayo de 1872. Véase una descripción semejante de la participación infantil en *La Tribuna*, 24 de mayo de 1870.

[6] Véase Tulio Halperin Donghi, *Revolución y guerra. Formación de una elite dirigente en la Argentina criolla*, Buenos Aires, Siglo XXI, 1972, pp. 182 a 186.

[7] *Cinco años en Buenos Aires (1820-1825) por un inglés*, Buenos Aires, Solar, 1962, pp. 159 y 160. Véase además Graciela Lapido y Beatriz Spota de Lapieza Elli (recopilación, traducción, notas y prólogo), *The British Packet. De Rivadavia a Rosas (1826-1832)*, Buenos Aires, Solar/Hachette, 1976 y John Murray Forbes, *Once años en Buenos Aires. 1820-1831*, Buenos Aires, Emecé, 1956.

[8] *La Prensa*, 9 de julio de 1874 y 27 de mayo de 1876; *La Tribuna*, 22 y 25 de mayo de 1877; *La Nación*, 5 y 11 de julio de 1878.

las crónicas de los diarios marcaron un cambio en las celebraciones: en ellas la presencia del Estado se hizo más notable. En mayo de 1881, convertida la ciudad en la capital federal, se realizó la primera celebración presidida por el triunfante gobierno nacional. Las celebraciones, que "se anunciaban magníficas", se iniciaron a la salida del sol con el saludo de los buques de la Armada, las salvas de las baterías del Ejército, y nuevamente salvas al mediodía. Además de la iluminación, los globos con los nombres de personajes ilustres y los fuegos artificiales, el gran acontecimiento fue el desfile militar –por las calles Bolívar, Victoria, Perú y Florida hasta el Retiro–, luego de la tradicional revista de las tropas al finalizar el *Te Deum*. El 9 de Julio se repitió el desfile, que abarcó las plazas de la Victoria y 25 de Mayo, donde se ejecutó "una gran marcha militar [la 'Conquista del Desierto'], con cajas y tambores dedicada al presidente de la República, brigadier Julio A. Roca".[9]

Aunque lo militar siempre había estado presente en las festividades patrias, la participación del Ejército Nacional fue mayor y más solemne, en correspondencia con su imagen tras la Campaña al Desierto, la victoria sobre Buenos Aires y su importante papel en la trabajosa afirmación del Estado nacional.[10] Por otra parte, se abría una nueva etapa en la vida política ciudadana, caracterizada por el reemplazo de la actividad política intensa –"ese viril deporte"–, por "la ordenada administración del Estado", y por el desplazamiento de los grupos tradicionales de la política porteña.[11] Las críticas al roquismo de López, Mitre, Estrada y Sarmiento apuntaban a denunciar la excesiva autonomía adquirida por el gobierno respecto del conjunto de la sociedad. Por añadidura, este desplazamiento se operaba ante "la indiferencia del público nuevo y la de los más entre los veteranos espectadores del debate político", que a los nuevos grupos gobernantes no les interesaba sacudir, por el momento.[12]

En este nuevo clima político, las celebraciones comenzaron a ser concebidas de otra forma. La fiesta patria se cristalizó en un ceremonial solemne, mientras

[9] *La Tribuna Nacional*, 24, 26, 27 y 28 de mayo de 1881; *La Prensa*, 25 y 28 de mayo de 1881; *La Tribuna Nacional*, 8, 9, 10, 11 y 12 de julio de 1881.

[10] Véanse: Natalio R. Botana y Ezequiel Gallo, *De la república posible a la república verdadera*, Buenos Aires, Ariel, 1997 y Alain Rouquié, *Poder militar y sociedad política en Argentina*, Buenos Aires, Emecé, 1981, pp. 79 y 80.

[11] T. Halperin Donghi, "Un nuevo clima de ideas", en: Gustavo Ferrari y Ezequiel Gallo (comps.), *La Argentina del Ochenta al Centenario*, Buenos Aires, Sudamericana, 1980, pp. 20-21; Hilda Sabato, *La política en las calles. Entre el voto y la movilización, 1862-1880*, Buenos Aires, Sudamericana, 1998.

[12] T. Halperin Donghi, "Un nuevo clima de ideas"..., ob. cit. Sobre los cambios en la vida política, véase Ezequiel Gallo y Roberto Cortés Conde, *La república conservadora*, Buenos Aires, Paidós, 1972, pp. 77-81.

que los entretenimientos y los juegos fueron desplazados del escenario principal: las plazas 25 de Mayo y de la Victoria. Los viejos usos, en cambio, se mantuvieron por mucho tiempo en los barrios y los pueblos suburbanos. En el escenario central, la participación popular lúdica cedió terreno al espectáculo oficial, y los antiguos protagonistas terminaron por convertirse en público. Un nostálgico cronista de *La Tribuna Nacional* echaba de menos la vieja alegría:

> Se acabaron las rosquitas de maíz, el dulce de batata, el arroz con leche, los negros y las negras, Felipón (el payaso, "¡Dios, luz suprema de las fiestas populares!") y sus compinches, los cohetes voladores y los buscapiés, los palos enjabonados, los rompecabezas y las calesitas gratis; ya no hay nada de aquel 25 de Mayo antiguo, que llevaba a la plaza diez mil concurrentes por día rebosando según los gustos de entonces, de alegría y de felicidad popular [...] ¡No se habla más que de dinero, de ferrocarriles, de puertos, de indios suprimidos, de empréstitos, de progresos, de bancos, de gobierno, de paz y de administración! ¡Ni siquiera un barullito![13]

Casi al mismo tiempo, se empezó a descubrir la falta de alegría y también del tradicional "fervor patrio". Un cronista de *La Prensa* apuntó:

> Doloroso es decirlo, pero es la verdad: el brillo de las Fiestas Mayas decae socialmente. El pueblo no se conmueve: reposa en vez de dar nobles y amplias expansiones a su ánimo. Los salones de la alta sociedad no abren sus puertas, la juventud permanece fría e indiferente, las escuelas públicas se alejan, sin hacer oír aquellos cantos inocentes y patrióticos, que en otros años despertaban el alma con los más tiernos estremecimientos de júbilo íntimo. La noción sublime de la Patria no resplandece en estas festividades, reducidas a la costumbre invariable del espectáculo oficial, que no impresiona ni deleita: es un objeto de mera curiosidad pública.[14]

Aun cuando la crítica a la política oficial influye en la descripción, también refleja tanto la percepción de una brecha entre el espectáculo oficial pomposo y brillante y un público escasamente emocionado, como una demanda para recuperar el fervor patrio perdido. El desapego y la indiferencia comenzaron a ser comparados entonces con el patriotismo del pasado, cuando brillaban aquellas virtudes echadas de menos en el presente.

> La celebración de los aniversarios de la patria, como la visita a las tumbas que guardan las cenizas de nuestros mayores, no debe, ni puede consistir en las ostentaciones externas del brillo de los galones y de la pirotecnia, que son el culto externo

---

[13] "¡Adiós Patria!", en: *La Tribuna Nacional*, 26 de mayo de 1883.
[14] "La fiesta del patriotismo" (artículo editorial), en: *La Prensa*, 25 de mayo de 1883.

de la religión del patriotismo [...] Es necesario algo más: es necesario poner el alma en contacto con el credo y los fines de la Revolución.[15]

El cambio en las fiestas reflejó el de la ciudad: una vida institucional y administrativa más compleja, un ritmo más intenso en las actividades económicas y en su vida social, pero sobre todo una transformación muy notable en su vida política. Indudablemente, también en ellas se quiso dar una imagen más acorde con la ciudad capital de un país moderno y en franco progreso.

Dentro de ese panorama de desafección, repetido año a año, las fiestas de 1884 habían resultado singularmente exitosas. El espectáculo fue excepcional: se inauguró la nueva Plaza de Mayo –demolida la recova que separaba las antiguas plazas 25 de Mayo y de la Victoria–, y el desfile militar fue imponente; marcharon tres mil quinientos hombres que

> fueron causas más que suficientes para que el mundo elegante se lanzara en masa a los balcones de la Casa de Gobierno, la Municipalidad, y Casa de Justicia a más de invadir las casas particulares de los alrededores; y el mundo menos elegante, pero mucho más numeroso, invadiera calles y plazas en cantidad tan extraordinaria que hay completa conformidad en que nunca Buenos Aires vio en sus fiestas tanta gente reunida [...] todas las clases sociales se mezclaban y confundían revelándose en los semblantes la satisfacción íntima que por su intensidad se desborda y satura el ambiente de grato bienestar.[16]

La inauguración de la nueva plaza y el gran desfile atrajeron mucho público, pero pasada la novedad, también desapareció el entusiasmo; las crónicas volvieron a señalar el desinterés: "nada de notable han ofrecido este año [1886] las fiestas patrias en celebración del 25 de mayo [...] las fiestas populares han carecido de animación. En nada han diferido, por otra parte, de las de los últimos años". Y en julio: "Los mismos frailes con las mismas alforjas [...] Esto quiere decir que en nada se han diferenciado de las del 25 de mayo y de las análogas de los años anteriores".[17]

La ceremonia central se había fijado en un conjunto de actos, reiterados cada año:

> Todo el ceremonial se ha reducido al *Te Deum* en la Catedral con asistencia del presidente de la República y su comitiva, parada militar y desfile de tropas por frente de la casa de gobierno, iluminación y embanderamiento de la plaza, función de gala en el Colón, fuegos artificiales por la noche en Plaza Constitución e iluminación con unas cuantas bombitas en el frente de todos los edificios públicos.[18]

[15] Idem.
[16] *La Prensa*, 26 de mayo de 1884.
[17] Ibíd., 10 de julio de 1886.
[18] Idem.

Es apenas un esqueleto descarnado de entusiasmo popular, limitado al centro cívico de la ciudad, pues "cualquiera que se encontrase ayer a diez cuadras de la Plaza de Mayo, hubiera estado muy distante de suponer que se celebraban las fiestas de conmemoración de uno de los principales aniversarios de la patria".

Esta falta de conmoción del pueblo de la ciudad resultó inquietante, sobre todo por la comparación con otras manifestaciones del entusiasmo popular que, por entonces, ponían de manifiesto, por contraste, esa carencia en las fiestas patrias.

La Babel de banderas

Mientras se operaban estos cambios en las fiestas patrias, crecían en importancia las celebraciones de los distintos grupos inmigratorios. Diez años antes, las fiestas de los extranjeros eran modestas. En 1876, por ejemplo, con una pequeña noticia en los diarios, "la población liberal italiana de esta ciudad" invitaba a un banquete en el "Pobre diablo" para conmemorar, en una celebración semiprivada, la caída del poder temporal de los papas.[19] En 1884, en cambio, los diarios dedicaron extensas crónicas a las celebraciones patrias de los extranjeros, especialmente de los italianos. Las diferentes sociedades italianas "organizaron como en años anteriores una gran fiesta": se reunían en la Plaza Lorea y desde allí marchaban en una manifestación nutrida con banderas y antorchas al son de las marchas patrióticas, como la de Garibaldi, que ejecutaban diferentes bandas de música, por Rivadavia, las Artes, Corrientes hasta el teatro Politeama. La función incluía el Himno Nacional Italiano, saludos a los cónsules y al ministro italiano y discursos. La fiesta continuaba con celebraciones populares en los distintos barrios, especialmente en la Boca, y solía extenderse también a los días siguientes: "la parte principal de la fiesta –decía *La Prensa* el 21 de setiembre de 1884– se hará hoy por ser domingo y poder los obreros tomar una participación más activa".

Año tras año, esas celebraciones fueron cobrando mayor importancia. El programa de la fiesta, con bailes y variados entretenimientos, se publicaba en los diarios con anticipación y durante varios días; solía ir precedido por las noticias de los preparativos y las gestiones de las distintas asociaciones, y por la crónica de sus fluctuantes acuerdos y disputas en torno de los festejos. Luego de la fiesta, las crónicas periodísticas subrayaban la participación y el entusiasmo de la gente que invadía toda la ciudad.

En las grandes fiestas de los italianos participaban las sociedades de españoles, franceses y otros, así como la masonería argentina, las bandas de música de los bomberos y de otras instituciones. El embanderamiento de los domicilios de los

---

[19] *La Prensa*, 21 de setiembre de 1876.

italianos, la marcha de la columna cívica y la comitiva de los presidentes de las distintas sociedades que se dirigía a saludar al ministro italiano con banderas desplegadas y cantando el himno italiano, daban a la ciudad ese aspecto de "Babel de banderas" que encolerizó a Sarmiento.

Los festejos de los italianos alcanzaron su clímax en 1887 y 1888. Los de 1887 duraron tres días; el comité organizador solicitó a las casas de comercio que no se atendiera al público el día 20, y a todos los residentes que iluminaran y embanderaran el frente de sus casas.[20] El programa fue nutrido: para los días 18, 20 y 25, en la plaza Eúzkara, un concurso de sociedades y bandas musicales y la participación de un coro formado por 200 niños de las escuelas Union Operai Italiani y Colonia Italiana; además, juegos de pelota. Por la noche, iluminación de la plaza, fuegos artificiales, rifas y conciertos; fiesta de gala en el teatro Doria, donde se representaban dramas alusivos, muy en boga, como "La Breccia di Porta Pía", y luego bailes en todas las sociedades italianas durante varios días. Para el siguiente año, las fiestas se planearon aún mayores: las actividades para el entretenimiento popular incluían rifas, tiro al blanco, buffet con lunch, asado con cuero, asaltos de esgrima, carrera de embolsados, teatros diurnos y nocturnos, juegos humorísticos, bailes y fuegos artificiales.[21] Las fiestas de 1888 tuvieron gran importancia aunque hubo que modificar algo el programa inicial, debido en parte al duelo por la muerte de Sarmiento y en parte a la fuerte disputa entre las sociedades italianas por el color político que se impondría a los festejos.

Estas disputas revelaban los cambios que se estaban produciendo en la "colectividad" italiana; particularmente la aparición de nuevos sectores dirigentes, algunos de ellos vinculados al servicio exterior italiano, funcionarios consulares o bien intelectuales –profesores o periodistas– partidarios de la nueva y ambiciosa política exterior del Estado italiano. Desde 1885 cobró fuerza el viejo mito de la Gran Italia más allá del mar; la orientación de la política exterior concitó un debate entre los partidarios de las colonias "artificiales", conquistadas a alto costo en África, o de las "espontáneas", formadas por el incesante movimiento y el esfuerzo de los emigrados, como las ya establecidas en ambas márgenes del Río de la Plata.[22] La importancia numérica y económica de los residentes italianos en el Plata fue señalada por G. Boccardo para aconsejar esta última orientación, suscitando adhesiones entre algunos parlamentarios, políticos e intelectuales italianos, y bastante

[20] Ibíd., 19 de setiembre de 1887.

[21] Ibíd., 16, 20, 21, 27 de setiembre; 9, 11, 18, 19, 23, 25, 27 de octubre y 1º de noviembre de 1888.

[22] Véanse Grazia Dore, *La Democrazia Italiana e L'emigrazione in America*, Brescia, Morcelliana, 1964, y Luigi Favero, "Las escuelas de las sociedades italianas en Argentina (1860-1914)", en: F. Devoto y G. Rosoli, *La inmigración italiana en la Argentina*, Buenos Aires, Biblos, 1985.

malestar en algunos grupos dirigentes argentinos (véase el capítulo II). Lejos de disiparse, este malestar se acentuó cuando se descubrió que se fomentaba la adhesión a la patria lejana a través de los diarios locales, las escuelas de las sociedades y las fiestas patrias italianas. También el propósito de las fiestas de los italianos parecía haber cambiado; no era sólo la alegría y la confraternidad sino el culto a la patria lejana: "lejanos de la Patria debéis conservar incorrupta la fiesta, celebrar la gloria y cultivar el afecto para merecer el nombre de hijos"; el comité organizador exhortaba a dejar de lado las rivalidades: "Por tanto, estad prontos a responder a estos sacros deberes, festejando el 20 de setiembre".[23] Las fiestas de los extranjeros, que por entonces eran más de la mitad de la población de Buenos Aires, resultaban inquietantes para algunos intelectuales, políticos y periodistas. Estaban preocupados por el arraigo que lograba entre los inmigrantes la prédica patriótica de los diarios en italiano, consolidada por la educación "italiana" que se impartía en las escuelas de las sociedades, cuyos coros de niños, argentinos, manifestaban públicamente en esas festividades la adhesión a una patria extranjera.

El crecimiento de las fiestas extranjeras en el espacio simbólico amenazaba con tapar las fiestas patrias propias que, confrontadas con ellas, parecían vacías y sin calor popular. La amenaza de disgregación y de desaparición de lo nacional, ya agitada por el alud de inmigrantes, aparecía también en la manifestación de las lealtades patrias. La cuestión de las celebraciones "nacionales" se convirtió en un campo de conflicto; se entabló un combate sordo, y aunque sólo sobresalían algunas voces airadas, preocupaba a muchos más. En 1887, la proliferación de banderas extranjeras en las festividades de los grupos inmigrantes le hacía augurar a Estanislao Zeballos un futuro incierto. Buenos Aires, como había ocurrido ya con Montevideo, corría peligro de convertirse en una tierra cosmopolita, sin carácter propio, pues la expresión de sus rasgos nacionales ya era débil. Sarmiento había protestado, en combativos artículos en *El Nacional*, por la "Babel de banderas" en que se había convertido la ciudad y por las pretensiones de la política exterior italiana de constituir, a partir de sus colonias espontáneas del Plata, un imperio de la italianidad.

Formulada en términos extremos, esta pretensión no parecía realizable. Pero aun cuando fuera improbable que tales formulaciones –o las recomendaciones de Boccardo– se pusieran efectivamente en marcha, y aun cuando se confiara en la fuerza del nuevo país para arraigar a los inmigrantes, las mismas argumentaciones podían alentar en una parte de la elite italiana local aspiraciones peligrosas y el deseo de disputar el liderazgo político a los sectores locales.

Estas preocupaciones no alteraron demasiado el discurso oficial; no se abandonó la política más general de puertas abiertas a la inmigración ni la confianza puesta en el crecimiento económico. Pero se debilitó la confianza en que con el

---

[23] *La Prensa*, 19 de octubre de 1888.

tiempo se solucionarían los problemas que aquellos procesos habían abierto. La decidida acción emprendida en estos años para recuperar el terreno amenazado revela en cambio hasta qué punto, en opinión de muchos contemporáneos, las manifestaciones culturales —como las educativas— no podían quedar libradas a su simple movimiento espontáneo.

Los escolares despiertan el sentimiento de la nacionalidad

En julio de 1887, "la feliz inspiración" que el joven director Pizzurno había tenido en mayo fue incorporada a los actos oficiales de celebración de la Independencia. *La Prensa* decía:

> Una animación desacostumbrada se ha notado este año en las fiestas patrias [...] Después de muchos años se ha podido en el presente obtener alguna variación en estas fiestas, buscando que desaparezca la monotonía de que iban adoleciendo desde algún tiempo. [...] el pueblo [...] atraído, además, por la novedad del himno patrio que iba a ser entonado en la plaza por más de trescientos niños a la terminación del *Te Deum* [...] Esta parte de las fiestas había atraído por su novedad a la mayor parte de la concurrencia. Bien puede calcularse que en la plaza había reunidas más de quince mil personas. El aspecto que esta colosal agrupación presentaba a la vista del espectador situado en un plano elevado era de un efecto imponentemente hermoso. Todos los balcones y azoteas de los edificios que circundaban la plaza estaban ocupados por un inmenso número de personas.[24]

El anuncio de la participación de los escolares resultó ser un instrumento eficaz para movilizar el entusiasmo popular. No obstante, algunos inconvenientes de organización opacaron algo la celebración. La demora en el inicio generó impaciencia y desorden entre el público y

> un principio de desaprobación se convirtió en grita general. Más de un tumulto se produjo, en los que la policía tuvo que intervenir con energía. Se vieron enarbolar bastones y pedazos de sillas; la gritería era por momentos insoportable [...] Los niños fueron subiendo y colocándose en el tablado en la forma siguiente: el pequeño batallón de estudiantes infantiles con la banda del Asilo de Huérfanos a la cabeza [...] después de algunas evoluciones bastante bien ejecutadas [...] se colocó formado en dos filas [...] Luego el Colegio de niños, bastante bien uniformados se formaron también en dos filas [...] Las niñas se colocaron en el centro [...] To-

---

[24] Ibíd., 10 de julio de 1887.

dos hacían esfuerzos por oír las voces de los niños pero se escuchaba solamente el sonido de instrumentos de metal de la banda de los niños [del Asilo] [...] las protestas volvieron a escucharse [...] El público pedía, como era justo, la ejecución del Himno Nacional, por la Banda de Bomberos, que debía acompañar a los niños [...] [y que había frustrado] la falta de cumplimiento del jefe de la policía coronel Cuenca [...] al compromiso que tenía de enviar al tablado la banda del cuerpo de bomberos [...] El himno [...] no se cantó con gran descontento de los circunstantes, que en su mayor parte había concurrido con ese objeto.

Si la desorganización revela la poca experiencia en actos multitudinarios con niños, la despreocupada actitud del jefe de la Policía, responsable de enviar la Banda de Bomberos –que solía concurrir con puntualidad a otras fiestas, incluidas las de las colectividades extranjeras– manifiesta el poco interés que se atribuía a esos actos.

Estos aspectos fueron más cuidados en las fiestas del año siguiente, cuando la participación infantil fue uno de los acontecimientos centrales del programa. Así, para los festejos del 25 de mayo de 1888 se anunció que en la Plaza se había levantado "un tablado de 600 varas cuadradas" en el que se instalarían los niños para cantar el Himno Nacional después del *Te Deum*. "El profesor Furlotti dirigirá el canto, siendo acompañado por la banda del cuerpo de bomberos. Asistirán cerca de mil niños" de las escuelas públicas de la Capital.[25] Los diarios atribuyeron gran importancia a la participación de los escolares; en su crónica sobre el 9 de julio de 1888, *La Prensa* sostuvo con satisfacción que ese año las fiestas se aproximaron mucho a lo que debían ser:

preocuparse por los medios de asociar al pueblo a estas festividades, es cumplir de parte de nuestras autoridades municipales un grato deber. El concurso que los establecimientos de educación le prestan, es oportuno y debe ampliarse [...] La iluminación, parada y recibos oficiales, por completos y espléndidos que sean, no bastan ya para llenar el deber de animar en el pueblo los sentimientos de amor y de respeto por la patria que inspiran su virtud cívica y su interés por conservar el carácter y la vitalidad nacional de las influencias que la debilitan. Asociando como empieza a hacerse de nuevo, a los niños en el mayor número posible, a estas solemnidades, se da un buen paso en la simpática y fácil tarea de fomentar con ocasión de ellas, en todas las formas posibles, los recuerdos y los sentimientos que provoca o debe provocar el aniversario que se celebra.

El Monitor destacó con orgullo la participación de los niños de las escuelas comunes –"verdaderos veteranos formados a la intemperie y la lluvia ocupando sus si-

---

[25] El profesor Furlotti era un conocido director de coros, infaltable en todas las fiestas; dirigía los coros de adultos o niños de diversas agrupaciones nacionales o extranjeras.

tios"–, organizados en tres batallones infantiles, cada uno de 112 alumnos, pertenecientes a las escuelas que dirigían Pablo Pizzurno, Saturnino Benavides y Rómulo Albino. También formaron los niños del Asilo de Huérfanos, integrando en conjunto "una fuerza infantil de 450 plazas". Durante el *Te Deum*, a uno y otro lado de la nave principal de la Catedral, se encontraban las alumnas de las escuelas comunes vestidas de blanco y con gorros frigios. Luego, en el desfile "formaron los cuerpos de la Guarnición, las compañías del Colegio Militar y Escuela de Cabos y Sargentos, el Batallón de Ingenieros y 500 niños de las escuelas comunes". La participación de los niños, que formaban junto a los cuerpos del Ejército, había adquirido un carácter militar más neto. Aunque ya en mayo de 1887, en su primera participación para cantar el Himno Nacional, habían sido organizados como batallones, este aspecto se acentuó en la celebración de 1888, apareciendo uniformados y armados como soldados junto a los cuerpos del Ejército.

Organizados en batallones militares, los niños eran portadores de una "presencia" nacional sólida y conmovedora. Los niños soldados se convirtieron en el puente emotivo entre un pasado heroico, en el que había nacido la patria y que el Ejército pretendía encarnar, y el promisorio futuro en el que esos niños vivirían, ya definidos ante la mirada de sus padres como los defensores de la patria del mañana. Los niños asumían así los deberes, cívicos y militares, de la nacionalidad, los que suponían una adhesión incondicional: tal el significado que, en una época de fuerte militarización competitiva entre las naciones, adquirían los deberes militares.

La organización y cuidadosa preparación de los batallones escolares se debió al interés de un grupo de personas con peso en la sociedad y con capacidad para influir en el CNE para fomentar la adhesión nacional. Lo que se había iniciado más o menos improvisadamente, fue asumido en 1888 en forma oficial por el CNE, que costeó el vestuario y el armamento para los niños de cuatro escuelas graduadas que fueron organizados en batallones. En ellas y "en otros sitios apropiados para las evoluciones militares" los niños fueron entrenados y disciplinados para su participación por "algunos oficiales del ejército argentino y aficionados entusiastas".[26]

Después de su aplaudida actuación en las fiestas del 9 de julio de 1888, y a lo largo de ese año, los batallones escolares realizaron exhibiciones y participaron en maniobras con el beneplácito general. *El Monitor* elogió el desempeño en las maniobras del domingo 26 de setiembre, realizadas en

> una cuchilla que se levanta en los fondos de los principales edificios escolares de la población de Barracas (al Norte), siendo dirigido el acto por el señor don Antonio Pérez y presenciado por un público inmenso [...] A la terminación de la fiesta fueron fotografiados los cuerpos [...] con la entrega de armas al parque escolar y

[26] *El Monitor*, tomo X, núm. 200, 1891, pp. 1213-1215.

el licenciamiento de las tropas, hecho que tendrá lugar después del 12 de octubre [...] [y] quedarán tranquilos los espíritus de los tiernos soldados.[27]

No obstante, y sin duda debido a la excelente acogida que tenían, formaron otra vez el 5 de noviembre con motivo de la Fiesta de las Flores. En el Parque 3 de Febrero, los cinco batallones infantiles (los de las cuatro escuelas graduadas, más el del Asilo de Huérfanos) "evolucionaron con gran éxito, bajo las órdenes del capitán del ejército nacional señor Martín G. de San Martín, acompañado de sus ayudantes de órdenes que no eran sino cuatro alumnos de las escuelas públicas". Los cinco batallones fueron conducidos al Parque en el Ferrocarril Argentino. La ocupación de los trenes, la bajada en el Parque y las evoluciones militares en éste se realizaron "en presencia de un inmenso pueblo". Momentos antes de la partida del ejército escolar,

el señor jefe del Estado Mayor General tuvo la feliz inspiración de dirigir al capitán San Martín una carta "deseándole éxito completo en las maniobras y que quede demostrado que esos soldados son futuros defensores de la patria, mandados por un oficial bien reputado del batallón primero de infantería de línea. Le saluda afectuosamente: Nicolás Levalle".[28]

Los batallones infantiles se habían convertido en la atracción popular del año. La repercusión pública de su actuación era grande: "La prensa –sostenía el inspector técnico Juan M. de Vedia en agosto de 1891– ha fomentado la institución de los batallones escolares y el pueblo asiste con íntima satisfacción a presenciar su desfile por las calles y plazas".[29] En su organización y actuación tuvieron que ver, de distinta manera, las autoridades municipales organizadoras de las celebraciones patrias, los funcionarios del gobierno nacional, el CNE, el Ejército, un grupo de hombres públicos influyentes y entusiastas de la exaltación patriótica, y las señoras de la Fiesta de las Flores. Distintos sectores de la sociedad y de la elite dirigente confluían en buscar, a través del sentimiento patriótico, la formación de la nacionalidad.

Si los batallones tenían la virtud de generar entusiasmo popular y adhesión patriótica en la sociedad, a la vez posibilitaban la formación patriótica de los niños. Esto explicaba *El Monitor* al responder, en agosto de 1888, a aquellos que llevados por el entusiasmo solicitaban una militarización más formal de los niños; no se trataba de instrucción militar para una situación bélica sino de "educación moral nacional". Sin embargo, *El Monitor* señalaba los peligros del belicismo:

Esas fiestas a las que algunos desearan imprimir un sello más marcado y característico, poniendo en las manos de los niños verdaderas armas de fuego y diminutos

---

[27] *El Monitor*, tomo VII, núm. 137, 1888, p. 821.
[28] Ibíd., tomo X, núm. 200, 1891, p. 1214.
[29] Ibíd., p. 1215.

cañones Krupp cargados a bala y pólvora […] simbolizan no un espíritu guerrero, ni el deseo de esgrimir las armas en combate contra nadie, sino el de fortificar en los niños su cuerpo y su espíritu, despertando en la juventud el sentimiento de la nacionalidad y la conciencia de un deber que la patria impone a todos sus hijos.

Según estos artículos, es el ejercicio del trabajo y el estudio el que proporciona bienes más duraderos y "estas ideas conviene inculcar en los niños, sin dejar de recordarles el heroísmo y la energía indomable de los que conquistaron la independencia nacional, que ellos estarán un día en el deber de defender a toda costa, derramando su sangre en los campos de batalla, si fuese necesario".[30]

Éste era, también, el propósito del artículo "Batallones infantiles", que *El Monitor* reproducía con "la idea de que se haga leer por los niños" en las escuelas: "La participación infantil que los niños han tomado en estas fiestas ha traído a nuestra memoria una reminiscencia histórica del Señor don Tomás Díaz". Seguían luego los recuerdos de la participación de un escolar mendocino en los batallones infantiles durante la conmemoración del 25 de mayo de 1816. El suceso es ubicado en la situación más patriótica que el autor pudo imaginar: en vísperas de la Declaración de la Independencia y en el lugar donde San Martín preparaba el Ejército Libertador. En el relato, San Martín en persona se interesaba por el buen entrenamiento de los jóvenes (en los batallones infantiles), y tenía palabras de aliento para el protagonista. Todo emana heroicidad y patriotismo: los niños en los batallones marchan al alba con el héroe máximo a saludar el nacimiento de la patria.

El relato, destinado a los niños, entronca la participación infantil en los batallones con el nacimiento de la patria y la convierte en el paradigma del pequeño patriota. Presentado como verídico por *El Monitor*, es probablemente una construcción *ad hoc*.[31] Atribuye a una práctica nueva, que acaba de introducirse para

---

[30] *El Monitor*, tomo VII, núm. 138, 1888, p. 861.

[31] Probablemente el relato es ficticio, aunque a partir de acontecimientos y personajes verídicos. Fray José Benito Lamas, el maestro que en el relato organiza los batallones escolares, aparece en algunas biografías en 1816 en Montevideo, colaborando con el naturalista Dámaso Antonio Larrañaga en la organización de la Biblioteca Pública que se inauguró precisamente ese año, y de donde probablemente emigró en enero de 1817, cuando la invasión portuguesa. Véase Diego Abad de Santillán, *Gran enciclopedia argentina*, Buenos Aires, Ediar, 1956. Udaondo, que sigue a Hudson, da una versión más ambigua; véanse Enrique Udaondo, *Diccionario biográfico argentino*, Buenos Aires, Coni, 1938 y Damián Hudson, *Recuerdos históricos sobre la provincia de Cuyo, 1810-1851*, Mendoza, 1966. Por otra parte, aunque la primera edición de los *Recuerdos* de Hudson, sin duda la fuente para el relato, es de 1898, capítulos del mismo se publicaron en 1864 en *La Revista de Buenos Aires* (núm. 1 y siguientes), que dirigían Vicente G. Quesada y Miguel Navarro Viola. Este último fue vocal del Consejo Nacional de Educación desde su creación, estuvo siempre vinculado a la educación y se preocupó por los aspectos formativos de la historia. Entre sus numerosas obras figuran *Efemérides* e *Historia al alcance de los niños*. Es posible que este relato se publicara por una sugerencia suya; véase el prólogo de Edmundo Correas a *Recuerdos históricos…*

responder a una necesidad presente, la legitimidad de una vieja costumbre, el prestigio de un momento fundacional de la patria y la fuerza de una tradición.

Es cierto que –como anota Damián Hudson– cuando San Martín preparaba el Ejército de los Andes en Cuyo "el espíritu militar prevalecía en la época [...] hasta las escuelas se habían militarizado", los muchachos mayores recibían instrucción militar y en los días de la patria los escolares formaban, organizados en batallones.[32] Pero esa costumbre había desaparecido poco tiempo después, cayendo en el olvido, y el origen de los batallones de la década del ochenta había sido otro. En 1891, en respuesta a un pedido de información del ministro de Educación del Uruguay, el inspector técnico Juan M. de Vedia explicó que estos batallones no habían existido "nunca antes"; que se formaron por primera vez en 1887 y en forma oficial en 1888, respondiendo al entusiasmo de "algunas personas influyentes". Aparentemente, se les ocurrió la idea luego de ver en una vidriera un uniforme militar infantil que usaban en Francia los batallones infantiles escolares que habían sido organizados en ese país como parte de la reacción a la derrota sufrida en la guerra franco-prusiana de 1870.[33] Desde entonces se desarrollaron, particularmente durante la década de 1880, distintas corrientes de un vasto movimiento nacionalista.[34]

La iniciativa de crear estos batallones entusiasmó a muchos. Algunos artículos de *El Monitor* dan pistas de cómo la militarización de los muy jóvenes conmovía a los padres, aun a aquellos que no veían con buenos ojos la medida: tal el tema del drama en un acto "Un oficial infantil", aparecido en *El escolar argentino*,[35] que solía publicar opiniones de hombres públicos como Mitre, Lucio V. Mansilla, Eduardo Wilde y educadores como J. A. Ferreira, M. García Merou, Francisco Berra y otros. Su álbum conmemorativo del cuarto aniversario, que era enviado como regalo a los pequeños lectores, contenía una recomendación del general Mitre sobre la conveniencia de mantener los batallones:

> Los ejercicios militares deben formar parte del plan de educación popular, como aprendizaje del ciudadano para la defensa nacional, como higiene del cuerpo y disci-

---

[32] Damián Hudson, *Recuerdos históricos...*, ob. cit., p. 71.

[33] *El Monitor*, tomo X, núm. 200, 1891, pp. 1.213-1.215.

[34] Por ejemplo, la "Ligue des Patriotes" propiciaba la organización de la educación militar y patriótica "por el libro, la gimnasia y el tiro" para la regeneración cívica y moral de Francia. Desde 1886, diferentes grupos políticos e ideológicos asumieron los postulados nacionales, que alcanzaron gran popularidad con el movimiento de Boulanger; en los años siguientes se volvieron figuras relevantes Déroulède, Drumond, Barrès, Maurras. Véase Raoul Girardet, *Le nationalisme français. Anthologie 1871-1914*, París, Seuil, 1992, cap. 3; también Zeev Sternhell, *La droite révolutionnarie, 1885-1914. Les origines françaises du fascisme*, París, Seuil, 1978.

[35] *El Monitor*, tomo X, núm. 200, 1891, pp. 1235 y 1236.

plina del espíritu y como complemento necesario de las nociones del hombre en la vida práctica de modo de convertir los batallones escolares en una institución pública.

La medida no recogió, en cambio, demasiados aplausos entre los docentes. Entre ellos, la opinión más general "aunque no ha sido consultada de una manera formal, parece que es adversa a la organización de los batallones escolares, principalmente cuando ella tenga por objeto la exhibición pública".[36] Coincidían con esto los docentes del Centro Unión Normalista que publicaban la *Revista Pedagógica Argentina*. Hubo otras opiniones contrarias, y se empezó a discutir su conveniencia para la formación infantil.[37] *El Monitor* publicó también artículos con críticas aparecidas en los Estados Unidos, y opiniones decididamente contrarias en Francia.[38] La definición oficial sobre el tema apareció en 1891, con la publicación del informe enviado al Uruguay por el inspector técnico De Vedia: "No estoy por la organización periódica de lo que he llamado la guardia nacional infantil, porque preveo consecuencias, la excitación y las pruebas violentas [...] Opto por los ejercicios del soldado sin armas, tal cual se practican en nuestras escuelas [...] [pues] contribuyen eficazmente a la disciplina y el orden".[39]

La reacción del espíritu público: los festejos de 1889

Los niños de las escuelas organizados en batallones se lucieron en las fiestas del 25 de mayo de 1889, y el CNE felicitó al inspector nacional Luis Suárez y al maestro Rolón, reponsables de su actuación.[40] Otra vez, los escolares fueron el centro de atracción: ochocientas niñas vestidas de blanco cantaron el Himno Nacional en un gran palco en la Plaza de Mayo, las escuelas desfilaron y los batallones infantiles realizaron evoluciones marciales.[41] Ese año, debido a la visita del presidente del Uruguay, los festejos alcanzaron un brillo especial: "Jamás hemos visto en Buenos Aires mayor aglomeración de carruajes, contándose por muchos centenares los arrastrados por espléndidos troncos". La exhibición de la nueva opulencia se unía con la predisposición por las grandes conmemoraciones, en consonancia con las que se realizaban en París, donde se celebraba el Centenario de la Revolución.

---

[36] Ibíd., p. 1.215.
[37] *El Monitor*, tomo X, núm. 198, 1891, pp. 1.165 y 1.167.
[38] Ibíd., tomo IX, núm. 170, 1889, p. 663 y tomo X, núm. 199, 1891, p. 1.208.
[39] Ibíd., tomo X, núm. 200, 1891, p. 1.215.
[40] Ibíd., tomo VIII, núm. 157, 1889, p. 869.
[41] *La Prensa*, 14 y 26 de mayo de 1889.

Sin embargo, las escuelas no participaron en las celebraciones del 9 de Julio: "Debemos felicitarnos de este hecho –decía *El Monitor*– que relevó a nuestros batallones de las fatigosas tareas del espíritu y del cuerpo a que fueron sometidos en los días de mayo y que no era posible repetir en julio".[42] Otra de las causas fue que para esa ocasión el Club Gimnasia y Esgrima de Buenos Aires había asumido la responsabilidad de vivificar la festividad, tomando la iniciativa de organizar una celebración extraordinaria el 9 de julio de 1889.[43]

El propósito del club era generar una gran manifestación pública de patriotismo. El motivo se encontró en la realización de un homenaje al general Eustaquio Frías, soldado del Ejército de los Andes, "personificación –decía *La Prensa*– [y] uno de los restos gloriosos" de un pasado patrio que amenazaba desaparecer. Una gran procesión cívica en su homenaje permitiría movilizar el entusiasmo popular en torno a un héroe de la patria. Se trataba de generar un espectáculo inolvidable, capaz de posibilitar un triunfo simbólico de la argentinidad sobre el cosmopolitismo.

La necesidad de la hora era manifestar una decidida adhesión a la patria y delinear con trazos fuertes los rasgos de la nacionalidad argentina, y en su realización confluyeron todos los esfuerzos. Señales coincidentes, gestos acordes en distintos ámbitos de la vida pública, indican la formación de un movimiento de opinión manifiesto en quienes se empeñaban en vivificar las fiestas patrias y habían organizado a los escolares en batallones "patrióticos", en quienes proponían en el Congreso la naturalización obligatoria de los extranjeros, o en quienes reclamaban al CNE delinear con urgencia una "educación nacional".

Lo cierto es que el clima de sentimientos patrióticos empalmó con otras inquietudes: la disconformidad de los viejos grupos políticos desplazados por el roquismo, y los reclamos de mayor participación de nuevos grupos emergentes incluía también a los jóvenes estudiantes, los profesionales jóvenes, la "juventud dorada", los intelectuales principistas que encontraban demasiado restringido el

---

[42] *El Monitor*, tomo VIII, núm. 160, 1889, p. 1047.

[43] El Club Gimnasia y Esgrima se fundó el 4 de noviembre de 1880. Originariamente se denominó Club Cosmopolita de Gimnasia y Esgrima, como expresión de sus propósitos de "solidaridad social y de fraternidad humana", pero debido a que un grupo de socios encabezados por Adolfo Mitre entendía que en "la conformación de la juventud, sus tendencias debían ser forzosa y netamente nacionalistas", se suprimió la palabra cosmopolita pero se salvaron los propósitos originales, estableciendo en los estatutos que era uno de sus fines "propender al acercamiento de nacionales y extranjeros". En otros momentos, como en 1887, emergen conflictos internos vinculados a este problema, que provocan una escisión, eco de las cuestiones generales discutidas en ese momento. En 1889 parece haber completa unanimidad en la realización de una gran celebración patriótica mediante un homenaje al general Frías. Véase Jorge Alemandri, *Cincuentenario del Club Gimnasia y Esgrima, 1880-1930. Su pasado, su presente y su futuro*. Buenos Aires, 1930.

círculo de poder y muy estrechas las vías de acceso al pleno ejercicio de la participación política. En los corrillos de los clubes y los cafés, en los pasillos y salas del Congreso, en las reuniones de gobierno y en las privadas se fue gestando una "reacción del espíritu público" en clave de patria.[44]

El festejo del 9 de Julio fue planteado como la más grande manifestación de patriotismo realizada hasta entonces y la convocatoria, en términos de cumplimiento de un deber patrio: "Nadie debe faltar a la patriótica cita. El puesto de ciudadano está en la columna cívica, en la masa popular que entre músicas y aplausos desfilará por delante de las efigies gloriosas de nuestros guerreros. Queden balcones y azoteas para las damas".[45]

Los organizadores de la procesión cívica montaron una cuidadosa organización para que toda la ciudad estuviera bajo un mismo color. La respuesta fue entusiasta:

animados todos del mismo sentimiento patriótico ha podido verse cómo en cada parroquia, en cada manzana del Municipio, los vecinos han rivalizado en celo para demostrar su decidida adhesión al grandioso movimiento que presenciamos. Los hermosos colores de la Patria cubren hoy así la ciudad entera, simbolizando el regocijo popular, al cual se han unido también, esta vez los hijos de otro suelo que comparten nuestra vida y colaboran en nuestro progreso.[46]

El entusiasmo se transmitió, ganó colaboradores y se formaron comisiones barriales; la comisión de festejos de la parroquia de la Piedad nombró "comisionados de manzana para recolectar fondos e invitar al mismo tiempo a embanderar e iluminar el frente de sus casas a los vecinos. Se ha contratado tres bandas de música, dos de las cuales recorrerán durante el día las calles de la parroquia y la otra tocará de 7 a 9 p.m. en la Plaza Lorea y de 9 a 11 p.m. en el boulevard Córdoba".[47]

El homenaje a Frías en el día de la Independencia había cobrado un espíritu militante. La convocatoria del Club Gimnasia y Esgrima buscó comprometer también la participación de las instituciones de los extranjeros:

El sábado último […] se reunieron por citación del Club Gimnasia y Esgrima los presidentes de las asociaciones nacionales y extranjeras y se procedió a sortear el or-

---

[44] *La Prensa*, editorial del 9 de julio de 1889. Sobre la década del noventa, véanse J. Balestra, *El noventa, una evolución política argentina*, Buenos Aires, Fariña, 1959; Luis Sommi, *La Revolución del 90*, Buenos Aires, Pueblos de América, 1957; R. Etchepareborda, *La Revolución Argentina del 90*, Buenos Aires, Eudeba, 1966 y N. Botana, *El orden conservador*, Buenos Aires, Sudamericana, 1977.

[45] *La Prensa*, 9 de julio de 1889.

[46] Idem.

[47] Idem.

den en que formarán en la procesión cívica [...] Quedó resuelto que la columna formaría de la siguiente manera: el Asilo de Huérfanos, el carruaje con el general Frías rodeado por los niños del Colegio Lacordaire, el Club de Gimnasia y Esgrima con el Club Militar y el Centro Naval y en seguida las diferentes sociedades en el siguiente orden: Sociedad Tipográfica Bonaerense, Instituto Geográfico Argentino, Club Social Francés, Club Unión Argentina, Academia Literaria del Plata, Centro Porteño, Estrella del Plata, Centro Gallego, Club del Plata, Orfeón Argentino, Colegio de Escribanos, Reduci delle Patrie Bataglie, Helvecia, La France, Centro de Estudiantes, Enfans de Beranger, Centro Unión Normalista, Club Parroquia de la Concepción, parroquia de la Piedad, Unión Suiza, Unione e Benevolenza, Club Español, Club Oriental, Facultad de Ciencias Físico-matemáticas, Juventud de Buenos Aires, Portuguesa de Socorros, Stella d'Italia, Stella Marina, Lago di Como, Patria e Lavoro, Círculo Porteño, Protectora de inmigrantes germánicos, Española de Benificencia, Protectora de inmigrantes austro-húngaros, Filantrópica Suiza, Sociedad Quarnece, Club General San Martín, Cosmopolita de Protección Mutua, Centro Paraguayo, La Meridional, Sociedades de la Boca.[48]

Otras se agregaron luego o mandaron sus adhesiones. En cambio, algunas de las convocadas no figuraron en la crónica de los festejos como, por ejemplo, Unione e Benevolenza.

El momento era propicio para tal manifestación: "En terreno admirablemente preparado para hacerla fructificar, ha caído la excelente semillada sembrada por el Club Gimnasia y Esgrima".[49] En parte era una observación, y en parte una postulación de lo que se esperaba que sucediera. Los principales diarios pusieron de relieve la participación de las asociaciones extranjeras, especialmente las italianas de la Boca, afirmando anticipadamente, como un hecho indiscutido, aquello que se procuraba provocar:

> no porque abunde la población extranjera en aquella laboriosa y progresista sección de la Capital [...] el sentimiento nacional palpita menos, [porque] los extranjeros como los hijos del país son todos uno, son argentinos, cuando se trata de rendir culto a la patria adoptiva, como lo han demostrado en la fiesta cívica de ayer. Los extranjeros, sobre todo los de la Boca se han asociado con decisión y entusiasmo a nuestra fiesta patria.

Destacaron también la singularidad del logro: en la realización del gran homenaje a Frías el propósito principal había sido establecer en el espacio público la supremacía de lo nacional:

---

48 *La Prensa*, 9 y 11 de julio de 1889.
49 "El Gran Aniversario", en: *La Nación*, 5 de julio de 1889.

esta circunstancia no es de las menos importantes de la gran demostración cívica del 9 de julio. Es un hecho trascendente y halagador para quienes seguimos con interés las manifestaciones de nuestra sociabilidad impresas por la nueva y abundante población que se incorpora a ella incesantemente. La vitalidad nacional, el sentimiento de la nacionalidad, cuya conservación íntegra nos hará grandes y fuertes ahora y en el porvenir [...] triunfan de toda influencia extraña dando vida vigorosa a una sola y nueva nación.

Quienes escribían las crónicas estaban convencidos del efecto benéfico que esta manifestación tendría frente a las influencias extrañas y disgregadoras. Elogiaron la manera en que fue llevada a la práctica, y "la expresión de los sentimientos patrióticos manifestada por todas las clases sociales y por toda clase de nacionalidades que han querido asociarse fraternalmente"; este impulso se había manifestado desde las primeras horas de la mañana, "engalanadas la mayor parte de las casas particulares, con banderas nacionales, ocupando el puesto de honor cuando a su lado tenían las que ostentaban colores de otros países". Tal respuesta "¿no es acaso la prueba evidente de que el pueblo conserva su espíritu tradicional..?".[50]

La iniciativa fue aplaudida –hubo coincidencia en esto– porque despertaba un sentimiento dormido y abría paso a un renacimiento de lo nacional:

> Dominados los espíritus de su mayor parte por los estímulos de la riqueza e influenciados por la inmigración, por las masas de hombres que nos llegan de todas partes, no era de extrañarse que pudiera dormitar en momentos dados el sentimiento nacional. Es contra esas influencias poderosas que el Club de Gimnasia y Esgrima ha buscado resucitar el espíritu del Pueblo Argentino.[51]

También *El Diario* destacó el resurgimiento patriótico:

> Tiempo hacía que el patriotismo no se fortificaba en espectáculos como el de ayer [...] La patriótica iniciativa [...] encontró eco y repercusión simpática en todas partes [...] todo el pueblo de la capital se ha asociado a los festejos, llevando a ellos su concurso activo en vez de permanecer como en años anteriores espectador impasible de las fiestas oficiales. Es por eso que la manifestación de ayer ha alcanzado proporciones desconocidas en Buenos Aires, notándose desde las primeras horas un movimiento inusitado de particulares y sociedades nacionales y extranjeras.[52]

El clima de patriotismo influyó sobre las celebraciones patrias de los grupos extranjeros; se combinó –en el caso de los italianos– con las fuertes discusiones entre

---

[50] *La Prensa*, 11 de julio de 1889.
[51] Ibíd., 7 de julio de 1889.
[52] "Libertad e Independencia. La Fiesta del Patriotismo", en: *El Diario*, 10 de julio de 1889.

monárquicos y republicanos, entre los partidarios de grandes manifestaciones y los que proponían, en cambio, un programa moderado. Muy probablemente algunos grupos acusaran la influencia del movimiento de la "reacción del espíritu público". Ese año, el 20 de Setiembre se celebró con un programa reducido. Se acordó realizar el festejo sólo en ese día, sin prolongar, como era habitual, los festejos a los siguientes. Los republicanos, disconformes con la supresión de la manifestación pública de salutación a Mazzini, no participaron. En las crónicas se destacó que, a diferencia de otros años, la comitiva de las sociedades italianas cuando saludó ese día al ministro de Italia, llevó banderas italianas y argentinas, y realizó un alto ante la estatua de Lavalle, donde se cantó el Himno Nacional Argentino que –señalaba *La Prensa*– fue escuchado con respeto y a cabeza descubierta.

La procesión cívica de homenaje a Frías descubrió otra cara de la situación: imbricada con los aspectos patrióticos y la exaltación de lo nacional, que dominaba la gran celebración del '89, aparece también la cuestión política. La disconformidad con el régimen de Juárez Celman maduraba hacia la constitución de un frente cívico-político de oposición, que enarbolaba la defensa de las virtudes cívicas avasalladas. Aunque todavía sin definición clara, la protesta política emergía en la realización de la procesión cívica: desde la defensa de los verdaderos valores republicanos hasta los nombres de los organizadores, todo anunciaba la próxima reunión del Jardín Florida. Los socios del club que ocuparon el puesto de comisarios en la procesión cívica, la "flor y nata de la juventud de la época", integran el grupo de los jóvenes universitarios que el 24 de julio de 1889, en la Rotisería de Mercier, fundaron el Club Político: Emilio Gouchon, Marcelo Torcuato de Alvear, J. Frías, Juan Martín de la Serna, J. Moreno, José Maria Drago, Félix Egusquiza, Rufino de Elizalde, Augusto Marcó del Pont, Felipe G. Senillosa, M. Molina, Ángel Gallardo, Alejandro Gorostiaga, Luis Mitre, Felipe de las Carreras y otros. Coinciden con los que organizan la reunion preliminar de la juventud opositora el 22 de agosto, que culminó en el mitin del Jardín Florida el 1º de setiembre de 1889: Modesto Sánchez Viamonte, Manuel Augusto Montes de Oca, Tomás Le Bretón, Emilio Gouchon, Marcelo T. de Alvear, Ángel Gallardo, Rufino de Elizalde, Felipe Senillosa, M. Beccar Varela, Julio Moreno, Felipe Martínez de Hoz, Acosta, Alberto Alcobendas, Leonardo Pereyra Iraola, Nicolás Anchorena y Arturo Gainza.[53]

Las crónicas de la procesión cívica señalaron que durante su transcurso fueron invitados a incorporarse a ella, en forma ostensible, dos líderes de la oposición: Bernardo de Irigoyen, y más adelante el general Mitre, que la observaba desde los balcones del Club del Progreso. Tampoco dejaron de señalar el "incidente desa-

---

[53] Véanse Jorge Alemandri, *Cincuentenario del Club Gimnasia y Esgrima, 1880-1930...*, ob. cit. y Luis V. Sommi, *La Revolución del 90*, ob. cit.

gradable" que estuvo a punto de estropearla cuando "el conductor del carruaje presidencial pretendió interrumpir en su marcha a la columna en vez de detenerse" y cómo "se oyeron entonces justísimas protestas, expresadas por todos en voz alta". Un clima de protesta empezaba a enlazarse con la manifestación patriótica y abonaba el terreno de los próximos sucesos políticos.[54]

La reacción del espíritu público: la tradición patria

Crónicas y comentarios transmiten la sensación de un triunfo. En la gran manifestación patriótica la totalidad de la sociedad se ha expresado con unanimidad bajo un mismo color. Esta excepcionalidad expresa un fenómeno nuevo:

> ¿Qué significado moral tiene esto que vemos y sentimos, al que se da el nombre de "reacción del espíritu público"? [...] Palpita en la sociedad en estos momentos algo como un sentimiento nuevo [...] Muchos años hace que la población no se incorporaba a las fiestas patrias sino como curiosa espectadora de los espectáculos oficiales, sin sentir dentro del pecho las ardientes emociones del patriotismo.[55]

La memoria de un pasado glorioso que las honras al prócer han revivido parece ser la respuesta al complejo problema que plantea el presente: el de una identidad nacional que está perdiendo sus rasgos. "El recuerdo venerado y cariñoso de nuestros próceres y de su obra inmortal, denuncia la existencia de un pueblo capaz de agitarse con la memoria de sus glorias cívicas."

En esas raíces el pueblo reencuentra su fortaleza:

> La procesión cívica ha tenido esa doble bondad: recordar el pasado y el presente, premiar a nuestros viejos y estimular a los jóvenes [...] ¿Cuántos jóvenes al calor de esas glorias reflejadas en cuerpos casi fríos, habrán soñado con merecer algún día, algo también de la gratitud de sus conciudadanos en pago de iniciativas y esfuerzos patrióticos? Es así como estos instantes de sinceridad pública, en que oficia la religión más sagrada, levantan el ánimo y reconfortan la moral y la energía de los pueblos.[56]

---

[54] "La procesión por las calles en homenaje al general Frías [...] fue una fiesta en su honor, sin distinción de colores políticos [...] no tuvo el propósito de hacer una procesión cívica contra los abusos de la época, ni contra los gobernantes, ni mucho menos se pensó en organizar un club político [...] Pero, repito, indirectamente contribuyó a preparar el espíritu público para la gran campaña regeneradora que pronto habría de iniciarse." Francisco Barroetaveña, "La Unión Cívica", en: *Discursos*, Buenos Aires, 1899.

[55] *La Prensa*, 9 de julio de 1889.

[56] *El Diario*, 10 de julio de 1889.

Las virtudes señaladas parecen no dejar dudas acerca de que el camino para reencauzar el presente es restablecer un puente, un vínculo emocional con aquel pasado. La recordación del pasado patrio, de sus epopeyas y de sus héroes adquiere valor como paradigma para una juventud que se está formando. Despertar en ella el sentimiento nacional es establecer las bases sobre las que se sustenta la nación: "Con el sentimiento nacional nacen los ideales que encierran el amor a la Patria. Despertar o contribuir a encender ese sentimiento en las generaciones que existen y que viven, es levantar la naturaleza humana a las concepciones y sentimientos de los deberes del ciudadano".[57] Por ese camino, el sentimiento nacional se convierte en elemento constitutivo de la ciudadanía-nacionalidad, que es vista cada vez más como nacionalidad-ciudadanía.

La condición era encontrar las formas adecuadas para que estos héroes y epopeyas recreados se encarnasen en la sociedad. El problema radicaba, precisamente, en establecer en qué ámbitos y a través de qué canales –en una sociedad que se rehacía día tras día– podían los recién llegados o los más jóvenes vincularse con ese pasado argentino al cual remitían los rasgos de la identidad nacional.

Como se señaló, la escuela cumplía aún un papel modesto, pues no alcanzaba a incorporar a la creciente población infantil. A la baja escolaridad se agregaba el hecho de que la historia se enseñaba únicamente en los grados superiores, que solo cursaba una ínfima proporción de los escolares. Además, el problema se agravaba porque las escuelas de las colectividades extranjeras enseñaban otras historias patrias. Si bien existían otros canales de comunicación y transmisión para grupos más reducidos –los libros, las revistas, los periódicos– también en ese terreno se debía competir con muchos periódicos de las colectividades extranjeras, habitualmente en sus lenguas de origen y algunos de ellos con un tiraje apenas inferior al de los diarios locales más importantes.[58] La misma competencia se daba en el terreno de las fiestas y celebraciones patrias: importaba la primacía de estos espacios, donde adhesiones y mensajes se expresaban y transmitían en un lenguaje más simple y emotivo, que llegaba más directa y ampliamente.[59]

La apelación al pasado llevó a tomar conciencia de la necesidad de traducir lo nacional en prácticas cotidianas, en actitudes manifiestas en la sociedad, en enseñanzas y realizaciones aprehensibles para el gran público. No se trataba de encontrar una tradición histórica distinta a la ya elaborada para la nación,[60] sino de

[57] *La Prensa,* 7 de julio de 1889.

[58] Según el Censo Municipal de 1887, *La Prensa* y *La Nación* tenían una tirada promedio de 18 mil ejemplares y *La patria italiana* –en idioma italiano–, de 11 mil. Véase Adolfo Prieto, *El discurso criollista en la formación de la Argentina moderna,* Buenos Aires, Sudamericana, 1988.

[59] Mona Ozouf ha señalado la importancia atribuida a los aspectos pedagógicos de las fiestas cívicas en *La fête révolutionnaire 1789-1799,* ob. cit.

[60] Obras tan importantes como la *Historia de Belgrano* de Bartolomé Mitre, habían creado la

destacar rasgos, seleccionar contenidos –a través de los cuales, no obstante, se generaba una reelaboración de aquélla– y crear los ámbitos, los canales y las formas para que éstos se encarnasen en la sociedad.

Según el Acuerdo del Consejo Nacional de Educación sobre las Fiestas Patrias de 1889, los principios nacionales existen en "el espíritu que campea en nuestra legislación escolar que –agregaba como recomendación– debe ser constantemente consultada y aplicada por los encargados de dirigir la enseñanza de la juventud", con la intención de que no sean letra muerta y se corporicen en la sociedad. Este propósito, que implicó darle un lugar especial a la enseñanza de la historia patria y procuró despertar adhesiones a través de una práctica de lo nacional, supuso una compleja tarea: la construcción de escuelas y de ámbitos históricos o museos, la ritualización de las celebraciones escolares, la realización de manifestaciones patrióticas, la definición de los símbolos patrios y la creación de representaciones materiales y monumentos en los cuales apoyar esa reelaboración del pasado.

El presidente Juárez Celman lo explicó al fundamentar su proyecto de erigir un monumento a Mayo en octubre de 1887: es necesario consagrar en "fundaciones imperecederas las tradiciones honrosas de la patria [porque] quedan en la tierra apenas unos cuantos testigos de aquella edad heroica". Sugería que con la desaparición de los últimos testigos se podía perder la relación con el pasado patrio, que si era extraño y desconocido para buena parte de la sociedad, extranjera y de reciente incorporación, amenazaba convertirse también en desconocido para los jóvenes hijos del país. Así, el monumento a Mayo debía construirse antes de que

> el último de ellos baje a la tumba sin contemplar, modeladas en las formas plásticas con que el arte hace visible la historia y da actualidad a las epopeyas lejanas, la gratitud del pueblo argentino [...] Los pueblos han menester de reliquias y de santuarios para conservar su tradición [...] El sentimiento de la patria tiene también sus templos y las imágenes de sus prohombres, como los monumentos que relatan sus victorias, sirven de culto y de enseñanza a las generaciones que vienen y modelan el carácter nacional, sin el cual la grandeza, el poder y hasta la independencia y la libertad son conquistas efímeras.[61]

El afán constructor de esos años tiene el propósito de solucionar con urgencia un gran vacío, porque Buenos Aires apenas contaba con "templos" e "imágenes" para el culto a la patria. Sólo unos pocos: la Plaza de Mayo –cuya remodelación, luego de la demolición de la Recova, dio lugar a una entusiasta celebración en 1884– y

---

fundamentación histórica de la nación. Véase José Luis Romero, "Mitre, un historiador frente al destino nacional", en: *La experiencia argentina*, Buenos Aires, Editorial de Belgrano, 1980.

[61] Congreso Nacional, Cámara de Senadores, *Diario de Sesiones*, 18 de octubre de 1887.

la vieja Pirámide; el resto de los edificios antiguos remitían al pasado colonial. So-lamente había dos estatuas: la de San Martín ecuestre inaugurada en 1862 y la de Belgrano, también a caballo, erigida en 1873 en Plaza de Mayo; en la Catedral, el nuevo mausoleo con los restos de San Martín, instalados allí en 1880, completaba practicamente todo el conjunto de referentes históricos materiales para movilizar el entusiasmo patriótico popular.

En realidad, no era demasiado para atraer a una población de origen tan hete-rogéneo, que por otra parte no carecía de aglutinantes propios. La pujante colecti-vidad italiana poseía su ámbito simbólico en la ciudad: en 1878 se había inaugura-do una estatua a Mazzini en la Plaza Roma sobre Paseo Colón.[62] Precisamente desde entonces las celebraciones de los italianos habían adquirido mayor relieve, al combinar los tradicionales festejos semipúblicos –como los banquetes y los bailes en los salones de las asociaciones– con una marcha o procesión cívica, con bande-ras italianas y bandas de música, entonando canciones patrióticas italianas, que culminaban en un homenaje al pie de la estatua de Mazzini, en un espacio plena-mente público. En el homenaje al héroe de la "nacionalidad" italiana, la nostalgia del viejo terruño se alternaba con un fuerte matiz nacional patriótico; invadía las calles y las plazas de Buenos Aires y colocaba a la celebración en una peligrosa di-mensión simbólica y política.

La construcción de estatuas y monumentos cobró fuerza en 1887, simultá-neamente con el intento de vivificar las fiestas patrias. El 20 de junio, un decreto del Ejecutivo dispuso los fondos para restaurar la histórica Casa de Tucumán;[63] en octubre, el presidente Juárez Celman envió al Senado un proyecto para la construcción de un gran monumento commemorativo de la Revolución de Mayo que se ubicaría en la nueva Plaza de Mayo.[64]

Sin embargo, el gran acontecimiento del año fue la inauguración casi simultá-nea de las estatuas del general Lavalle en Buenos Aires y del general Paz en Cór-doba, celebrada por los diarios como el inicio de una nueva etapa en la que la conciencia pública del pueblo argentino honraría a sus hijos más esclarecidos.[65]

---

[62] Ley del 16 de marzo de 1877 de la Legislatura de la Provincia de Buenos Aires. Véanse Eduardo Santaella, *Escultura. Buenos Aires*, Buenos Aires, Talleres Muñoz Hermanos, 1972; María del Carmen Magaz y María Beatriz Arévalo, *Historia de los monumentos y esculturas de Buenos Aires*, Buenos Aires, Municipalidad de Buenos Aires, 1985; J. L. y L. A. Romero (dir.), *Buenos Aires, historia de cuatro siglos*, Buenos Aires, Abril, 1983.

[63] *Registro Nacional*, 1887, p. 395.

[64] Ley 2.206 del 28 de octubre de 1887. Se constituyó una comisión encargada de impulsar y supervisar la realización, integrada por el general Mitre, el general Mansilla, los doctores Quintana, Cárcano, Olmedo, Del Valle, Zorrilla, Pellegrini y Derqui, con Eduardo Wilde co-mo presidente y Sarmiento como vicepresidente.

[65] *La Prensa*, 18 de diciembre de 1887.

La inauguración de la estatua de Lavalle dio lugar a una entusiasta manifestación cívico patriótica que Sarmiento valoró como la prueba de un firme amor a la patria en la juventud argentina, aun entre aquellos argentinos que, como hijos de extranjeros, eran "reclamados" por algunos países europeos con pretensiones de imponer aquí sus criterios de nacionalidad. La estatua de Lavalle, cuya inauguración, el 18 de diciembre de 1887, precedió en unos pocos días al decreto que disponía la elaboración de nuevos planes "nacionales" para las escuelas normales y los colegios nacionales de la República,[66] se convirtió en un punto de referencia importante en la celebración de las fiestas patrias. Fue un hito del recorrido de la Procesión Cívica de 1889 y, quizá más significativo aún, del circuito que recorrió la columna cívica de los italianos el 20 de setiembre de 1889, cuando, enarbolando también banderas argentinas, cantaron el Himno Nacional frente a la estatua.

A comienzos de 1888, mientras la comisión encargada de impulsar y supervisar la realización del gran monumento a la Revolución de Mayo comenzaba sus reuniones, la Intendencia de la ciudad estudiaba la forma de iniciar los trabajos de apertura de la nueva avenida, que significativamente se denominó de Mayo.[67] Ese año, la Cámara de Diputados aprobó un proyecto presentado, entre otros, por Lucio V. Mansilla, Emilio Civit, Estanislao Zeballos y José María Ramos Mejía, para la construcción de un monumento al Ejército de los Andes en Mendoza.[68] Otra ley autorizó al Poder Ejecutivo a repatriar los restos de varios guerreros de la independencia, y en el mes siguiente, dos nuevas leyes establecieron, una el emplazamiento de dos estatuas en San Juan a la memoria de Narciso Laprida y de Fray Justo Santa María de Oro y la otra, una columna commemorativa en el sitio donde tuvo lugar el combate de San Lorenzo.[69]

Al año siguiente, en ocasión del primer aniversario de la muerte de Sarmiento, un decreto presidencial estableció la realización de un monumento en su memoria que, sin embargo, sólo se inauguraría diez años después. También ese año se declaró feriado el 4 de noviembre, en conmemoración del centenario del general Carlos María de Alvear.[70] Sin embargo, por la crisis, muchas otras iniciativas se postergaron o se olvidaron, aunque algunas habían sido proyectadas como construcciones grandiosas. En 1889, por ejemplo, la Municipalidad abrió un concurso para la realización de un panteón nacional en el cementerio de la Cha-

---

[66] *Registro Nacional*, decreto 16.609, 1887, p. 377.

[67] *La Prensa*, 18 y 19 de abril de 1888.

[68] Congreso Nacional, Cámara de Diputados, *Diario de Sesiones*, 4 de julio de 1888. *Registro Nacional*, Ley 2.270 del 16 de julio de 1888, que destinó 100 mil pesos para la construcción del monumento.

[69] Ibíd., Ley 2.741 del 17 de julio, Ley 2.291 del 8 de agosto de 1888 y Ley 2.503 de agosto de 1888.

[70] Ibíd., Decreto 18.504, 1889, p. 463.

carita, "destinado a inhumar los restos de los próceres de nuestra independencia y de los hombres ilustres", que ocuparía una extensión no menor de dos mil metros y se elevaría hasta una altura de 30 metros por lo menos. Se planeaba un edificio de dimensiones nada modestas. Por su parte, el Concejo Deliberante se proponía tratar en 1889 el proyecto de construcción de un gran Arco de Triunfo commemorativo de la batalla de Caseros, en el Parque Tres de Febrero, también de notables dimensiones.[71]

En 1889, año de la "reacción del espíritu público", la Municipalidad tomó otras dos determinaciones significativas que revelan la decisión de "poner al día" el pasado de la ciudad. La primera fue iniciar un relevamiento con el propósito de "mantener el recuerdo de los acontecimientos notables de la historia patria, facilitando su conocimiento". Se designó a don Vicente Fidel López para que indicara la ubicación de

las casas donde hayan nacido, vivido o muerto la personas de mayor figuración de nuestra historia, lo mismo que los sitios donde hayan tenido lugar luchas de notoria importancia facultándole para que redacte la inscripción que a cada uno de ellos debe ponerse [...] [e] indique una inscripción breve que haga conocer las personas o los hechos que dan nombre a todas las calles de la ciudad con el objeto de colocar en la primera cuadra de ésta una placa que la contenga.[72]

La otra medida tomada fue la creación de un Museo Histórico. Integraron la comisión organizadora Bartolomé Mitre, Julio A. Roca, Andrés Lamas, Ramón J. Cárcano, Estanislao Zeballos, Manuel Mantilla y el coronel Garmendia, y como director fue nombrado Adolfo P. Carranza. La fundamentación del decreto, fechado el 24 de mayo de 1889, trasluce la intención de construir una tradición; se trata de crear, a partir de un acervo escaso, un importante instrumento de transmisión y difusión de la historia nacional:

considerando que el mantenimiento de las tradiciones de la Revolución de Mayo y de la guerra de la Independencia es de trascendental interés nacional y que concurriendo a ese fin los monumentos y otros objetos que pertenecen a aquella época, deben ser respetados y conservados siendo necesario, para obtener tales resultados, que los objetos mencionados se concentren, coloquen y guarden convenientemen-

---

[71] Véase *La Prensa*, 21 de julio de 1889.

[72] Ibíd., 14 de mayo de 1889. El diario señalaba que el ex intendente Alvear había proyectado una idea semejante con la ventajosa diferencia de que se proponía comprar las casas históricas y convertirlas en bibliotecas públicas o algo semejante. De lo contrario, "es exponerse a que esas casas a la vez que ostentan esa placa significativa sirvan de local a un fondín o cualquier otro negocio parecido"; sugería que el proyecto municipal se completara de esa forma.

te en un museo nacional, y que no existiendo en poder de las autoridades más que limitado número de ellos, estando algunos en poder de particulares y encontrándose dispersos en todo el territorio nacional.[73]

Reunidos en un espacio nuevo y específico, dedicado a dar consistencia material al pasado, los objetos recolectados adquieren cualidad de históricos. Al ofrecer al Consejo Nacional de Educación horarios especiales para los escolares, el director Carranza explicaba que se había visto obligado a enviar una lista provisoria de las existencias del museo pues "la necesidad de abrir lo más pronto posible este establecimiento ha impedido concluir el catálogo descriptivo que se está haciendo"; dicha urgencia se debía a la necesidad de "inculcar a los niños el amor a nuestros próceres y el conocimiento del pasado".[74]

Otro aspecto del armado de la tradición se relacionó con los símbolos patrios. Fue necesario definirlos con claridad y sancionar un conjunto de medidas legales que aseguraran su imposición a la sociedad. En 1884, un decreto del presidente Roca reglamentó el uso de la Bandera nacional, diferenciando el uso oficial y el de los particulares. La Bandera con el sol sólo podría ser enarbolada por el Ejército y la Armada y en los edificios de las instituciones del Estado, mientras que los particulares podían usar la Bandera argentina, sin el sol, en las fiestas patrias. A la vez, se establecía la prohibición de enarbolar banderas extranjeras en tierra argentina; si bien en las fiestas públicas, para el ornato de las fachadas, podrían "usarse indistintamente los colores de todas las banderas, la argentina ocupará siempre el centro".[75]

No obstante, estaba muy arraigada en la población la costumbre de izar la bandera del país de origen por los más variados motivos. En el pasado –según Sarmiento– esto había servido a los pulperos como un seguro de extraterritorialidad frente a la violencia local, ya proviniera de un conflicto político o, simplemente, del abuso de autoridad del comisario o el juez. En tiempos más recientes, se lo relacionó con la pretensión de algunas colectividades de seguir formando parte de sus naciones de origen. Se temió, en consecuencia, que la extrema liberalidad en el uso de banderas extranjeras pudiera alentar las pretensiones de algunos países europeos. La profusión de banderas extranjeras en las festividades era un termómetro de la adhesión de vastos sectores de la población a sus viejas patrias;

---

[73] *La Prensa*, 24 de mayo de 1889.

[74] *El Monitor*, tomo X, núm. 186, 1890, pp. 540-541.

[75] Decreto 3.616 del 25 de abril de 1884. La prohibición de izar banderas extranjeras repetía, en realidad, lo establecido por un famoso decreto de Mitre de 1869, prohibiendo y reglamentando el uso de banderas extranjeras luego del estallido de una ruidosa pelea entre dos grupos de extranjeros.

a la vez, por contraste, marcaba los límites de su adhesión a la nueva.[76] Las banderas fueron, sin duda, uno de los elementos fundamentales del combate simbólico que se dirimió en esos años y el decreto de Roca de 1884, que establecía sobre la Bandera nacional y las extranjeras una clara definición de formas, usos y ámbitos, necesitó ser reforzado por otro, penando el uso indebido de banderas con "una multa de ocho pesos por cada contravención o en su defecto [con] cuatro días de arresto".[77]

Otras disposiciones buscaban definir con precisión el diseño de los símbolos nacionales, y distinguir el uso oficial del privado. La circular del 5 de marzo de 1888 del Ministerio de Relaciones Exteriores a los cónsules argentinos en el exterior reglamentó por primera vez formas, medidas y colores uniformes para la Bandera y el Escudo nacional, y la circular del 16 de marzo de 1886 dispuso la exclusividad de su uso para el ámbito oficial, prohibiendo su empleo en la correspondencia particular. Ambas disposiciones fueron recogidas en el *Reglamento para los cónsules argentinos* de 1888, en la que se proponía uniformar el amplio y reciente Sistema de Oficinas de Propaganda y Consulados destinado a acrecentar la inmigración.[78] La diferenciación buscada permitiría identificar con más fuerza la enseña con el Estado nacional, y resaltar su posición dominante sobre las de los particulares u otros grupos nacionales y, en el caso del Servicio Exterior, dar una imagen más nítida de la Nación.

Las indicaciones sobre color y diseño son detalladas, para establecer una sola forma posible. Hasta entonces había predominado la diversidad, tal como lo indica Estanislao Zeballos, quien en 1889 ocupaba el cargo de ministro de Relaciones Exteriores:

Los atributos nacionales corren de tal manera alterados por eliminación de caracteres o por adiciones y variantes arbitrarias y a veces ridículas que aún las personas instruidas se preguntan a menudo ¿cuál es el verdadero escudo nacional? Las administraciones públicas han abandonado los emblemas sagrados de la Patria a la fantasía de los maestros, dibujantes, arquitectos, albañiles, litógrafos, fabricantes,

---

[76] La imagen de la variedad de banderas como símbolo de la disgregación nacional aparece en otros contemporáneos. Honorio Leguizamón, que fue director de la Escuela Normal de Profesores de Buenos Aires entre 1888 y 1894, decía en 1893: "El espíritu se sobrecoge un instante y el sentimiento de amor a la patria nos invita a echar una mirada a los horizontes lejanos donde sólo se vislumbra una bruma matizada por la dilución de colores de millares de escudos y banderas pertenecientes a otras tantas sociedades o agrupaciones italianas, francesas, inglesas, suizas, alemanas, etc.; que viven dentro de nuestro territorio [...] sin perder su fisonomía". ("Educación patriótica", en: *La Prensa*, 15 de mayo de 1893.)

[77] *Registro Nacional,* Decreto 1.830, 27 de agosto de 1884.

[78] Servicio Exterior, *Reglamento para los cónsules argentinos*, Buenos Aires, 1888. p. 37 a 39.

constructores de buques y de toda clase de obras, a menudo extranjeros, que intervienen por regla general en los trabajos en que la bandera y las armas de la República son divisa característica. Así se explica que en la Casa del Gobierno federal, en el Congreso, en las salas de Justicia, en los ministerios, en las escuelas, en la moneda metálica, en los billetes de banco, en los timbres de correo y telégrafo, en las facultades universitarias, en los barcos de guerra, en los cuarteles, en las atarazanas y en las oficinas menores difieran los símbolos del escudo y su combinación, como si se tratara de decoraciones caprichosas.[79]

Precisamente en 1889, en ocasión de la "reacción del espíritu público", las diferentes publicaciones oficiales, los diarios y las distintas revistas reprodujeron, con llamativa uniformidad, un Escudo que correspondía a una misma matriz. Por la exactitud del diseño puede presumirse que una consigna oficial hizo circular la forma precisa que el emblema debía asumir. El diseño del Escudo Nacional que encabeza las publicaciones de 1889 es el que perdura hasta nuestros días, y se corresponde con el que se establecerá posteriormente, en 1907, por un decreto cuya inspiración se atribuye a Zeballos.[80]

También en julio de 1889, en la Legislatura de la Provincia de Buenos Aires se discutieron y aprobaron dos proyectos de Rafael Hernández. Uno hacía obligatoria la enseñanza y canto del Himno Nacional en todas las escuelas de la provincia, incluidas las particulares; el otro establecía la obligatoriedad del enarbolamiento de la Bandera en los días de fiesta nacional para los particulares, nativos y extranjeros, y disponía una multa de 100 pesos a los infractores. Ante la reticencia de algunos legisladores al segundo proyecto, Hernández sostuvo que era una "imposición" semejante a la obligación de cantar el Himno Nacional para los alumnos. La Bandera izada en los frentes de sus casas sería una señal de que los extranjeros "acatan la solemnidad de nuestros grandes hechos [...] En nuestro país hay libertad para profesar todos los cultos [...] pero no es permitido profesar todos los cultos patrióticos; es para lo único que no es posible que haya libertad, porque se compromete nuestra vida propia".[81]

---

[79] Estanislao S. Zeballos, *El Escudo y los colores nacionales*, Buenos Aires, 1900, p. 7. Sobre la creación de los símbolos en la etapa posrevolucionaria, véase Dardo Corvalán Mendilaharzu, "Los símbolos patrios", en: Ricardo Levene (dir.), *Historia de la Nación Argentina*, vol. 6, Buenos Aires, El Ateneo, 1962.

[80] *Registro Nacional*, decreto 296. Resuelto en Acuerdo de Ministros del 24 de mayo de 1907, estableció un diseño preciso de la Bandera y el Escudo Nacional, y asimismo la obligatoriedad de respetar la uniformidad y fidelidad en su reproducción, para lo cual el Ministerio del Interior distribuía modelos y explicaciones y el de Relaciones Exteriores hacía lo mismo en las legaciones y consulados del exterior. Está firmado por el presidente Figueroa Alcorta y refrendado por sus ministros; entre ellos, Estanislao Zeballos. Su relación con esta medida no parece casual.

[81] Legislatura de la Provincia de Buenos Aires, Cámara de Senadores, 2 de julio de 1889.

La necesidad de la imposición de los símbolos –argumentaba Hernández– surgía de la amenaza de disgregación, porque en este país donde

> la invasión del elemento extranjero nos confunde, nos arrastra, nos disuelve el sentimiento nacional [...] es menester que los poderes públicos hagan los esfuerzos posibles a fin de defender el sentimiento patrio porque [...] es lo único que sostiene la nacionalidad [...] es necesario que lo inculquen por todos los medios posibles, no sólo en los niños sino hasta en los hombres.

Un año más tarde, en 1890, un decreto del presidente Pellegrini resolvió que a partir del 1º de enero de 1891 cesara "la práctica hasta ahora seguida de enarbolar el Pabellón Nacional en los aniversarios acostumbrados [de las naciones extranjeras] o por motivo de duelo en las naciones extranjeras".[82]

Las sucesivas disposiciones mencionadas reglamentan o desarrollan principios ya establecidos en la ley del 30 de setiembre de 1878, que buscan instrumentar formas de obligación e imposición para establecer un definido predominio nacional.

La "reacción del espíritu público" de 1889 creó un clima patriótico que se acentuó en los años siguientes; se manifestaba en el tono patriótico de los editoriales de los diarios o en los discursos en el Congreso, por ejemplo en 1890 en relación con la nacionalización de los extranjeros. En un editorial titulado "El culto a la Patria", *La Prensa* decía en 1890: "Los pueblos tienen su patriotismo, como tienen su religión". Y explicaba cómo ese culto del pasado era un aglutinante fundamental para la nación, pues "el vínculo más estrecho de las nacionalidades nace de este culto del pasado, representado por hechos gloriosos, por grandes abnegaciones y por heroicas personalidades". Sin embargo, para que esto se pueda realizar, es necesario "excitar el patriotismo, dirigiéndolo, depurándolo [...] La civilización actual impone otros deberes. No hay ya luchas por sostener por la independencia o por la integridad del territorio nacional. A una nueva época le corresponde una nueva tarea".[83]

San Martín y la República encabezan el gran desfile

En 1890 se decidió dar nuevamente un brillo especial a las fiestas patrias. En mayo se organizaron homenajes para la otra reliquia viviente, el trompa del Ejército de los Andes Julián Ponce. El Club de Gimnasia y Esgrima y la Municipalidad solicitaron al vecindario el embanderamiento, seguros de que "una vez más cubri-

---

[82] *Registro Nacional*, decreto 19.984 del 31 de diciembre de 1890.
[83] *La Prensa*, 23 de mayo de 1890.

rán la ciudad entera los colores celeste y blanco del pabellón nacional".[84] En un clima de sensibilidad patriótica y para contribuir a "retemplar el espíritu público y no olvidar sus tradiciones gloriosas", la Intendencia de Buenos Aires había pedido permiso al Congreso Nacional para erigir estatuas a Garay, Vértiz, Liniers, Carlos M. de Alvear, Las Heras, Brown, Vicente López, Saavedra, Dorrego y otros.[85] Para los festejos del 9 de Julio una comisión integrada por Benjamín Zorrilla –presidente del CNE–, con la colaboración del Club del Progreso, resolvió realizar después de los actos oficiales –el *Te Deum* y el desfile militar– una grandiosa apoteosis del general San Martín en el teatro de la Ópera. Se prefirió un lugar cerrado, aunque se solicitó especialmente el embanderamiento de la ciudad y se dispuso que las bandas de los cuerpos de la guarnición tocaran en las plazas para animar el clima de festejo. Fueron "invitados especiales" a la celebración, además de las autoridades nacionales y municipales, los guerreros de la Independencia –los generales Frías y Zárraga, y el trompa Ponce– y "los escritores de la Historia Nacional".[86]

Los historiadores y los guerreros de la independencia fueron instalados juntos en un palco, en reconocimiento a la doble autoría del pasado que se conmemoraba. Por su parte, la Inspección Técnica del Consejo Nacional de Educación, "cumpliendo órdenes superiores dirigió una circular a los directores de las escuelas más céntricas […] para que invitasen a sus alumnos a asociarse a la fiesta patriótica".[87] El programa incluyó la entonación del Himno Nacional cantado por cuatrocientos niños de las escuelas públicas, la distribución de flores a los guerreros y un homenaje al trompa Ponce, la lectura de una poesía patriótica de Carlos Guido y Spano, el discurso de Dámaso Centeno y la apoteosis del general San Martín representado en la cumbre de los Andes. Aunque la obligación de asistir de frac para los caballeros, en opinión del diario, resintió "un poco el carácter democrático de la fiesta", la celebración resultó brillante.[88]

Los diarios destacaron las celebraciones del día 9, realizadas en distintos barrios de la ciudad y especialmente las de la Boca y Barracas. Parecía reproducirse el esfuerzo del año anterior: en un momento bastante conflictivo se acentuaban las manifestaciones de patriotismo. Mientras se consolidaba una oposición política al gobierno, tomaba cada vez más fuerza el movimiento de los extranjeros que pretendían el otorgamiento de los derechos políticos sin naturalización.[89] A la

---

[84] Ibíd., 23 de mayo de 1890.
[85] Ibíd., 20 de mayo de 1890.
[86] Ibíd., 5 de julio de 1890.
[87] Ibíd., 6 de julio de 1890.
[88] Ibíd., 11 de julio de 1890.
[89] Ibíd., 24, 25 y 30 de mayo de 1890.

vez, empezaba a emerger la "cuestión social" en las huelgas de los últimos años y en la manifestación pública de la protesta obrera.[90] En 1890, mientras los socialistas alemanes se disponían a festejar el aniversario de la Comuna de París, en marzo otro grupo socialista anunció un petitorio al Congreso por leyes laborales y preparó la celebración del Primero de Mayo, con un gran mitin obrero en el Prado Español. Las sociedades republicanas italianas discutieron su adhesión al festejo, la Sociedad Internacional de Carpinteros y Ebanistas invitó a sumarse a ellos, y el Círculo Socialista Internacional, aunque criticaba las ideas demasiado moderadas de los organizadores, anunció que se plegaría. La celebración fue cobrando importancia; finalmente, reunió a no menos de 1.800 obreros, italianos y alemanes en su mayoría, y se anunció la creación de una Confederación Obrera Argentina.[91] Casi al mismo tiempo había reaparecido en el Congreso la cuestión de la naturalización de los extranjeros.[92]

La situación, lejos de aclararse, se complicó más aún luego del estallido de la Revolución, cuando emergieron nuevos actores políticos y se formó el Centro Político Extranjero. Su notable crecimiento –entre fines de 1890 y en los primeros meses de 1891– y el aumento de la presión en favor del otorgamiento de derechos políticos a los extranjeros crearon inquietud. Por otro lado, la celebración del Primero de Mayo complicó más la disputa simbólica; en 1891, los preparativos de los festejos provocaron –además de disensos y discusiones entre las asociaciones adherentes– el control y la represión policial: disolución de reuniones preparatorias, prohibición del *meeting* central, dispersión de la manifestación en Plaza de Mayo y detención de manifestantes.

Al año siguiente, una vez más se manifestó el propósito de que los festejos de mayo y julio resultaran particularmente brillantes. En esta ocasión, una comisión formada por el Concejo Deliberante, el Club Gimnasia y Esgrima y el CNE solicitó contribuciones a la Bolsa de Comercio y al Jockey Club e inició una suscripción pública.[93] También se buscó comprometer a la ciudadanía. Así, se nombraron comisiones parroquiales que recomendaban a los vecinos las formas adecuadas para la celebración: mientras la de Belgrano invitaba a todo el vecindario a embanderar sus casas, la de La Concepción pedía a los suyos que "el 25 de mayo, a las 8 p.m., en todas las casas se toque y cante el Himno Nacional". Se buscó un mayor pronunciamiento: el embanderamiento de la ciudad debía durar en esta ocasión tres días. La Municipalidad realizó una convocatoria "Al Pueblo de la Ciudad":

[90] Véase María R. Ostuni, "Inmigración política italiana y movimiento obrero argentino", en: F. Devoto y G. Rosoli (comps.), *La inmigración italiana en la Argentina*, ob. cit.

[91] *La Prensa*, 25 y 30 de marzo; 4, 29 y 30 de abril; 2 de mayo de 1890.

[92] Ibíd., 24, 25 y 30 de mayo de 1890.

[93] Ibíd., 4 de abril de 1891.

Incitándoles [...] pide a los vecinos [...] que tomen parte en los festejos [...] adoptando cada uno la forma que más acomode a sus medios y a sus inclinaciones, embanderando los edificios, adornando sus frentes, reuniéndose en comisiones a fin de coleccionar fondos que contribuyan a dar el mayor esplendor a la fiesta [...] todos los argentinos, cualquiera que sea su condición, su edad, su sexo, deben producir actos que importen una manifestación en homenaje a los que nos legaron con la patria, la libertad y la independencia.[94]

Ese año, el CNE reglamentó cuidadosamente la celebración de las fiestas patrias en las escuelas, estableciendo que los escolares y sus maestros, embanderados, realizaran los festejos fuera de sus establecimientos, en las plazas y paseos públicos de la ciudad. Los diarios describieron innumerables festejos en los barrios y variados actos de homenaje realizados por distintas sociedades, públicas y privadas, nativas y extranjeras.

El programa de los festejos de mayo fue nutrido: el 24, bendición de los pabellones de los batallones escolares y entrega de una placa que se colocaría en la Pirámide de Mayo, a la memoria de Felipe Pereira de Lucena y Manuel Artigas; se trataba de dos héroes desempolvados por la iniciativa de un conjunto de más de cincuenta caracterizadísimos vecinos que encabezaban Bernardo de Irigoyen, Bartolomé Mitre y Julio Argentino Roca.[95] Por la noche, una procesión de antorchas recorrió las plazas Independencia, de Mayo, San Martín y Lavalle.

El día 25, luego del *Te Deum* y del desfile militar, se realizó un espectacular desfile patriótico: lo encabezaba un carro triunfal llevando un busto de San Martín, tirado por ocho caballos con palafreneros negros, y "La Libertad", representada por una niña de blanco flanqueada por cuatro granaderos; detrás marchaba el batallón Maipo –los niños del Asilo de Huérfanos–, los batallones infantiles de las escuelas comunes y un batallón de los guerreros de Paraguay y Brasil. El segundo carro llevaba a "La República y a las catorce provincias", representadas también por niñas; detrás, marchaba la comisión del Club de Gimnasia y Esgrima y otras sociedades nacionales y extranjeras, en larga comitiva. El desfile resultó espectacular; los guerreros del Paraguay, las reliquias vivientes de ese año, fueron fotografiados junto al general Mitre en el Club Gimnasia y Esgrima.[96]

Este clima patriótico se prolongó con la llegada, el 16 de julio, de los restos repatriados de cuatro guerreros de la Independencia –los generales Rodríguez,

[94] Municipalidad de Buenos Aires, 10 de mayo de 1891. La convocatoria estaba firmada por Fermín Rodríguez, Juan Coronado y José S. Arévalo; reproducida en: *El Monitor*, tomo X, núm. 193, 1891, pp. 1.062 y 1.063.

[95] El pedido de homenaje a estos dos héroes recordaba que la colocación de una placa en su memoria había sido dispuesta por una resolución del Cabildo del 31 de julio de 1811, reiterada en 1812, y aún no cumplida.

[96] *La Prensa*, 10 de julio de 1891.

Olazábal, Galván y Quesada– lo que dio lugar a nuevos actos conmemorativos: solemne recepción en la que también participó el CNE con salvas y desfiles, discursos y ofrendas florales.

Mientras tanto, en otros festejos parecía perderse algo del entusiasmo. Los de los italianos en 1890 "se han resentido un tanto [...] [por la] falta de animación verdaderamente italiana que sobraba en la de años anteriores [...] se vieron reunidas veinte asociaciones de residentes italianos en la plaza Lorea donde en años anteriores se reunían no menos de cincuenta".[97] También en 1891 y 1892 los festejos fueron apagados, en parte por los conflictos cada vez mayores entre las distintas asociaciones de italianos.[98]

Las conmemoraciones históricas argentinas, en cambio, continuaron a lo largo de 1891; en setiembre, el Centenario del nacimiento del general Paz dio lugar a un acto patriótico, y en Mendoza hubo un arrebato de patriotismo debido a la desaparición de unas banderas del Ejército de los Andes, de cuya sustracción se responsabilizó a la colectividad española. En octubre, en el Club Gimnasia y Esgrima se realizó una reunión para fundar una asociación de ex combatientes del Paraguay, y en diciembre resurgió la idea de levantar un Panteón Nacional a los héroes de la patria en la Recoleta.[99]

Evidentemente, las fiestas patrióticas habían cobrado importancia. Ahora, las instituciones más caracterizadas de la sociedad, como el CNE, el Club Gimnasia y Esgrima, el Jockey Club y la Bolsa de Comercio, asumían como deber cívico la reponsabilidad de que tuvieran el mayor brillo posible. Prácticamente todas las instituciones representativas, asociaciones culturales, vecinales o de colectividades extranjeras se sentían obligadas a pronunciarse "patrióticamente" en esas fechas. Los actos patrióticos se multiplicaron por toda la ciudad, acompañados de otras actividades de homenaje, como conciertos y conferencias. Esta tendencia se mantuvo en los años siguientes, mostrando que la "reacción del espíritu público" de 1889 había instalado un nuevo tono patriótico en las celebraciones, con una liturgia enriquecida[100] y un ritual más complejo, pero, y esencialmente, una nueva

---

[97] *La Prensa*, 21 de setiembre de 1890.

[98] Por entonces, se habían agudizado las diferencias entre republicanos y monárquicos. Algunos republicanos sostenían que, en realidad, Garibaldi había hecho más por la monarquía que por la república. En 1891 protestaron públicamente contra la organización de los festejos e inauguraron una "Caja de resistencia". Al año siguiente, tanto los conflictos como el mal tiempo hicieron suspender las celebraciones. Véase *La Prensa*, 14 de setiembre de 1891 y 29 de setiembre de 1892.

[99] *La Prensa*, 9 y 10 de setiembre de 1891; 14, 15, 17 y 19 de setiembre de 1891 y 16 de diciembre de 1891.

[100] Este enriquecimiento se alimentaba de recientes influencias parisinas y de viejas formas, a menudo coincidentes: por ejemplo, el gorro frigio que lucieron las niñas en el *Te Deum* en la Catedral el 9 de julio de 1888. Véase *La Nación*, 11 de julio de 1888.

actitud militante de la ciudadanía hacia las manifestaciones públicas nacionales. Éstos y otros cambios –los "programas nacionales" en las escuelas o las reglamentaciones sobre naturalización para los empleos públicos– tendían a establecer una hegemonía "nacional" en la sociedad que en esos años, casi con dramatismo, se había percibido amenazada.

Las fiestas patrias en las escuelas

El éxito de los escolares en despertar el entusiasmo popular en las fiestas oficiales públicas quedó demostrado desde la participación de 1887. Simultáneamente se trató de darles más relieve dentro del ámbito escolar, donde las conmemoraciones podían involucrar actividades variadas, según la iniciativa de los maestros. Sin embargo, el CNE procuró organizar una estructura general que le diera a aquellas celebraciones el tiempo y la importancia adecuados. En mayo de 1889, un Acuerdo del CNE dispuso que entre los días 21 y 25 de mayo y entre el 5 y el 9 de julio se suspendieran las clases habituales, horarios y programas, y los directores de las escuelas públicas nacionales destinaran la actividad escolar a las lecturas, recitaciones, cantos patrióticos y explicaciones relacionados con la Revolución de Mayo y la Declaración de la Independencia. Los niños de tercero a sexto grados escribirían composiciones sobre esos acontecimientos; dos por cada escuela integrarían un libro conservado en la Biblioteca Nacional de Preceptores, más tarde denominada de Maestros. A través de las lecturas o los cantos, se trataban de exaltar los valores patrios:

> los intereses bien entendidos de todo el país imperiosamente requieren elevar el sentimiento patrio, que da cohesión a los elementos constitutivos de la nacionalidad [...] No se concibe la existencia de un pueblo como entidad moral y política sin el cariño acendrado de su suelo, de sus instituciones y de la admiración por los grandes hechos de su historia y de los importantes acontecimientos que dieron origen a su existencia como nación independiente y libre.

El momento más adecuado era la niñez; por eso, la tarea correspondía a la escuela primaria: "si desde la temprana edad no se trata de inculcar y grabar en el alma del niño estas ideas y sentimientos no es posible suponer que ellos adquieran en el ciudadano la firmeza e intensidad necesarias".[101]

La obligatoriedad de la celebración de las fiestas patrias alcanzaba también a las escuelas particulares y se invitaba a los directores a asociarse a las iniciativas de los Consejos Escolares. En julio de 1889, una ley de la Legislatura de la provincia

---

[101] *El Monitor*, tomo VIII, núm. 156, 1889, p. 819.

de Buenos Aires dispuso una medida semejante –la obligación de enseñar y cantar el Himno Nacional en todas las escuelas, públicas y privadas– en razón de que había una "multitud de escuelas particulares en la provincia, dirigidas por maestros extranjeros, indiferentes".[102]

Una presión complementaria sobre las asociaciones extranjeras fue la "invitación" a acompañar la manifestación de homenaje al general Eustaquio Frías que hizo el Club Gimnasia y Esgrima el 9 de julio de 1889; un poco anteriores fueron las sugerencias en torno a las escuelas italianas, que culminaron con la polémica de abril de 1888, ya analizada. Estas medidas, y la organización del cuerpo de inspectores técnicos y nacionales, procuraron lograr un claro dominio "nacional" en el campo educativo.

El Acuerdo del CNE, "de conformidad con las instrucciones superiores", disponía que un grupo de 500 escolares concurriera al *Te Deum* de la Catedral metropolitana, y los batallones escolares formaran en los actos centrales en la Plaza de Mayo. Los directores y los Consejos Escolares de Distrito conservaban un margen de acción propio, pues podían, de acuerdo con su interés, realizar en las escuelas respectivas "fiestas y conferencias en las que domine el espíritu y sentimiento patriótico que el recuerdo de los acontecimientos de aquellos días debe despertar en todo corazón argentino". No obstante, la respuesta parece no haber sido muy entusiasta; quizá por eso, en julio de 1889 *El Monitor* aún ponía como ejemplo la fiesta organizada por Pizzurno en mayo de 1887: "sería de desear que actos de esa naturaleza se repitiesen en tales días, preparando con anticipación programas que no siempre se realizan como en el caso de que hemos hecho mención".[103] En marzo de 1890, el inspector técnico De Vedia informaba que tampoco había tenido éxito la disposición sobre las composiciones escolares –"sólo dos directoras de escuela enviaron composiciones de sus alumnos"–, y sugería, para estimularlos, premiar con un libro a los maestros y alumnos que participaron. El cuidado con que el CNE seguía a través de los inspectores el cumplimiento de estas medidas revela el peso de la inercia, que sólo habría de ser vencida con tiempo y constancia.

A partir de estas observaciones, el inspector técnico De Vedia presentó un proyecto complementario al Acuerdo sobre la celebración de las fiestas. A pesar de que se había hecho "cuanto era posible en los días de mayo y julio [...] por conmover las fibras del patriotismo en la juventud que se educa en las escuelas públicas de la Capital", las dificultades encontradas hacían necesario afirmar la obligatoriedad para todos los niños y docentes, y precisar los elementos esenciales del acto. Así lo expresó una circular:

---

[102] Legislatura de la Provincia de Buenos Aires, Cámara de Senadores, *Diario de sesiones*, 2 de julio de 1889.

[103] *El Monitor*, tomo VIII, núm. 160, 1889, p. 1047.

El Consejo Nacional desea que los niños que reciben educación en las escuelas públicas tomen cada año mayor participación e interés en la celebración de sus dos grandes fiestas patrias [...] A fin de despertar en ellos el sentimiento nacional [...] ha dispuesto que se celebren por las escuelas en la forma que paso a detallar: todos los niños debían concurrir a las escuelas los días 24 y 25 de mayo a las doce del día ostentando los colores de la bandera nacional o un pequeño escudo con las armas de la República; el 24 se cantaría en todas las escuelas y por todos los niños el Himno Nacional; los maestros explicarían a los niños [...] los acontecimientos de 1810; el día 25, nuevamente, se cantaría el Himno Nacional y se tratarían temas históricos en composiciones orales y escritas.[104]

Establecía una forma precisa para la celebración y universalizaba la obligación de la asistencia para todos los niños y docentes; disponía además el vuelco de la escuela hacia la comunidad. Los escolares protagonizarían actos patrióticos no sólo en la Plaza de Mayo sino en cada una de las plazas de los distintos barrios de la ciudad. Maestros y alumnos, luego de la ceremonia en la escuela, enarbolando la bandera, debían salir a las plazas más cercanas y cantar el Himno Nacional. Según fuera la ubicación de las escuelas –se establecía cuidadosamente– los escolares concurrirían al *Te Deum* en la Catedral, a la Plaza de Mayo, a saludar a Eustaquio Frías, a la tumba de los héroes en el Cementerio Central, a la estatua de San Martín, etcétera. Se recordaba que el municipio poseía veinticinco plazas y paseos donde los niños de las distintas escuelas podían cumplir estas disposiciones sin un gran traslado. Esta multiplicación de los actos patrióticos en los espacios públicos coincide –como si resultaran de un mismo designio– con la proliferación de homenajes realizados por las asociaciones particulares más variadas, ese año y el siguiente, cuando San Martín y la República encabezaron el desfile.

Otro aspecto que se proponía atender el proyecto de De Vedia era el de la enseñanza de la historia nacional, expresado en estos términos:

los maestros pongan el mayor empeño en hallar la forma más sencilla y clara para suministrarles esos conocimientos estando dispuesto a premiar al director o directores de aquellos establecimientos [...] que se distinguiesen en la enseñanza de esa asignatura [...] Para la realización de estas ideas, es pues conveniente, hacer revivir en el corazón de la juventud el recuerdo de los días de gloria para la patria, formando para ello programas especiales en los cuales se preste la atención más señalada a la historia nacional.[105]

---

[104] "Circular", 13 de mayo de 1890, en: *El Monitor*, tomo X, núm. 181, 1890, pp. 44 a 46.
[105] Idem.

Desde entonces, se puso de manifiesto un mayor interés en todas las cuestiones relacionadas con la enseñanza de la historia patria. *El Monitor* le dedica paulatinamente más espacio: además de relatos alegóricos, poesías y artículos sobre temas históricos, hay otros sobre la enseñanza de la historia con recomendaciones didácticas. Sin embargo, en este "órgano de difusión del CNE" no se encuentra, en cuestiones de contenidos y formas de enseñanza, una voz única.

Múltiples indicios revelan la extensión del interés por la enseñanza de la historia nacional. Allí se mezclan la preocupación por encontrar las formas de enseñanza más adecuadas con el empleo de recursos de divulgación de efecto más inmediato. Así, un inspector introdujo "una innovación en las escuelas de este distrito [...] Consiste en la colocación de un pizarrón en el punto más visible del patio de recreo, para describir hechos históricos diariamente, con el objeto de que los alumnos se habitúen a la lectura y por medio de ella se instruyan en la historia patria".[106] El director de flamante Museo Nacional, Adolfo P. Carranza, invitaba a realizar visitas escolares, pues: "al fundarlo se ha tenido en vista principalmente que sirva para inculcar a los niños el amor a nuestros próceres y el conocimiento del pasado por medio de los retratos y objetos". *El Monitor* valoraba los beneficios didácticos de la visita al Museo: "los objetos sensibles como las estatuas, las pinturas, los grabados, las armas de guerra y los instrumentos y demás piezas arqueológicas, debido a su animación y viveza, contribuían admirablemente a hacer más perennes y claras las impresiones y a fijar las ideas sobre los hechos históricos con características indelebles".[107] Algunos descubrían en "la nacionalización de la educación argentina" una perspectiva comercial: un fabricante ofrecía, a cambio del monopolio de abastecimiento de cuadernos al CNE, "grabar o estampar en las cubiertas de los cuadernos escolares [...] un pasaje histórico, el trazado de una provincia, o la figura de un grande hombre, y al dorso detallar el hecho" pues era conocida por todos "la beneficiosa influencia de las imágenes o grabados para fijar la atención del alumno. Causa dolorísima impresión –agregaba– recorrer nuestros centros de instrucción y encontrar en manos de los alumnos [...] cuadernos en cuyas portadas se leen nombres extranjeros".[108] En 1890, la Sociedad Patriótica anunciaba en las páginas de *El Monitor* un concurso para premiar el mejor Manual del Ciudadano, a realizarse el 25 de mayo siguiente, y la asociación se comprometía a gestionar la adopción del trabajo premiado con medalla de oro como texto en las escuelas comunes.[109]

---

[106] *El Monitor*, tomo X, núm. 193, 1891, p. 1.042.

[107] Ibíd., núm. 186, 1890, pp. 540 y 541.

[108] Ibíd., núm. 197, 1891, p. 1.152.

[109] Firmaban el anuncio Rodolfo Rivarola y Augusto Belin Sarmiento por la Asociación Patriótica, sección La Plata, y Manuel Obarrio y Manuel A. Montes de Oca por la sección Buenos Aires.

El Monitor reproducía además contribuciones de autores locales de dispar calidad, que expresaban una variada gama de posturas; la misma diversidad se encuentra en la traducción de artículos extranjeros sobre enseñanza de la historia que respondía al interés por estar al tanto de las novedades sobre la enseñanza de los contenidos en una materia, por entonces, de actualidad. En esos años, la enseñanza de la historia patria interesaba en todas partes como un medio para afirmar la conciencia cívica, construir la memoria colectiva o generar la adhesión patriótica y consolidar la nacionalidad: aunque los objetivos eran aparentemente semejantes, había diferencias en los valores y los contenidos, y aun en la índole de los lazos de adhesión que procuraban establecer entre el ciudadano y la patria.

Ocurría que en los años finales del siglo XIX los contenidos de la historia y el patriotismo no quedaban libres de la influencia de las crecientes rivalidades nacionales y los surgentes nacionalismos ni tampoco de las disputas políticas e ideológicas que dividían a la sociedad en la era de la emergencia de las masas: integración o diferenciación cultural como eje de la construcción nacional, criterio político o cultural como rasgo de pertenencia nacional, patriotismo como expresión de un compromiso cívico o como subordinación del ciudadano al cuerpo de la nación; muchas de estas variantes se expresaron en la polémica entre patriotas y cosmopolitas.

Estas diferentes corrientes se reflejaron en el ámbito escolar, alcanzando no sólo en las páginas de *El Monitor*, las revistas pedagógicas y otras publicaciones generales sino a los docentes. En este ámbito circularon tanto las versiones centradas en el fortalecimiento de la pertenencia nacional y la conciencia cívica como aquéllas cuyo eje eran los aspectos emocionales y la exaltación de rasgos esenciales –raza o etnia, lengua, cultura– de la nacionalidad. A veces, estos diferentes matices se mezclaban en proporciones diferentes en los actores y también en las medidas tomadas por las autoridades; otras veces, alguno de ellos preponderaba. A lo largo de las dos últimas décadas del siglo XIX, como se verá, se fortaleció el tono de quienes entendían la enseñanza de la historia como un recurso de protección de los rasgos esenciales de la nacionalidad.

Sintonizando con estas ideas, el director de la Escuela Normal de Profesores de Buenos Aires Honorio Leguizamón advertía a los maestros, cuya actitud consideraba decisiva, que el escolar "vendrá, en una palabra, con la cabeza, con el corazón y hasta con el estómago italiano"; en consecuencia, se debía aprovechar cualquier ocasión en la escuela

> con tal que ella pueda servir para despertar en el alumno este sentimiento […] que se llama patriotismo […] En la República Argentina, más que en cualquier otro país de la tierra la educación debe tener un propósito nacional […] De ahí la necesidad de que la escuela sea eminentemente argentina para el escolar argentino; maestros, libros, mapas e ilustraciones morales, mobiliario, útiles, todo debe estar

ungido con el óleo sagrado de la nacionalidad para neutralizar esa atmósfera extranjera que el niño ha respirado durante sus primeros años exclusivamente y que continúa aún respirando cada día antes de ir y al retirarse de la escuela.[110]

Pero, como decía en 1890 *El Monitor* a "varios órganos de la prensa de la Capital" que pedían "educación nacional [...] sin que ninguno de ellos nos diese un programa de esa enseñanza, ni se apercibiese de que todo está por hacer a ese respecto"[111], sólo se trataba del comienzo. Era una demanda de la opinión pública, una aspiración de muchos, en la que no se había definido qué tipo de educación nacional se reclamaba.

Era la etapa inicial de un rumbo de acción de la escuela y de una preocupación por la formación de la nacionalidad que tendría un largo desarrollo en la sociedad argentina. El impulso a la formación de la nacionalidad nació para solucionar la vulnerabilidad de la Argentina: un país aún no plenamente formado cuya sociedad recibía una afluencia inmigratoria creciente y estaba en plena transformación. La nacionalidad no era solamente un factor de aglutinación social, sino un instrumento de afirmación de la soberanía, pues las pretensiones externas serían peligrosas sólo si encontraban aquí aliento para la formación de "otra" nacionalidad. Desde entonces se inventaron y desarrollaron prácticas, símbolos y contenidos nacionales, y se valorizaron las posibilidades del pasado como aglutinador del presente, para construir, alimentar y conservar la nacionalidad argentina. Aun cuando las prácticas varíen y especialmente las formulaciones teóricas posteriores reelaboren y modifiquen sus contenidos y significados, puede reconocerse la continuidad de un movimiento iniciado en estos años y en esta coyuntura singular.

---

[110] Honorio Leguizamón, "Educación patriótica", en: *La Prensa*, 15 de mayo de 1893.
[111] *El Monitor*, tomo X, núm. 192, 1891, p. 975.

IV. El desafío de los extranjeros, 1887-1894: ¿nacionalidad o derechos políticos?

A fines de los años ochenta, la naturalización de los extranjeros se convirtió en una cuestión de debate público con complejas aristas en la que, al igual que en el campo educativo y en el de las festividades, afloró el problema de la nacionalidad. En los años anteriores se habían formulado proyectos para estimular la naturalización, corolario deseable de la política de fomento a la inmigración. Pero a pesar de las amplias libertades y garantías establecidas en 1853 por la Constitución Nacional, y de las amplias posibilidades de naturalización contempladas desde 1869 por la ley de ciudadanía, eran pocos los extranjeros que se naturalizaban. La decisión de los extranjeros de permanecer como tales no había sido considerada demasiado grave: a pesar de que Sarmiento y otros habían advertido sus consecuencias políticas, predominaba en los grupos dirigentes la confianza en la capacidad de la sociedad argentina para absorberlos sin conflictos.[1] El vertiginoso ingreso de inmigrantes desde mediados de los años ochenta terminó por sacudir la tradicional confianza y se conformó en torno a la naturalización un nuevo clima de sentimientos. Preocupó la progresiva conformación de vastos conjuntos de residentes extranjeros y la existencia de una parte cada vez más numerosa de la población que estaba al margen, si no de la vida política, del sistema formal de participación.

Algunos contemporáneos atribuyeron esa actitud de los extranjeros al desinterés por la política, a sus objetivos económicos exclusivos y a otros rasgos de esa índole.[2] Luego de la revolución de 1890, otros lo atribuyeron a la escasa predisposición de la elite política local a facilitar la naturalización: la actitud encubría el

---

[1] D. F. Sarmiento escribió numerosos artículos sobre este problema; han sido reunidos en *Condición del extranjero en América, Obras Completas*, tomo XXXVI, Buenos Aires, Luz del Día, 1944.

[2] Entre quienes estudiaron el tema, Gino Germani y Torcuato Di Tella han insistido particularmente en el desinterés de los inmigrantes por la política. Esta idea está también presente en muchos otros trabajos sobre esta etapa, aun cuando no se ocupen en particular del problema. Véanse Gino Germani, *Política y sociedad en una época de transición: de la sociedad tradicional a la sociedad de masas*, Buenos Aires, Paidós, 1968 y Torcuato Di Tella, "El impacto inmigratorio sobre el sistema político argentino", en: *Estudios Migratorios Latinoamericanos*, núm. 12, agosto de 1989.

rechazo a una apertura electoral,[3] o bien, la negativa a democratizar la vida política.[4] Sin embargo, muchos extranjeros manifestaron interés y participaron en la vida política argentina a través de canales informales;[5] por otra parte, para los grupos dirigentes locales la participación de los extranjeros en la vida política formal, a través de la naturalización, era considerada la culminación deseable de su integración en el nuevo país.[6]

La situación de una sociedad formada por argentinos/ciudadanos por un lado, y extranjeros/no ciudadanos por otro se hizo problemática a medida que ese último grupo crecía. Si una alta proporción de la población no participaba, o lo hacía muy limitadamente, llegaría a ponerse en cuestión la legitimidad del régimen político. Pero lo más inquietante eran las características que iban adquiriendo los conjuntos de residentes extranjeros, y la amenaza –analizada en el capítulo I– de que se constituyeran enclaves de otras nacionalidades, con rasgos culturales definidos.

Muchos políticos y hombres públicos se mantuvieron fieles a la normativa vigente: la naturalización debía resultar del acto voluntario de adquirir la ciudada-

---

[3] Estas ideas de la época fueron recogidas por la bibliografía. Los ya clásicos estudios de Luis V. Sommi (*La Revolución del 90*, Buenos Aires, Pueblos de América, 1957), Roberto Etchepareborda (*Tres Revoluciones*, Buenos Aires, Pleamar, 1968) y Gabriel Del Mazo (*El Radicalismo, ensayo sobre su historia y su doctrina*, Buenos Aires, Raigal, 1951) han explicado la Revolución del Noventa como el resultado de las demandas populares de ampliación política. Otros historiadores han retomado esta explicación, aunque inserta en distintas explicaciones generales. Natalio Botana hace una interpretación diferente: un conflicto creado por el régimen de partido único y el desplazamiento de los rivales políticos tradicionales; véase Natalio R. Botana, *El orden conservador*, Buenos Aires, Sudamericana, 1977. Hilda Sabato ha visto en la revolución un conflicto planteado aún en los términos de la política tradicional; señala la inexistencia de demandas de ampliación política y aun de negativas de apertura; véase Hilda Sabato, "La revolución del noventa. ¿Prólogo o epílogo?", en: *Punto de Vista*, núm. 39, diciembre de 1990.

[4] Como en el caso anterior, se encuentra esta idea en la bibliografía. Véanse dos ejemplos recientes de este planteamiento clásico del tema en Rómolo Gandolfo, "Inmigrantes y política en Argentina: La revolución de 1890 y la campaña en favor de la naturalización automática de residentes extranjeros", en: *Estudios Migratorios Latinomericanos*, núm. 17, Buenos Aires, 1991 y, desde una perspectiva diferente, Ema Cibotti, "La elite italiana de Buenos Aires: el proyecto de nacionalización del 90", en: *Anuario* núm. 14, Escuela de Historia, Facultad de Humanidades y Artes, Universidad Nacional de Rosario, 1991. Un enfoque institucional del tema en Pablo A. Ramella, *Nacionalidad y Ciudadanía*, Buenos Aires, Depalma, 1978.

[5] Hilda Sabato, *La política en las calles. Entre el voto y la movilización, 1862-1880*, Buenos Aires, Sudamericana, 1998.

[6] Luego de 1912 la naturalización de los extranjeros siguió siendo ínfima. Véanse Aníbal Viguera, "Participación electoral y prácticas políticas en Buenos Aires, 1912-1922", en: *Entrepasados*, vol. I, núm. 1, 1991; Natalio R. Botana, "Conservadores, radicales, socialistas", en: J. L. Romero y L. A. Romero (directores), *Buenos Aires, historia de cuatro siglos*, Buenos Aires, Abril, 1983 y David Rock, *El radicalismo argentino*, Buenos Aires, Amorrortu, 1977.

nía y cambiar de nacionalidad. Pero otros adoptaron posturas nuevas y algunos se inclinaron a generar un amplio movimiento de nacionalización de la sociedad, que incluía la naturalización de los extranjeros. Se atribuía tal grado de peligrosidad a la brecha creada por "la masa flotante" de extranjeros no ciudadanos, que parecía preferible tomar un atajo, mediante una naturalización amplia y rápida, aun eliminando el acto de libre elección, lo que implicaba cambiar radicalmente el criterio tradicional. En cualquier caso, esto resultaba preferible a la consolidación de enclaves de otras nacionalidades.

Sin embargo, entre 1887 y 1893, también se gestó otra postura sobre el problema de la naturalización. Desde una concepción defensiva y exclusivista de la nacionalidad, los dirigentes locales sospecharon que la naturalización acarrearía la constitución de grupos políticos rivales nutridos en las colectividades. Llegaron hasta a rechazar su naturalización, juzgando que un cambio de patria era casi un acto de traición. Quienes eran capaces de cometerlo eran indignos de ser ciudadanos y resultaba preferible que permanecieran como extranjeros, dentro del país pero fuera de la patria argentina.

Que todos los extranjeros se hagan argentinos

La idea de generar una naturalización amplia de los extranjeros tomó cuerpo hacia principios de 1887, precisamente cuando arreciaba la preocupación por la disgregación y la consiguiente desaparición de la identidad nacional. Para algunos preocupados observadores, como Sarmiento y Zeballos, a menos que se emprendiera una enérgica acción nacionalizadora se haría realidad aquella amenaza bajo la forma del cosmopolitismo: una sociedad nacional laxa, que aceptaba la existencia de varios idiomas y de múltiples tradiciones culturales, donde se rendía culto a todos los héroes y a todas las patrias. Esa heterogeneidad –se creía– impedía llegar a ser plenamente una nación.

Estanislao Zeballos sostuvo, en la Cámara de Diputados en octubre de 1887, que ya no bastaba con poblar; la tarea de la hora, la más difícil del siglo, era "fundar naciones". La nacionalidad –explicaba– no se forma "cuando la masa es extraña", pues "al mismo tiempo que se busca los brazos para que cumplan las evoluciones económicas, es necesario preparar los elementos políticos y morales que den por resultado la nacionalidad". Zeballos consideraba que había llegado el momento para que "el Congreso se preocupe, con cualquier pretexto y en cualquier circunstancia de que el extranjero que se asimile a esta tierra sea afecto a la nacionalidad argentina [...] se atribuía que todos los extranjeros se hagan argentinos". Era el momento de enfrentar el gran problema político que restaba por resolver a la nación; de lo contrario el futuro sería por demás incierto:

¿Qué será de las instituciones argentinas cuando no tengamos en nuestro país sino trigo, maíz, palacios e industrias, pero no ciudadanos que sepan practicarlas, defenderlas y perfeccionarlas? Es que nosotros vamos perdiendo el sentimiento de la nacionalidad.[7]

El discurso de Zeballos coincidió con el comienzo de una iniciativa más amplia en pro de la naturalización de los extranjeros. Conocidos hombres de la vida política y social como el senador Antonino Cambaceres, Amancio Alcorta, Luis Varela, Adolfo Dávila, Adolfo Saldías, Bonifacio Lastra, Roque Sáenz Peña, Francisco Latzina, Torcuato de Alvear, el general Edelmiro Mayer, Domingo F. Sarmiento y el propio E. Zeballos, junto con dos destacados extranjeros, Jacobo Peuser y Joaquín Crespo, formaron con ese propósito una asociación, que desde mayo de 1887 se denominó Comité Patriótico. En ella, "nacionales y extranjeros" se proponían "gestionar, unidos, la naturalización" de los extranjeros, "salvando los inconvenientes que actualmente la dificultan".[8] Como Sarmiento descubrió muy pronto, y el desarrollo de los acontecimientos evidenciaría luego, el acuerdo encerraba concepciones muy distintas, que salieron a la luz a medida que la propuesta se fue definiendo. El propósito –pronto explicitado– de "obtener una ley que conceda la ciudadanía argentina, sin solicitarla" provocó la separación de Sarmiento, para quien la nacionalidad-ciudadanía debía resultar de un acto voluntario[9] de incorporación al nuevo país, elección que suponía un cierto grado de "formación ciudadana".[10] Por el contrario, la propuesta en cuestión parecía definirse hacia una naturalización general y automática de "los extranjeros que residan un cierto número de años en el país, cuyo favor podrán rehusar los agraciados conservando los de su país de origen si así lo manifiestan por escrito".[11] El procedimiento se invertía, y el acto voluntario pasaba a ser la acción de rehusarla.

En el Comité Patriótico, cierta ambigüedad en la formulación de la propuesta permitió por un tiempo la confluencia de intereses que luego se revelarían divergentes: el propósito de naturalizar, de un sector de la elite, y el de conservar su condición –y con ella ciertos privilegios– de algunos grupos de extranjeros. Ni en

---

[7] Congreso Nacional, Cámara de Diputados, *Diario de Sesiones*, 21 de octubre de 1887.

[8] *La Prensa*, 13 de noviembre de 1887.

[9] La Ley Nacional de 1869 establece la adquisición voluntaria de la ciudadanía-nacionalidad argentina. Según esta concepción constitucionalista, no tienen importancia los orígenes sino la voluntad de incorporación.

[10] Domingo F. Sarmiento, "Falsificación de la historia" (*El Diario*, 4 de enero de 1888), reproducido en: *Condición del extranjero*, ob. cit. Véanse allí también "Los trámites judiciales" (9 de enero de 1888) y "Ley de nacionalización de residentes que habitan el suelo argentino, según la Constitución" (9 de enero de 1888).

[11] *La Prensa*, 13 de noviembre de 1887.

la fórmula "sin irreverencia hacia la patria en que han nacido", que aparecía en las invitaciones a apoyar el movimiento y en las noticias periodísticas, ni en algunos grupos de extranjeros que la apoyaban, estaba aún suficientemente claro cómo se evitaría "la irreverencia" de adquirir una nueva nacionalidad. Esta ambigüedad hizo de la naturalización general y automática la gran solución al problema, y la propuesta continuó ganando adhesiones en distintos ámbitos. Recibió el entusiasta respaldo de instituciones como el Club Gimnasia y Esgrima[12] o la Unión Industrial Argentina, fundada ese año, cuyos Estatutos Constitutivos sostenían este propósito. Algunos de sus fundadores, como Adolfo Dávila, Agustín Silveira, Jacobo Peuser y quien por entonces la presidía, el senador nacional Antonino Cambaceres, integraron también el Comité Patriótico.[13]

Luego, la naturalización de los extranjeros se convirtió en "el tema del día" a raíz de la sonada intervención de Estanislao Zeballos en Diputados el 21 de octubre de 1887, antes citada. La ocasión para introducir este tema en el Congreso la había brindado la discusión de la ley de jubilaciones para empleados de la administración pública. El diputado Nicolás A. Calvo propuso que les fuera otorgada sólo a los empleados "que sean ciudadanos argentinos o extranjeros nacionalizados [...] porque hay un gran número de empleados que continúan siendo extranjeros [...] No solamente no reconocen la soberanía, sino que se declaran súbditos de un gobierno extranjero". Es preciso –afirmó con evidente recelo– que los extranjeros "estén a las duras como están a las maduras".[14] Dos años atrás, un proyecto del mismo Calvo que reservaba los empleos públicos a los ciudadanos argentinos había sido considerado por Zeballos una vulneración de las libertades que la Constitución Nacional garantizaba a los extranjeros. Pero en 1887, Zeballos coincidió con Calvo. Estaba convencido de la existencia de un grave problema político, que no se resolvería en la infructuosa espera de la naturalización espontánea –que "no vendrá tan fácil"– y se volcó a incitarla: "Concurramos a que todos los extranjeros se hagan argentinos, por medio de estas leyes que les invitan a aceptar los beneficios de la patria".[15]

---

[12] En el Club Gimnasia y Esgrima aparecieron por entonces fuertes conflictos internos, probablemente vinculados con esta cuestión, que concluyeron provocando una escisión. Véase Jorge Alemandri, *Cincuentenario del Club Gimnasia y Esgrima, 1880-1930. Su pasado, su presente y su futuro.* Buenos Aires, 1930.

[13] La Unión Industrial se había formado a partir de la unión del Centro Industrial Argentino y el Club Industrial Argentino, en una reunión realizada el 7 de febrero de 1887, precisamente en el Club Gimnasia y Esgrima. Véase la conferencia del vicepresidente segundo de la UIA, José M. Buyo, en *La Prensa*, 28 de junio de 1890. También, Diego Abad de Santillán, *Gran enciclopedia argentina*, Buenos Aires, Ediar, 1956.

[14] Congreso Nacional, Cámara de Diputados, *Diario de Sesiones*, 21 de octubre de 1887.

[15] Idem.

La aprobación de la Cámara de la modificación propuesta por Calvo y la favorable acogida del discurso de Zeballos –entre los diputados y en la barra– aportaron un buen apoyo a la campaña por la naturalización. Según el editorial de *La Prensa* del 25 de octubre de 1887:

> [...] es evidente que ha llegado la ocasión de contemplar la cuestión bajo la faz política descubierta por Zeballos [...] si no asimilamos a nuestra sociabilidad política al extranjero [...] En ese pueblo ejercerían más influencia los gobiernos extranjeros que el argentino [...] lo que se ha sancionado es el deseo de la Cámara de que el extranjero se naturalice [...] como una suprema necesidad de la nacionalidad.[16]

La campaña continuó a lo largo de 1888[17] y la Asociación Patriótica, su impulsora, integró un comité con Cambaceres, Crespo y Zemborain para entrevistarse con el presidente de la Nación, a quien entregaron el 2 de octubre un proyecto de reformas a la ley de ciudadanía. Sin embargo, pronto la cuestión se fue aletargando hasta casi desaparecer de la discusión pública. Es probable que, pasado el arrebato de entusiasmo inicial, cuando se pusieron por escrito las aspiraciones se vio que la solución no era tan simple y que por "naturalización" se entendían cosas distintas, que implicaban posiciones diferentes y aun opuestas sobre la cuestión. Para unos se trataba de convertir a "todos" los extranjeros en argentinos; una rápida naturalización –pensaban– resolvería rápidamente la difícil situación a la que se podía ver enfrentada la Nación. En cambio para los extranjeros –algunos de ellos afincados desde hacía tiempo y otros llegados más recientemente, pero igualmente interesados en participar formalmente en la política– significaba conseguir estos derechos sin abandonar la nacionalidad de origen, como lo manifestaron claramente en 1890. Las leyes de la mayoría de los países de emigración establecían que la nacionalidad-ciudadanía se perdía cuando se solicitaba otra; así lo consideraban por ejemplo las leyes italianas, de acuerdo con el principio romano de un sola ciudadanía excluyente. Varios países europeos reconocían la ciudadanía de los hijos de sus emigrantes y desconocían las leyes del país donde aquellos nacían.

Aquí estaba probablemente el límite de la cuestión. ¿Podía aceptar el gobierno argentino el otorgamiento sin más de los derechos políticos a los extranjeros? ¿No implicaba esto fortalecer aún más en el territorio argentino a los grupos extranjeros, en su condición de tales? Si los italianos, españoles o alemanes llegaban a tener los mismos derechos políticos que los otorgados por la nacionalidad-ciudadanía argentina a los nativos, ¿qué otorgaba ésta, en definitiva? ¿Cuáles eran los rasgos de tal nacionalidad? ¿Podía admitir una nación, aún en formación y no demasiado fuerte, una nacionalidad planteada en términos tan laxos? Estas dudas remitían a

---

[16] "Editorial", en: *La Prensa*, 25 de octubre de 1887.
[17] *La Prensa*, 1º de enero de 1888.

una cuestión más decisiva: en una época de intensa expansión imperialista y de conquista de territorios coloniales, ¿quién aseguraba que se continuaría considerando como argentino al territorio de las "colonias" formadas por extranjeros en la región del Plata, reconociendo la jurisdicción del gobierno, la ley y la soberanía de la nación sobre éste y sobre los habitantes que lo poblaban? El problema se profundizaba con la pretensión de las colectividades extranjeras de consolidar su identidad cultural, una cuestión que consideraban definitoria de la nacionalidad.

¿Qué expectativas podían despertar entre los residentes extranjeros los planteos de algunas metrópolis sobre la existencias de "colonias" propias en la Argentina? ¿Hasta dónde los grupos extranjeros alimentaban, si no reivindicaciones separatistas, al menos intentos de protagonismo político y de disputa de liderazgo a la elite local? En esta situación, la naturalización planteada como extensión del derecho político a los extranjeros y no como la adopción de una nueva nacionalidad, amenazaba con abrir un nuevo flanco débil a la nación.

Entonces se puso en evidencia que dos cuestiones distintas estaban involucradas en la naturalización: una, el ejercicio de los derechos políticos propios de la ciudadanía y otra, la adquisición de una nueva nacionalidad, y con ella la pertenencia a una nación. En opinión de muchos dirigentes, esta segunda cuestión se había convertido en un rasgo fundamental para afirmar la nación y consolidar su plena soberanía; así la nacionalidad terminó estableciendo un límite a la forma en que se definiría el goce de los derechos políticos.

La campaña en pro de la naturalización pareció haber llegado a un punto muerto en el que quedaban enfrentados los propósitos de los políticos locales de lograr una naturalización general y los intereses de los extranjeros por adquirir los derechos políticos. La cuestión tampoco era de sencilla resolución entre los grupos dirigentes argentinos: no había coincidencia plena sobre la conveniencia de una naturalización obligada. Muchos estaban de acuerdo con las ventajas de la naturalización general, pero señalaban la conveniencia de mantener los términos de la ley vigente. Otros, en cambio, impulsaron la naturalización automática tal como la había establecido Brasil el 15 de diciembre de 1889. En mayo de 1890, luego del Congreso Internacional de Montevideo, un proyecto semejante se presentó en el Congreso argentino. Sin embargo, la cuestión era aquí más compleja: la proporción de inmigrantes era mucho mayor y era preciso proceder con cautela. Establecer una naturalización automática, obligada, sin un respaldo mayoritario de los residentes extranjeros –especialmente de sus antiguas y afincadas elites– podría crear problemas graves, particularmente porque no estaba muy claro cómo y hacia dónde se moverían las masas más recientemente arribadas y aun algunos de sus dirigentes. Pero sobre todo, existía el peligro de comprometer, o al menos entorpecer, el crecimiento económico del país, afectando la afluencia de inmigrantes, por una reacción contraria de los países de emigración –como la que suscitó en los países europeos la ley brasileña de 1890– o porque se desalentara la "mejor inmigración". Como señaló una década más tarde Roque Sáenz Peña:

> del lado internacional, podría traernos complicaciones. Ya nos ha discutido Francia, Italia, España y Alemania la nacionalidad de los hijos de sus hijos nacidos en tierra argentina [...] Norte América, siendo ya un país fuerte, pudo decretarla. Además [...] ¿no debilitaría la corriente inmigratoria en su clase más selecta, por el capital y la posición social? Cuestiones tan graves no pueden resolverse por accidente para reparar males que es de desear sean transitorios.[18]

Algunos dirigentes temieron las consecuencias políticas de una naturalización masiva, mientras que otros reaccionaron a los planteos extremos de los extranjeros, atrincherándose en una defensa patriótica de la nacionalidad, con actitudes inusitadas, que se advirtieron cuando el tema de la naturalización reapareció en el Congreso Nacional en mayo de 1890. Tres meses antes, en la Convención reformadora de la Constitución Provincial de Santa Fe, ya se había manifestado una misma concepción esencialista y excluyente de la nación. En los argumentos de los políticos santafesinos se puso en evidencia la temprana conformación de un polo de opinión de cerrada defensa de la nación, entendida desde una concepción eminentemente cultural.

Gobernar es fortificar el espíritu nacional

Santa Fe era una provincia de fuertes contrastes. En pocos años, entre 1870 y 1895, la colonización agrícola había convertido a la provincia –una de las más pobres y despobladas del país– en la segunda en importancia y riqueza luego de Buenos Aires. Tradicionalmente, era gobernada por una elite político administrativa, eclesiástica y militar: viejas familias que, aun divididas y enfrentadas, mantenían un cerrado control del poder. Las constituciones de 1856, 1863 y 1872 introdujeron reformas liberales; en esta última, para estimular la colonización, se otorgaron derechos políticos a los extranjeros en los municipios. En las colonias se desarrolló una activa vida política que transformó a los colonos en nuevos y destacados actores; contrastó con la tradicional política provincial, basada en los caudillos, el clientelismo y el fraude, donde triunfaban las facciones políticas tradicionales de la provincia.[19]

---

[18] Roque Sáenz Peña, *La naturalización de los extranjeros. Opiniones y proyectos* (Encuesta de *El Tiempo*) Buenos Aires, 1900, pp. 7 y 8.
[19] Véase Ezequiel Gallo, *La Pampa Gringa*, Buenos Aires, Sudamericana, 1983.

La campaña por la naturalización de los extranjeros y por la obtención de los derechos políticos alertó la susceptibilidad de los políticos santafesinos; aunque estaban orgullosos de las transformaciones de su provincia, mostraban creciente desconfianza por las actividades políticas de los extranjeros.

Una convención reunida entre diciembre de 1889 y febrero de 1890 reformó la Constitución provincial. El tema más debatido y lo que despertó más vivo interés en la opinión pública fue la modificación del régimen de municipios. Los hombres más cercanos al gobernador José Gálvez fundamentaron en la defensa de lo nacional el cercenamiento de la autonomía municipal, la eliminación de su sistema electoral y la supresión del derecho de voto de los extranjeros. Referida a cuestiones nacionales –soberanía, relación con gobiernos extranjeros, jurisdicción del Estado– la defensa de la nacionalidad podía ser considerada una cuestión central en la consolidación de la nación. Pero aplicada, como en este caso, a la defensa de un partido o una facción política, sólo fue la excusa para salir al cruce de la activa vida política municipal y ajustar más firmemente el control de la política provincial.

La reforma, que modificaba las condiciones legales con que gran parte de los inmigrantes se habían instalado, quitó a los pobladores la posibilidad de decidir sobre los múltiples asuntos de la vida municipal, desde las cuestiones administrativas y presupuestarias hasta las de servicios, reglamentación de las formas de convivencia urbana y educación. Con el propósito de "unificar la enseñanza dándole una dirección única", se despojó a los municipios de la responsabilidad y dirección de la educación, que fue trasladada al gobierno provincial.[20]

Los principales argumentos fueron apenas un conjunto de apreciaciones subjetivas: la supuesta ineficacia de los municipios, la escasa participación política local y el no haber "producido en la práctica los fecundos frutos en que cifraron sus esperanzas los convencionales [de 1872]".[21] Finalmente, se recurrió a una argumentación más contundente: la necesidad de defender la nacionalidad. Los extranjeros no debían participar como tales en la política, ni siquiera en el nivel municipal, aun cuando se reconociera que predominaban allí las cuestiones cívico administrativas; si deseaban hacerlo debían naturalizarse. El convencional Zenón Martínez sostuvo en favor de la reforma un argumento similar al del diputado nacional Calvo en 1887: "Ya es tiempo de que la condición de ciudadano deje de ser vano título y se convierta en poderoso estímulo de la nacionalización de esa enorme masa de extranjeros que han elegido nuestro suelo". Para Martínez ya no era satisfactoria la máxima de Alberdi "gobernar es poblar": "Esa máxima pudo ser de rigurosa exactitud hace veinticinco años [...] Pero en el estado actual [...]

---

[20] *Actas de la Convención Constituyente de la Provincia de Santa Fe*, 1890, Santa Fe, Imprenta Nueva Época, 1890; p. 107.

[21] Ibíd., pp. 97-99.

la norma de nuestra legislación debe ser la siguiente: gobernar es fortificar el espíritu nacional".[22]

El carácter autoritario de la reforma emergió en los argumentos de varios convencionales que criticaron las formas colegiadas y deliberativas de gobierno y el activismo electoral; elogiaron en cambio la eficiencia del funcionario ejecutivo, delegado del gobierno provincial, y de los futuros municipios "mejor organizados, más laboriosos, más disciplinados y por consiguiente más benéficos". Sin embargo, la defensa de la nacionalidad se convirtió en el eje de la fundamentación: el cercenamiento de la autonomía era una defensa ante la creciente pujanza de los extranjeros. "De lo contrario –explicaba Martínez– nuestro espíritu nacional, juntamente con nuestra raza desaparecerá en breve no por efecto de la selección sino por la exclusión de ese elemento vigoroso (criollo) que debe preponderar siempre en las generaciones venideras".[23] A una cuestión de administración y gobierno local, directamente relacionada con la calidad de vida de los pobladores, se aplicaba un argumento desproporcionado, que sólo tenía sentido para problemas nacionales de otra índole.

El convencional y periodista David Peña abonó la anterior postura con más argumentos. El motivo de la reforma era la existencia misma de "las múltiples colonias que forman los extranjeros"; "me oprime ese nombre de colonia –confesaba– que tanto y tanto repite, por la impropiedad de usarlo en un Estado único, en una [nación] compacta e indivisible, como es y debe ser la República Argentina […] borremos el nombre de colonias porque aquí propiamente no pueden existir". En consecuencia, la eliminación de la autonomía municipal y del derecho de los pobladores extranjeros a decidir en las cuestiones de administración y convivencia locales resultaba necesaria para desdibujar el perfil de colonias y sus tendencias autonómicas. Las razones para el cercenamiento de las libertades nacían así de un imperativo nacional. Una nación, de acuerdo con el modelo al que adhería este grupo de convencionales, debía responder a una unidad cultural: el conjunto homogéneo y monolítico sólo admitía rasgos de una misma filiación y los elementos de variados orígenes culturales, que amenazaban su pureza, debían ser erradicados.

En resumen, la preocupación por la nacionalidad y el enfoque patriótico, que habían cobrado importancia en buena parte de los grupos dirigentes, adquirieron en estos convencionales santafesinos otros matices: no sólo los rasgos y el tono se extremaban sino que la defensa de la nacionalidad era aplicada a una situación que no involucraba la soberanía nacional y era instrumentada con el fin de coartar libertades molestas.

---

[22] Ibíd., p. 163.
[23] Ibíd., p. 163.

Los extranjeros no pueden ejercer la soberanía política

La discusión sobre la naturalización de los extranjeros reapareció en el Congreso Nacional el 23 de mayo de 1890 y también allí se puso de manifiesto una similar postura excluyente, de celosa defensa de la nacionalidad. Ese día, y en nombre de la lealtad a la patria, se rechazó el diploma del doctor Urdapilleta, diputado electo por la provincia de Buenos Aires, un paraguayo naturalizado argentino en 1883. Según sostenía el diputado por Santa Fe Dámaso Centeno, los actos públicos de Urdapilleta indicaban que aquél se seguía considerando ciudadano paraguayo y que

> [...] ha estado en el ejercicio activo de dos ciudadanías desde 1883 hasta la fecha. [Hay cosas que hieren] la esencia íntima [...] la nacionalidad es un sentimiento [...] una santa y religiosa preocupación. Por la nacionalidad se vive. [El Dr. Urdapilleta] ha desdeñado, ha profanado los sagrados vínculos [...] La patria quiere, con egoísmo legítimo, que sus hijos le pertenezcan exclusivamente [y él] ha pretendido tener dos patrias a la vez [...] ha hecho ocultación de la ciudadanía nacional.[24]

Con un rasgo nuevo en lo que hasta entonces era el discurso político, las palabras de Centeno definen la nacionalidad por una adhesión excluyente y total, que él transfiere del terreno de la juridicidad –la ley argentina no obligaba a renunciar a la vieja ciudadanía– al de la emoción y el sentimiento, y del campo de la realidad política al de la sacralidad y al mundo de las esencias.

Lo singular es que esta acusación se hacía en el caso de alguien que ya era legalmente ciudadano.[25] Esta actitud fue duramente criticada en primer lugar por su flagrante ilegalidad: "una vez adquirida la ciudadanía –deploraba *La Prensa*– su ejercicio no puede depender de la buena o la mala voluntad de los otros ciudadanos ni de teorías más o menos originales."[26] Pero se esgrimieron otros argumentos, que iban al fondo de la cuestión por entonces en debate. Rafael Calzada –miembro destacado de la colectividad española– advirtió con preocupación el nuevo matiz que se le daba a la ciudadanía-nacionalidad, asunto especialmente grave en un país de inmigración como la Argentina:

---

[24] Congreso Nacional, Cámara de Diputados, *Diario de Sesiones*, 23 de mayo de 1890.

[25] Urdapilleta vivía en la Argentina desde hacía treinta años. Había hecho sus estudios secundarios en el Colegio Nacional de Buenos Aires, donde fue condiscípulo de algunos de los diputados colegas. Había desempeñado importantes funciones administrativas en la provincia de Buenos Aires, entre ellas en el Tribunal Superior de Justicia.

[26] *La Prensa*, 24 de mayo de 1890.

[...] este concepto de nacionalidad moderno no nos debe hacer retroceder [...] Otra tendencia ha prevalecido en las naciones libres, para [...] que abrieran de par en par las puertas a los que buscaban en su seno la libertad, la seguridad y el trabajo [...] que no hallaban en su suelo natal.[27]

El diputado Centeno, en cambio, quiso darle a la decisión de la Cámara un carácter ejemplificador para el conjunto de los extranjeros:

Desechemos el diploma [...] es necesario que el extranjero que venga a golpear las puertas del Parlamento con una carta de ciudadanía, venga con patente diáfana [...] Habremos establecido así un precedente [...] es necesario [que el extranjero] exhiba títulos irrecusables, que de sus antecedentes fluya viva luz de amor y de patriotismo.[28]

Juan Balestra, diputado por Corrientes, atribuyó al rechazo del diploma de Urdapilleta una trascendencia pública similar:

No digo que no vengan los extranjeros, pero respetando el espíritu nacional, que deje fuera las pasiones que tenía allá en la patria y que no venga a hacer doble política [...] concedemos que no abjuren [...] allá en el fondo de su alma podrán conservar el recuerdo privado y el cariño natural [...] pero por eso no hemos de acceder a que el hombre tenga dos patrias [...] lo que no se puede permitir al pueblo argentino es que haga ejercer su soberanía política por extranjeros [...] en su ejemplo (el de Urdapilleta) deben mirarse efectivamente todos los extranjeros para algo más: para que aprendan, cuando opten al noble título de argentino, que se debe querer esta patria con exclusivismo.

La ciudadanía-nacionalidad es una condición que trasciende la ley. Respondiendo a la apelación de Urdapilleta, quien sostenía que la ley argentina de ciudadanía de 1869 no lo obligaba a renunciar a su vieja ciudadanía paraguaya, Balestra desplazó la argumentación a una cuestión de adhesión patriótica y puso el espíritu por encima de la ley: "Pues, si la ley no se lo ha exigido, se lo exige el sentimiento nacional, se lo exige el patriotismo argentino; porque aquí no debemos estar sino los que estamos amarrados [...] a este espíritu nacional".

Para Lucio V. Mansilla, que fundamentó su voto de rechazo en la responsabilidad que le imponía su patriotismo, aquélla era una cuestión que afectaba el futuro de la patria.[29]

---

[27] *La Prensa*, 30 de mayo de 1890.
[28] Congreso Nacional, Cámara de Diputados, *Diario de Sesiones*, 23 de mayo de 1890.
[29] Idem.

Esta posición generó asombro y cierta consternación en otros diputados: aquellas "palabras me erizaban los cabellos y afligían mi espíritu", confesó Ernesto Pellegrini; si se convocaba al elemento extranjero y se les ofrecía ser ciudadanos, debía cumplirse con lo establecido por la Constitución y garantizar el ejercicio de los derechos políticos adquiridos: "En esta cuestión el país nos escucha [...] tenemos que dar un fallo imparcial y severo puesto que este fallo será de gran trascendencia". Víctor Molina propuso que se aprobara el diploma. Confesaba:

[Me preocupa] lo que será mi país cuando tenga 20 millones de almas, cuando tenga una masa flotante de elementos extranjeros dentro de nosotros mismos, cuando sea un peligro para nuestra nacionalidad conservarle su carácter extranjero, cuando tenga diputados electos con siete mil votos en los distritos electorales de dos o tres millones de habitantes. ¿No se preocupa la Cámara de este problema: que no podemos permitir que ese elemento extranjero quede extranjero; que debemos abrirle de par en par las puertas del Congreso cuando se llene las formalidades que la ley establece?[30]

Sin embargo, en el Congreso predominó la actitud defensiva y esencialista de la nacionalidad, y el diploma fue rechazado. No obstante, pocos días después, el 28 de mayo, ingresó un nuevo proyecto de ley de naturalización, general y automática, presentado por Lucio V. Mansilla, J. M. Olmedo, Víctor Molina y J.S. Dantas. Su pronta presentación probablemente se debió a la necesidad de reubicar el problema, pues el rechazo del diploma había causado mala impresión, agitando la opinión pública en torno del tema. Como lo expresó Olmedo, respondía a la convicción de que la legislación debía reflejar los cambios operados por la sociedad: "Somos [...] un país de inmigración", afirmaba. Como se había advertido en la discusión sobre Urdapilleta, "nosotros no podemos tratar la inmigración ni ocuparnos de las leyes que la interesan especialmente, desde el mismo punto de vista que tuvieron los constituyentes al dictar la Constitución ni siquiera de aquel que inspiró la ley de ciudadanía argentina."[31]

Según el nuevo proyecto,

[son] considerados ciudadanos argentinos todos los extranjeros que hayan residido siete años consecutivos en territorio argentino y sean casados con argentinas o posean bienes raíces [...] siempre que no hagan una manifestación contraria ante los jueces federales [...] Los extranjeros naturalizados quedaban sujetos a todas las cargas públicas impuestas por la Constitución y las leyes.

[30] Ibíd., 24 de mayo de 1890.
[31] Ibíd., 28 de mayo de 1890.

Se anunciaba que su aprobación sería inminente. Según *El Diario*, "el Ejecutivo tiene el pensamiento de dejar para el 9 de julio próximo la promulgación del decreto".[32] El proyecto eliminaba engorrosos trámites para la obtención de la carta de ciudadanía, y la otorgaba sin solicitarla y sin mediar el acto de voluntad expresa. ¿Era ésta la reforma que satisfacía las aspiraciones de los extranjeros?

¿Hay necesidad de cambiar de nacionalidad?

El anuncio de una inminente sanción parece haber alertado a la Unión Industrial Argentina, donde predominaba otro enfoque de la cuestión. En junio de 1890, una asamblea de dicha institución nombró una comisión integrada por Joselín Huergo, Agustín Silveira y José M. Buyo –por entonces su vicepresidente– con el cometido de entrevistar a los diputados autores del nuevo proyecto y hacerles conocer sus puntos de vista. Éstos, que diferían claramente de los del diputado Mansilla, se expusieron en un proyecto denominado "Ley de extranjeros". Allí se proponía que "todo extranjero establecido y con dos años de residencia en la República" tuviera "los mismos derechos y deberes que los ciudadanos naturales" –condición no necesaria "cuando el extranjero pueda expresarse en el idioma nacional"– con la única limitación del acceso a los cargos de presidente y vicepresidente de la Nación y arzobispo. No se mencionaba la adquisición de la nacionalidad argentina sino específicamente el otorgamiento de derechos políticos a los extranjeros. Los artículos cuarto y quinto confirmaban este rasgo específico, al establecer que "los naturales de naciones en guerra con la República, no prestarán servicio militar, ni ejercerán acto alguno de ciudadanía mientras dure aquella", y que "el gobierno de la Nación nombrará una comisión o autoridad especial encargada durante la guerra de la protección de las personas e intereses de los residentes neutralizados por el art. 4º". En suma: estos extranjeros con derechos políticos no serían ciudadanos exactamente iguales a los otros; formarían una categoría diferente, pues por ejemplo estarían eximidos de servir a la patria en caso de guerra.[33]

José M. Buyo explicitó con más precisión las diferencias de enfoque en una conferencia que pronunció con el propósito de que el "proyecto pase de ser una idea aislada a ocupar la altura de una aspiración generalizada y sostenida por un número considerable de nacionales y extranjeros". Si la ley de ciudadanía vigente no ha dado resultados –se preguntaba– ¿puede tener mejor éxito el plan que actualmente se propone de "ciudadanía por sorpresa"?

---

[32] *El Diario*, 1º de junio de 1890.

[33] *La Prensa*, 8 de junio de 1890.

¿Muchos extranjeros van a dejar pasar inadvertidamente el término fatal de dos meses que la ley proyectada les acuerda [...] para declarar [...] que desean continuar siendo extranjeros. Admitimos la conveniencia de la incorporación del extranjero a la vida cívica; ¿hay realmente, pregunto yo, necesidad de cambiar de nacionalidad? En mi humilde opinión, no, y mil veces no. Yo creo interpretar fielmente la opinión general de los extranjeros diciendo a los argentinos: convenimos en que es injusto que solos llenéis la totalidad de los cargos [...] estamos igualmente interesados en que navegue viento en popa y llegue a buen puerto la nave del Estado [...] pero para todo esto no vemos la necesidad de que nos llamemos argentinos cuando somos y seremos siempre, españoles, italianos, franceses, etc.; y como amamos cada uno nuestra patria como vosotros la vuestra [...] lo que sí podemos aceptar viviendo entre vosotros es la obligación de prestaros todo nuestro concurso, amplio y completo y hacer como vosotros: las mismas cargas y privilegios, tal y como si fuéramos argentinos, pero sin repudiar nuestra nacionalidad, ni renegar de nuestra patria [...] La República Argentina [...] puede a mi juicio dar el bello ejemplo de abolir las cartas de ciudadanía que son una ficción absurda [...].[34]

Estas palabras expresan con claridad que se trataba de obtener los derechos políticos y asumir las obligaciones correspondientes, pero conservando algunos de los privilegios de la condición de extranjero. ¿No se trataba acaso del reconocimiento "legal" de la existencia de dos categorías de ciudadanos o nacionalidades, y en consecuencia, de establecer una diferencia que no favorecía la integración en una sociedad nacional que estaba precisamente en un trabajoso proceso de formación?[35]

1890: la movilización política de los extranjeros

La cuestión de la naturalización se complicó aún más debido a que, como consecuencia de la revolución del 26 de julio de 1890, se generó una amplia movilización y se afirmaron las demandas políticas de los extranjeros. Éstos se atribuyeron cierto protagonismo en los acontecimientos, debido a su participación en los combates callejeros, una acción que destacaban reiteradamente con orgullo.[36] También percibieron en la obligada renuncia del Presidente una fractura del régimen político y la ocasión para modificar algunas de sus reglas. Participaron de la

[34] Ibíd., 28 de julio de 1890.

[35] El proyecto de la UIA aparece algo modificado en la versión de la conferencia del 28 de junio, donde se requieren cuatro años de residencia en lugar de dos, así como saber leer y escribir en el idioma nacional. Véase *La Prensa*, 28 de julio de 1890.

[36] Según G. Calvi, en las jornadas de julio, en el Parque y en los cantones hubo más de 3 mil italianos (*Roma*, 7 de setiembre de 1890).

euforia que se vivió con la renuncia de Juárez Celman[37] y aunque su inquietud por la obtención de los derechos políticos era anterior, sintieron que habían ganado fuerza y capacidad de presión sobre el gobierno.[38] El nuevo movimiento recogió las disconformidades de los extranjeros de Santa Fe por la pérdida de sus derechos políticos en los municipios a raíz de la reforma de la Constitución provincial realizada entre diciembre de 1889 y febrero de 1890.

Desde fines de julio, durante agosto y setiembre, distintos grupos de extranjeros desplegaron una intensa actividad y a través de sus diarios se volcaron a una campaña para la obtención de los derechos políticos, que debía culminar en setiembre con la organización de una gran manifestación pública. La idea de la realización del mitin había sido impulsada por la *La Patria Italiana* –informaba *La Prensa*– "para pedir el reconocimiento de los derechos administrativos y políticos en favor de los extranjeros que viven en todo el país".[39] También *L'Operaio italiano* convocó a un mitín para "discutir los medios de obtener igualdad de derechos y deberes para los extranjeros y ciudadanos unidos de la República Argentina [...] y fijar las bases de un Comité Nacional Italiano".[40] Muy pronto participaron en la campaña casi todos los periódicos de los grupos extranjeros –destacándose, además de los dos anteriores, *Le Petit Journal* y el *Argentinische Tageblatt*– mientras que el Fascio Operaio Italiano, una reciente asociación organizada por el doctor Giusto Calvi, se convirtió en su más entusiasta propagandista. El movimiento creció con rapidez, y culminó a principios de setiembre. Poco antes, a iniciativa de un grupo de residentes alemanes y suizos, se había constituido el Centro Político Extranjero (en adelante CPE). En poco tiempo se dio la forma de una liga que reunía a los extranjeros, agrupados por orígenes nacionales, en secciones de alemanes, suizos, italianos, franceses, españoles, etc., hasta transformarse en una organización coordinadora de las actividades de los extranjeros volcados a la campaña para la obtención de los derechos políticos.[41]

Los anuncios y proclamas de la campaña iniciada, así como los artículos de los diarios, iban siempre titulados con la frase "naturalización de los extranjeros", aunque luego en el desarrollo argumental esto se traducía específicamente como

---

[37] *La Prensa*, 9 y 10 de agosto de 1890.

[38] Algunos extranjeros equipararon la situación argentina con los sucesos ocurridos en el Brasil, donde una ley de naturalización los asociaba al naciente régimen republicano, "recompensándolos al mismo tiempo por la participación que habían tenido en la revolución" ("La propaganda del Fascio" [Respuesta de Brunetti a Nemo], *Roma*, 22 de setiembre de 1890.)

[39] *La Prensa*, 4 de setiembre de 1890; *La Patria Italiana*, 30 de agosto y 2 de setiembre de 1890.

[40] *La Prensa*, 9 de setiembre de 1890; *L'Operaio Italiano,* 6 de setiembre de 1890.

[41] *La Prensa*, 18 de setiembre de 1890.

el logro de la "igualdad de derechos para nativos y extranjeros". En realidad, desde los inicios del movimiento de extranjeros existía cierta ambigüedad sobre qué implicaba exactamente la naturalización: si con los derechos se adquirían o no los deberes de la nacionalidad argentina y, lo más importante, si se perdía o no la nacionalidad de origen. Para algunos de los promotores, parecía tratarse de una duda auténtica mientras que para otros la pregunta parecía ubicarse en una zona gris que no querían apurarse a aclarar. Esta ambigüedad probablemente fue alimentada por el hecho de que en varios distritos los extranjeros poseían derechos electorales municipales: algunos pudieron creer que la adquisición de los otros derechos electorales era factible, lo que sin duda hizo crecer el entusiasmo y generó una amplia movilización.[42] También contribuyó al tono combativo de algunos de sus impulsores, como G. Boselli y G. Calvi,[43] quienes plantearon la cuestión en términos de reivindicaciones y encontraron un ambiente propicio en el clima de regeneración política y en la movilización abierta por la Revolución del Parque. Calvi sostenía que la campaña por la paridad de derechos y deberes entre nativos y extranjeros era una lucha por la "recuperación de derechos avasallados" y contra "los que se oponen al ejercicio del derecho del ciudadano libre".[44]

Pero a medida que avanzó la campaña, se sumaron voces y opiniones y la discusión obligó a precisar la cuestión. El periódico *Roma* polemizó con Calvi, señalando los inconvenientes que acarrearía a la vida política local la incorporación masiva de nuevos votantes. También señaló la escasa claridad de los propósitos de la campaña: ¿Qué naturalización se quiere? ¿Con qué derechos y con qué deberes? ¿Se ha pensado qué implican los deberes militares? ¿Se quiere acaso la naturalización propuesta por Mansilla? Por otra parte, fue haciéndose evidente que aun una naturalización automática –no solicitada pero tampoco rechazada– implicaba

---

[42] El proyecto de reforma de la Ley municipal, en discusión por entonces, sumó un nuevo tema de conflicto. Los extranjeros consideraron que se establecía una diferencia muy marcada con los argentinos nativos. El autor de la "Carta de un extranjero", que publicó *La Prensa* el 7 de setiembre de 1890, decía: "no se me alcanza el fundamento de la diferencia que se establece, al exigir a los ciudadanos el pago de un impuesto anual de 20 pesos para ser electos, y a los extranjeros el pago de 50; y que respecto de aquellos no se repute condición necesaria la de saber leer y escribir, que se requiere a los segundos". En suma, la condición de ciudadano argentino carecía para él de significación alguna como motivo de diferenciación y esta idea probablemente se extendiera a la participación en la elecciones provinciales y nacionales.

[43] G. Calvi era un periodista político, que había llegado por primera vez a la Argentina en diciembre de 1889. Decidido partidario de la obtención del derecho de sufragio universal en Italia, trasladó a la Argentina su discurso revolucionario y democratizador, pero sus demandas de reformas democráticas sonaban inadecuadas en la Argentina, donde el sufragio universal ya existía y era un derecho fuera de discusión. Otra cosa era la práctica política, pero no era allí donde se centraba su discurso modernista.

[44] *Roma*, 7 de setiembre de 1890.

la pérdida de la ciudadanía de origen. En Italia, por otra parte, habría de considerarse al proyectado mitín como un acto de solicitud de la nueva nacionalidad. Finalmente, en una polémica que por entonces ya tenía múltiples participantes, se terminó reconociendo que para las leyes italianas no se podía ser al mismo tiempo argentino e italiano. El periódico *Roma* propuso entonces como "medida práctica" otra estrategia: organizarse para solicitar a Italia una reforma de sus leyes que permitiera obtener la nueva ciudadanía sin perder la de origen.[45]

Calvi rechazó la solución propuesta por el *Roma*; compelido a precisar los términos de su propuesta, sostuvo que buscaba la "paridad de derechos y deberes entre los nativos y los libremente venidos a esta tierra". A la pregunta de si "obteniendo la nacionalidad argentina perdemos nosotros el derecho de la nacionalidad italiana", el más decidido impulsor de esta campaña contestaba: "en el caso afirmativo, al diablo el *meeting* y la naturalización, nosotros queremos permanecer italianos, *¡innanzi tutto!*"[46]

La amplitud que iba adquiriendo la campaña, y la misma organización del mitin como una gran demostración de fuerza, empezaron a generar reacciones adversas. Entre los italianos, las sociedades de Socorros Mutuos decidieron no responder institucionalmente a la convocatoria; debido a su prestigio y su larga trayectoria, esto suponía un fracaso importante. Al mismo tiempo, el periódico *Roma* inició un campaña contra la realización del mitin: publicó cartas, adhesiones y firmas de residentes extranjeros opuestos a la concentración masiva. Por otro lado, probablemente para evitar una gran movilización, que tan cerca del levantamiento de julio debía resultar inquietante para el gobierno, entre algunos diputados surgió la idea de reunir un Congreso de Extranjeros para discutir la cuestión con un grupo de sus representantes.[47]

Por otra parte, el proyectado mitin había dado lugar a una cierta reacción "antigringa", que podía percibirse en algunos periódicos como *Sud América* o en el intento de gestar un partido conservador, nacido de "un sentimiento nacional contra la acción [...] del elemento inmigratorio".[48] No sólo inquietaba la gran manifestación pública. *La Nación* y *La Prensa* cuestionaban que en ese mitin se discutiera "la oportunidad de la fundación de un consulado que representaría a

---

[45] *La Prensa*, 20 y 24 de setiembre de 1890. La idea del *Roma* era solicitar la reforma de la legislación italiana. Lo mismo plantearon al gobierno italiano, infructuosamente, los congresos de italianos en el exterior en 1908 y 1911. Véase Emilio Pagliano, "Nueva Legislación Italiana sobre ciudadanía", en: *Revista argentina de Ciencia Política*, tomo V, s/f, p. 139.

[46] *Roma*, 6 de setiembre de 1890.

[47] *La Prensa*, 19 de setiembre de 1890.

[48] "Un Partito Conservatore", en: *L'Operaio Italiano*, 25 de octubre de 1890 y "Labilitá di Memoria", en: ibíd., 5 de noviembre de 1890.

las distintas sociedades y tendría la tutela de los derechos individuales". ¿Por qué un consulado para tutelar derechos individuales? ¿Para qué un Comité Nacional Italiano? Esto podía llegar a ser considerado como la constitución de un poder alternativo de representación y tutelaje de los extranjeros. Tras los sucesos de la revolución, la suma de estos planteos debe de haber despertado cierto temor en el gobierno: en 1890, un decreto del Poder Ejecutivo Nacional creó una comisión, integrada por los doctores Piñeiro, Rivarola y Matienzo, para estudiar la reforma al Código Penal, con el fin de penalizar a quienes "debiendo obediencia a la Nación Argentina ejecuten actos directamente encaminados a someter el todo o parte de su territorio a la dominación extranjera, a disminuir su independencia o la integridad de su soberanía".[49]

Hacia fines de setiembre era evidente que el movimiento había perdido empuje, en especial entre los italianos, y que la realización de una gran manifestación pública había fracasado. Sin embargo, esto no significó que los reclamos de los extranjeros hubieran desaparecido. El peso de su conducción pasó en poco tiempo al CPE, que puntualizó su posición en el manifiesto del 25 de setiembre de 1890. En él recordaba la participación de los extranjeros en los momentos difíciles de la vida del país en defensa de la libertad –de lo que había "un ejemplo reciente"– y dejaba en claro que su "único objeto" era "uniformar la opinión entre nosotros, para pedir al Poder Legislativo la sanción de una ley que, salvando la delicadeza de nuestro afecto a la patria de origen, nos permita manifestar nuestro amor a ésta [...] [aceptando los privilegios y deberes] del ciudadano natural argentino".[50] El manifiesto fue respaldado por extranjeros importantes, con influencia y peso en sus respectivas colectividades, y por muchas de sus asociaciones.[51]

A pesar de que no había acuerdo entre los distintos grupos y asociaciones sobre una fórmula conveniente para todos, pues diferían no sólo en las propuestas sino en la oportunidad y forma más eficaz de presión política, el CPE pareció cobrar fuerza rápidamente.[52] Acordó con la Unión Industrial Argentina prestarse

---

[49] Así se lo recordó en la Cámara de Diputados en 1899; Congreso Nacional, Cámara de Diputados, *Diario de Sesiones*, 19 de junio de 1899.

[50] "Manifiesto del Centro Político Extranjero", *La Prensa*, 25 de setiembre de 1890.

[51] Firmaban el manifiesto: Julio Schelkly, presidente del CPE y M. Alemann, P. Maertens, Federico Isely, de la Comisión Directiva; por la sección italiana, Salvador Borgado, César Visconti Ventosa y Emilio Bailo; por el Fascio Operaio Italiano, Dr. Giusti Calvi; por la sección francesa, Emilio Daireaux; por la sección española, José M. González; por la sección germánica, T. Alemann, Gustavo Haas, L. Scheiner; por *La Patria Italiana*, Atilio Valentini; por *L'Operaio Italiano*, Giuseppe Boselli y Arnoldo Molfino; por *Le Petit Journal*, Georges Collet; por *Argentinische Tageblatt*, Juan Alemann; por la sección La Plata, Dr. J. Barbieri.

[52] *La Prensa*, 20 y 24 de setiembre de 1890, resume las distintas posiciones. Véanse también *L'Amico del Popolo*, 14 de setiembre de 1890; *La Patria Italiana*, 17 de setiembre de 1890.

mutua protección y cooperación, destacando que ambas asociaciones armoniza-ban en propósitos e iniciativas.[53]

Por todo esto y en la medida en que el CPE tendió a definirse como una enti-dad defensora de sus derechos, e intermediaria entre éstos y las autoridades del país, esta unión de los extranjeros en una organización fuerte –y con amplia ca-pacidad de movilización, como los futuros sucesos demostrarían– pareció emer-ger como un potencial rival político de consideración para la elite criolla. De acuerdo con sus estatutos, se proponía fomentar la unión de todos los residentes extranjeros y estrechar lazos de amistad con los argentinos; "procurar y vigilar" la participación en las elecciones municipales; prestar "protección y auxilio a los so-cios del Centro Político Extranjero en todo caso en que sus derechos estén pues-tos en peligro por acontecimientos políticos o económicos, o en sus relaciones in-dividuales con las autoridades"; promover reuniones para discutir las cuestiones de utilidad pública e instruir a los extranjeros sobre sus derechos y deberes consti-tucionales; fomentar el desarrollo económico y financiero, y "redactar, presentar al Congreso o apoyar por su influencia los proyectos de ley que interesen a los de-rechos civiles, cívicos o políticos de los extranjeros".[54]

Una rivalidad latente, apenas controlada, surge por ejemplo de las notas cru-zadas en *La Prensa* entre Lucio V. Mansilla y el CPE. Mientras Mansilla sostiene que para cualquier acuerdo es necesario "apaciguar un poco a esos elementos un tanto exacerbados por el malestar general y los últimos acontecimientos políti-cos", el CPE "se permite llamar la atención del señor presidente de la Cámara de Diputados [Lucio Mansilla]", señalando que "para apaciguar a esos elementos se precisa […] el concurso de las autoridades legislativas" para lo cual lo importante es "consultar la opinión de los mismos interesados para [así] presentar al Congre-so el deseo más o menos unánime de los extranjeros",[55] quienes, como deja en-tender esta respuesta, no se satisfacían con el proyecto promovido por Mansilla.

1890: ¿gringos y criollos enfrentados?

Esa rivalidad se manifestó particularmente en los artículos periodísticos de la campaña. Los extranjeros expresaron críticas que fueron mucho más allá de las tradicionales protestas por los abusos del poder local y llegaron a formular durísi-mos juicios sobre la conducción política del país. Confesaron haber sido defrau-dados, y expresaron con orgullo su convicción de que, si las condiciones políticas

---

[53] *L'Operaio Italiano*, 23 de octubre de 1890.
[54] *La Prensa*, 2 de octubre de 1890.
[55] Ibíd., 7 y 8 de octubre de 1890.

lo permitieran, serían capaces de hacerlo mejor. Estos argumentos fueron oídos y recordados. Molestaron a muchos dirigentes criollos y quedaron en su memoria como agravios, que saldrían a relucir en otras ocasiones.

Los extranjeros que encabezaron la campaña por la naturalización, como el Fascio Operaio Italiano, los diarios *L'Operaio Italiano* y *La Patria degli Italiani*, y el mismo CPE, que reunió a los grupos de distintos orígenes, compartían ciertas opiniones sobre el país. Estaban convencidos de que el gran crecimiento de la Argentina se debía, en gran medida, al decisivo aporte que los extranjeros habían hecho, en trabajo, inteligencia y capitales. Y que esta realidad, que juzgaban incontrovertible, era contradictoria con su carencia de derechos políticos. A merced del monopolio político de los criollos, el país había sido llevado a una situación desastrosa. La participación de los extranjeros acarrearía una regeneración de la política y una elevación moral del país. Esto resultaba irritante y hasta insultante para algunos grupos de la elite criolla, los mismos que caracterizaban a la inmigración como "músculo", "elemento de trabajo", "mercantil" y, en consecuencia, carente de preocupaciones morales superiores.

Entre los extranjeros estaba bastante difundida la convicción de que tenían más capacidad que los nativos para conducir los asuntos públicos. Algunos agregaban que sus derechos políticos estaban siendo escamoteados por un grupo privilegiado que los ejercía ilegítimamente y entendían que lograrlos significaba la democratización del sistema político. Quienes así planteaban el tema de los derechos políticos de los extranjeros, en el nivel nacional, probablemente trasladaban a esta cuestión la de los derechos políticos cercenados en los municipios santafesinos; quizá también transponían el discurso de los radicales de Italia –donde aún el sufragio universal masculino no existía–, para quienes el reclamo de las masas chocaba con la resistencia de una oligarquía que monopolizaba el poder y rechazaba el "sufragio libre". El movimiento por la naturalización, entendida como obtención de los derechos políticos, se equiparaba en su planteo con aquella lucha, identificando a los criollos con la oligarquía y a los extranjeros con las masas. Y, tal como se decía de la democracia en aquel discurso, en este caso se anunciaba que la ley de naturalización era "un hecho […] inevitable"[56] y los derechos políticos una reparación: "¿Es justo –se preguntaban– ser extranjero en la patria de los propios hijos?".[57]

Giusto Calvi entendía la naturalización como una campaña por "la libertad, la fraternidad y la igualdad", y defendía el proyectado mitin como "el más práctico

---

[56] "Rigenerazione politica", en: *L'Operaio Italiano*, 15 de agosto de 1890; "Gli Ebrei dell'Argentina", en: ibíd., 1 y 2 de setiembre de 1890; "La naturalizzazione degli stranieri (in risposta)", en: *Roma*, 11 de setiembre de 1890.

[57] Por ejemplo, *L'Operaio Italiano*, "Per il domani", 29 de agosto de 1890 y *Roma*, "La naturalizzazione degli stranieri (in risposta)", 7 de setiembre de 1890.

medio, en un país republicano, para hacer saber la voluntad colectiva al poder del Estado". En el discurso de Calvi las diferencias nacionales no existen: ha llegado "la hora de remover la barrera del privilegio que dividen los factores, igualmente interesantes del progreso de la joven república sean aquí nacidos o libremente venidos de cualquier tierra del mundo civil".[58]

También se había afirmado en los extranjeros la convicción de que los dirigentes criollos, además de inmorales, eran incapaces de conducir exitosamente los asuntos económicos. La inflación galopante y la crisis de 1890 eran la prueba más contundente de esto. En consecuencia, creían conveniente naturalizarse por "el interés de tutelar nuestros intereses", lo cual será "un medio de impedir que una inconsulta administración arruine en un año aquello que nos costó diez años de trabajo, que una pequeña camorra de feudatarios devore por sí el fruto de la gigantesca obra del pueblo", como decía Giuseppi Boselli.[59]

El CPE hizo de la crítica a la conducción económica del gobierno y del derecho a tener control sobre los asuntos económicos uno de los puntos centrales de su campaña:

> ¿Es necesaria la naturalización de los extranjeros? Nos atrevemos a responder que sí: la depreciación cotidiana de la moneda, la emisión clandestina, el cambio repentino de gabinete [...] no aportan tranquilidad a quienes han venido a trabajar y tienen derecho a no ser vergonzosamente defraudados en sus legítimas aspiraciones [...] Es por esto que ingleses, alemanes, italianos, españoles, franceses, etc.; se unieron hoy en un vínculo de solidaridad que la Nación Argentina debe reconocer y aprobar.[60]

La crisis fue percibida como una catástrofe a la que habían sido llevados por una conducción pública desastrosa. Si los extranjeros no participaban en los asuntos públicos, seguirían "pagando, sin tener ninguna ventaja [...] la dilapidación de los otros como sucede en esta crisis económica que es para la Argentina un desastre como no ha sido Sedán para Francia".[61]

La convicción sobre la incapacidad del gobierno para encontrar la salida a la difícil situación de ruina de la República Argentina los llevó incluso a proponer que las potencias extranjeras asumieran la forma de proteger a sus connacionales afectados por la situación local. "Comprendemos y respetamos el amor propio y el espíritu nacional de los argentinos, quienes [...] se espantaban y levantaban el

---

[58] *Roma*, 7, 17 y 22 de setiembre de 1890.

[59] "Scrupulo Ingiustificato", en: *L'Operaio Italiano*, 30 de agosto de 1890.

[60] "La naturalizzazione (Dal Centro Político Straniero)", en: *L'Operaio Italiano*, 2 de setiembre de 1890; véase también "Unione e Forza", ibíd., 6 de setiembre de 1890.

[61] "La naturalizzazione degli stranieri (in risposta)", en: *Roma*, 11 de Setiembre de 1890.

crucifijo, como ante el diablo, a quien hablase de una intervención extranjera".[62] Pero eso no los excusaba. "Era hora –decía *L'Operaio Italiano*– que la conciencia del propio valor, de la gran importancia, de la fuerza del número se revelase en el elemento inmigratorio".[63] Reconocía, también, la existencia de una latente rivalidad con los nativos.[64]

En un clima de mutuas suspicacias, G. Boselli afirmó que las medidas económicas pretendían salvar las instituciones argentinas y arruinar a los extranjeros: "¡Abajo el comercio y la industria de los gringos! ¡Qué importa si el nuevo proyecto afecta al comercio de importación ejercido por los gringos, las fortunas de los gringos, a los trabajadores gringos y así [...] !".[65] Calvi declaraba la relativa superioridad de los italianos –a quienes en su prosa democrática llamaba "popolani"– y afirmaba: no tenemos "la pretensión de sustituir a los hijos del país", pero

demandamos el derecho de controlar de qué modo es manejado el tesoro público al cual nosotros contribuimos en una proporción de por lo menos las cuatro quintas partes frente a los naturales de la tierra. Toda nuestra honesta ambición consiste en ser factores de una mayor moralidad administrativa, de un progreso moral hacia un tipo de sociedad pacífica e industrial.[66]

También percibieron la gestación de una reacción "antigringa". *L'Operaio Italiano* alertaba sobre la formación de un nuevo partido conservador, que temía se inclinaría hacia un exagerado "sentimiento nacional contra la acción inevitable y necesaria del elemento inmigratorio". Ante esto era preciso mantener la tranquilidad aun cuando "contra esto se organizase un partido conservador!".[67] "Nosotros los gringos [...] –decía días después– somos casi todo: capitales, trabajo, inteligencia, iniciativa, firmeza de propósito, moderación, orden, número. Nosotros los gringos somos la civilización [...] El gringo –aconsejaba ante las críticas del *Sud América*– no debe responder a los insultos".[68]

El clima de rivalidad y enfrentamiento se proyectó en otro sentido, presagiando perspectivas negativas para la vida política. *Roma* –un periódico moderado contrario a la naturalización automática– auguraba una guerra de nacionalidades si los ex-

[62] "Cause ed Effetti", en: *L'Operaio Italiano*, 24-25 de noviembre de 1890; "Per il domani", ibíd., 29 de agosto de 1890.

[63] "Per il domani", ibíd., 29 de agosto de 1890.

[64] "Note di polemica", ibíd., 17 y 19 de diciembre de 1890.

[65] "La Guerra agli Stranieri", ibíd., 23 de diciembre de 1890.

[66] "La Naturalizzazione degli stranieri (in risposta)", en: *Roma*, 11 de setiembre de 1890.

[67] "Un Partito Conservatore", en: *L'Operaio Italiano*, 25 de octubre de 1890.

[68] "Labilità di Memoria", ibíd., 5 de noviembre de 1890.

tranjeros eran incorporados masivamente a la vida política argentina. En sus sombrías perspectivas, coincidía con la opinión de algunos dirigentes locales, como P. Lamas en 1886 y los políticos santafesinos en enero de 1890. Según el *Roma*,

> el elemento italiano, que es el núcleo mayor, prevalecerá en los comicios sobre el núcleo argentino y sobre aquellos formados por los componentes de las otras naciones. La legislatura italiana, toda o en mayoría, modificará la Constitución, sancionando el derecho de los extranjeros de ocupar la presidencia del estado, y formarán una república italiana en el Plata. La Argentina, en defensa de su integridad nacional, se unirá al grupo español con el cual tiene afinidades de raza y de lengua y así habrá ya dos núcleos grandes en lucha para disputarse la primacía. Finalmente la primacía sería determinada por el grupo que se una al resto de las nacionalidades, los ingleses, franceses, y alemanes, o bien, estos serán un tercer grupo en pugna [...] La historia de las agrupaciones humanas es la historia de la grandes luchas.[69]

Los desacuerdos y rivalidades entre los distintos grupos eran interpretados desde esta perspectiva como las evidencias de una virtual guerra de nacionalidades que sólo se resolvería con el predominio total de una de las partes en pugna.

El CPE: una organización nacional

Si bien la frustrada realización del gran mitin planeado para setiembre alejó la posibilidad de una inmediata resolución, la agitación política continuó focalizada en la reivindicación de los suprimidos derechos políticos de los extranjeros en la provincia de Santa Fe. El CPE extendió su campo de acción y propuso la realización de un programa cuya "resolución final" requería la reunión de "un congreso de delegados" de todo el país a fin de establecer las futuras acciones y acordar la "fórmula de una petición en masa" sobre la naturalización; también se proyectaba pedir la sanción de una nueva ley municipal. A lo largo de todo el año, el CPE trabajó ampliando y profundizando la campaña para la realización de una petición masiva.[70]

A principios de 1891, pareció adquirir rasgos más definidos el conflicto entre los extranjeros y la elite criolla por la definición de los términos en que se establecería la naturalización. Aunque las adhesiones a estas alternativas no se cortaban según la simple oposición nativos/extranjeros sino bajo la forma de alineamientos más complejos, como se evidenciaba, por ejemplo, en la gran disparidad de posturas de las distintas agrupaciones de los italianos, aquéllas se dibujaban sobre un

---

[69] "La naturalizzazione degli stranieri", en: *Roma*, 12 de setiembre de 1890.

[70] También se incluían algunos puntos sobre situaciones perjudiciales generadas por la crisis económica. Véase *La Prensa*, 11 de diciembre de 1890.

abanico de posiciones que iban desde la naturalización automática del proyecto de Mansilla hasta el simple otorgamiento de derechos políticos para los extranjeros.

Después de un momento de relativa calma, en enero de 1891 reapareció la polémica en los diarios. Mientras algunos exaltados criticaban fuertemente la posición de los extranjeros,[71] otros habían emprendido una campaña de esclarecimiento sobre las implicaciones de la naturalización automática. *Roma* advirtió a sus connacionales sobre la respuesta negativa del Reino de Italia al considerar "nulo y no realizado" el decreto del 13 de diciembre de 1889 por el cual fue establecida la naturalización automática en Brasil.[72] El gobierno italiano de Crispi se orientó hacia la acción concertada con las otras potencias europeas para impedir su puesta en práctica y finalmente suspendió la emigración al Brasil hasta julio de 1891. Italia fue apoyada por Portugal, Austria y Francia, que inició una acción diplomática individual. El embajador Damiani, representante italiano ante las cortes europeas, sostuvo que era un "peligro permanente para los emigrantes" y una "imposición indirecta contra al derecho de gentes [...] Que todo extranjero deba considerarse ciudadano brasileño por *no* haber hecho una determinada declaración es para nosotros insostenible".[73]

Los sucesos desencadenados en el Brasil por la naturalización automática fueron cuidadosamente observados por los políticos argentinos y sin duda indujeron a actuar con precaución. La cuestión merecía un cuidadoso análisis y varios estudios se dedicaron a esclarecerla. El Centro Jurídico y de Ciencias Sociales convocó a presentar trabajos, con "la más amplia libertad de ideas", a un concurso sobre "La naturalización de los extranjeros en la República Argentina".[74] Santiago Vaca Guzmán, un extranjero integrado a la sociabilidad porteña, hizo públicas sus ideas contrarias a la naturalización automática de los extranjeros en varias conferencias y en una serie de artículos que se publicaron en *La Prensa* a comienzos de 1891, luego reunidos en el libro *La naturalización de los extranjeros* a fines de 1891.[75] La

---

[71] *La Prensa*, 7 de noviembre de 1890.

[72] *Roma* publicó el "Memorandum de la Regia Legazione d'Italia al gobierno del Brasil" que afirmaba "que este decreto restringe la libertad individual y es contrario a los principios generalmente adoptados del Derecho Internacional y perjudica los intereses de los extranjeros residentes en el Brasil" ("La Naturalizzazione nel Brasile", en: *Roma*, 7 de octubre de 1890).

[73] Gianfausto Rosoli, "Le relazione tra Italia e Brasile e le questioni dell'emigrazione, 1889-1896" en: G. Rosoli (dir.), *Emigrazioni Europee e Popolo Brasiliano* (Atti del Congresso Euro Brasiliano sulle migrazione, São Paulo, 19-20 agost, 1985), Roma, CEISAL-ASSLA-USP, 1987; pp. 190-191. Subrayado en el original.

[74] "Naturalización de extranjeros", en: *La Prensa*, 31 de octubre de 1890.

[75] Santiago Vaca Guzmán, "La naturalización de los extranjeros" en: *La Prensa*, 23 y 28 de enero; 1, 3, 7, 10 y 15 de febrero de 1891 y S. Vaca Guzmán, *La naturalización de los extranjeros. Conversación familiar. Con un proyecto de modificaciones de la Ley de Ciudadanía*, Buenos Aires, 1891.

Junta Central del CPE continuó, mientras tanto, su campaña proselitista por el interior del país, organizando a los extranjeros de cada localidad. Se fueron constituyendo así numerosos centros de este tipo en la provincia de Buenos Aires, Córdoba, y especialmente en Santa Fe, donde las reivindicaciones de los colonos le dieron especial fuerza a la campaña, aunque también se organizaron en provincias como Santiago del Estero y Tucumán. En el mes de abril el CPE declaraba contar con 50 mil adherentes y se proponía realizar un censo de extranjeros para conocer con exactitud su cantidad e importancia. Los centros fundados en los pueblos y ciudades del interior constituían, ya en los primeros meses de 1891, una vasta organización nacional de una amplitud que no puede haber dejado de resultar impresionante. Simultáneamente, el CPE desarrolló una intensa actividad a través de entrevistas con las personalidades del mundo político. En abril se realizaron conversaciones con Alem, Roca y Mitre; en mayo, se entrevistaron con el presidente Pellegrini, reclamando por la situación de Santa Fe y con la "esperanza" de que el Ejecutivo tomase la iniciativa de proponer en el Congreso una ley de naturalización obligatoria; Pellegrini les confió que la cuestión encerraba "no pocas dificultades".[76] En agosto se entrevistaron con la Comisión de Asuntos Constitucionales del Congreso. Mientras tanto se proyectaba para setiembre la realización de una gran asamblea de delegados de todos los centros del país que habría de realizarse en Córdoba.[77] Allí, según se anunciaba, se iniciaría la publicación de un periódico de difusión, *Europa*; también se proyectaba otro, *La Reforma*, que se publicaría a partir de setiembre en Buenos Aires. Precisamente entre agosto y setiembre de 1891 pareció alcanzarse otro momento intenso en la movilización política de los extranjeros,[78] que pareció culminar el 8 de agosto con la presentación al Congreso de un petitorio masivo firmado por los colonos de Entre Ríos y Santa Fe solicitando la reforma de la ley de naturalización. Entonces, en otro intento por encontrarle una solución al problema, el 16 de setiembre de 1891 Víctor Molina y Lucio V. Mansilla presentaron un nuevo proyecto de Ley de Ciudadanía en el Congreso Nacional que tampoco logró prosperar.

A pesar de que los firmantes del petitorio "son todos bien arraigados en el país [...] se ven completamente privados hasta de sus derechos sagrados como los extranjeros de la provincia de Santa Fe, quienes hoy día no tienen permiso para ocuparse de sus propias municipalidades", piden la reforma para salvar varios inconvenientes: "en la mayoría de los casos no pueden concurrir a los juzgados federales, por ser el viaje demasiado largo y costoso". Por otra parte constituye otro

---

[76] *La Prensa*, 1,4 y 8 de abril y 11 de mayo de 1891.

[77] Ibíd., 5 de agosto y 16 de setiembre de 1891.

[78] Congreso Nacional, Cámara de Diputados, *Diario de Sesiones*, 16 de setiembre de 1891, pp. 712-714.

inconveniente "la ley de la respectiva patria, como por ejemplo la de casi todas las naciones latinas, cuyos súbditos no pueden pedir otra nacionalidad sin perder cuantiosos intereses materiales y morales".[79] Nuevamente la cuestión volvía a quedar encerrada en términos irreconciliables: derechos políticos con una naturalización de una índole tal que no fuera vista como voluntaria por el país de origen ("sin solicitarla") y que no implicara, por lo tanto, cambio de nacionalidad. Se llegó entonces a un nuevo punto muerto.

La cuestión de la naturalización casi desapareció del debate público, trabada por los desacuerdos internos y también por el desarrollo poco alentador que había tenido en Brasil, donde la naturalización automática no produjo los resultados deseados. Allí, Italia y Francia habían promovido una intensa campaña entre sus cónsules para conseguir el mayor número de declaraciones de mantenimiento de la nacionalidad; numerosos extranjeros se movilizaron y declararon que querían seguir conservándola. Probablemente también influyó entre los políticos argentinos la amenaza de sanciones de las potencias europeas hacia los países donde se establecieran nacionalizaciones automáticas.[80]

No obstante, el CPE se mantuvo activo, especialmente en las colonias, donde desde fines de 1891 los colonos santafesinos se movilizaron descontentos con un nuevo impuesto provincial a la comercialización del trigo. La protesta, que continuó a lo largo de 1892, incluyó también el reclamo por los derechos políticos y las autonomías municipales perdidos con la reforma de la Constitución provincial de Santa Fe en 1890.

El desafío de los extranjeros: 1893, un plan antinacional en Santa Fe

El 15 de noviembre de 1891 el CPE elevó un petitorio a la Legislatura provincial en el que se reclamaba el restablecimiento del voto municipal.[81] Este petitorio fue

[79] *La Prensa*, 9 de agosto de 1891.

[80] Sólo el 20% de los extranjeros optó por la ciudadanía brasileña y el índice más alto de naturalizaciones estuvo entre los africanos. Los mismos portugueses con la misma lengua, costumbres, religión, no veían las ventajas de ser ciudadanos brasileños pues los extranjeros tenían sus intereses mejor defendidos que los naturales por la protección consular. El embajador italiano, en 1893, le confesó a un funcionario portugués que había obtenido 800 mil de estas declaraciones, cifra sobre la cual el funcionario portugués Antonio de Franca se preguntaba "con razón –dice Murilo de Carvalho– si no ha exagerado el ministro italiano". Véase José Murilo de Carvalho, *Os bestializados. O Rio de Janeiro e a Republica que nâo foi*, San Pablo, Companhia das Letras, 1991, p. 81.

[81] Ezequiel Gallo, *Colonos en armas. Las revoluciones radicales en la provincia de Santa Fe*

seguido por otros de los vecinos de las colonias de San Carlos, Helvecia y Rafaela con las mismas demandas. El estado de disconformidad por el cobro del impopular impuesto agrícola se convirtió progresivamente en protesta abierta. En 1892 hubo varias manifestaciones de protesta y los diarios se hicieron eco de ellas. *La Prensa* reprodujo un "suelto" permanente del diario *La Unión* de Esperanza, la nota elevada a la Legislatura de Santa Fe, con "una formal petición suscrita por más de cinco mil ciudadanos nacionales y extranjeros de las colonias, solicitando la reforma de la Constitución para obtener el 'voto municipal' de los extranjeros en las cuestiones municipales y la justicia de paz comunal, por elección de los mismos vecinos". A pesar de las numerosas "adhesiones populares" el gobierno provincial no había dado a aquellos pedidos ninguna respuesta.[82]

A principios de 1893, el clima de disconformidad se complicó con la resistencia armada al cobro del impuesto agrícola que realizaban concesionarios particulares. La revuelta armada comenzó en febrero de 1893 en Humboldt y ante la noticia de la llegada de tropas, la protesta se extendió a las colonias vecinas de Santa Clara, San Gerónimo, Josefina y Santa María, donde mil colonos tomaron las armas para resistir. El movimiento, en el que participaron los colonos extranjeros y sus hijos argentinos, abarcó la región central del cereal, el departamento de Las Colonias y se extendió a Rafaela y a las colonias cercanas a la ciudad de Rosario.

Las tropas gubernamentales tomaron el control y negociaron una paz con los colonos, pero, si bien los cabecillas y el director del periódico *La Unión* fueron liberados, el gobernador Cafferata llamó la atención sobre "la trascendencia de estos hechos", que juzgaba estimulados por una prensa antipatriótica y descalificó los motivos de los colonos afirmando que "la patria no se encierra en la sola estrecha noción de la propiedad del suelo y en el interés egoísta del lucro y del comercio".

En julio de 1893 se produjo un nuevo levantamiento armado, en coincidencia con la revolución radical. Las demandas de los extranjeros habían encontrado eco en la Unión Cívica y ya durante la campaña por la naturalización se habló de una "convergencia de intereses".[83] A principios de julio, en las colonias María Juana y Amelia se hicieron actos contra las autoridades y el gobierno clausuró *La Unión* de Esperanza y el 22, *La Capital* de Rosario. En las colonias, nuevamente, se sucedieron las protestas.

Por entonces, en un intento de solucionar la creciente inestabilidad de la situación nacional, el presidente Luis Sáenz Peña nombró ministro del Interior a

---

(1893), Buenos Aires, Editorial del Instituto TDT, 1977, p. 31. Véase también E. Gallo, *La Pampa Gringa*, ob. cit.

[82] *La Prensa*, 12 de noviembre de 1892.

[83] Véanse en *L'Operaio Italiano*, por ejemplo, "La legge di naturalizzazione y l'Union Civica", 7 de setiembre de 1890 y "Il Centro Politico ed il Comizio de la U.C.", 8 de noviembre de 1890.

Aristóbulo del Valle, quien hizo conocer sus intenciones de convocar a comicios libres, desarmó fuerzas militares que respondían a los gobiernos provinciales y favoreció así el estallido de revoluciones radicales en algunas provincias: el 29 de julio en Buenos Aires y San Luis, y el 30 en Santa Fe, en la región cerealera y en Rosario.[84] En esta ciudad, los revolucionarios derrotaron al gobierno provincial, obligaron a su renuncia, y en su lugar asumió una Junta Revolucionaria encabezada por Mariano Candioti.

En el movimiento revolucionario tuvieron una activa participación grupos de colonos armados, especialmente en la región de Esperanza y las otras colonias. Organizados en batallón, intervinieron en la toma de Santa Fe, hecho decisivo en la memoria de los políticos santafesinos desplazados, que conformó una imagen emblemática de la peligrosidad de los extranjeros. Hubo otro acto de enorme trascendencia: en sus localidades, los colonos victoriosos reemplazaron a los jueces de paz.

Esta situación de la provincia dio un vuelco completo a mediados de agosto. "Un golpe de palacio" en el gobierno nacional provocó la renuncia de Del Valle y los grupos hostiles a los revolucionarios tomaron el control: al día siguiente se decretó la intervención a Santa Fe. No obstante, como la intervención federal de Baldomero Llerena fue conciliadora, la Unión Cívica Radical pudo continuar organizándose y fundó comités en las colonias; entre los colonos se inició un fuerte movimiento para adquirir la ciudadanía y predominaba un clima de moderación y cierto optimismo.

Sin embargo, el clima cambió a partir de setiembre, con el sonado episodio de los linchamientos de Carcarañá: un grupo de colonos apresó y, tras un juicio sumario, aplicó la "ley de Lynch" a unos delincuentes evadidos de la cárcel, que habían asesinado a una familia de colonos. Estos sucesos tuvieron impacto en la opinión pública, dieron la excusa más adecuada para reprobar todo el movimiento previo de los colonos y, por contraste, beneficiaron a los políticos autonomistas.

La mayoría de la prensa que hasta ese momento simpatizaba con los colonos, como *La Nación*, criticó duramente este procedimiento, de la misma manera que *La Voz de la Iglesia*, que había visto con simpatía el movimiento de los colonos, reclamó un urgente restablecimiento de la autoridad.[85] Este episodio "fue hábilmente utilizado por los autonomistas, que vieron en él la lógica consecuencia de haber entregado la provincia a un puñado de extranjeros. A partir de este episo-

---

[84] Véanse Roberto Etchepareborda, *Tres Revoluciones*, Buenos Aires, 1968, pp. 149-154; Juan M. Vigo, "Las dos revoluciones de 1893 en Santa Fe" en: *Todo es Historia*, tomo IV, núm. 39, 1970; "Reacción posible" (artículo editorial), en: *La Voz de la Iglesia*, 10 de julio de 1893.

[85] *La Nación*, 4 de setiembre de 1893; "Los linchamientos (Fruta Norte Americana)", *La Voz de la Iglesia*, 5 de setiembre de 1893.

dio de Carcarañá comenzó a montarse una cuidadosa y vasta campaña contra los colonos extranjeros", que culminará en los meses de setiembre y octubre.[86]

Un nuevo levantamiento armado, producido el 24 de setiembre, agravó aún más la situación santafesina. Liderado por la UCR, logró menor adhesión que el anterior y tuvo nefastas consecuencias para los revolucionarios. Fue violentamente reprimido por tropas nacionales provenientes de Buenos Aires y Entre Ríos, centenares de radicales fueron detenidos, los diarios fueron clausurados y se reemplazó a las autoridades nombradas después de la revolución de julio. En este último levantamiento también participaron los colonos y las víctimas de los combates fueron muchas. Además, la represión fue acompañada de una feroz campaña antigringa. Estos sentimientos antiextranjeros no eran nuevos en el mundo rural pampeano y habían sido particularmente notorios en el campo santafesino;[87] en la ocasión las viejas tensiones entre criollos y extranjeros se exacerbaron. Partidas de peones conducidas por caudillos autonomistas se dieron a una salvaje represión de los colonos, con saqueos, vejámenes y muertes.

Los caudillos locales habían aprovechado eficazmente los sentimientos adversos a los extranjeros de los peones rurales y los movilizaron contra los gringos en una campaña "nacional". Las diarios de Buenos Aires, al dar noticias sobre Santa Fe, reproducían las excusas antigringas locales: "Agregan los del gobierno que la lucha [...] había tenido carácter nacional, dado la circunstancia de que los que se alzaron contra la autoridad son extranjeros organizados en batallones".[88] De esta manera se expandía la interpretación de los políticos autonomistas santafesinos.

Por otra parte, la dimensión y violencia de la represión también provocaron una reacción de la opinión pública, en Santa Fe y en Buenos Aires. Repercutieron en la extensa población extranjera del país, en comerciantes y empresarios; los cónsules extranjeros se reunieron y los representantes diplomáticos realizaron gestiones ante el gobierno nacional. Se anunció la presencia de una cañonera italiana en Rosario y el cónsul británico solicitó al general Virasoro protección para los colonos contra los autodenominados Guardias Nacionales. Los embajadores indicaron prudencia a los cónsules e insistieron para que interviniera el gobierno nacional.

Casi todos los periódicos importantes —entre ellos *La Nación* y *La Prensa*— protestaron por los brutales sucesos de Santa Fe, publicaron las denuncias y los petitorios de los colonos solicitando la intervención del gobierno nacional. No por esto dejaban de estar alertas a los acontecimientos internacionales que parecían involucrar cuestiones de soberanía. En ese momento despertó susceptibilida-

---

[86] E. Gallo, *Colonos...*, ob. cit., p. 51.

[87] Véanse E. Gallo, *Colonos...*, ob. cit., p. 59 y T. Halperin, "Para qué la inmigración", ob. cit.

[88] "Notas santafesinas", en: *La Prensa*, 12 de febrero de 1893.

des la actitud de los representantes diplomáticos europeos en Río de Janeiro, quienes se reunieron para deliberar sobre la marcha de los sucesos en Brasil, excluyendo a los diplomáticos sudamericanos. Según *La Prensa* el significado de este hecho era "trascendental para la personería internacional y capacidad política de las Repúblicas sudamericanas. El proceder que analizamos importa esto: un propósito evidente de intervención europea en las contiendas civiles de las naciones sudamericanas".[89] Así, los sucesos internacionales podían alimentar el temor de que cualquier conflicto se transformara en excusa para una intervención.[90]

Precisamente de estos temores, que frecuentes acontecimientos internacionales actualizaban, se aprovecharon los autonomistas santafesinos para explicar los sucesos provinciales y transformar la participación de los extranjeros en una cuestión antinacional. Esta presentación de los sucesos los proveía de una justificación que, aunque no era creíble para todos, no podía ser simplemente descartada. El argumento forzaba el alineamiento de buena parte de la opinión pública, aun de quienes no simpatizaban con los autonomistas. Fue la interpretación que dieron el interventor Zapata y al secretario Botet, y se reflejó particularmente en el diario autonomista *La Nueva Época*. Fue también la interpretación que sostuvieron los políticos santafesinos, en julio de 1893, cuando se discutió la intervención a la provincia luego del primer movimiento revolucionario.

Afectará el porvenir de la nacionalidad

En julio de 1893, cuando el ministro Del Valle solicitó al Congreso Nacional la intervención federal a Santa Fe, el senador y ex gobernador José Gálvez, buscando favorecer la situación política derrocada, sostuvo que la revolución había sido una sublevación antinacional de "criminales y extranjeros". El ministro Del Valle, en cambio, rechazaba esta explicación; creía que los colonos se habían sublevado porque en Santa Fe habían sido afectados "sus derechos" y "sus prerrogativas". Las interpretaciones de los acontecimientos de Del Valle y de José Gálvez respondían a dos concepciones ideológicas diferentes. Mientras el ministro veía una cuestión

---

[89] "El bombardeo de Río. Una gran cuestión internacional. Agresión europea a Sud América" (artículo editorial), ibíd., 10 de octubre de 1893.

[90] El mismo diario agregaba: "Los ministros coaligados pretenden intervenir en la política interna del Brasil trabando medidas de guerra en una lucha interna y amenazando con desembarcos de tropas de sus naves de guerra en el territorio como si se entendiesen con […] las tribus de África […]", ibíd., 10 de octubre de 1893. Al día siguiente, un nuevo editorial, "El 12 de octubre", afirmaba que era un asunto vital para la diplomacia pues "se trata de una agresión ofensiva a lo más caro de las Naciones como es su personería internacional", ibíd., 11 de octubre de 1893.

de derechos avasallados y de instrumentación de la ley por parte de un grupo político que se perpetuaba en el poder provincial, el senador Gálvez encontraba una cuestión que afectaba no al derecho de los ciudadanos y residentes y al orden político, sino a la nación.

Ésta fue la línea argumental elegida por Lorenzo Anadón, quien hizo en el Senado la defensa del régimen santafesino derrocado. Su argumentación minimizó los intereses autonomistas implicados en el conflicto y puso el acento en la cuestión nacional: la situación de Santa Fe "es una cuestión social, una cuestión de orden público, una cuestión de patriotismo, que afecta el porvenir mismo de la nacionalidad argentina".[91] Según él, un exceso de tolerancia había dejado librada a su propio arbitrio a la población de las colonias que constituía la riqueza de aquella provincia y también su peligro, y más aún, hasta un peligro nacional. Ideas nocivas –de autonomía y confianza en el propio valor– habían sido difundidas por los periódicos, extranjeros principalmente, al sostener "que ellos, los colonos, están encargados de regenerar la República, que no deben obediencia a las autoridades, que son libres de pagar los impuestos, que se les arrebatan los frutos del trabajo para guardarlos en sus arcas los mismos gobernantes!".[92]

Anadón recordó el repertorio de críticas que los diarios extranjeros habían hecho en 1890. Cualquier argentino –afirmaba– "sentiría su amor patrio lastimado" si leyera en algunos diarios extranjeros que "los colonos no deben obediencia a ningún poder público; que éste es un país de pillos; que los extranjeros son los que han de regenerarlo; y que, si no fuera por ellos, nuestra raza estaría condenada a la servidumbre y al envilecimiento."[93] Esta prédica antinacional –argumentaba– podía generalizarse y conducir a una insurrección general.

La idea de una conmoción general estuvo presente en los fundamentos de la declaración del estado de sitio, en todo el territorio de la República, de agosto de 1893, motivado por los movimientos revolucionarios en San Luis, Santa Fe y Buenos Aires. Allí se decía que la conmoción se produjo con "caracteres tales que bien podrían acusar el principio de ejecución de un plan general". La situación, tan perjudicial para los intereses generales del país, "se agrava día a día con el movimiento de grupos armados que pasan de una a otra provincia".[94] En agosto de 1893, otro legislador proveniente del Litoral, Lucas Ayarragaray, al tratarse la intervención a las provincias de San Luis y Santa Fe, hizo una caracterización simi-

---

[91] Congreso Nacional, Cámara de Senadores, *Diario de Sesiones*, 30 de julio de 1893, p. 296.

[92] Ibíd., p. 296.

[93] Ibíd., p. 299.

[94] Congreso Nacional, Cámara de Senadores, *Diario de Sesiones*, 15 de agosto de 1893, pp. 309-310.

lar: "la violencia amenaza avasallarlo todo y estas conmociones puramente locales […] dejan de ser tales para convertirse en conmociones nacionales […] amenazan y comprometen los destinos mismos de la República".[95]

A esta caracterización de los sucesos como "antinacionales" el diputado por Santa Fe José García González añadió la denuncia de una grave ofensa; se había perpetrado un acto sacrílego en un monumento histórico. Con horror, declaró haber visto "el escándalo de que en el Cabildo de Santa Fe, en el cual se han celebrado cinco convenciones, haya ido a hacer la guardia el elemento extranjero".[96]

La imagen de un movimiento antinacional, permanentemente reiterada, se reprodujo en los periódicos, y no sólo en los que defendían a los autonomistas santafesinos; así fue tomando consistencia como interpretación de los acontecimientos. Alimentó una concepción defensiva de la nacionalidad/nación que emergió cada vez con mayor frecuencia en las discusiones sobre distintos asuntos y empezó a ganar adherentes, quizá porque ofrecía una excusa cómoda frente a cualquier reclamo y una explicación fácil de los problemas. También porque, si bien lo presentaba en forma extrema, correspondía a una sensibilidad que se estaba consolidando en la sociedad.

Durante la siguiente campaña electoral, a fines de 1893, el candidato del oficialismo Luciano Leiva insistió en la misma interpretación: "una propaganda tenaz" que provenía de fuera "azuzaba y encendía las pasiones de raza" en la provincia:

los agentes del gran Centro Político Extranjero constituido en esta ciudad vinieron a predicar en todos los tonos la revuelta, a declarar públicamente la inferioridad del elemento criollo y su próxima regeneración por los colonos; a fundar en fin sucursales de una agrupación eminentemente socialista por sus medios, por sus fines, por sus armas de combate.[97]

Determinados rasgos ideológicos y políticos eran así asociados a la sublevación antinacional.

Los inmigrantes serán recibidos "toda vez que no vayan a humillar la bandera de la patria y a lanzar las bombas y las balas explosivas sobre nuestras ciudades indefensas". Pues esa era "anarquía, y de la peor especie, anarquía exótica, importada, antiargentina", cuya eliminación debe ser la preocupación de nuestros estadistas "si es que el pueblo argentino ha de constituir un todo orgánico y no la más vasta aglomeración de mercaderes que ha existido".[98] Leiva incluyó en lo antiargentino a

[95] Ibíd., pp. 437 a 440.
[96] Ibíd., p. 440.
[97] "Política santafesina", en: *La Prensa*, 23 de octubre de 1893.
[98] Idem.

los conflictos, las bombas, el anarquismo y los colonos y descalificó al CPE acusándolo de socialista; todos ellos eran gérmenes importados que amenazaban enfermar el organismo de la patria. Un negro horizonte se avizoraba en el futuro inmediato del país a menos que lograra prevalecer el interés nacional.

A pesar de que gran parte de la opinión pública rechazaba las justificaciones de Leiva, muchas de sus argumentaciones se asentaban en ideas prestigiosas tales como unión, homogeneidad, cohesión, interés nacional, que correspondían a una manera de pensar y de argumentar muy generalizada en la época. El discurso autoritario de Leiva se apoyaba en un fondo de ideas respetadas o aceptadas con las que podían estar de acuerdo otras opiniones que correspondían a interpretaciones distintas, y hasta políticamente progresistas.

El presidente del CPE, Julio Schelkly, señaló en el discurso de Leiva un rasgo singular, una discriminación que aquellos políticos santafesinos inauguraron en contra de los argentinos hijos de extranjeros: había algunos argentinos nativos más argentinos que otros, también nativos, no tan argentinos y casi no argentinos, por ser hijos de extranjeros. Esta idea hacía hincapié en los aspectos culturales de la argentinidad, y extendía a los hijos de extranjeros –especialmente los que no hablaban el castellano– la extranjeridad de los padres. Ponía por encima de la ley de ciudadanía, que la otorgaba a los nativos, la pertenencia a una cultura nacional.[99] Julio Schelkly percibía que el criterio del idioma y lo cultural para la definición de la nacionalidad también modificaba la idea de extranjero: "Sería deseable –decía– que el señor candidato explique claramente lo que entiende bajo la palabra 'extranjero'. Si son extranjeros en general, o si hace excepciones a ciertas nacionalidades de origen […]".[100] Así también, entonces, había extranjeros afines –aquellos que hablaban el mismo idioma– y otros que, en cambio, era extranjeros plenos.

El criterio de nacionalidad entendido como ciudadanía, fundado en la voluntad manifiesta de formar parte de la nación, y su concesión legal, quedaba desplazado por esta otra idea de nacionalidad. Consustanciados con ella, una mayoría de legisladores había rechazado en 1890 el diploma de diputado nacional de Urdapilleta, pese a ser ciudadano, formalmente naturalizado, alegando que no era verdaderamente argentino. Así, se sostenía que naturalizarse de acuerdo a lo establecido por la ley de ciudadanía era en realidad un deshonor y una traición. Así, paralelamente a los criterios establecidos jurídicamente se crea-

---

[99] Algunos años después se convierte en moda castellanizar los apellidos para evitar esta asociación con lo extranjero. Así lo hicieron, por ejemplo, José Ingenieros o monseñor Miguel de Andrea.

[100] "Situación de Santa Fe", en: *La Prensa*, 24 de octubre de 1893.

ban otros, fundados en la cultura y los valores nacionales: la lengua, la tradición, la raza y otros.

1894: ¡Extranjeros contra la bandera nacional!

Una vez más, la interpretación de los acontecimientos de Santa Fe como una sublevación antinacional fue expuesta en el Congreso de la Nación por el diputado electo José Ignacio Llobet,[101] quien ofreció una versión completa al hacer la defensa de los diplomas de los representantes elegidos en "las famosas" elecciones provinciales de 1894.

Siguiendo lo que ya era una versión acuñada, Llobet empezó por atribuir las impugnaciones y las acusaciones de fraude a la prensa que había llegado a hacer "una propaganda subversiva y armar el brazo de los extranjeros", levantándolo "no sólo contra las autoridades provinciales [...] sino aun contra las autoridades nacionales, contra el ejército de línea y contra la bandera nacional!".[102]

Según él, los males de la situación santafesina eran invención de la prensa, pues en realidad el gobierno provincial había hecho mucho en beneficio de los extranjeros. La prosperidad general y los rápidos ascensos lo probaban. Sin embargo, la inmigración tenía otra cara, pues "los fenómenos de la inmigración se notan también en el orden político". En este sentido los pueblos y villas habitados por extranjeros se habían caracterizado por innumerables discusiones y problemas. Situaciones que podían ser entendidas como características de la dinámica de la sociedad urbana eran puestas por Llobet como ejemplos de terribles discordias que afectaban al gobierno de los municipios; y lo que era más grave aún, correspondientes a una guerra de nacionalidades.

En realidad, la vida política urbana misma era buena parte del problema y –según Llobet– los municipios habían sembrado la semilla de la discordia pues en ellos los extranjeros constituían grupos dirigentes potencialmente rivales: "las divisiones entre el elemento criollo y el extranjero de las colonias se ahondaban cada vez más, fomentadas por otra clase de intereses que surgían luego, y especialmente en los centros más grandes de población como Esperanza y otros que tenían municipalidad autónoma hasta el punto de ser necesaria una convocatoria

---

[101] José Ignacio Llobet nació en 1863. Dirigió desde 1887 el diario *Nueva Época* en Santa Fe. En 1890 fue secretario general de la Universidad fundada por Gálvez, en 1891 intendente de Rosario, y diputado nacional en 1894-1900 y en 1908-1914.

[102] Congreso Nacional, Cámara de Diputados, *Diario de Sesiones*, 27 de agosto de 1894, p. 634. Éste, y todos los fragmentos que se reproducen en las páginas siguientes, pertenecen al discurso que el diputado Llobet pronunció en la Cámara; algunos de ellos están reproducidos en *La Nación*.

de una convención" para solucionar esta situación y "teniendo en vista altos intereses generales, y las observaciones de la experiencia (la Convención de 1890) trató de nacionalizar la institución". De esta manera Llobet, al usar el término nacionalizar, atribuía la alta dignidad que él mismo convocaba a la maniobra política de supresión de la autonomía municipal y del derecho político de los pobladores extranjeros.

La exposición de Llobet revelaba así una concepción política fuertemente autoritaria. La supresión de las municipalidades –reconocía– podría haber sido un error, sin embargo "de ningún modo, daba esto derecho a los miembros de las colonias extranjeras y mucho menos al elemento argentino de la provincia, para fomentar ideas, para producir efectos tan perniciosos para la nacionalidad". Protestar contra el gobierno provincial suponía atentar contra la nacionalidad, provocaba la desunión y daba oportunidad a que los extraños criticasen e interviniesen en cuestiones domésticas. El interés nacional, del cual el grupo gobernante se consideraba depositario exclusivo, era constantemente evocado para justificar el cercenamiento de derechos y libertades.

También la actividad política opositora era considerada conspirativa, y no el legítimo ejercicio del disenso. Los "abogados radicales salían a ver a los colonos, a los molineros, a todos los que debían pagar el impuesto aconsejándoles que se resistieran y ofreciéndose a defenderlos". Según Llobet, habría un ejercicio legítimo de la política, responsabilidad de quien posee el poder, y otro ilegítimo, innoble, calificado como un juego sucio pues movilizaba los bajos intereses. Compartían estas ideas los convencionales santafesinos de 1890, que hicieron similares acusaciones a las municipalidades, perversas instituciones colegiadas a las que oponían la eficiente ejecutividad del funcionario unipersonal, delegado del gobernador. Estos rasgos, precisamente, caracterizaban la crítica contemporánea a los sistemas parlamentarios, muy en boga por entonces, especialmente presente en el pensamiento y la prédica de las nuevas derechas europeas.

Otro rasgo distintivo de este pensamiento maniqueo era poner lo negativo fuera de la comunidad. Las perturbaciones revolucionarias habían llegado desde afuera: "la revolución […] no fue hecha por la gente de Santa Fe", sino por "el ministro de la guerra", Aristóbulo del Valle, e iniciada en el Rosario; los revolucionarios que llegaron a Santa Fe con un ejército integrado "con quinientos hombres que formaban los batallones de tiro suizo de las colonias, extranjeros; doscientos hombres de Buenos Aires, reclutados en la Boca, cien que había en el Rosario […] y apenas treinta o cuarenta de Santa Fe". En conclusión, el mal había venido de los extranjeros, y de Buenos Aires y Rosario, ciudades cosmopolitas repletas de extranjeros.

El eje argumental de la defensa-acusación de Llobet era establecer que extranjeros, en su carácter de tales "con la bandera suiza a la cabeza", habían tomado la capital de la provincia y "llegando al cabildo histórico" habían izado la bandera argentina.[103] De acuerdo con su presentación, un ejército extranjero no sólo había derrocado al gobierno; también había atentado contra los símbolos de la soberanía nacional.

Estos execrables sucesos también anunciaban un inquietante pronóstico nacional. No era la resistencia de los extranjeros a naturalizarse lo que lo inquietaba; Llobet valoraba más la conducta de aquellos extranjeros que seguían unidos con su antiguo país, pues esto indicaba que poseían sentimientos superiores. El "verdadero peligro" se encontraba "en la educación que esos extranjeros dan a sus hijos nacidos en el país". Se educan en escuelas extranjeras, con maestros extranjeros, que no enseñan el idioma nacional, ni instrucción cívica, "ni nociones de historia patria"; donde en cambio "se conoce a los grandes héroes de Alemania y de Suiza". En "escuelas, en fin, ¡que han sido subvencionadas por sus monarcas europeos!".

El gobierno de la provincia había sido impotente para solucionar estos problemas –continuaba Llobet– pues estaba trabado por una legislación excesivamente liberal. La Constitución Nacional otorgaba derechos excesivos a los extranjeros, como la libertad de enseñar y aprender; además, los diarios quedaban al amparo de la libertad de prensa y las asociaciones de ayuda mutua y los hospitales podían funcionar libremente. Así, también se ha "fomentado la institución de sociedades de tiro suizo con batallones perfectamente organizados y disciplinados; con jefes y oficiales, con armas y banderas, como nuestros batallones de línea y que han sido la base para los movimientos subversivos operados por los opositores en la provincia de Santa Fe. ¡Pero no es extraño que llegaran a estos excesos cuando esos mismos opositores han llegado hasta hacer constituir en la provincia de Santa Fe centros políticos extranjeros!".[104] La descripción evoca una sociedad de extranjeros en la que "jóvenes argentinos, hijos de extranjeros no se creen ciudadanos". Jóvenes que al ser preguntados por su nacionalidad, contestan: "Alemán, nacido en Esperanza"; "Suizo, nacido en San Jerónimo". De esta manera, amenazaba Llobet, "esas colonias constituidas en esa forma vendrían a convertirse en un estado dentro de otro Estado".

La argumentación de Llobet estaba destinada a justificar al grupo gobernante y a socavar la simpatía que los rebeldes habían logrado en buena parte de la opinión pública. Convertía a los autonomistas gobernantes en las víctimas de una agresión de los extranjeros, que aprovecharon su debilidad o su exceso de escrúpulos para

[103] Ibíd., p. 657. El párrafo sobre los batallones suizos y su bandera en el Cabildo histórico son reproducidos por *La Nación*, el 30 de agosto de 1894.

[104] Ibíd., p. 636. Este fragmento sobre los Centros Políticos Extranjeros es publicado en "Los progresos de Santa Fe", en: *La Nación*, 28 de agosto de 1894.

con ellos y para con la prensa. Además, el carácter extranjero de la agresión se confirmaba con la denuncia de "telegramas a Europa dando cuenta de lo que ocurre en esta provincia". Se añadía así un componente muy peligroso a la situación, que podía llegar a abrir la puerta a conflictivos reclamos externos, de los que había antecedentes cercanos.

Finalmente, Llobet coronó la argumentación con la idea de que la insurrección antinacional podía crecer y extenderse a toda la República, avanzando de la mano de los inmigrantes, hacia otras zonas del país:

> Santa Fe va desbordando su colonización sobre las provincias vecinas, sobre Santiago, sobre Córdoba, sobre Tucumán y el Entre Ríos. Y en esas provincias, agitadas también por sus cuestiones políticas, pueden producirse los efectos que se han producido en Santa Fe. Y entonces, ¡qué sería de este país cuando el problema ensanchara sus términos a la zona más rica e importante de la república!

Los diputados que impugnaban los diplomas quedaron a la defensiva por la contundente intervención de Llobet, que transformó la defensa en acusación: más que la legitimidad y pureza del acto electoral buscó establecer que allí había estado en juego la nacionalidad. El diputado Barroetaveña afirmó, sin lograr convencer a la mayoría, que en Santa Fe se habían conculcado derechos otorgados por la Constitución y desmintió el carácter antinacional del movimiento, pues los batallones "no eran de suizos sino de hijos de suizos, de hijos de nuestro país" y los pocos extranjeros que participaron "eran los padres de los jóvenes colonos argentinos que se habían presentado en armas a favor de la libertad y de la honradez administrativa!".

Los diplomas de los diputados por Santa Fe fueron aceptados a pesar de que la opinión pública, en general, no defendía a los políticos santafesinos, desaprobaba la violenta represión y había creído justificada la protesta de los colonos. Según *La Nación*, Llobet sostuvo su afirmación de que en los sucesos de Santa Fe "habían actuado batallones de extranjeros armados, perfectamente regimentados, con bandera suiza". Con agudeza, el diario advirtió que de esta manera "La cuestión se convertía en un conflicto de sentimientos, pudiendo cada cual tomar el rumbo que le aconsejaran los suyos".[105] Aunque razonablemente no se acordara en la existencia de una agresión antinacional, la dramática pintura de Llobet tocaba una fibra de la sensibilidad, una emoción que inclinaba, al menos, a dudar.

Esto resultó un instrumento eficaz que los políticos santafesinos usaron como argumento para descalificar las críticas, defender sus intereses particulares y encubrir una feroz represión. Al calificarla como nacional, esa situación política particu-

---

[105] "Notas parlamentarias. Archívese", en: *La Nación*, 1º de setiembre de 1894.

lar perdía mezquindad y resultaba investida con unos valores superiores. En suma, se consustanciaba con los rasgos permanentes e intangibles de la patria.

Esta explicación de los sucesos de Santa Fe estuvo lejos de satisfacer a todos y sin embargo se mantuvo. Probablemente porque por detrás operaba otra argumentación, la de la soberanía nacional. Si la sublevación interior prosperaba –se argumentaba– abriría las puertas a las pretensiones de las potencias extranjeras: los abusos internos se legitimaban agitando la bandera de la amenaza externa. Así se acuñó la imagen de la peligrosidad de los extranjeros y de su conspiración antinacional. La acusación obligó a los grupos extranjeros a defenderse y a los políticos opositores, más equidistantes, a denunciar la manipulación. De una forma u otra estos temas permanecieron en el debate público e irrumpieron cada tanto en los años siguientes. Si bien es difícil calibrar qué rastros dejaron, es posible reconocer sus huellas en formulaciones posteriores del discurso nacionalista, en el que aparece aquel núcleo de ofensas y peligros denunciados en 1893. Retomando este debate, el diputado por Salta Indalecio Gómez presentó ese mismo año un proyecto de ley sobre la obligatoriedad del uso exclusivo del idioma nacional en todo tipo de escuelas. Dejaron también otra herencia: un lista de injurias y agravios que anotaron cuidadosamente unos, un cúmulo de injusticias y demandas insatisfechas que recordaron reiteradamente otros; ambos perduraron en la disconformidad de los extranjeros y en la reacción criolla a su emergencia política. También formaron el temario de razones y argumentos sobre la defensa nacional.

Segunda parte
¿Cuál nación?

V. Un balance crítico

A principios de la década de 1890 se advierte la existencia de un nuevo clima de ideas: crisis económica, revolución política, constitución de un frente opositor y nuevo protagonismo de los extranjeros; todo contribuyó a generar un balance crítico y a atenuar el optimismo general y la confianza en el camino emprendido. Así se manifestó en las críticas de los extranjeros a la conducción gubernamental y también en la desazón y las dudas de muchos dirigentes acerca del rumbo del país y de los fundamentos de su organización. Esas dudas encontraban un paralelo en aquellas ideas, afirmadas en Europa durante la Gran Depresión –entre 1873 y 1896–, que seducían a las elites europeas, tanto a las conservadoras como a las vanguardias, que estaban a la defensiva y descreídas del parlamentarismo y el progreso.

Una profunda crisis de convicciones, exteriorizada en el sentimiento de decadencia de las elites y la pérdida de confianza de sectores más vastos, cobró forma en el rechazo de algunos intelectuales a los supuestos de tradición ilustrada y liberal, hasta entonces fuerte en el mundo occidental. Para enfrentar aquellas incertidumbres se apeló a las ideas tranquilizadoras de la psicología de las multitudes, los caracteres de las razas, las leyes que regían la vida de las sociedades, o a la autoridad de la ciencia, la tradición o la fe.[1] Las ideas de Bergson y Nietzsche expresan en el campo de la filosofía las concepciones que predominan con la crisis de fin de siglo; las de Sorel y Barrès, el giro político y el contemporáneo fortalecimiento de los nacionalismos.

Aquellas ideas también influyeron en la Argentina; se afirmó que el país seguía una orientación superada, que iba quedando al margen de las nuevas tendencias dominantes y que los efectos ya manifiestos de los perturbadores cambios eran una advertencia. Se habló de disgregación social, decadencia moral, degeneración, infiltración de razas inferiores. Estos y otros tópicos de moda en el panorama intelectual europeo se reflejaron en un conjunto de novelas aparecidas en torno a 1890: *Abismos*, de Manuel Bahamonde (1890), *Quilito*, de Carlos María

---

[1] Véase, por ejemplo, Gustave Le Bon, *Psychologie des foules*, París, Alcan, 1895; Louis Gumplowics, *Le lutte des races*, París, Guillaumin, 1893; Novicow, *L'avenir de la race blanche*, París, 1897 y Gabriel Tarde, *Les lois de l'Imitation*, París, 1890.

Ocantos (1891), *Horas de Fiebre*, de Segundo I. Villafañe (1891), *Buenos Aires en el siglo XX*, de Eduardo de Ezcurra (1891) y *La Bolsa* de Julián Martel (1891).[2] También, se pusieron en cuestión algunos supuestos fundamentales de orden político e ideológico. Marco Avellaneda, por ejemplo, sostenía que los problemas del país provenían de la excesiva liberalidad imperante en la sociedad, consecuencia de las libertades establecidas por la Constitución Nacional, que:

> abriendo las puertas de la Nación a todos los hombres del mundo que quieran habitar el suelo argentino, ha planteado un problema que afecta al presente y amenaza el porvenir de la República [...] ¡Que nuestra patria no se convierta como el templo de Jehovah en una vasta tienda de mercaderes![3]

El cambio del clima político se manifiesta en las palabras que Lucio V. Mansilla pronunció entre un grupo de amigos:

> sostengo que si a los hombres públicos de nuestro país se les preguntara si están satisfechos de su obra, poniendo la mano sobre su corazón responderán que no! Responderán que no porque los resultados han sido malos, y la acción política se juzga por sus efectos.[4]

Según lo registró Ernesto Quesada, Mansilla "siguió en este orden de ideas"; sostuvo que "la Revolución de Mayo había sido un movimiento anticipado, un hecho prematuro que nos ha acarreado los males políticos y sociales que estamos sufriendo", aplicando a la Argentina explicaciones de moda en Francia. Por ello –agregaba Quesada–, el general Mansilla fue clasificado anoche "de pesimista y

---

[2] *La Bolsa* de Julián Martel apareció como folletín en *La Nación* entre agosto y octubre de 1891 y se inspiraba en *La France juive* de Edouard Drummont, publicada en París en 1886.

[3] Marco Avellaneda, *Naturalización de extranjeros*, Tesis de la Universidad de Buenos Aires, defendida el 23 de abril de 1892, p. 11.

[4] Fueron dichas en una conversación entre amigos en el V aniversario de la *Revista Nacional*, el 1º de mayo de 1891, en el banquete en el Café de París, al que asistieron B. Mitre, Lucio V. Mansilla, Alejandro Calvo, José A. Pillado, Manuel F. Mantilla, Adolfo E. Carranza, Ricardo Pardo, Jorge Ocampo, Federico Tobal, Carlos Etchegaray, Carlos M. Cernadas, Ernesto Quesada, Adolfo S. Gómez, Nolasco Ortiz Viola, Martín García Merou, Federico Gamboa, Adolfo Decoud, Gerardo Cabello, Simón de Iriondo, Juan I. Alsina, Guillermo Achával, Alejandro Sorondo, Juan Coustau, J. J. García Velloso, Joaquín Castellanos, J. M. de Iriondo, Leopoldo Díaz, Mariano de Vedia, Miguel G. Méndez. Se excusaron por enfermedad, duelo y otros motivos, Bernardo de Irigoyen, Vicente F. López, Pedro S. Lamas, Victoriano E. Montes, Alberto del Solar, José E. Biedma, Rodolfo Araujo Muñoz, Calixto Oyuela y Ángel Justiniano Carranza. (Ernesto Quesada, "5º Aniversario", en: *Revista Nacional*, tomo XIV, 1891, p. 43.)

rebatido como discípulo de Schopenhauer".[5] Las viejas convicciones estaban desacreditados. El error, empezaba a decirse, había sido copiar de otros países: "Los que como el ilustre Sarmiento –decía Federico Tobar–, más que con el ejemplo, con la teoría, han proclamado y sostenido aberración tan singular y funesta, han olvidado los ejemplos seculares de la historia en la evolución y desarrollo de los pueblos". Esas desviaciones "han enturbiado la limpidez de nuestro criterio nacional y de nuestro ideal americano y entorpecido moral y económicamente nuestro desarrollo, injertando en nuestro organismo elementos repulsivos que lo despedazan".[6] Para Lucio V. López el problema radicaba en la incapacidad de la clase dirigente para conducir los cambios por ella desatados. ¿Qué opondremos al "enemigo terrible, inorgánico, inconsciente, que avanza como una irrupción persa sin encontrar un pueblo aguerrido que se le oponga?". La respuesta se encontraba en una reinterpretación del pasado:

> Entonces yo digo que es un gran deber, gran virtud, gran imperio volver al pasado [...] Volver al pasado quiere decir releer nuestra historia [...] demoler el cosmopolitismo y trazar de una vez con rasgos firmes el perfil definitivo de la patria.[7]

Esa relectura debía consistir en la búsqueda de los rasgos permanentes de la propia cultura con los que enfrentar el cosmopolitismo. No los rasgos inciertos de algo que se habrá de construir en el futuro sino aquéllos ya definidos, que se conservan inmodificados en el fondo de la historia.

Este punto de vista, que muchos de sus contemporáneos compartieron, alimentó un vasto movimiento de construcción de la tradición patria. Ya iniciado a fines de los ochenta, se afirmó a lo largo de la década del noventa a través de un conjunto de iniciativas patrióticas, como la realización de monumentos, la construcción de un panteón nacional, la organización de celebraciones y conmemoraciones, y una tenaz labor historiográfica de relevamiento y relectura del pasado. A ellas se vinculó la preocupación por definir y afirmar la existencia de una cultura nacional, uno de cuyos aspectos centrales era la lengua. El desarrollo de estos propósitos conducía al

[5] La actualización de Lucio V. Mansilla con las nuevas ideas críticas del pensamiento europeo se pone de manifiesto en la elección, en 1896, de Maurice Barrès para prologar la edición francesa de *El diario de mi vida. Estudios morales* (Buenos Aires, 1888). Sobre este último véase Zeev Sternhell, *Maurice Barrès et le nationalisme français*, París, A. Colin, 1972.

[6] Federico Tobar, "Estudios. La Revolución Argentina por el Dr. Vicente F. López, II", en: *Revista Nacional*, tomo VIII, 1889, p. 289-296.

[7] Lucio V. López, *Discurso en la colación de grados en la Facultad de Derecho* (24 de mayo de 1890), Universidad de Buenos Aires, Edición de la Comisión de Homenaje en el cincuentenario de su muerte, pp. 25-27.

planteo de una cuestión decisiva: ¿cuál nación? Más que una solución simple, la pregunta abría un conjunto de respuestas, diferentes y conflictivas.

Cosmopolitas o nacionalistas

Los sucesos de 1893 y las manifestaciones de los políticos santafesinos en el Congreso pusieron de manifiesto la fractura del consenso sobre la concepción hegemónica de la nación, liberal y cosmopolita, expresada en la Constitución Nacional y en leyes fundamentales, como la de ciudadanía de 1869 y la de inmigración de 1876. Esas leyes correspondían a una idea de nación entendida como cuerpo político basado en el contrato, de incorporación voluntaria, que garantizaba amplias libertades a los extranjeros y ofrecía tolerancia para el desenvolvimiento de sus actividades económicas o culturales. Era una concepción que correspondía a la experiencia de la inmigración espontánea de pequeños grupos, considerados como los elementos de civilización que permitirían el progreso y la transformación del país.

Hacia 1890, en el campo de la discusión patriótica, se advierte la constitución de un sector que asume de manera activa la defensa de una concepción esencialista y excluyente de la nación. Esta concepción se perfiló con cierta claridad en algunos episodios ya analizados: la Reforma de la Constitución de Santa Fe en 1890, el rechazo del diploma del diputado Urdapilleta en el Congreso Nacional y los sucesos de Santa Fe de 1893, cuando la preocupación por la defensa nacional reveló su eficacia en el debate al permitir justificar exitosamente los actos de una facción que controlaba una situación provincial de manera autoritaria y excluyente.

Esta concepción de nación, existente más allá de las formas legales, fue sostenida por un conjunto algo heterogéneo y variable de dirigentes que tuvo, a pesar de eso, un núcleo consistente. Lo constituían algunos políticos vinculados a los sectores gobernantes en las provincias del Litoral, como los Gálvez y Lucas Ayarragaray, otros relacionados con distintos grupos conservadores, y también católicos, que en los años noventa alcanzaron un peso significativo bajo el liderazgo de Indalecio Gómez. No formaron un partido político, pero con sus intervenciones, opiniones y acciones lograron aglutinar a otras fuerzas y constituyeron un alineamiento que en distintas discusiones importantes enfrentó a quienes defendieron posturas liberales y cosmopolitas.

Las diferentes tendencias políticas e ideológicas que estos grupos expresaban coexistieron, a lo largo de los años noventa, en una convivencia conflictiva. Las diferencias se pusieron de manifiesto en distintos debates, sin que se definiera con claridad el predominio de una u otra. Las diferentes concepciones sobre la nación –la contractualista y la cultural esencialista– afloraron en discusiones sobre los más diversos temas. Mientras las posturas de los grupos iban madurando y se definían, ganaban o perdían consenso en la opinión pública, según fuera la cuestión que los movilizaba. Sus protagonistas no se encontraban ordenadamente alineados en los diferentes partidos políticos, ni organizados en campos cerrados. Los alineamientos se producían en el calor de las discusiones y en relación con cada uno de los temas en debate; muchos se originaban en cuestiones específicas pero terminaban remitiendo a una concepción general de la realidad. Por otra parte, los temas en discusión involucraron, además de a las elites políticas, a muchos otros interesados. En las discusiones y en las campañas patrióticas se advierte que participan y discuten muchas voces: las del grupo gobernante, las de algunas instituciones caracterizadas de la sociedad y también las de otras organizaciones, numerosas y a veces bastante modestas.

En este proceso resulta reveladora la formación de muchas asociaciones, nacidas con propósitos diversos –artísticos, literarios, deportivos, sociales o de entretenimiento–, que frecuentemente asumieron en los años noventa un carácter cívico patriótico. Al inclinarse hacia una u otra opinión, al secundar una campaña o apoyar una iniciativa patriótica en pro de la formación de la nacionalidad, no sólo contribuían a fortalecer alguna de las tendencias; a veces desempeñaron un papel protagónico e influyeron en la opinión pública. Este tipo de asociaciones, en las que participaban los miembros de la elite junto con otros sectores más amplios, conformaron una fluida red de relaciones. Constituían ámbitos de transmisión o de discusión de ideas, donde se establecían y fortalecían los vínculos políticos e ideológicos. Eran lugares de formación de opinión, de difusión de consignas, de alineamientos, que se sumaban a los canales por donde habitualmente transcurría la política.

Muchas de estas asociaciones culturales y recreativas poseían un perfil no contestatario y estaban vinculadas a los sectores más tradicionales; otras tenían un carácter más transitorio o espontáneo: por ejemplo, las numerosas asociaciones de condiscípulos, donde se materializaban inquietudes culturales y artísticas junto a prácticas deportivas. Sin embargo, en ambas se proyectó la campaña militarista generada en los años noventa por el peligro de guerra con Chile. En algunos de esos grupos o sociedades, los individuos fueron adquiriendo ideas de pertenencia o se moldearon sus sentimientos; también allí dieron forma a sus ideas y opiniones políticas. A veces se consolidaron lenta y gradualmente; otras, parecen surgir de la nada y tienen existencia azarosa. En esta evanescente zona de la sociedad sólo es posible entrever las imágenes fragmentarias de un proceso que se adivina más amplio y cuyas líneas definidas emergen con nitidez más tarde. No obstante, permiten atisbar cómo varía una opinión, cómo se expande una moda, a través de qué canal e impulsada por quiénes crece una consigna que, en una coyuntura especial, termina por convertirse en bandera nacional. Es posible percibir allí la gestación de un movimiento y advertir los lazos que vinculan algunas formas y rituales tradicionales con las urgencias de la sociedad o las necesidades del poder.

Algunas de estas asociaciones estuvieron integradas por los más destacados intelectuales. El Instituto Geográfico Argentino y la Junta de Numismática –creada en 1892 y convertida más tarde en Junta de Historia y Numismática Americana–, dedicadas al estudio del pasado histórico y del territorio desde una perspectiva científica y profesional, no sólo construían la tradición patria, sino que respaldaban y dirigían la acción de otras menores. Estaban las tradicionales tertulias literarias, de gran importancia en las décadas anteriores: la de Rafael Obligado o la Academia Literaria del Plata; y el Ateneo, fundado en 1893, donde se desarrollaron algunas discusiones trascendentes. Había algunas organizadas por residentes extranjeros, como los Orfeones y la Asociación Patriótica Española. Otras eran el Tiro Federal Argentino y otras numerosas sociedades de tiro –en muchos casos formadas por los extranjeros– que se constituyeron en todo el país. También estaban los clubes deportivos, en especial el Club Gimnasia y Esgrima de Buenos Aires, que fue gestor de múltiples eventos destinados a cultivar el patriotismo y la tradición nacional. Allí se reunían la Sociedad Patriótica pro Panteón Nacional y la Sociedad Patriótica de la Juventud, formada por los alumnos del Colegio Nacional, la Escuela Nacional de Comercio y el Instituto Libre de Enseñanza. En particular, fueron muy importantes las numerosas asociaciones de estudiantes y las pequeñas sociedades barriales y culturales que se sumaban a las campañas patrióticas.

Este aspecto de la sociabilidad es especialmente significativo en la propagación, a fines del siglo XIX, de los temas patrióticos, en la extensión de las actividades y homenajes a los próceres y en la generalización de algunas consignas vinculadas a la nacionalidad. También muestran la amplia adhesión lograda por algunas posturas "nacionales", habitualmente consideradas como asunto de elites, de reducidos sectores aristocratizantes, decadentes o hispanizantes.

Las manifestaciones y exteriorizaciones de patriotismo tuvieron un importante papel en las naciones-Estado de todo el mundo occidental a lo largo del siglo XIX.[8] En este terreno se valoraron especialmente aquellas formas que tendían a movilizar, emocionar, conmover y orientar la participación popular. Se inventaron algunas y se recrearon otras, pero ciertas formas de expresión se repitieron en todas partes: se tendió a imitar ceremonias y a copiar homenajes del mismo modo en que se impone un uso y se expande una moda.

---

[8] Entre otros, M. Agulhon, *Marianne au Combat*, París, Flammarion, 1979 y *Marianne au Pouvoir*, París, Flammarion, 1989; Raphael Samuel (dir.), *Patriotism. The Making and Unmaking of British National Identity*, London, Routledge, 1989; Pierre Nora (dir.), *Les Lieux de Mémoire*, París, Gallimard, 1984; Giorgio L. Mosse, *La nazionalizzazione delle masse*, Bolonia, Il Mulino, 1975.

A pesar de las proximidades y similitudes formales de las prácticas, había diferencias en los significados, en los valores y las concepciones ideológicas subyacentes. A veces, esas diferencias se mantuvieron sin conflictos; otras, se ponían de manifiesto en los desacuerdos sobre el sentido de algunas ceremonias. Emergieron particularmente en las formas de entender la relación entre el individuo-ciudadano y la nación; en este terreno, más allá de los modos de participación política formal, se abrió un amplio espacio para el establecimiento y la demostración de lazos de pertenencia, lealtad y entrega a la nación.

Estas prácticas se desenvolvieron en un campo común, donde se enfrentaron distintas orientaciones político ideológicas. Pero las diferencias no se enunciaron de manera sistemática y ordenada, frecuentemente no eran claras para los protagonistas, y es común que sus elementos se combinaran de forma azarosa. Solían asomar en los momentos de debate, al calor de las discusiones, en las declaraciones o en las realizaciones. Algunos temas marcaron la división de aguas entre una y otra concepción: la autonomía y el reconocimiento de los derechos del individuo, o bien el condicionamiento de la libertad individual o la subordinación al colectivo.

Estas opiniones son a veces difíciles de delimitar: sus elementos aparecen entremezclados, y en la prácticas son fáciles los deslizamientos. No es raro que una actividad patriótica que se inicia con un propósito pueda terminar contribuyendo a fortalecer otra idea. El terreno de las exteriorizaciones, de las fiestas y las demostraciones u homenajes fue en estos años un espacio de disputa permanente entre los distintos grupos, fluctuantes ellos mismos, y entre las concepciones e ideologías que cruzaban simultáneamente, con variados grados de adhesión, el amplio espectro de la sociedad.

Fue también el lugar que ofició de puente, de terreno de deslizamiento hacia las posturas más demandantes, más extremas, favorecidas y empujadas por los nacionalismos en ascenso. A fines del siglo XIX, en Europa y el mundo europeizado, los nacionalismos que buscaban la homogeneidad étnica, lingüística o religiosa, y que alentados por las rivalidades nacionales procuraban afirmarse en la diferencia, ganaron terreno sobre nacionalismos de integración y de respeto de la diversidad. La formulación de una nación esencial, con identidad entre el Estado y el grupo étnico, unidad lingüística y cultural, donde se privilegiaba la unidad como la mejor forma de ser y la más eficaz para oponerse a otra nación, seducía y arrastraba tras ella a los movimientos nacionales de otra matriz, aquéllos que en su origen habían nacido como nacionalismos de integración.[9]

[9] Véase Raoul Girardet, *Le nationalisme français. Anthologie 1871-1914*, París, Seuil; Dieter Langewiesche, "Formación cultural de la nación en la Alemania del siglo XIX", en *Entrepasados*, núm. 13, 1997; Inman Fox, *La Invención de España. Nacionalismo liberal e identidad nacional*,

Estas diferencias se expresaron también en la caracterización de los grupos participantes y adherentes, que se definieron en relación con aquéllas. Cosmopolitas y nacionalistas —como se los denominó— discutieron si debía prevalecer la lealtad hacia la humanidad o hacia la nación: del mismo modo, si las relaciones internacionales debían entenderse como un inevitable enfrentamiento entre las naciones potencias, una guerra entre razas, o bien como una convivencia, dificultosa, pero basada en el reconocimiento de los valores de la humanidad, orden general al que pertenecían todas las naciones y los hombres.

En el terreno de la política exterior las distinciones se dibujaron con bastante claridad; en cambio, se opacaban al discutirse los problemas internos de las naciones. Los cosmopolitas —en rigor, los llamados cosmopolitas, pues fue una denominación que les dieron sus adversarios nacionalistas— no dejaban de considerarse patriotas, pues aquellas denominaciones se referían a dos formas de entender el patriotismo. En unos se trataba de un patriotismo de integración de lo distinto, alrededor de valores que no entraban en contradicción con los de la humanidad; en los otros, era un patriotismo de exclusión de lo otro, que exigía la homogeneidad cultural y cuya consecuencia era la inevitable lucha entre distintos hombres o naciones. En el terreno de las prácticas patrióticas y de las celebraciones, las diferencias se atenuaban o parecían borrarse, pero uno y otro patriotismo diferían en los fines atribuidos a la patria-nación, y también en la concepción de la vida política: velar por el respeto de los derechos individuales, para unos, o defender el fin superior de la nación por encima de las voluntades individuales, para otros. En sus clases, en Burdeos en 1887, Emile Durkheim caracterizó ambos patriotismos. Para unos el individuo es "un instrumento para ejecutar designios que no ha hecho y que no le conciernen"; es una concepción que "hoy en día está a punto de iniciar una especie de renacimiento".[10] Otro patriotismo era aquel

cuya accion útil es también más continua y que tiene por objeto la autonomía interior de la sociedad y no su expansión exterior. Este patriotismo no excluye, como es lógico, todo orgullo nacional; la personalidad colectiva, las personalidades no pueden existir sin tener de sí mismas [...] ciertos sentimientos [...] Mientras existan los estados habrá un amor propio social y nada más legítimo. Pero las sociedades pueden basar su amor propio social no en ser las más grandes o las más pudientes, sino en ser las más justas, las mejor organizadas, las que poseen la mejor constitución moral.[11]

Madrid, Cátedra, 1997; José Luis Abellán, *Historia crítica del pensamiento español*, tomos 5/I y 5/II, Madrid, Espasa Calpe, 1989.

[10] Emile Durkheim, *Lecciones de Sociología. Física de las costumbres y el derecho* (Burdeos, 1887, registro taquigráfico de un curso, edición póstuma), Buenos Aires, Schapire, 1966, pp. 99-100.

[11] Ibíd., pp. 120-121.

En la Argentina, en la década del noventa y aún más en los primeros años del siglo XX, las instituciones, los partidos y los grupos se vieron cruzados por la cuestión nacional en sus diferentes versiones. En debates sobre los temas más diversos aparecieron las diferentes concepciones subyacentes de la nación y la sociedad nacional; pero se manifestaron especialmente en los temas vinculados de una u otra manera con la formación de la nacionalidad, un asunto que terminó por involucrar a todos los sectores y a todas las posturas políticas.[12] En el desarrollo de los debates las posiciones de los participantes acentuaban su perfil, extremaban sus argumentos y se diluían los matices diferenciadores que cada uno de ellos tenía antes de la discusión y que, frecuentemente, recuperaban luego de ella. Sin embargo, los debates mostraban la centralidad de algunas cuestiones y los temas de clivaje: las distintas concepciones se hacían cargo, de manera diferente, del carácter aluvional de la sociedad argentina que indudablemente constituía un desafío muy fuerte para cualquier concepción de la nacionalidad.

Por un lado, se delineó una idea de nacionalidad concebida como producto de la mezcla, del crisol de razas, cuya resultante futura incluiría rasgos provenientes de los diferentes pueblos y de las distintas culturas que la iban formando; se trataba de una singularidad aún no definida, una virtualidad que sólo con el tiempo y la convivencia cobraría su propia forma. Por otro, la idea de una nacionalidad ya existente, establecida en el pasado, de rasgos definidos y permanentes: algunos los encontraban en la raza española, y otros en el criollo. Este núcleo de nacionalidad podía absorber los variados aportes de los grupos inmigratorios sin perder su esencia, a condición de realizar una política definida para mantenerlo puro y neutralizar los contaminantes extranjeros.

Para quienes pensaban así, la heterogeneidad de origen de la población que habitaba la Argentina constituía un flanco débil para la nación, y la solución se encontraría a través de su nacionalización. Más allá de su organización constitucional y jurídica, entendieron la nación con carácter esencial, como expresión de una singularidad cultural. Por ello, la existencia de una lengua nacional, un arte nacional, una raza nacional singular y propia se convirtió en la manifestación de la nacionalidad y en la legitimación de la nación argentina.

Quienes establecían una correspondencia unívoca entre nación, lengua y raza nacional dejaban sin definir cuál era el lugar de los extranjeros, que constituían una proporción muy importante de la población del país: más allá del planteo

---

[12] Quizá con la sola excepción de los anarquistas. Los socialistas se manifestaron a favor de la naturalización de los extranjeros y de un patriotismo no excluyente. En 1897 el Centro Socialista Obrero Argentino proyecta una reforma de la Constitución que incluía la separación de la Iglesia y el Estado, la naturalización de los extranjeros con un año de residencia, la jornada de ocho horas, etcétera.

teórico, cómo armonizar esta monolítica representación simbólica con una convivencia viable con ellos. El problema no aparecía tanto en los aspectos cotidianos y prácticos, donde las relaciones eran fluidas, sino en la convivencia política y ciudadana y en su dimensión simbólica: ¿qué papel asumían en la construcción de la sociedad nacional los grupos extranjeros residentes en el país? En aquellos años, ése fue un tema abierto a la discusión: se debatió en el Ateneo, en los periódicos, en el Congreso Nacional y también en muchos de los ámbitos más pequeños y modestos donde se conformaba la opinión.

En los años noventa, una solución a esto fue la política de la confraternidad con los extranjeros. Nació de un deseo de estrechar las relaciones con los residentes extranjeros, y también de contrarrestar algunas imágenes negativas, luego de la movilización política desarrollada entre 1890 y 1893. Se diferenció al mal inmigrante, alborotador, politiquero, del bueno –que era la mayoría–, trabajador y respetuoso del orden, huésped agradecido con la nación que lo acogía. Respecto de las elites de las colectividades, las relaciones nunca habían sido malas, más allá de algunos roces con los inclinados a cultivar entre sus connacionales la identidad nacional de origen, o con quienes surgieron como potenciales rivales políticos. Incluso, con algunos estas relaciones eran particularmente buenas. Con la política de la confraternidad se aspiró a crear un lazo fraternal de más vasto alcance, que incluyera a la mayoría de los residentes, y se hizo un notorio esfuerzo para traducirla en exteriorizaciones de gratitud y reconocimiento, reparadoras de los lazos afectados. En especial, se procuró un acercamiento con los grupos inmigratorios mayores –italianos y españoles– que contribuyera a restablecer la unión interior y a consolidar las fuerzas de la Argentina, en momentos en que asomaban amenazas mayores de conflictos por cuestiones limítrofes.

La política de la confraternidad con los italianos constituyó un acercamiento entusiasta que, sin embargo, dejó sin resolver el reconocimiento de su contribución a la formación de la nación. Su realización no tuvo como fruto un sentido unívoco. Dio lugar, en rigor, a interpretaciones muy diversas: algunos la entendieron como el reconocimiento oficial del aporte extranjero; en otros, alimentó la idea del crisol de razas; para muchos otros, sólo expresó una hermandad compatible con la concepción de homogeneidad cultural de la nación. La confraternidad con los españoles, en cambio, buscó estrechar los lazos de unión fraternal sobre la base de la existencia de una "comunidad de lengua y de raza"; sin embargo, para este propósito fue necesario primero revertir la imagen de España enemiga, heredada de la tradición revolucionaria de Mayo.

VI. Una lengua, una raza, una nación, 1890-1900

El imperativo planteado por Lucio V. López de volver al pasado en busca de los rasgos originales, y la política de la confraternidad, que procuró consolidar la unión interior y estrechar vínculos con los residentes extranjeros, llevaban a un acercamiento con España. Sin embargo, este movimiento impulsado por argentinos y españoles encontró algunas resistencias, particularmente entre aquellos en quienes perduraba la imagen de la España enemiga en la guerra de la Independencia. Fue preciso cambiar aquella imagen: España debía abandonar el papel de metrópoli tiránica, que aún conservaba en la historiografía patriótica,[1] y que el Himno recordaba permanentemente. Poco a poco, aunque no sin disputas, fue convirtiéndose en la Madre Patria, como muchos ya preferían denominarla. En este sentido trabajaron dos grupos diferentes: algunos intelectuales locales, como Calixto Oyuela y Santiago Estrada, que defendían los valores de la tradición española en la Argentina, y otros, españoles emigrados, de las más variadas posiciones ideológicas, concordaban en alentar la formación de una imagen más positiva de España. Sus esfuerzos coincidían con los deseos de la próspera elite de los españoles residentes, que aspiraban a una imagen más acorde con la creciente importancia que habían adquirido en los últimos años.[2]

Este movimiento fue alentado desde España. En los años sesenta, una política poco hábil había concluido en extemporáneos intentos de intervención y conflictos armados con Santo Domingo, en 1865, y con Perú y Chile, en 1866. Luego

---

[1] En palabras de Carbia "prejuicio antihispánico de los historiadores revolucionarios", Rómulo D. Carbia, *Historia crítica de la historiografía argentina (Desde sus orígenes en el siglo XVI)*, La Plata, Biblioteca Humanidades UNLP, 1939, p. 140.

[2] Alejandro Fernández, "Patria y cultura: aspectos de la acción de la elite española en Buenos Aires", en *Estudios Migratorios Latinoamericanos*, año 2, núm. 6-7, 1987, pp. 291-307; y F. Devoto y A. Fernández, "Asociacionismo voluntario, liderazgo y participación de dos grupos étnicos (españoles e italianos) en áreas urbanas de la Argentina finisecular. Un enfoque comparado", en: Diego Armus (comp.), *Mundo urbano y cultura popular*, Buenos Aires, Sudamericana, 1990, pp. 190-208 y Alejandro Fernández y José C. Moya (comps.), *La inmigración española en la Argentina*, Buenos Aires, Biblos, 1999.

de la deposición de Isabel II, el establecimiento de nuevas relaciones entre España y la América hispánica fue una meta de la política exterior de la Restauración. Un aliento nacionalista impulsó el proyecto de establecer nuevas relaciones fundadas en el panhispanismo.[3] Estos estímulos encontraron eco entre los españoles y en algunos intelectuales americanos que por gusto y educación se sentían afines con ellos. Este giro se convirtió en una sólida corriente de simpatía cuando en 1898 España fue derrotada y perdió su imperio colonial. Cambió entonces su imagen de metrópoli dominadora y tiránica por la de Madre Patria, agredida y despojada por un imperialismo más joven, agresivo y peligroso. Contra aquél, tanto España como las elites locales creyeron consolidarse "en una reconciliación plena con sus raíces hispanoamericanas".[4]

Unir por el espíritu de la raza

Este acercamiento a España fue estimulado por una nueva imagen de los Estados Unidos, un enemigo común a ambas naciones. La creciente influencia de los Estados Unidos en el Caribe a lo largo de la década de 1890 –que España vivió como un avance incontenible– fue percibida por algunos argentinos como una amenaza para el resto de la América hispánica. Tal el caso de Bernardo de Irigoyen, que denunció el expansionismo del gran país del norte,[5] de Vicente G. Quesada, embajador en Washington entre 1885 y 1890, y su hijo Ernesto, que lo acompañó.

Ernesto Quesada analizó las nuevas tendencias expansionistas de los Estados Unidos hacia el sur, en busca de mercados, y sus probables efectos sobre la Argentina.[6] Según él, la iniciativa de crear una unión aduanera americana, tema de la I Conferencia Inter Americana de 1890 en Washington, encerraba "un gravísimo peligro para la América Latina". Con el ejemplo del *Zollverein* prusiano presente, aquella reunión fue vista como el primer paso para la constitución de un área de influencia norteamericana, casi de un imperio, capaz de absorber "en un futuro

---

[3] Véanse Raymond Carr, *España 1808-1975*, Barcelona, Ariel, 1992; Inman Fox, *La invención de España*, Madrid, Cátedra, 1997; Sebastian Balfour, *El fin del Imperio Español (1898-1923)*, Barcelona, Crítica, 1997.

[4] Tulio Halperin Donghi, "España e Hispanoamérica: miradas a través del Atlántico, 1825-1975" en: *El espejo de la historia. Problemas argentinos y perspectivas latinoamericanas*, Buenos Aires, Sudamericana, 1987, p. 73.

[5] Bernardo de Irigoyen, "Política americana", en: *Revista Nacional*, tomo II, 1886, pp. 10-12.

[6] Véase Ernesto Quesada, "La política americana y las tendencias yankees", en: *Revista Nacional*, tomo II, 1887, pp. 129-143 y pp. 193-210. También, "La evolución del panamericanismo", en: *Revista de la Universidad de Buenos Aires*, tomo XVI, 1919.

más o menos próximo" a los países más pequeños. Sin embargo, los conflictos no eran sólo económicos: en opinión de Quesada, había involucrada "una sencilla cuestión de razas". Los yankees difieren radicalmente de los latinoamericanos; mientras la raza latina "ama proceder teóricamente, según sus ideales" y está llena de "aspiraciones generosas, de sentimientos levantados", la raza sajona es esencialmente práctica, se adapta a las cosas, "atiende a las necesidades del día y al interés específico de sus miembros". Esta afinidad de raza y de sangre con España fue planteada también por su padre: Vicente G. Quesada alertó sobre el error de tomar por modelo a los Estados Unidos y abandonar las viejas y buenas tradiciones propias, es decir las españolas.[7]

Esta imagen amenazante incluía otro rasgo: a diferencia de Alemania, los Estados Unidos no eran el resultado de la fuerza y la creatividad, sino de la mediocridad. Lucio V. López criticó tanto la democracia como el "cosmopolitismo pervertido de Nueva York", que amenazaba también a Buenos Aires.[8] Ernesto Quesada coincidió en asegurar que el cosmopolitismo pervertía del mismo modo a la sociedad argentina y a la de los Estados Unidos.[9] Otros contemporáneos compartieron este juicio adverso sobre los Estados Unidos, coincidiendo con las críticas de la prensa española ante el enfrentamiento por Cuba.[10]

Estas ideas presidieron la conducta de los representantes argentinos en la Conferencia de Washington. Vicente G. Quesada –cuenta su hijo– se reunió en París con Roque Sáenz Peña y Manuel Quintana y "concertaron sus ideas, hasta llegar a la unanimidad en todos los asuntos que serían discutidos en la conferencia".[11] Según Ernesto Quesada, el propósito de los Estados Unidos, oculto tras el "americanismo", era crear un *Zollverein* para "hacer a la América Latina tributaria de los Estados Unidos, económica y mercantilmente, convirtiéndola en una vasta confederación". La Argentina, "llamada a ser dentro de poco un gigante", nada sacaba comprometiendo su porvenir "por convenciones internacionales que pue-

---

[7] Véase Domingo de Pantoja (Vicente G. Quesada), "Los partidos políticos y las costumbres electorales en los Estados Unidos", en: *Revista Nacional*, tomo XVI, 1892, p. 368 y "La sociedad hispano americana bajo la dominación española", en: *Revista Nacional*, tomo XVII, 1893, p. 134. y Domingo de Pantoja (Vicente G. Quesada), *Los Estados Unidos y la América del Sur: los yankees pintados por sí mismos*, Buenos Aires, 1893.

[8] Lucio V. López, *Discurso en la colación de grados en la Facultad de Derecho*, ob. cit., pp. 25 a 27.

[9] Véase Ernesto Quesada, *Dos novelas sociológicas*, Buenos Aires, 1892. Allí analiza *Quilito* y *La Bolsa*.

[10] Alfredo V. Rubione (comp.), *En torno al criollismo*, Buenos Aires, CEAL, 1986. Sobre España, Raymond Carr, *España...*, ob. cit. y Alfonso Botti, *Cielo y dinero. El nacionalcatolicismo en España (1881-1975)*, Madrid, Alianza Universidad, 1992.

[11] Ernesto Quesada, *Primera Conferencia Panamericana*, Buenos Aires, 1919, p. 4.

den dañarnos gravemente".[12] Una extrema susceptibilidad y la imagen de un horizonte internacional plagado de amenazas se combinaba con la celosa defensa de la soberanía y el fuerte orgullo por la grandeza del país.[13]

En la Conferencia de Washington los proyectos promovidos por los Estados Unidos fueron desarticulados desde la primera discusión por la intervención de Roque Sáenz Peña. José Martí, corresponsal de *La Nación*, señaló que los argentinos habían desbaratado una trama norteamericana: erigir un sistema de arbitraje obligatorio con un tribunal permanente, por "el peligro al que se expone la soberanía". Según McGann, los argentinos convencieron a los representantes latinoamericanos del "peligro de confiar en las naciones 'grandes' que aspiraban a una situación de vasallaje para sus vecinos menores". A los ojos de los latinoamericanos, "la Argentina y no los Estados Unidos, fue el campeón de América", y por su obra, la Unión Panamericana adoptó "la forma de un eje y no de un bloque. El hemisferio occidental tenía un polo sur, así como un polo norte".[14]

Poco después, en agosto de 1890, la idea de una alianza alternativa a la propuesta por los Estados Unidos se desarrolló en Madrid, en las reuniones preparatorias del IV Centenario del Descubrimiento, a las que concurrieron representantes de los Estados hispanoamericanos. Allí, con la memoria de los sucesos de la Conferencia de Washington, el diputado por Cuba Rafael M. de Labra propuso constituir una unión iberoamericana sobre la base de la hermandad de raza con España; varios años después se rememoraba el resonante triunfo logrado por la oposición argentina al *Zollverein* americano.[15]

En 1890, De Labra exhortó a la unión de todas aquellas sociedades en las que "late el espíritu de la raza", que "se desenvuelve del mismo modo" en Castilla, en Portugal o en América. La unidad de la raza "es positivamente cierta"; de ella había que derivar "una política internacional algo más activa", que sin pendencias,

[12] Véanse Ernesto Quesada, "La política americana y las tendencias yankees", en: *Revista Nacional*, tomo II, pp. 193-210; Manuel Quintana y Roque Sáenz Peña a Zeballos, 20 de enero de 1890, *Memoria del Ministerio de Relaciones Exteriores, 1890-1891*, Buenos Aires, 1892, p. 10, 17-19 y Vicente G. Quesada, *Recuerdos de mi vida diplomática: misión en los Estados Unidos, 1885-1892*, Buenos Aires, 1904.

[13] Roberto Etchepareborda los denominó "generación del Destino Manifiesto" y Thomas McGann habla de "mito de grandeza". Véanse R. Etchepareborda, "La generación argentina del Destino Manifiesto", en: *Investigaciones y ensayos*, Academia Nacional de la Historia, Buenos Aires, tomo XVI, 1974, pp. 111-137 y Thomas F. McGann, *Argentina, Estados Unidos y el sistema interamericano 1880-1914*, Buenos Aires, Eudeba, 1960.

[14] Thomas McGann, *Argentina, Estados Unidos…*, ob. cit., pp. 209-246.

[15] Rafael M. de Labra, *El problema Hispano Americano. Discurso inaugural de las Conferencias de la "Unión Ibero-Americana", 23 de abril de 1905*, Madrid, Imprenta Hijos de Hernández, 1906.

provocaciones o ambiciones de dominio recogiera "todo lo que constituye la vida nacional y los propios elementos para conjugar los esfuerzos de unos y otros pueblos".[16] La unidad de la raza debía ser la base de "todo aquello que constituye el interés ibérico": "los intereses comerciales" y "la concurrencia de intereses y sentimientos particulares", que son los que determinan "cuándo esas relaciones íntimas […] han de dar por resultado la grandeza de ambos países". De Labra soñaba con la unión del vasto conjunto iberoamericano. Inicialmente, la unión realizada por Prusia fue fruto de la acción de "unos ilusos soñadores que afirmaban la unidad alemana, que afirmaban la unidad de la idea, la unidad del pensamiento por la generosidad del espíritu", que es un "poderoso móvil de todos los grandes esfuerzos humanos".

La celebración del IV Centenario, al "recoger las palpitaciones de entrambos mundos por medio de la conmemoración", podía poner el primer hito de un grandioso proyecto. Era preciso, no obstante, "hacer un trabajo constante" para la unión americana, "grande obra en la cual se cifran los intereses y los prestigios de la santa madre España, con los cuales están también identificados los intereses de la familia iberoamericana".

La unidad por la lengua

El acercamiento entre España e Iberoamérica progresó en 1892 con "una verdadera explosión de fraternidad entre la Madre Patria y los países hispano americanos", según afirmaba E. Quesada. El evento fue precedido por una cuidadosa elaboración de su sentido: el Ateneo de Madrid organizó en 1890 un ciclo de conferencias en las que Antonio Sánchez Moguel, director de la sección histórica, sostuvo que el eje de la conmemoración debía ser el Descubrimiento de América y no la persona de Cristóbal Colón, como era corriente hasta entonces.[17] Antonio Cánovas del Castillo, prestigioso político conservador, varias veces jefe de Gobierno y por entonces presidente del Ateneo, afirmó que no era "un exceso de patriotismo" sostener que la gloria del Descubrimiento correspondía a España: "¿No es verdad que [a España] se la ha calumniado ya por demás […] disminuyendo por sistema lo que Colón debió a la gente heroica que primero bajo su dirección, y por sí sola luego realizó la total obra que aquel se propuso pero que no cumplió del todo?". Era hora de que el mundo reconociera la heroicidad de España:

---

[16] "El Centenario de Colón. Discurso de Rafael M. de Labra", *La Prensa*, 7 de agosto de 1890.

[17] Así se celebraba en los Estados Unidos y también en Buenos Aires; aún en 1892 las fiestas se centraron en Colón y la participación italiana en ellas fue predominante.

Estamos ciertos de que no será sólo el nombre de Colón el que justamente veneren en el povernir imparcial los hijos de un mundo y de otro, sino también el nombre de la raza a que los compañeros de Colón pertenecían y nosotros pertenecemos.[18]

En España, el IV Centenario fue un momento de consolidación de la nación en torno a una historia épica de su raza. La gran mayoría de los españoles –explicó Sánchez Moguel– "habíamos perdido casi la conciencia de la solidaridad nacional" y "la esperanza en los destinos de la patria [...] ignorantes de aquella empresa y de las cosas americanas". Las conferencias sobre el tema continuaron a lo largo de dos años en el Ateneo de Madrid: "Era imprescindible despertar la atención y el interés del país por el conocimiento positivo y completo de la empresa descubridora".[19] El movimiento intelectual en torno al Centenario del Descubrimiento se proponía reinstaurar a España como la nueva metrópoli cultural de Hispanoamérica; además se organizaron exposiciones, certámenes, publicaciones y una serie de congresos hispanoamericanos, destinados a favorecer la aproximación intelectual de ambos mundos. En ellos participaron intelectuales argentinos –entre otros, los Quesada y Ángel Justiniano Carranza– entre quienes perduró largamente el mensaje de la conmemoración.[20]

La más trascendente de las reuniones fue el Congreso Literario Hispanoamericano, reunido para lograr la unidad de la lengua en todos los países de habla hispana.[21] Tiempo atrás la Real Academia Española, que trabajaba en ello, había acordado la creación de academias correspondientes en América: se fundaron en México, San Salvador, Guatemala, Ecuador, Venezuela, Colombia, Perú y Chile, pero en el Río de la Plata fracasó. Según E. Quesada, con ellas España se proponía reanudar los "violentamente rotos vínculos de la fraternidad entre americanos y españoles" y poner dique "al espíritu invasor de la raza anglosajona en el mundo por Colón descubierto. Ninguna nacionalidad –sentenciaba– desaparece por completo mientras conserva su propio y peculiar idioma".[22]

---

[18] Antonio Cánovas del Castillo, *Criterio histórico con que las distintas personas que en el descubrimiento de América intervinieron han sido después juzgadas. Conferencia en el Ateneo de Madrid, 11 de febrero de 1891*, Madrid, Sucesores de Rivadaneyra, 1892, pp. 16-17, 36-37.

[19] Antonio Sánchez Moguel, "Discurso Conferencia en el Ateneo de Madrid, 19 de junio de 1892", en: *Las conferencias americanistas*, Madrid, Sucesores de Rivadaneyra, 1894, p. 6.

[20] Chicaneu, "Impresiones del mes", en: *Revista Nacional*, tomo XVI, 1892, pp. 127-128. El nuevo director de la *Revista Nacional*, Carlos Vega Belgrano, escribía en 1892: "Nos proponemos [...] mantener unidos por esfuerzos y tendencias comunes en el precioso santuario de las letras, a los pueblos de la misma raza que llenan esta parte de la América Latina".

[21] Ernesto Quesada, "El problema de la lengua en la América española. Parte III. La unidad de la lengua y el Congreso Literario de 1892", en: *Revista Nacional*, tomo XXIX, 1900, p. 64.

[22] Según Quesada, el culpable del fracaso fue "el primer hablista argentino, Juan María Gu-

Este Congreso Literario Hispanoamericano tuvo el objeto de establecer las bases de "una gran confederación literaria": reunió las producciones "del otro lado de los mares dándoles entrada oficial en el tesoro de la literatura española", en la *Antología de poetas hispano-americanos* dirigida por Marcelino Menéndez y Pelayo.[23]

El Congreso diagnosticó que operaban en contra de la unidad de la lengua: la moda y "hasta extravagancias de procedencia extranjera", que afectan el gusto, los usos y las costumbres; "la atracción que sobre los jóvenes hispanoamericanos ejercen las metrópolis extranjeras en donde pasan los años más activos de su vida"; la "multitud de periódicos, revistas y libros [...] mal traducidos", "el empleo, casi general en la América Española, de maestros extranjeros y de obras de textos para los estudios de enseñanza", "el crecidísimo contingente de inmigración extranjera que afluye a muchos estados hispano americanos".[24] Las soluciones, afirmó, se encontrarían si "la juventud hispanoamericana" que visita Europa residiera un tiempo en España; si se tradujeran "con más esmero" los libros de texto y si se crearan sociedades particulares "cuyo objeto primordial fuera fomentar los estudios filológicos". El Congreso encontraba muy útil realizar certámenes públicos y enviar alumnos distinguidos de las escuelas normales a seguir cursos de lengua en las de España. En los años siguientes, cada uno de esos puntos mencionados en el Congreso formará parte del repertorio de las propuestas de defensa de la lengua y la cultura nacional en la Argentina.

La confraternidad hispanoargentina y la relectura del pasado

En Buenos Aires, el clima antiespañol de la tradición independentista había dado lugar en 1864 a manifestaciones públicas de repudio de la expedición peninsular de reconquista que amenazó a los países del Pacífico, y en 1873, a una movilización en apoyo a la independencia de Cuba. Pero, pese a que se mantuvo una opinión favorable a la independencia del hermano país americano, la imagen de España cambió progresivamente debido a la agresión del "norte" a la "raza latina". Esta reconsideración de lo hispano encontró resistencias, y especialmente chocó con la sensibilidad popular: todavía se los llamaba "godos", un nombre con fuerte carga negativa y asociado a la idea de enemigos de la patria. Esta sensibilidad se había reavivado con los últimos y entusiastas festejos patrios, precisamente cuando

tiérrez, pues su brusca negativa a aceptar el diploma de correspondiente cavó un abismo entre la corporación matriz y la presuntamente surgente". Ibíd., p. 53.

[23] Ibíd., p. 123.

[24] Ibíd., pp. 125-126.

aumentaba la afluencia de inmigrantes peninsulares, comúnmente denominados "gaitas" o "gallegos". En 1891, en Mendoza, en un arrebato de patriotismo, se sospechó que algunos españoles podían estar involucrados en la sustracción de unas "reliquias del glorioso ejército de los Andes". Ciudadanos de todos los partidos políticos realizaron "una manifestación pública de indignación"[25] y corrió el rumor de que los escudos habían sido "remitidos de regalo a España". Los miembros de la colectividad española protestaron y rechazaron los cargos.

La sensibilidad popular solía manifestarse en los días patrios y había problemas en las funciones de los teatros y en los bailes: los criollos exigían cantar el Himno Nacional, para indignación de los españoles. Entre quienes buscaron una solución, en coincidencia con las aspiraciones de las elites españolas, estaba Carlos Vega Belgrano. "Será siempre recordado con cariñoso respeto" –señalaba años más tarde Ricardo Monner Sans– pues fue "uno de los primeros –si no el primero– en defender desde su leído periódico la supresión en actos públicos de las estrofas del Himno que considerábamos atentatorias a nuestra dignidad".[26]

En 1893, *El Correo Español* organizó una campaña para solicitar al Congreso la reforma del Himno Nacional. Convocó a los españoles, y a cuantos simpatizaban con la idea de formar una comisión que "se encargue […] [de] cuantas gestiones sean necesarias para realizar el propósito expuesto."[27] La convocatoria reunió a "unos 1.500 miembros de la colectividad"[28] y las adhesiones fueron muchas; se trataba de reformar el Himno "en todo aquello que pueda herir los sentimientos de la colectividad española", un himno "cuya letra está reñida con el espíritu de la época [y que] desmiente el sentimiento de confraternidad hispano-americana".[29] Poco después se hizo evidente el éxito de la gestión: según se informó el 9 de julio,

> El Poder Ejecutivo ha resuelto ayer, por iniciativa del Ministro del Interior, Lucio V. López, nieto, como se sabe, del ilustre autor del Himno Nacional, que de éste en los actos oficiales, desde hoy, sólo se cante la última estrofa. Es un acto espontáneo de cortesía política, bien fundado, que aparta susceptibilidades […] Es por eso muy acertada la iniciativa.[30]

---

[25] Véanse en *La Prensa* los artículos "Nuestras reliquias históricas y el pueblo de Mendoza" (14 de setiembre de 1891), "Reliquias históricas" (15 de setiembre de 1891) y "Banderas y escudos en Mendoza" (19 de setiembre de 1891).

[26] Ricardo Monner Sans, "Confraternidad", en: *Revista Nacional,* tomo XXIX, 1900, p. 477.

[27] "El Himno Nacional", en: *La Prensa,* 1º de julio de 1893.

[28] Entre los organizadores se contaron el director de *El Correo,* López Benedito, el doctor Calzada y los señores López de Gomara, Casimiro Prieto, Ricardo Nieto, Vázquez de la Morena, Sánchez Huguet, Antonio Atienza y Medrano y Pérez Carmona.

[29] "El Himno Nacional", en: *La Prensa,* 1º de julio de 1893.

[30] "Himno Nacional en los actos oficiales", ibíd., 9 de julio de 1893.

La información, que no se había hecho pública oficialmente, sorprendió a la opinión. Al día siguiente, mientras en el Club Español se felicitaban por "la iniciativa del Ministro del Interior, al ordenar que en las fiestas oficiales sólo se cantase la última estrofa" y se discutía sobre "la forma en que debían manifestar su reconocimiento al Dr. López", en el Congreso el diputado Magnasco presentó un pedido de interpelación al ministro del Interior.[31] El día de la interpelación, numerosos estudiantes de Derecho, "heridos en su patriotismo", hicieron pública una protesta y dieron su respaldo al diputado por Entre Ríos y profesor en la Facultad.[32] Magnasco afirmó que tal reforma podía "hasta deprimir los caracteres de la soberanía pública": fue aclamado por una barra entusiasta y por "numerosas y elocuentes pruebas de adhesión recibidas de toda la República".[33] La opinión –sostuvo Magnasco– se manifestaba en todas partes, en Buenos Aires y en las provincias, en términos condenatorios.[34]

Lucio V. López, ministro del Interior, negó la veracidad de la información periodística: "el himno nacional [...] no ha sufrido modificación alguna en su texto". Tampoco hubo "orden alguna del Poder Ejecutivo al respecto", sino que "fue llamado el señor Intendente municipal y preguntado cómo habían tenido lugar las cosas"; el Poder Ejecutivo fue un mero observador de los sucesos. Lucio V. López explicó lo sucedido. En primer lugar, existía una cuestión de civilidad y diplomacia, de buena política internacional: era razonable evitar las estrofas agresivas, viviendo el país en una situación completamente distinta de aquélla que las originó. Pero además, las estrofas que cantaban los combates de la guerra de independencia y en las que España era el enemigo podían suprimirse porque no expresaban la intención profunda de su autor. "El autor del Himno Nacional [...] era español, profundamente español de sentimientos. Antes de escribir el Himno Nacional [...] él había vivido en el sentimiento que le inspiraron sus mayores". López precisó las ideas de su abuelo: "para muchos jóvenes argentinos [...] tal vez aparezca como la sombra de Monteagudo fulminando centellas [...] No señor [...] absolutamente no!". La explicación de López, en la que el espíritu con que fue escrito el Himno se convertía en un hecho azaroso y ocasional, revelaba hasta qué punto se había vuelto incómoda esta postura en relación con España, donde se buscaba el tronco de la estirpe patricia y el origen de los rasgos que definían una nacionalidad argentina.

Lucio V. López explicó que atenuar o borrar los rasgos negativos con que aparecía España en la canción patria había sido un viejo anhelo de su padre, el histo-

---

[31] "Reunión de españoles", ibíd., 11 de julio de 1893.
[32] "El Himno Nacional y los estudiantes de derecho", ibíd., 14 de julio de 1893.
[33] Congreso Nacional, Cámara de Diputados, *Diario de Sesiones*, 10 de julio de 1893, pp. 221-222.
[34] Ibíd., pp. 251-152.

riador Vicente Fidel López. "Por respeto a la pura y modesta tradición de nuesto nombre", su padre expuso en una carta estas intenciones, que eran también las del autor del Himno, y "que como ministro de estado había querido resolver en la presidencia ejercida por el Dr. Pellegrini". Sin embargo –continúa Lucio–, esta carta de Vicente Fidel López, que se llevó al acuerdo de ministros, no hacía alusión a reforma alguna; trataba la cuestión desde un punto pura y exclusivamente social y aconsejaba "que en las fiestas sociales se cantara una estrofa del Himno, cualquiera que no contuviera las pasiones ardientes de la lucha y las agresiones del momento contra la madre patria". Ni su padre, ni ninguno de sus colegas "dio cuenta de aquello –puesto que no se trataba de cuestiones secretas o clandestinas– y al día siguiente casi todos los diarios de la capital dieron la noticia completamente inexacta [...] [pues] en aquel acuerdo no se tomó ninguna, absolutamente ninguna resolución".

No obstante, aquella noche del 9 de julio, el Himno Nacional pudo cantarse en condiciones agradables para la inmensa población cosmopolita de la ciudad debido a que el mismo Lucio V. López, ministro del Interior,

> con el propósito no de dar órdenes sino de hacer una sencilla insinuación al señor Intendente municipal me acerqué a él y le dije que para evitar cualquier trastorno en los teatros en los que funcionan artistas españoles, a todos los teatros de la Capital misma, se hiciera una simple indicación [...] para que se cantara la primera y la última cuarteta.

En consecuencia, la situación enojosa se debía a la mala interpretación de los diarios, que dejaron trunca la noticia. Por otra parte, la mentada iniciativa de Vicente Fidel López se había inspirado en la necesidad de establecer en términos nuevos, civilizados, las relaciones con España:

> Los teatros de esta ciudad eminentemente cosmopolita no son las casas domésticas de los argentinos, son los centros donde acuden los hombres de todas las nacionalidades [...] donde los gritos de guerra no deben escucharse [...] no obligar, cuando se recibe al ministro de España, invitado por el presidente de la República [...] a que presencie a su patria de rodillas al frente de los argentinos [...][35]

Sin embargo, el intento de reforma fue rechazado por la opinión pública. El ministro plenipotenciario de España en Buenos Aires, don Juan Durán, también la

---

[35] Congreso Nacional, Cámara de Diputados, *Diario de Sesiones*, 14 de julio de 1893, pp. 245-256. La postura de Lucio V. López fue apoyada por Federico Tobar, "Himnos nacionales. Carta abierta al Sr. Dr. Lucio V. López", en: *La Quincena*, tomo 1, núm. 4, 1893, pp. 73-75.

consideró inoportuna. Comunicó a España sobre el "incidente desagradable", que atribuía la iniciativa a *El Correo Español*; su director, "con más exceso de patriotismo que oportunidad", actuó "sin tener en cuenta para nada los trabajos que hace tiempo se vienen haciendo, por quien puede y debe hacerlo, para modificar de la manera más conveniente la parte del himno patriótico que nos ofende."[36] Según Durán, el 8 de julio de 1893, en consejo de ministros, se acordó cantar sólo la mitad de la primera estrofa uniéndola a la última, "y así se verificó por primera vez [desde] hace ochenta años". Confirmó así la versión, luego negada por Lucio V. López, y agregó que "este hecho fue debido a un acto espontáneo del gobierno e independiente en todo de la incitación de los periodistas de *El Correo Español*". Por otra parte, la renuncia de algunos españoles "bien aconsejados y por indicación mía" a la Comisión de *El Correo...* "dio por resultado que [la misma] no llegara a constituirse o mejor dicho que apenas constituida, quedara disuelta". Todo lo iniciado –informaba el ministro español– ha cesado y se ha abandonado toda gestión en este sentido.[37]

La cuestión no se aquietó completamente, tuvo algún eco en las escuelas[38] y siguieron los problemas en los teatros. *La Nación* celebró que en Mendoza la soprano Amalia Bourman no se hubiera "permitido alguna alteración más o menos leve de la letra del Himno Nacional en la función de gala", por lo que lamentaba "las demostraciones hostiles [...] [de] una parte del público".[39]

La cuestión reaparecía año a año en las fiestas patrias. El 25 de mayo de 1895, en todos los teatros se abrió el espectáculo con el Himno Nacional; en La Zarzuela y el San Martín, donde no actuaban compañías de canto, sólo fue ejecutado por la orquesta. En el Rivadavia hubo un incidente desagradable: "La compañía española que allí funciona pretendió cantar el himno nacional suprimiendo la estrofa [...] el público protestó exigiendo que se cantase todo sin adulterar su verdadera letra". Algunos se retiraron del escenario: "Los artistas Campos, Sanjuán, Sras Perales y Tosano, esta última arrojando sobre una silla la bandera argentina que sostenía".

---

[36] "Informe del Ministro plenipotenciario de España, Juan Durán", en: *Legación de España en Buenos Aires* (manuscrito), 18 de julio de 1893, Archivo del Ministerio de Asuntos Exteriores, Madrid.

[37] Idem.

[38] Isidoro Paz, director de la escuela primaria de la calle Europa 1144, informa: "El alumno J. Caballero, influido por las ideas de su padre, se negó a cantar el 'Himno Nacional' y 'La Bandera Argentina'; después de ser corregido, dijo que era español y que el padre no quería que lo cantara". En otra ocasión –continúa el director– en "que se dictó una poesía, desobedeció también dando la misma razón anterior y que por [esa] causa fue suspendido" ("Enseñanza religiosa en las escuelas", en: *La Prensa*, 14 de agosto de 1893).

[39] *La Nación*, 4 de junio de 1894.

[El público] prorrumpió entonces en manifestaciones de protesta, que obligaron a bajar el telón. Después de una interrupción que duró algunos minutos y convencida la empresa que el público no transigía se volvió a levantar el telón y se cantó el himno con la letra que tiene y que nadie debe atraverse a rectificar.[40]

Mientras tanto, el propósito de entroncar el patriotismo en las raíces españolas encontró otros caminos, como la valoración que hicieron los historiadores del papel de España o la conmemoración de la gesta de la Reconquista y de sus héroes, cuya celebración comenzó en esos años.

¿Existe una cultura nacional?

Quienes se preocupaban por la fraternidad hispanoargentina trataron de afirmarla en la idea de la comunidad de raza y de lengua. El debate de estas cuestiones en el Congreso de Madrid insufló nueva vitalidad a los pensadores locales, preocupados por la conservación y pureza de la lengua española, que indicaba la vitalidad de la raza y de la cultura en la Argentina. No era la única postura respecto de la lengua. Otros, también interesados en la construcción de la nacionalidad argentina, afirmaban con convicción que aquí se hablaba una lengua propia y singular, diferente de la española.

No era sólo una cuestión teórica, pues acontecimientos y discusiones recientes le daban actualidad: las denuncias de los políticos autonomistas sobre los niños que no aprendían el idioma nacional, los soldados que no respondían a las órdenes de sus jefes porque no hablaban el idioma nacional o los jóvenes que no sabían que eran argentinos, repetidas en el Congreso, en los diarios, en los corrillos, fueron un toque de alarma. A fines de 1893 y durante 1894 la discusión sobre la existencia de una lengua y una cultura nacional afloró en diversos ámbitos; involucró, entre otros, a los intelectuales y políticos que concurrían al Ateneo y a aquéllos que escribían en la *Revista Nacional*, dos instituciones nacidas precisamente de aquella preocupación por la cultura nacional.[41]

En la *Revista Nacional* se desarrolló una discusión sobre la existencia de una literatura nacional. Alfredo Ebelot, un francés que conquistó "con su honor su carta de ciudadanía en la literatura argentina", sostuvo que no existía aquí una verdadera literatura porque los escritores argentinos no se dedicaban "todos enteros a las

---

[40] "El aniversario patriótico", en: *La Nación*, 27 de mayo de 1895.

[41] Ambos contaron con el activo apoyo de Carlos Vega Belgrano, nieto de Manuel Belgrano, editor de *El Tiempo*, director de la *Revista Nacional* y promotor de diversas iniciativas patrióticas y culturales.

letras".[42] Ernesto Quesada, que admitió las carencias, creía que aquéllas se vinculaban con las características de la cultura nacional.[43] Aquí "la literatura vive aún en el círculo estrecho" y "no sale de ciertos salones"; la población, salvo excepciones, aún no ha desarrollado la pasión por la lectura, "pues compuesta de los elementos adventicios de la inmigración extranjera", compran pocos libros, y si lo hacen eligen los de su país. Las librerías locales venden casi exclusivamente libros y revistas extranjeros, y salvo la "'literatura de textos' –que tiene un público forzado– los libros argentinos tienen escasos compradores".[44] Para Quesada, no había un público nacional porque no existía una sociedad nacional. Se trataba de "condiciones de civilización": la literatura "no puede equipararse con la de los viejos países europeos", pues no hay una "población homogénea, con tradición establecida, con un pasado de siglos y en los cuales la vida está perfectamente normalizada", sino "apenas el simple bosquejo de un pueblo futuro, de una nación que habrá de formarse algún día".

El Ateneo se había constituido formalmente a principios de 1893, como una institución dedicada a las actividades culturales que reunió a intelectuales, artistas y hombres públicos; fue a la vez un ámbito para conferencias, un lugar de lectura –disponía de las últimas publicaciones–[45] y una tertulia, donde se conversaba sobre "los temas del día, en toda materia social y literaria" pero también los "de la vida real, positiva, militante, de la ciencia, del arte y del porvenir de la patria".[46] Se propuso realizar exposiciones y conferencias sobre los temas de interés público, como el de la existencia de una cultura nacional;[47] así, se realizaron el primer salón artístico nacional, la Exposición Anual de Pinturas, Dibujos y Esculturas, que

[42] Alfredo Ebelot, "Reseñas y críticas de Ernesto Quesada", en: *Revista Nacional*, tomo XIX, 1894, pp. 47-54.

[43] Véanse Ernesto Quesada, "¿Tiene razón M. Ebelot? Las letras argentinas y la crítica", en: *Revista Nacional*, tomo XIX, 1894, p. 55 y Alfredo Ebelot, "Carta abierta al Dr. Quesada", en: *Revista Nacional*, tomo XIX, 1894, pp. 226-242.

[44] E. Quesada, "Las letras argentinas y la cuestión del dinero", en: *Revista Nacional*, tomo XIX, mayo 1894, pp. 247-263. Su nota está fechada "desde la estancia de San Rodolfo".

[45] Según la gacetilla aparecida en *La Prensa*, 14 de marzo de 189, la sala de lectura abría sus puertas todos los días, "desde las 12 del día hasta la 11 p.m."; la biblioteca recibía numerosas revistas extranjeras de literatura, arte y ciencia: *L'Ilustrazione italiana*, *L'Illustration*, *Illustrirte Zeitung*, *The Illustrated American*, *La Ilustración Artística*, *Journal des Economistes*, *The North American Review*, *Biblioteque Universelle*, *La Nature*, *Scientific American*".

[46] *La Prensa*, 10 de febrero de 1893.

[47] A semejanza del de Madrid, se reorganizó en secciones, ampliando el espectro de los temas que concentraban su interés: "bellas letras, pintura, escultura y arquitectura, música, estudios históricos, estudios sociales y filosóficos, ciencias físico-matemáticas, estudios económicos"; *La Prensa*, 27 de octubre de 1893.

organizó Eduardo Schiaffino con el fin de demostrar la existencia de un arte plástico nacional.[48] Hacia fines de 1893 había adquirido cierta importancia.

Una preocupación semejante se manifestaba por entonces en otros ámbitos. En el Círculo Literario, que se reunía en la casa de Rafael Obligado, se apreciaban los temas locales y los motivos tradicionales; el mismo Obligado solía buscar su inspiración poética en el paisaje y la vida pampeana, y también en los temas patrióticos. En 1893 se leyeron en su tertulia los poemas "Ayohuma", "El Negro Falucho" y "La Retirada de Moquehua" que constituían –en opinión del periodista– la trilogía base de *Héroes y Tradiciones*, libro que "formará una verdadera epopeya argentina".[49]

Calixto Oyuela, primer presidente del Ateneo,[50] impulsó la edición de una Biblioteca de Autores Argentinos que se iniciaría con las obras de Juan María Gutiérrez y Mariano Moreno; se publicarían trabajos inéditos, desconocidos u olvidados cuya búsqueda en los archivos iniciaron los doctores Manuel Mantilla, Ernesto Quesada y Juan A. García.[51] La recién creada Sección de Bellas Letras del Ateneo recibió esta impronta de Rafael Obligado, su primer director; sus reglamentos fueron redactados por Daniel García Mansilla, Ramón Pacheco y Martín Coronado, este último bien conocido por su anhelo de establecer un teatro nacional.[52] Sobre todo, interesó la programación de un ciclo de conferencias dedicadas a "los más trascendentes problemas de nuestras instituciones sin los ardores de las pasiones de partido".[53]

En ellas polemizaron, a mediados de 1894, Rafael Obligado, Eduardo Schiaffino y Calixto Oyuela, sobre "el desarrollo en las letras y en las artes del carácter nacional". La cuestión tuvo repercusión y la polémica trascendió lo artístico abarcando la cuestión de la existencia de una cultura nacional. Schiaffino ya se había manifestado sobre la cuestión un poco antes. "El purismo natural en aquellos literatos –decía de los españoles– es del todo artificial en los nuestros".[54] La polé-

[48] *La Prensa*, 24 de febrero de 1893.

[49] "[Ayohuma] describe el momento solemne de la oración mandada a rezar por todo el ejército. El cuadro es grandioso, de una entonación épica arrebatadora y de un profundo sentimiento patriótico [...] Las figuras heroicas de Belgrano, de Zelaya, de La Madrid destácanse con un relieve deslumbrante que sacude y conmueve". En el Círculo se leyeron también dos poemas tradicionalistas: *La Salamanca* y *La Mula Ánima*; "Rafael Obligado. Sus nuevos poemas", *La Prensa*, 15 de marzo de 1893.

[50] Calixto Oyuela (1857-1935), abogado, poeta y profesor de literatura. En 1896 integró el grupo fundador de la Facultad de Filosofía y Letras, de la que luego fue decano.

[51] *La Prensa*, 10 de julio de 1893.

[52] Ibíd., 10 de marzo de 1893.

[53] Ibíd., 20 de julio de 1893.

[54] E. Schiaffino, "Monólogo", en: *Revista Nacional*, tomo XVIII, 1893, p. 114.

mica se inició con la convocatoria de Obligado a los intelectuales y los autores a cultivar los temas nacionales para fundar un arte nacional. Schiaffino replicó en otra disertación, que tituló "Cuestiones de Arte";[55] opinó que "la aparición del arte nacional no se provoca con buenos deseos, minutas de asamblea o incitaciones académicas"; el único arte nacional posible era "el arte espontáneo, el arte natural". Rechazó también la idea de que hubiera allí una cuestión de patriotismo, que "es una gran cosa cuando deja de ser una pequeña palabra".

En la discusión emergieron distintas ideas sobre la lengua y la raza nacional y diferentes valoraciones del aporte inmigratorio. Según Schiaffino, Obligado encuentra "altamente patriótico lamentarse a gritos de esa inmigración que viene a arraigar en nuestro suelo", y se alza "en contra del cosmopolitismo cuya grandiosa función social ignora y echa de menos, en un acceso regresivo, a las naciones americanas más o menos rezagadas, en las que prima el elemento indígena". Para Schiaffino, esa inmigración es "sangre generosa de la humanidad entera", que viene "a sumergirse en el crisol hirviente en el que se funde nuestra raza, modelada, transformada, transfigurada por obra y gracia del poderoso medio". De él surgirá la cultura nacional, que se está formando. La "era cosmopolita" será un breve período de transición; un "espíritu atento" puede descubrir ya "una serie de rasgos característicos de la personalidad propia que asumiremos en lo futuro". Entre ellos, el idioma propio que será también el resultado de la transformación. La Argentina se apartó hace ya mucho tiempo del tronco hispano: "el tiempo dirá a donde nos lleva, más ya no cabe ignorar que nos aparta de España", afirma Schiaffino.

Finalmente, terció en la polémica Calixto Oyuela, con su conferencia "La raza en el arte".[56] Discrepa con la valoración del cosmopolitismo de Schiaffino y de ciertas esferas intelectuales "llevadas por abuso de refinamiento al exotismo". El arte nacional y la raza alcanzan una identificación, pues "cada raza piensa, siente, imagina, de un modo diverso, según sus condiciones étnicas, sus vicisitudes históricas y las regiones que habita o habitó en la época de su principal desarrollo". También discrepa con Obligado sobre la existencia de un tipo argentino. "Esa estupenda profecía de un flamante tipo argentino, radicalmente distinto de nuestra raza española" –una idea común, pese a sus diferencias, a Obligado y Schiaffino– se funda en tres causas principales: el clima, los indios y la abundante afluencia extranjera que llega de todas partes. Obligado niega el valor del aporte inmigratorio y pretende "fabricar el arte nacional hirviendo en una olla chimangos y vizcachas, chajás y mojarritas; gamas, ovejas criollas y gallaretas". Schiaffino pretende lo mismo "con el tipo argentino, sacándole transfigurado y nuevecito del caldero en que actualmente hierven italianos, españoles, franceses, ingleses, alemanes,

---

[55] Reproducida en *La Nación*, 29 de julio de 1894.
[56] Calixto Oyuela, "La raza en el arte", ibíd., 18 de agosto de 1894.

suizos, belgas, austríacos, rusos, turcos, chinos y japoneses". Contra tales argumentos, Oyuela esgrime las certidumbres de la historia y "la ciencia experimental" y asevera:

> de la coexistencia de razas diversas en un solo punto necesariamente resulta o la absorción y aniquilamiento llevado a cabo por una sobre las otras a las cuales impone su sello y su carácter, o la persistencia de todas mezcladas pero no combinadas con influencias recíprocas.

Aparece en Oyuela la idea de una lucha de razas: la rígida alternativa planteada hacía imposible la coexistencia de razas –y culturas– diferentes. No es posible el surgimiento de una nueva raza como resultado de la combinación de influencias, ni tampoco el mantenimiento de la heterogeneidad de rasgos, que implica una situación de disgregación, una ausencia de nación. Sólo cabe la absorción y el aniquilamiento. Se reconocen las raíces de este modelo de pensamiento en el romanticismo germano y en la concepción de nación cultural, una idea que estaba ganando terreno en las discusiones locales.

Oyuela cree que ya existe un "tipo histórico argentino" y rechaza "ese prurito enfermizo que en algunos se manifiesta en contra de nuestra verdadera raza nacional": la raza española. Se indigna por "la íntima complacencia con que se pretende decretar la desaparición del tipo histórico argentino y su abdicación ante las razas advenedizas, por muy útiles que nos sean, para proclamar y adorar un mito futuro". Tiene "profunda fe" en que el "tipo argentino" se impondrá en "la lucha de razas que tenga por teatro nuestra república", donde se "ha de imponer a los elementos extraños su sello y su carácter". "Al menos –concluye–, el desearlo y proclamarlo así es propio de toda alma verdaderamente argentina." La conservación de nuestros caracteres tradicionales es ayudada por la abundante inmigración española, que cobra cada día mayor importancia y "que viene, en virtud de manifiestas afinidades, a robustecer y conservar en nuestro pueblo los caracteres fundamentales de la raza conquistadora". La española es nuestra verdadera raza, que es necesario defender de las razas advenedizas. En Oyuela se advierten ecos de Marcelino Menéndez Pelayo, quien poco antes había formulado una nueva tesis sobre la grandeza de España, centrada en su identidad racial y católica.[57] Su idea

---

[57] Menéndez Pelayo elaboró esta tesis en 1876, rebatiendo las ideas de un miembro de la Institución Libre de Enseñanza, Gumersindo de Azcárate, de clara filiación ilustrada. Invirtiendo su argumentación, sostenía que la decadencia española coincidía con la Corte volteriana de Carlos IV, las Cortes constituyentes de 1812 y 1820, la quema de los conventos, la fundación del Ateneo de Madrid y el viaje de Sanz del Río a Alemania. Véase M. Menéndez Pelayo, *Historia de los heterodoxos españoles*, s/d, 1882.

de nación abrevaba en las tesis románticas del Volksgeist: a cada una le correspondía una raza nativa, a través de la cual se manifestaba la índole específica de su genio, que excluía lo diferente, o bien lo anulaba por absorción.[58] Oyuela considera
que la tradición es un antídoto para las influencias externas: "Ella [...] quita todo
peligro a las corrientes que vienen y deben venir libremente a fecundar nuestro
espíritu de todas partes del mundo". Entre todas las cuestiones vinculadas con la
cultura nacional, la del idioma nacional focalizaba las miradas de quienes sostenían que era necesario poseer una cultura homogénea que sirviera de base al
afianzamiento de la nación.

Nacionalidad o cosmopolitismo: ¿un único idioma nacional?

Las ideas que atribuían importancia capital a la lengua nacional ya se habían manifestado en relación con las colonias de Santa Fe. La existencia de núcleos pobla-
cionales con rasgos culturales diferentes y que hablaban lenguas diferentes empezó
a ser considerada un indicio de debilidad y una amenaza para la unidad nacional.
En setiembre de 1894 Indalecio Gómez,[59] diputado por Salta, presentó un proyecto de ley sobre exclusividad del idioma nacional en todo tipo de escuelas. Se
inspiró ampliamente en las argumentaciones que los políticos santafesinos usaron
entre 1890 y 1893, con motivo de los conflictos en las colonias, cuya última versión había sido formulada sólo unos meses antes por Llobet en el Congreso.[60]
Gómez se respaldó también en un informe de la Intervención Federal en Santa Fe
sobre "el estado de la sociabilidad" en la provincia, elaborado luego de los acontecimientos revolucionarios de 1893. Allí, en escuelas de extranjeros, maestros extranjeros enseñaban en italiano, en alemán, a niños argentinos que no llegaban a

---

[58] Alfonso Botti, *Cielo y dinero. El nacionalcatolicismo en España*, ob. cit., p. 36. Sobre la idea
de nación de Menéndez y Pelayo –que excluía a los heterodoxos de la raza y de la nación española– véase Pedro Laín Estralgo, "Menéndez y Pelayo", en *España como problema*, Madrid, Aguilar,
1962, pp. 139-150.

[59] Indalecio Gómez (1851-1920) estudió en Charcas y fue alumno de fray Mamerto Esquiú;
luego se graduó de abogado en Buenos Aires. Fue dos veces diputado nacional por Salta, embajador en Berlín, ministro del Interior de Sáenz Peña y coautor de la ley de sufragio obligatorio.
Perteneció a la Asociación Católica, escribió *El episcopado y la paz* (1895), integró las comisiones de homenaje a Manuel Dorrego y Güemes y continuó con los estudios etnográficos de Juan
Martín Leguizamón.

[60] Congreso Nacional, Cámara de Diputados, *Diario de Sesiones*, 17 de setiembre de 1894,
p. 813.

aprender el castellano ni a saber que eran argentinos: "Interrogué al niño Guiller-mo Migg –Gómez leía el mencionado informe–, de nueve años de edad, nacido en Esperanza, de padres alemanes, respecto de su nacionalidad y contestó: ¡soy alemán! nacido en Esperanza". En las escuelas de Humboldt, Progreso, Providencia, María Luisa, Grutly, Pilar, San Jerónimo, Rafaela, Susana, Clusellas y San Cristóbal se observaron casos semejantes.

En opinión de Gómez, el problema amenazaba extenderse a otras provincias. En Chubut "el estado de cosas es mucho más grave, porque existe dentro y fuera de las escuelas [...] Todo es galense allí y las autoridades argentinas [son] como huéspedes en aquel territorio". En Entre Ríos, el oriente de Córdoba y la provincia de Buenos Aires "el desorden no ha tomado las proporciones que en el Chubut pero se siente sus primeros gérmenes", y hay que "ahogarlos rápidamente" para que el mal no tome "proporciones colosales". Respecto de la Capital, sugería recordar los sucesos de 1888, cuando "el ministo Rudini consideraba a las escuelas llamadas italianas de Buenos Aires como escuelas coloniales de Italia y así lo dijo en el Parlamento italiano".[61]

En Gómez están presentes los temores, ya manifiestos a fines de la década anterior, de que las escuelas extranjeras alimenten la formación de otras "nacionalidades", enclaves de colectividades con rasgos culturales y prácticas sociales diferentes, y tiendan hacia la autonomía y la segregación del conjunto de la nación. Los extranjeros se organizan "en pequeñas agrupaciones por el vínculo de la nacionalidad" y sostienen escuelas para la formación de sus hijos, "cosa excelente y laudable en sí" pero que se vuelve peligrosa pues los niños "se educan en el idioma, en la historia, en la tradición, en los usos y costumbres, en el espíritu y en el amor de su nacionalidad de origen". El producto de tales escuelas son "niños extraños a nosotros: salen alemanes, ingleses, franceses, suizos; pero argentinos, no; ni saben [que] lo son".

Esas escuelas no forman ciudadanos. ¿Cómo podrían ser "conciudadanos nuestros" quienes

> no hablan ni quieren aprender nuestro idioma, que ignoran y no estudian nuestra historia, que no conocen ni aman nuestros prohombres, que no sienten orgullo de nuestras glorias, que no comparten con nosotros el entusiasmo de nuestras victorias ni festejan nuestras fiestas cívicas.[62]

En el mismo informe, Gómez pone como ejemplo de enclave de extranjeros La Esperanza, la misma colonia que había sido considerada exitoso modelo del afin-

[61] Ibíd., p. 314.
[62] Ibíd., p. 814.

camiento de inmigrantes y punto de partida de la colonización agrícola del Litoral. Vista desde esta nueva perspectiva, Esperanza es "un distrito agrícola de la provincia de Santa Fe que se ha conservado cerca de medio siglo desligado completamente del núcleo nacional". Sus habitantes se trasplantaron de Suiza a esta tierra y perseveraron en su idioma, modalidades religiosas y costumbres. No tuvieron otra escuela que la que ellos costearon y "se negaron al aprendizaje de otro idioma que el de su origen". Es vana ilusión –sostiene– esperar que en un lugar así los hijos de los extranjeros se asimilen naturalmente.

> El ambiente que los rodea [...] no es el ambiente nacional; es justamente, el ambiente extranjero. Y cuando con el andar del tiempo ellos sean numerosos y fuertes, su número y su fuerza no han de ser población y poder para la República Argentina sino que constituirán la población y el poder de esas colonias, que vendrán a ser [...] pequeñas naciones dentro de una nación heterogénea, sin unidad.[63]

Las colonias son para Gómez pequeñas naciones. Convencido de la identidad entre nación y cultura nacional y de la inevitabilidad de la lucha de razas, teme la disgregación nacional.

El proyecto de 1894 fue enviado a comisión y no llegó a tratarse. En 1896, Gómez lo presentó nuevamente y logró un despacho favorable de la Comisión de Instrucción Pública, que fundamentó Marco Avellaneda. Esta vez el proyecto se debatió ampliamente en Diputados, a lo largo de tres jornadas, los días 4, 7 y 9 de setiembre. Aunque no se alcanzaron los votos necesarios para su aprobación, la discusión fue intensa y hubo una amplia confrontación de ideas sobre el papel que debían cumplir las escuelas primarias. Lo más significativo fue que salieron a la luz las distintas concepciones sobre la nación y la sociedad nacional que se enfrentaban, aspirando a predominar y a definir el rumbo futuro de la nación.

Una concepción entroncaba en las *Bases* de Alberdi y en la Constitución Nacional, ponía el acento en el carácter contractual y voluntario del vínculo de pertenencia, en los derechos y garantías que la ley común otorgaba a todos los habitantes –argentinos o extranjeros–, como la libertad de enseñar y aprender, y en la potestad del cuerpo político, formado por los ciudadanos con derechos y deberes, que ejercían soberanía sobre un territorio, con un gobierno propio e independiente de cualquier otro.

La otra definía a la nación a partir del origen étnico, la raza, la lengua, la tradición histórica y las costumbres ancestrales. Si bien había en ellos mucho de romanticismo, la combinación era novedosa, de acuerdo con el "espíritu de los tiempos", y en lo sucesivo se apelará a ella cada vez más. La concepción que

---

[63] Ibíd., p. 815.

emergía de la Constitución no perdió legitimidad pero el prestigio de esta última era arrollador en todo el mundo, en buena medida por la admiración que suscitaba la gran realización nacional de Alemania. La adopción de estas ideas planteaba un problema delicado a las naciones con grupos extranjeros numerosos, como la República Argentina: la potencial disgregación, que derivaba del mantenimiento de los rasgos culturales por el grupo extranjero residente en el país. Esto inquietaba como problema interno y por la imagen exterior de la nación, pues según pensaban los grupos dirigentes, la respetabilidad y aun la seguridad dependían de que la nación se ajustara a los criterios internacionalmente reconocidos.

Con espíritu excesivamente cosmopolita...

Entre quienes mantenían el primer punto de vista –con algunas diferencias y matices– se encontraban los diputados Emilio Gouchón, Ponciano Vivanco, Francisco Barroetaveña y otros que los apoyaron en su oposición al proyecto, en primer lugar porque consideraban que aquél atentaba contra libertades y derechos de los ciudadanos, establecidos por la Constitución Nacional. Fueron acusados –la frase es de Lucas Ayarragaray– de entender la nación "con espíritu excesivamente cosmopolita".[64]

En opinión de Emilio Gouchón, el proyecto afectaba derechos constitucionales de las provincias[65] y derechos individuales, como el de los padres de hacer aprender a sus hijos un idioma extranjero, "no para conspirar contra la República sino para que la República pueda ser grande". Retomando las clásicas ideas de Alberdi y otros, rechazó el generalizado sentimiento de desconfianza hacia los extranjeros, a los que atribuía un papel decisivo para "nuestro progreso actual": "deberíamos regocijarnos que el extranjero coadyuve de esta manera a realizar esta tarea eminentemente nacional de educar y civilizar a nuestra sociedad!". Los extranjeros han sido fundamentales para la formación de "la patria", que –recordaba citando a Alberdi– "no es el suelo". La patria es "la libertad, es el orden, la riqueza, la civilización organizadas en el suelo nativo"; es decir, las condiciones y las reglas con que viven los pueblos; por eso, y a contrapelo de las ideas de moda, afirmaba:

[64] Congreso Nacional, Cámara de Diputados, *Diario de Sesiones*, 7 de setiembre de 1896, p. 771. A partir de aquí, todas las intervenciones de los diputados corresponden al debate de este proyecto de ley durante las sesiones de la Cámara de Diputados realizadas los días 4, 7 y 9 de setiembre de 1896; ibíd., pp. 751-831.

[65] Se refería al artículo 5º de la Constitución Nacional, que pone la educación primaria bajo la órbita de las provincias, y al artículo 104º, según el cual las provincias conservan todo el poder no delegado en el gobierno federal.

No temáis tampoco que la nacionalidad se comprometa por la acumulación de extranjeros, ni que desaparezca el tipo nacional [...] No temáis, la confusión de razas y de lenguas. De la babel, del caos saldrá algún día brillante y nítida la nacionalidad sudamericana.

Lo necesario, creía E. Gouchón, era hacer "de la educación del pueblo la primera, la principal, la suprema preocupación del legislador y del gobierno [...] respetando la Constitución vigente".

También defendió este punto de vista el diputado por Córdoba Ponciano Vivanco: "Todo, en mi opinión, se reduce a un aumento en el número de las escuelas que costean los gobiernos y, sobre todo, a que sean superiores a las que costean las asociaciones o los individuos". Vivanco compatibiliza su fuerte apuesta a la educación pública con una idea de nación centrada en la existencia de un gobierno autónomo. Apoyándose en los tratadistas norteamericanos, no deja lugar para ningún rasgo esencialista. La lengua "no es un elemento esencial"; "la nación es una agrupación de individuos que tienen leyes comunes que regulan sus relaciones, que ocupa una extensión de territorio, y con un gobierno propio e independiente de otro". Francisco Barroetaveña, por su parte, consideró anticonstitucional el proyecto de Gómez, contrario a las derechos ofrecidos a los inmigrantes y restrictivo de las libertades y garantías otorgadas "a los argentinos y a los extranjeros". Además, amenazaba convertirse en "una vanguardia oscurantista, reaccionaria en nuestra legislación; porque tras la unidad del idioma se pedirá la unidad de la fe, la unidad de la raza [...] ¿Por qué no prohibir después que se represente en idioma extranjero, en los teatros?". Si el propósito es que el extranjero se afinque por propia y voluntaria elección, y se consiga "la fusión de la familia argentina naturalizando a todos los extranjeros", lo primordial es "la garantía de la libertad a todos los habitantes", consistente en "leyes sabias y previsoras" y una "administración de justicia honorable, rápida y barata", a lo que ha de agregarse la "multiplicación de las escuelas". También para Barroetaveña la nación estaba constituida fundamentalmente por las leyes y las condiciones con las que se vivía. Sólo luego de haber dicho esto, agrega que no debe descuidarse: "la enseñanza de la historia nacional bien dirigida".

Defender el alma nacional de toda contaminación

Esta caracterización de la nación suscitó la reacción del diputado por Entre Ríos Lucas Ayarragaray, quien reclamó:

¿Acaso una nación puede reducirse —y aquí me refiero a las palabras y afirmaciones que hace un momento le oí al diputado por la Capital con espíritu extremadamente cosmopolita– acaso una nación puede reducirse a una conglomeración de hombres depositados en el vasto territorio, así, al acaso, por el aluvión de las inmigraciones, sin pasiones, sin intereses, sin ideas y sin vínculo común?

Las palabras y el presumible tono elevado con que fueron dichas indican que a Ayarragaray tal definición le resultaba insuficiente. La nación no era una organización política y jurídica; debía poseer un vínculo común, nacido de las mismas pasiones e ideas. Un prestigioso grupo de diputados –Marco Avellaneda, Lucas Ayarragaray, Manuel Mantilla, José Miguel Guastavino, José Ignacio Llobet, recientemente electo por Santa Fe, y otros– apoyaron decididamente el proyecto de Gómez porque veían en la imposición del idioma nacional una forma de contrarrestar la nociva influencia del espíritu extranjero en el alma nacional. En los argumentos usados se va delineando otra concepción, muy diferente, de nación.
Creían que había llegado el momento de defenderla. Dadas las circunstancias, se hacía imperativo limitar o restringir algunas libertades constitucionales, y aún más, reinterpretar la Constitución Nacional de acuerdo con el espíritu de los tiempos: incorporar aspectos nuevos en las reglamentaciones de las leyes, y sobre todo, sin alterar la letra, leer los principios constitucionales con un nuevo espíritu. De ese modo, terminaban sosteniendo una concepción de la nación que se apartaba notablemente de ellos. Ayarragaray se preguntaba:

> ¿Cuál es la aspiración del siglo? ¿Cuál es el pensamiento en esta época en la mente de los estadistas de todas las naciones? Llegar, señor, con evolución tranquila y ordenada a la unidad política por medio de la unidad moral. Y esta unidad moral la constituyen la religión, la historia, la raza, el territorio, la lengua!

La unidad moral de la nación consistía en la unicidad cultural, y en consecuencia, la diversidad resultaba inmoral. También Marco Avellaneda definió la nación por la unidad de sus rasgos culturales. Una vez poblado el desierto, en el país "queda un nuevo peligro: el extranjero".

> En el idioma está la base de la unidad nacional. La lengua es en efecto lo más esencialmente propio del pueblo, la manifestación más exacta de su carácter [...] [que] se perpetúa en la familia, que se hereda, y conserva siempre viva la conciencia de la nacionalidad.

De la preeminencia asignada a la lengua se sigue que las influencias extranjeras son perturbaciones que alteran, debilitan o contaminan el idioma nacional y por ende la nación, y que su defensa es un asunto de Estado. Éste era, según Gómez, el propósito central del proyecto: "defender el alma nacional de toda contaminación del espíritu extranjero". La contaminación era una posibilidad a la que toda nacionalidad se enfrentaba: "Si se dice que el sentimiento nacional en este país es un sentimiento puro, el sentimiento de los extranjeros, opuesto, como tal sentimiento extranjero al sentimiento nacional, no es un sentimiento puro".

La idea de "la defensa de la nación" contra toda "fuerza que pudiera dañarla" vertebra también el discurso de José M. Guastavino: "Los peligros de carácter general [...] pueden venir de afuera y pueden nacer de la propia casa". El peligro interno es la fragmentación, que sigue a la desunión: si existe "una agrupación que educa a sus hijos segregándolos del sentimiento de la nacionalidad [...] ése es un peligro nacional, porque suprime o debilita el sentimiento de amor a la patria". El peligro es mayor en el futuro. Como en Europa rige un criterio de ciudadanía distinto, "las puertas de la República quedan de par en par abiertas. Entonces, pueden venir millones [...] con los descendientes de esos millones tendríamos millones de fuerzas contrarias al sentimiento nacional". Se pondría en peligro el predominio del "sentimiento nacional, y con él la entidad plena de la patria", cuestión que para Guastavino constituía la clave de la fortaleza o la debilidad de una nación.

La imagen internacional de la nación era el otro gran argumento para defender el idioma nacional. Para Antonio Bermejo, ministro de Justicia, Culto e Instrucción Pública, "hoy por hoy la idea, el sentimiento de la nacionalidad gobierna toda la política exterior de las naciones civilizadas [...] Todas las agrupaciones que reúnen uniformidades de raza, de idioma, de religión, de tradiciones, constituyen una personalidad en el derecho de las naciones". Aunque no le parece necesario el proyecto de Gómez, "la iniciativa no puede ser más digna de aplauso. Seduce, indudablemente, todo lo que contribuye a despertar el sentimiento de la nacionalidad, a destruir en el elemento extranjero toda tendencia a su primitiva nacionalidad". También Indalecio Gómez –en coincidencia con la formulación de Pasquale Mancini (véase cap. I)– planteó la cuestión internacional: "Viviendo en la época actual, ¿qué es la idea de nacionalidad? [...] la nacionalidad es la persona internacional". Marco Avellaneda, cuidadoso del criterio que empleaban los otros Estados y los tratadistas de derecho público para reconocer la independencia de una nación, citó a "Blunstchli, y con él todos los expositores del derecho público moderno": en la opinión internacional, el signo más característico de la independencia era la lengua nacional; "todos los tratadistas de derecho público contemporáneo" reconocían un "derecho a la lengua nacional", propio de "todos los pueblos que se sienten políticamente capaces de fundar un estado y de convertirse en nación".[66] Este argumento legitimaba la iniciativa de Indalecio Gómez, y a la vez

[66] M. Bluntschli era una reconocida autoridad en Alemania y en Europa por sus tratados sobre el Estado moderno. Sostuvo que la "voluntad de la raza" juega un rol central en la fundación de los Estados, sin la cual "la voluntad general" se disgrega en voluntades individuales. Según él, la nación es un organismo formado por un cuerpo y un alma, es decir, un espíritu, una voluntad

planteaba el aspecto más peligroso de la cuestión. La existencia de las colonias pobladas por extranjeros significaba una amenaza potencial: un colectivo que hablara la misma lengua, "otra" lengua, podía esgrimir a su favor el principio de nacionalidad; generaba la posibilidad de la segregación de una porción del país. La evolución de la sociedad nacional y las teorías en boga sobre la nación parecían converger para alimentarla.

La comunidad de idioma es el alma de la nación

Los autores del proyecto también insistieron en la necesidad de fomentar la unión interior mediante la "comunión de sentimientos". Para Indalecio Gómez el idioma era un "medio de comunicación de ideas y sentimientos", un "vínculo de unidad", una "fuerza de cohesión y asimilación de elementos étnicos diversos". La existencia de un idioma nacional único posibilitaba, y a la vez representaba la unidad nacional; los países con pluralidad de lenguas no eran el "modelo" que debía seguirse para "la realización de la gran idea nacional"; no era en Suiza donde debían buscarse los ejemplos sino en Prusia que "establecía inmediatamente en las nuevas colonias, escuelas, ponía en esas escuelas maestros prusianos y no se enseñaba en ellas más que en textos prusianos". Así formó Federico el Grande a los abuelos de los hombres que posteriormente "han consumado la obra más sorprendente del siglo, constituyendo la unión germánica sobre la base de la nacionalidad prusiana". La pluralidad lingüística, en cambio, correspondía a una realización nacional frustrada, cuya perspectiva era fracturarse, pues la pluralidad de lenguas amenazaba la misma unidad nacional: "¿O se quiere que también haya una Argentina francesa, una Argentina italiana, una Argentina alemana? ¡Si tal se desea, tiene fundamento la oposición al proyecto!".

La idea de que "la unidad de lenguaje" era "un signo inequívoco y esencial de la unidad nacional" fue discutida por el diputado Barroetaveña: su matriz era reaccionaria y dogmática, y además los hechos desmentían la doctrina unitaria, pues la mayoría de las naciones constituidas poseían más de un idioma como Inglaterra, Francia, Suiza, Alemania, el Imperio Austríaco, España, Italia, Estados Unidos, Canadá, Turquía, Persia, China, Indostán, Rusia, Bélgica y Holanda.

---

consciente de ella misma y órganos que la expresan y la ejecutan. La lengua es un elemento decisivo en la cohesión de la nación y las diferencias de lenguas crean diversidades que llevan a la disgregación o al separatismo. Véase M. Bluntschli, *Théorie Générale de L'État*, L. Guillaumin et Cie, París, 1881 y M. Bluntschli, *La Politique*, L. Guillaumin et Cie, París, 1883.

En Alemania el idioma que domina [...] es el alemán: pero en diversas regiones se hablan otros idiomas [...] [como] el polaco que sobrevive a las persecuciones, a la germanización, a la conquista brutal que siempre ha seguido Alemania con las provincias anexadas; esa misma imposición violenta que ha hecho de su idioma y de sus costumbres y que hoy se presenta como un modelo que debiera imitar la República Argentina.

Barroetaveña arremetió contra otro de los tópicos de la época: la excelencia del modelo alemán, un "sistema violento de imposición con que todavía sigue vejando a la Alsacia y a la Lorena". La lengua forma parte de ese sistema de dominación, pues en las ex provincias francesas Alemania "impone el idioma alemán en las escuelas", amenazando a los alumnos con castigos y expulsiones. Su conclusión es una clara expresión de fe liberal:

Decirnos que es necesario constituir la unidad nacional, hiriendo, perjudicando, persiguiendo elementos vitales de diversidad, yo digo que importa conspirar contra la forma republicana federativa de gobierno [...] no se debe unitarizar la libertad de los individuos.

Pero no se trataba sólo de la libertad de los individuos sino de una valoración de la diversidad cultural, tan poco apreciada en la perspectiva contraria. También Ponciano Vivanco criticó la postura esencialista de quienes querían imponer "la unidad en el pasado, en el presente y en el futuro para este organismo en formación que llamamos nacionalidad argentina". Tomando la idea de Renan[67] afirma que la nacionalidad se construye y la lengua es ante todo un medio de comunicación eficaz, y no un factor decisivo de la nacionalidad:

La nacionalidad es la obra del tiempo, de la comunidad de intereses y necesidades que nos vinculan de una manera inmediata, de la riqueza creada con el esfuerzo común, de las mismas vicisitudes y alegrías. Nosotros haremos nuestra nacionalidad, la estamos haciendo, sin peligros inmediatos.

La nacionalidad para Vivanco no es una entidad trascendente sino el resultado de acuerdos voluntarios, y sus rasgos no están definidos de antemano. Su construcción no es afectada sino enriquecida por la diversidad; puede incorporar elementos de cualquier origen y lo propio será el resultado de la mezcla.

Vivanco y Barroetaveña se apoyaban en la caracterización de la nación hecha por escritores e historiadores franceses, en una discusión sostenida con sus colegas

---

[67] Ernest Renan sostuvo esta concepción en su célebre conferencia "Qu'est-ce qu'une nation? conférence faite en Sorbonne, le 11 mars 1882", en: *Discours et Conferences*, París, Calmann Lévy, 1887.

alemanes a raíz de la incorporación de Alsacia y Lorena al Imperio Alemán después de la guerra de 1870. Los alemanes legitimaban la anexión en los imperativos de la lengua y la cultura; por ellas los territorios debían formar parte de la nacionalidad alemana cualquiera fuera la voluntad de sus habitantes. Así, T. Mommsen sostuvo en una carta abierta al pueblo italiano que Alsacia pertenecía a Alemania en razón de criterios étnicos y lingüísticos. Los franceses afirmaron en cambio el derecho de los pueblos a disponer libremente de sí mismos; la nacionalidad existía cuando sus miembros manifestaban voluntad de pertenecer a ella. Fustel de Coulanges replicó a Mommsen que la lengua no era el signo más característico de la nacionalidad, como lo probaba el ejemplo de Suiza, sino la comunidad de intereses, de afecciones, de recuerdos y esperanzas. Lo que hacía francesa a Alsacia no era la raza ni la lengua; no la había hecho parte de Francia Luis XIV sino "nuestra Revolución de 1789. Después de ese momento, Alsacia ha seguido todos nuestros destinos".[68] Ernest Renan intervino en la polémica en 1870, discutiendo en una serie de cartas públicas con el profesor alemán Strauss; en 1882 expuso esas mismas ideas en una conferencia en la Sorbona que alcanzó gran resonancia.[69] Señala que los territorios de todas las naciones de Europa presentan dificultades de delimitación, de modo que aplicar en ellos el criterio del habla llevaría a guerras sin fin: en casi todos los sitios donde los alemanes reclaman un derecho germano los franceses podrían reclamar un derecho celta anterior. En el futuro, "un congreso de los Estados Unidos de Europa" debería juzgar a las naciones y corregir "el principio de las nacionalidades por el principio de la federación".[70] "Nación no es sinónimo de raza", decía en la carta siguiente. "La pequeña Suiza, tan sólidamente construida cuenta con tres lenguas, tres o cuatro razas, dos religiones. Una nación es una gran asociación secular, entre provincias parcialmente congéneres que forman un núcleo y alrededor de las cuales se agrupan otras por intereses comunes o por antiguos hechos aceptados y transformados en intereses."[71]

Lucas Ayarragaray respondió a Barroetaveña y a Vivanco, y también a Fustel y a Renan: "el dilema es bien reducido: si queremos formar una nación fuerte, con personalidad y destino propio, debemos pensar en formar lo que se llama el alma de la nación". Encontraba un problema político serio: la escuela primaria había dejado de ser "esencialmente técnica para convertirse [...] en una institución de

---

[68] Fustel de Coulanges, "L'Alsace est-elle allemande ou française? Réponse à M. Mommsen, professeur à Berlin", 1870; en; Raoul Girardet, *Le nationalisme français. Anthologie 1871-1914*, París, Seuil, 1992, pp. 63-65.

[69] La carta de Strauss apareció en la *Gassette d'Augsbourg* y la respuesta de Renan en *Le Journal des Débats*, en París el 13 de setiembre de 1870.

[70] E. Renan, *¿Qué es una nación? Cartas a Strauss*, Madrid, Alianza, 1987, p. 101.

[71] Ernest Renan, "Nueva Carta a Strauss, 1871", en: E. Renan, *¿Qué es una nación?*, ob. cit., pp. 107-125.

orden gubernamental y político en la más alta acepción de este concepto". Las naciones europeas hacían de ella "una escuela cívica [...] donde se empieza a infiltrar en el niño el espíritu de la nacionalidad y el sentimiento del patriotismo". Al igual que Pasquale Mancini, Ayarragaray las consideraba el "factor más importante y poderoso para levantar el espíritu de las naciones decaídas", o para impulsar la unidad política, como en Alemania, donde la educación uniforme había precedido a las armas. Confesaba, al referirse a un informe reciente sobre la educación en Alemania,[72] que su imaginación "se extasiaba y se complacía, al conocer las fiestas patrióticas con que allí celebran y dignifican la instrucción primaria". Allí, en la orillas del viejo Rin, con los mismos enérgicos bullicios de los germanos del tiempo de Tácito, "aunados maestros y alumnos [...] entonan himnos patrióticos, compuestos especialmente para las escuelas. Salen de tiempo en tiempo de los muros de la ciudad a visitar sitios históricos". De esta poética evocación sacaba una conclusión categórica: era necesario "dar [...] a la instrucción primaria el carácter esencialmente político que yo quiero que tenga en mi país y que tiene en todas las naciones civilizadas de la tierra".[73] El interés por la lengua nacional –continuaba Ayarragaray– es propio de todas las naciones del mundo, las que habían fundado alianzas para la difusión de la lengua. Son corporaciones "esencialmente patrióticas, oficiales y sostenidas" y se proponen "extender previamente el idioma a las colonias o territorios donde se pretende introducir el Imperio comercial y político". El lenguaje incluye un propósito imperialista, del que existen "antecedentes locales", aludiendo a la cuestión de las escuelas italianas de 1888. La argumentación se desplaza de la necesaria uniformidad interna al peligro exterior, y luego nuevamente a la disgregación interior. Si los argentinos se descuidan –advierte– van a tener también en el sur provincias enteras que no hablan castellano; ¿[se va a permitir que] "vengan a la vida como gérmenes de disolución, con gérmenes originariamente malsanos?".

Indalecio Gómez, por su parte, agregó a la respuesta que, en 1890, en un momento difícil, había habido amenazas de fragmentación interior. Durante la crisis

---

[72] Se refiere al *Informe sobre la instrucción pública en Alemania y Suiza*, de Alejandro Guesalaga, publicado en Buenos Aires en 1894. Algunos años antes se había publicado otro informe, fruto de las observaciones de un diplomático: *La instrucción pública en Prusia y Alemania*, de José Francisco López, en París, Garnier, 1887. El autor era miembro de las sociedades de Geografía Comercial de París, Berlín y Bremen, de Estudios Comparados de la Lengua y Caballero de la Corona Real de Prusia.

[73] Según Guesalaga, la enseñanza del idioma ocupaba el primer lugar; "todas las escuelas alemanas [...] revisten también una sola tendencia: la unidad nacional [...] así todos contribuyen [...] a levantar como ideal cada cual en su esfera de acción el sentimiento nacional y el amor a la patria, es decir que la escuela es aquí y debe ser siempre, nacional y patriótica". Véase Alejandro Guesalaga, *Informe sobre la instrucción pública en Alemania*, ob. cit., p. 85.

muchos inmigrantes, esas "aves de paso que a la hora de la desgracia regresan", volvieron a su patria "¿Por qué? porque no tenían más arraigo que el lucro". Durante la Revolución del Noventa, cuando se movilizaron las guardias nacionales de toda la república, dos compañías de habitantes de la colonia San Jerónimo "nada hicieron porque no entendían las voces de mando de su jefes!". También entonces algunos extranjeros manifestaron una "excesiva" autonomía y espíritu crítico para con los gobernantes: "se deja sentir ya cierto espíritu cantonal, excluyente de todo elemento nacional"; en una de las colonias, un poblador aspiraba a convertirse en caudillo político y su plataforma era: "los argentinos son incapaces de gobernar a los extranjeros". La lengua nacional, afirmaba Indalecio Gómez, "echa sus lazos indisolubles en los fondos del alma, donde el sentimiento, las ideas, el carácter toman su ser, que se confunde con el idioma que es su forma substancial".

Quienes sostenían que el idioma nacional era el rasgo más evidente de una nacionalidad, creían a la vez que era un factor decisivo en su creación. Paradójicamente, la nacionalidad, cuya existencia virtual se postulaba, debía sin embargo ser creada. Al final del debate, y sospechando que no alcanzaría la aprobación, Indalecio Gómez sentenció: "sea cual fuere la suerte que por el momento se depare al proyecto" es una cuestión que debe ser resuelta. "Llegará la hora en que una generación de argentinos tendrá que resolver la cuestión hoy planteada ¡y la resolverá!" Progresivamente, en efecto, se afirmó en la opinión pública la importancia que la lengua nacional tenía para constituir la nacionalidad,[74] y en especial el papel primordial reservado a las escuelas.[75]

Reprimir todo abuso de la libertad de enseñar

En algunas provincias, como Entre Ríos y Santa Fe, se tomaron disposiciones en coincidencia con el espíritu del proyecto de Indalecio Gómez. En Santa Fe, el nuevo gobernador Luciano Leiva puso en práctica un programa para "nacionalizar la enseñanza de las escuelas", convocó a un "contingente elegido" de maestros y anunció la creación de escuelas normales destinadas a formar "maestros para nuestras escuelas rurales, especialmente preparados para esos centros de índole y

[74] *La Prensa* lamentó el resultado: "la profecía está formulada": "[no hoy] mas mañana la idea triunfará y el idioma de la Constitución retomará su puesto eminente en el campo de la instrucción del pueblo, del que con tanta ligereza como sin razón se lo ha desalojado"; "El idioma de la cátedra" (artículo editorial), en: *La Prensa*, 10 de setiembre de 1896.

[75] "La enseñanza del idioma en los colegios particulares", ibíd., 28 de junio de 1896; "Enseñanza Nacional" (artículo editorial), ibíd., 30 de junio de 1896.

naturaleza diversa", es decir las colonias. [76] Reorganizó y centralizó la inspección escolar y convocó a los particulares a apoyar la política educativa, pero no a todos; Leiva estableció una línea divisoria entre nacionales y antinacionales: no podía contar "en el número de tales cooperadores a los maestros que dirigen escuelas de índole y tendencias extranjeras, que corrompen el idioma patrio y forman alumnos que ignoran sus deberes cívicos y nuestras más queridas tradiciones que forman el alma del pueblo argentino". El Poder Ejecutivo se declaraba dispuesto "a reprimir todo abuso de la libertad de enseñar". Más tarde anunció que el Estado provincial reforzaría su apoyo a las instituciones educativas católicas y asumiría la formación de sacerdotes, pues dada la necesidad de "un clero nacional, ilustrado y virtuoso", sería "acto de patriotismo contribuir a su formación". [77]

Si bien la orientación nacional en la educación era, en general, bien vista por la opinión pública, las opiniones diferían sobre la índole de las medidas y las estrategias más adecuadas para lograrlo. Acerca de los medios hubo posturas extremas casi siempre reclamadas por grupos políticos externos a las escuelas y a veces para defender un interés particular que se creía amenazado. Para los educadores, no se trataba sólo de nacionalizar, sino sobre todo de instruir, por lo que recurrieron a formas no compulsivas y a la vez más eficaces: emplear "la imposición para argentinizar a los hijos de extranjeros, daría resultados contraproducentes". Aunque eran partidarios decididos del "espíritu argentino de la presente época", se inclinaban por una política de competir en excelencia, similar a la del CNE: "si se quiere que los hijos de los extranjeros concurran a nuestras escuelas, pues empeñémonos en que sean tan superiores a las que ellos fundan, que ellos mismos lo reconozcan". La existencia de las escuelas extranjeras se convertía casi en el aguijón necesario "para estimular el celo argentino a que mejore la enseñanza nacional". [78]

Paralelamente, la alarma en torno a las escuelas de colectividades extranjeras se fue traduciendo en una inspección regular, atenta al cumplimiento de la Ley

---

[76] "Mensaje del gobernador don Luciano Leiva a las H. Cámaras Legislativas en la apertura de las sesiones ordinarias de 1895", en: Alfredo A. Correa et al., *Historia de las instituciones de la provincia de Santa Fe*, tomo VI, edición oficial, 1970, p. 423.

[77] Citado por Edgardo Ossanna, "Una aproximación a la educación santafesina de 1885 a 1945" en Adriana Puiggrós (dir.), *La educación en las provincias y territorios nacionales*, Buenos Aires, Galerna, 1993, pp. 445-452. En Santa Fe las leyes escolares de 1884 y 1886 establecían la religión católica como contenido obligatorio en la educación primaria, con atribuciones de las autoridades eclesiásticas para el dictado y aprobación de textos escolares (art. 6º, 7º y 8º de la ley de 1886). En los mensajes de los gobernadores se detallan las medidas y los recursos que favorecieron a las instituciones educativas católicas, en particular al Colegio de la Inmaculada Concepción de Santa Fe.

[78] *La Educación*, núm. 200-201, 1895, p. 1.208.

de Educación. Los docentes elogiaron los esfuerzos hechos en este sentido por algunas escuelas de extranjeros: se anunciaba que la escuela israelita de la Colonia Clara, en Entre Ríos, dirigida por el señor José Sabash, egresado de la Escuela Normal de la Alianza Israelita en París, "en breve tendrá en lugar preferente los retratos de San Martín, Belgrano, Moreno y Rivadavia". Además,

> [Ese maestro] desde el primer día ha impartido la enseñanza en la lengua española. Los alumnos del segundo grado hablan siempre en español, aún durante los recreos, en sus conversaciones, pues así lo tienen prescripto [...] el señor profesor Sabash explica la Historia Nacional y me he sentido vivamente halagado con las opiniones y referencias de estos niños extranjeros, acerca de nuestros acontecimientos históricos culminantes y nuestros hombres eminentes [...] Los niños conocen la geografía nacional [...] Nuestras fiestas cívicas han sido conmemoradas y nuestro bello Himno Nacional se recita y se canta por los ciento veinte alumnos de la escuela [...] Mi propósito ha sido dar a conocer que en esta escuela destinada a la población escolar extranjera, costeada por la Empresa Colonizadora Judía [...] se nacionaliza la enseñanza y se instruye a los niños para incorporarse a la obra del progreso argentino. El profesor José Sabash [...] es un obrero eficiente de la nacionalidad argentina.[79]

En las escuelas de las colonias judías, el Consejo provincial recurrió a maestros extranjeros, pertenecientes al propio grupo inmigrante, que además hablaran el idioma español. Este sistema del maestro bilingüe se usó también en otros lugares, por ejemplo, en las escuelas del Estado a las que concurrían los hijos de colonos ruso alemanes en la provincia de Buenos Aires y en las escuelas de los galeses en el Chubut.[80] De cualquier modo, según se pensaba, el problema no residía en el maestro extranjero –quien luego debió revalidar su título– sino en que se aplicara la orientación nacional de la enseñanza dispuesta por la ley, en todas las escuelas, cualquiera fuera su tipo. Sobre este aspecto se concentró, con éxito, la acción del cuerpo de inspectores.[81] Cada tanto, sin embargo, esta cuestión volvía a

---

[79] Juan José Millán, "Interesantes datos sobre una escuela rural israelita de Villaguay", en: *La Educación*, núm. 220, 15 de noviembre de 1895, pp. 270-271.

[80] Manuel Antequeda, *Breve exposición sobre las escuelas ruso alemanas e israelitas y las escuelas nacionales de la provincia de Entre Ríos*, Buenos Aires, 1909. En la escuela de Gaiman, Chubut, se recurrió a maestros del grupo inmigrante: "es digno de elogio el modo de enseñarles dicho idioma [el nacional] por medio del galense", en: *El Monitor*, tomo X, núm. 201, 1891, p. 21.

[81] Las cartas de los maestros marroquíes en Entre Ríos testimonian esta celosa vigilancia: por ejemplo, "Haym a M. Bigart, París", Mauricio, 5 de agosto de 1892, núm. 1979-3 Archive Alliance Israelite Universel, París; "Jewish Colonization Association a AIU, París, Buenos Aires, 11 de enero de 1895", núm. 4664-8, Archive AIU París; "Sabash a JCA, Buenos Aires, Colonia Clara, 23 de noviembre de 1895", núm. 2128-2 Archive AIU, París; "JCA a M. Benchimol, Co-

convertirse en escenario sobre el cual se montaba la denuncia de algún político o ideólogo "nacional".[82]

¿Hay un idioma nacional de los argentinos?

La convicción sobre la importancia de la enseñanza del idioma nacional provenía, en buena medida, de la centralidad que escritores e intelectuales le atribuían en relación a un modelo de nación. Quienes creían en la relación íntima y necesaria entre ésta y la lengua se veían obligados a afirmar la existencia de una lengua plena, la vigencia de un idioma nacional maduro; y desembocaban así en el problema insoluble de la realidad del idioma hablado. La discusión resurgía una y otra vez. A Ernesto Quesada le preocupaba el entusiasmo que despertaban el habla orillera, el gaucho y el "criollismo" entre algunos intelectuales que veían allí el surgimiento de una lengua nacional, local y propia. Sostenía que el idioma nacional no era un mero problema literario sino sociológico, en el que estaba implicada la cuestión nacional. Desde este punto de vista importaba "mantener la unidad suprema de la raza en países inundados por inmigración de todas procedencias que principia por [corromper] y concluirá por modificar el idioma nacional y por ende el alma misma de la patria". Quesada estaba interesado por las mismas cuestiones que enfrentaron a Rafael Obligado, Eduardo Schiaffino y Calixto Oyuela en el Ateneo, en 1894, y rechazó las ideas de Luciano Abeille sobre el idioma nacional publicadas en varios artículos de la *Revista Nacional*.[83] La discusión se extendió luego, con la aparición en 1900 del libro de Abeille *Idioma nacional de los argentinos*, y tomaron parte también conocidos hombres de letras como Miguel Cané, Carlos Pellegrini, Eduardo Wilde, Carlos Olivera, Carlos A. Estrada, Alberto del Solar y otros.[84]

---

lonia Clara, Buenos Aires 20 de julio de 1899", núm. 1273-A Archive AIU París. Véase Diana Lía Epstein, "Maestros marroquíes. Estrategia educativa e integración, 1892-1920", en: *Anuario IEHS*, núm. 12, 1997.

[82] La enseñanza en las escuelas judías del Litoral, como también la de las italianas, fue convertido en tópico y agitado por políticos y funcionarios, en particular, por José María Ramos Mejía, quien presidió el CNE en el gobierno de Figueroa Alcorta.

[83] "Un amigo envía desde Francia –decía la *Revista Nacional*– un extracto de un capítulo de la obra de Luciano Abeille, publicada en París, *Idioma nacional de los argentinos.*" A continuación, se reproducía "Principales rasgos del carácter argentino" (*Revista Nacional*, tomo XXX, 1900, pp. 19-25).

[84] Véase A. V. Rubione (Estudio crítico y compilación), *En torno al criollismo. Textos y polémica*, Buenos Aires, CEAL, 1983.

Abeille sostenía que la lengua era un producto de la vida de los hombres, el resultado de las acciones individuales y colectivas en la sociedad. Quienes provenían de otras culturas no sólo eran hablantes sino también agentes de sus modificaciones. El idioma de los argentinos estaba en formación y se iría definiendo a medida que la mezcla cultural diera lugar a un producto nuevo. Esta conclusión en particular generaba la oposición de Quesada: si el idioma nacional estaba en construcción la nación era un proyecto del futuro; el idioma de los argentinos era –y debía ser– un idioma plenamente formado, con normas definidas, regido por los gramáticos, una lengua con mayúscula, sobre cuya categoría no se dudara en el mundo internacional. En consecuencia, el idioma nacional era el español, un idioma con siglos de antigüedad y de indudable singularidad, que correspondía a una cultura y una raza.[85] Lo que algunos creían criollo puro era, en realidad, un híbrido. Observó con agudeza que en las poblaciones mestizas de inmigrantes y gauchos "a medida que el alma gaucha se desvanece en el recuerdo, renace más vigorosa en la tradición". A Quesada le irritaba que consideraran el idioma nacional en formación y reaccionaba contra quienes lo identificaban con el gauchesco, porque suponía una *capitis diminutio* para la nación: era considerar "a estos pueblos americanos como organismos exóticos para imaginar experimentos *in anima vili* como si se tratasen de tribus africanas o de poblaciones polinésicas".[86]

Desde ese punto de vista, era prioritario evitar la corrupción del idioma, cuya causa fundamental provenía "indudablemente de la deficiencia de la enseñanza del mismo en las escuelas públicas". La lengua que se oía hablar en Buenos Aires reflejaba los largos años de afluencia de una inmigración numerosa y variada, era una lengua corrompida por

> la singular tolerancia que, durante tantos años, se ha tenido con ciertas comunidades de origen extranjero, permitiendo que funcionen sus escuelas primarias, organizadas como si existieran en sus respectivos países y aún subvencionadas oficialmente por sus gobiernos, que mandan con regularidad inspectores para vigilar su funcionamiento y presidir sus exámenes.

[85] Todo el texto de Ernesto Quesada que se cita en esta página y siguientes pertenece a la serie de artículos que bajo el nombre de "El problema de la lengua en la América española" fue publicada en la *Revista Nacional* durante 1899 y 1900. Véase el tomo XXVIII, 1899 y el tomo XXIX, 1900.

[86] Por ejemplo, le irritaba la opinión de "un caballero francés", Luis Duval, de la Sociedad de Lingüística de París, quien afirmaba que "un día la República Argentina llegará a tener su idioma propio". En opinión de Quesada, consideraba al idioma que hablaban los argentinos como si fuera el malayo o el guaraní. (Ibíd., p. 209.)

Haciendo caso omiso de la realidad de las escuelas públicas, Quesada traía otra
vez la cuestión, cual un estribillo al que se recurría cuando se quería tocar las fibras
íntimas de la sensibilidad nacional: "tal es el caso, por ejemplo, de las escuelas italianas"; y añadía: "es preciso reaccionar contra tanto descuido y tanto desparpajo".
El problema real de la década anterior fue convertido en un tópico, retomado y
repetido por muchos otros que atribuyeron severas consecuencias a una insatis-
factoria educación "nacional".[87]

El fantasma de la disgregación, que se ha visto rondar en la discusión de
1896, reaparece en Quesada a través del idioma en formación. Un idioma debía
mantener una estructura ante "la avenida de neologismos de construcción, que
inunda y conturbia mucha parte de lo que se escribe"; por este camino, "alteran-
do la estructura del idioma, tiende a convertirlo en una multitud de dialectos
irregulares, licenciosos, bárbaros embriones de idiomas futuros" y, por ese camino, finalmente "cada región hablaría su lengua". Tampoco acepta la idea de la
construcción de la nacionalidad; si bien cree que la inmigración es necesaria "para
engrandecernos" la condición insoslayable es asimilarla y "fundirla en nuestra nacionalidad propia". Tal condición proviene de que

> Las naciones, como los individuos solo valen y significan por su carácter, por su
> personalidad. Un país sin sello propio, es como un escritor sin estilo: no es nadie.
> El cosmopolitismo no ha engendrado ni engendrará jamás nada fecundo, ni en
> política ni en literatura.

El sello propio de una nación está en la pureza del idioma y de sus rasgos culturales. Ése es su ser, y por lo tanto es imperioso "impedir que se contamine con in-
crustaciones enfermizas de un *volapük* cosmopolita, dejado por el limo de todos
los idiomas posibles que traen a estas playas los inmigrantes de todas partes del
mundo". Rechazaba las ideas de quienes, guiados por "un pretendido patriotismo", sostenían que el habla local, resultado innegable de las mezclas, era el idioma
nacional.

La cuestión de la lengua nacional se ligaba con otra vieja preocupación de
Quesada: el expansionismo norteamericano. Desde el fin del dominio español en
Cuba, Estados Unidos amenazaba con imponer su hegemonía en toda América, sin
que ningún obstáculo fuera capaz de detenerlo. La unidad cultural de Hispanoamérica, mediante la unidad de la lengua, era la mejor forma de oponer resistencia, y
había que impedir la fragmentación en múltiples dialectos y su consecuente debi-

---

[87] Una década más tarde, Ricardo Rojas lo reitera en *La restauración nacionalista. Crítica de
la educación argentina y bases para una reforma en el estudio de las Humanidades Modernas*
(1909), Buenos Aires, Peña Lillo, 1971.

litamiento. El habla local, que algunos consideraban el idioma nacional, era en realidad un dialecto, y como tal sería considerado, mientras que el español, un idioma pleno, cumplía todos los requisitos de una lengua nacional.[88]

Quesada establecía una estrecha conexión entre la situación de la lengua española –que otrora había trepado a las más altas cumbres y en el presente estaba en retirada– con la pérdida del imperio hispanoamericano a manos del imperialismo de Estados Unidos; esto era a la vez evidencia del gran empuje de la raza anglosajona y de la debilidad de la latina. Lamentaba que se perdiera la oportunidad de crear una unión entre los pueblos de habla española, cuya comunidad de intereses podría haber "conducido a formar una alianza iberoamericana que hubiera hecho invencible a nuestra raza". En esa confrontación, no había que creer "exagerada esta importancia de la lengua ni que son vanos los temores respecto de la influencia de la raza anglosajona en América". Tal como lo habían sostenido Indalecio Gómez y Lucas Ayarragaray tres años antes, Quesada consideraba que la lengua era un elemento de penetración cultural, del que se valían los imperialismos para abrir las puertas a otras formas de intromisión, como el comercio. Cuba era un ejemplo de ese peligro: "Se habla de millares de escuelas fundadas para difundir la lengua del vencedor".[89]

Esta forma de entender las relaciones entre los pueblos partía de un supuesto: la indisoluble unidad de todos los elementos de una cultura, la identificación de una cultura con un pueblo, una raza, y una nación-Estado. Este supuesto se reforzaba con la creencia en la perdurable pureza de una cultura a través del tiempo, si se lograba evitar su contaminación con elementos extraños.

La hipótesis de la guerra de razas complementaba la convicción de que la solidez de una nación-Estado dependía de su unidad cultural: la coexistencia de los heterogéneos, imposible en el interior, implicaba en las relaciones con otras naciones una similar tendencia a la conquista, a la absorción o anulación del contrario. Por esa razón, no era conveniente el panamericanismo propiciado por los Estados Unidos: "comprendo el pangermanismo, el paneslavismo, porque se trata de una solidaridad de raza, de lengua, de religión, pero el panamericanismo es ilógico, si ha de cobijar por igual a naciones sajonas y latinas". Las posibilidades de formar parte de una organización, de lograr algún acuerdo perdurable, dependían de la unidad cultural. Tan evidente le parecía esto que afirmaba:

Si se apelara al sentimiento, predominaría el que arranca de la comunidad de raza, lengua y religión, que nos hace históricamente solidarios con España, con la ma-

---

[88] Ernesto Quesada, "El problema de la lengua en la América española", en: *Revista Nacional*, tomo XXVIII, 1899, p. 241.

[89] Ibíd., p. 248.

dre patria, con la cual deben estrecharse las vinculaciones de intereses, para hacer que en el porvenir marchen de consuno en el destino de los pueblos de habla hispana, el interés y el sentimiento.

Su conocimiento del panorama internacional le permitía percibir la importancia del imperialismo; sin embargo, sus creencias sobre la identidad entre lengua, raza y nación lo llevaban a postular un modelo de nación muy distante de la realidad social argentina, entonces poseedora de una notable riqueza y diversidad cultural.

Opongamos al absorbente imperialismo la fecunda nacionalidad

Casi simultáneamente, las mismas ideas fueron utilizadas por un grupo de políticos santafesinos, entre ellos Manuel Carlés, Juan Doncel, Julián Pera, el obispo Gregorio Ignacio Romero y otros, en la Convención Constituyente de Santa Fe.[90] Allí, en diciembre de 1899, Nicasio Oroño y Jacinto Fernández presentaron un proyecto que otorgaba el voto a los extranjeros en las elecciones municipales y provinciales.[91] Los convencionales Romero, obispo de Jasso, y Tomás Cullen se negaron al voto provincial sosteniendo que afectaba a la nacionalidad. Afirmaron además que la naturalización del extranjero, más allá del requisito legal, tenía como condición la adhesión patriótica emocional: no se debían incorporar a la ciudadanía "sino a las personas que se encuentran en condiciones de sentir las palpitaciones del alma nacional".

[90] Fueron convencionales Francisco Alfonso, Ramón Araya, Alcácer, Franciso J. Barco, Juan P. Beleno, Manuel Benzuley, Luis Bruno, Manuel Carlés, Jerónimo Cello, Manuel Cilveti, Gerardo Costanti, Miguel Coronado, Cullen, Juan A. Doncel, Alejandro Echagüe, Jacinto Fernández, José E. Ferreyra, Rodolfo Freyre, Rafael Funes, José Galiano, Manuel Irigoyen, Néstor de Iriondo, Juan L. Iturraspe, Landó, Jorge Lubary, Federico Molina, Ulises Mosset, Roque Nicklison, Nicasio Oroño, Emilio Ortiz, José Ignacio Peiteado, Celestino Pera, Julián V. Pera, Euguenio Puccio, Pascual Quiroga, R. Rodríguez Soto, obispo Romero, Juan B. Siburu, Silva, Luis P. Suárez, Enrique Twaites, Eduardo Yost; Floriano Zapata, Juan Zaballa, Arturo Zinny. (Convención Provincial de Santa Fe, "Ley del 4 de julio de 1899", *Diario de Sesiones*, tomos 1-2, Santa Fe, 1899.)

[91] El voto sólo se acordaría a los extranjeros casados con argentinas, padres de argentinos, y que pagaran determinados impuestos. Jacinto Fernández subrayó que era una medida limitada a los extranjeros con arraigo en la sociedad argentina, quienes sólo podían elegir, sin ser electos. Tras una dura discusión sólo se aprobó el derecho de voto en los municipios. Todas las intervenciones de los convencionales citadas pertenecen a la Convención Provincial de Santa Fe, 7ª y 8ª sesiones ordinarias de los días 20 y 21 de diciembre de 1899.

Quienes estaban a favor del proyecto procuraron mantener la discusión en los términos políticos, pues se trataba de un voto local. Gerardo Constati sostuvo: "yo no concibo el derecho de voto como una derivación forzosa y necesaria de la nacionalidad sino como una consecuencia ineludible de la organización del Estado como Estado, de la sociedad como sociedad política". Fue en vano, porque sus adversarios agitaron el peligro de la interferencia extranjera en las cuestiones nacionales: el obispo Romero afirmó que se comprometía la nacionalidad y se amenazaba la independencia de la República Argentina:

de cualquier potencia extranjera, pueden venir a nuestros atrios protegidos por las escuadras de cada nación y sus ejércitos y pueden venir a ejercitar su voto en territorio argentino [...] podrán aquellos gobernantes enviarnos buques cargados de inmigrantes para que con su voto formen los poderes públicos de Santa Fe.

Manuel Carlés descreía de las "fraternidades ficticias" con los extranjeros: "vivimos épocas contemporáneas de positivismo egoísta, so pena de desaparecer como pueblo congregado en nación". Para el obispo Romero el espíritu nacional debía ser la barrera defensiva frente al imperialismo: "Nosotros debemos contrarrestar este peligro de expansión, de colonización de la Europa, nosotros tenemos que contrarrestar esa tendencia para mantener siempre vivo y creciente el espíritu nacional". Con la misma idea, el convencional Cullen propuso: "Opongamos [...] al principio absorbente del imperialismo, hoy en boga, la teoría fecunda y salvadora de las nacionalidades y sólo así escaparemos a los peligros que nos circundan".

Estos convencionales veían las relaciones internacionales en clave de una guerra de razas; afloraba en ellos, junto al sentimiento herido, cierta admiración por los conquistadores del Norte: "las naciones grandes –decía el obispo Romero– deben acrecentar con la sangre de las pequeñas"; éste es el "principio que la raza anglosajona da como única razón del derecho [...] [es] la doctrina de Darwin aplicada al mantenimiento de las relaciones internacionales. Esto es lo que flota en el mundo civilizado: la armada más grande es el derecho del más fuerte; los ejércitos más poderosos son la mejor razón del derecho". Cullen afirmaba que existía, por entonces, "en la Europa civilizada un principio de derecho público que aunque por pudor no se confiesa [...] inspira, sin embargo, los actos de las grandes cancillerías y sirve de norma práctica de conducta en las relaciones internacionales [...] 'la force prime le droit'". A este principio respondía el afán de las naciones por poseer ejércitos y armamentos. El mundo internacional era el escenario donde "las naciones débiles y sin elementos suficientes para subsistir, debían desaparecer absorbidas por los pueblos fuertes y vigorosamente constituidos". Inferioridad y superioridad, antiimperialismo e imperialismo, eran dos caras simétricas de una misma representación de la realidad.

La interpretación de la política internacional en clave de una guerra de razas seducía por entonces a buena parte de los grupos dirigentes europeos y americanos. Según esta visión, la oleada de conquistas territoriales de fines del siglo corroboraba tanto la idea de una decadencia de las razas latinas tanto como el vigor de las razas germanas y anglosajonas: Francia fue detenida en Fashoda e Italia derrotada en Adua, ambas incapaces de mantener sus conquistas en África, mientras España perdía su imperio colonial en América y Asia, derrotada en Cuba y Filipinas. Esta idea, favorecida por una extrema simplicidad, que le aseguró popularidad, y por la pretendida autoridad científica del darwinismo social, se impuso sobre otras más complejas, en buena medida porque justificaba a los grupos imperialistas y porque lograba calmar las incertidumbres, anclando en el determinismo racial las inseguridades que acarreaba la inusitada dimensión del proceso de cambio social. Aquella interpretación cautivó también a muchos intelectuales, políticos y publicistas latinos que aceptaron con fatalismo los sucesos internacionales como evidencia irrefutable de la debilidad y decadencia de las razas latinas. Varios libros aparecidos por entonces reflejaron esas ideas. Max Nordau sotuvo la decadencia de las naciones latinas, moribundas, degeneradas; Gustave Le Bon las consideró desprovistas de energía y de iniciativas e incapacitadas para reaccionar por sí mismas; Maurice Barrès aludió a las múltiples derrotas por las que Francia seguía atravesando; G. Sergi procuró encontrar las causas de la capacidad de degenerar de sus compatriotas; Edmundo Demolins atribuyó, en un libro que alcanzó gran resonancia, al sistema educativo la superioridad de los anglosajones.[92]

Estas ideas encontraron entusiastas seguidores en la Argentina; se expresaron con distintas variantes a partir de la común aceptación de la fatal guerra de razas. Un grupo de políticos asumió la existencia de un designio americano de la Argentina, con matices antiimperialistas, manifestó una fe optimista en su porvenir de nación potencia, y una idealización del futuro de los países jóvenes y fuertes, ideas compartidas con otros políticos e intelectuales latinoamericanos.[93] Otros las expresaron en términos de un antiimperialismo defensivo; se abroquelaron en la

[92] Maurice Barrès, *Le roman de l'energie nationale. I: Les Déracinés*, París, E. Fasquelle, 1897; Max Nordau, *Degeneration*, 1893; G. Le Bon, *Les lois psychologiques de l'evolution des peuples*, París, 1894; G. Sergi, *La decadenza delle nazioni latine*, Turín, 1900; E. Demolins, *A quoi tient la supériorité des Anglo-saxons*, París, Fimin-Didot, 1897. (Hay traducción al español: *En qué consiste la superioridad de los anglosajones*, traducción y prólogo de Santiago Alba, Madrid, 1899)

[93] Esos rasgos fueron señalados por R. Etchepareborda, "La generación argentina del Destino Manifiesto", ob. cit. y por Tomas MacGann, *Argentina, Estados Unidos y el sistema interamericano*, ob. cit. José Luis Abellán ha señalado que en algunos intelectuales hispanoamericanos, frente a la idea de una Europa decadente, aparece la formulación inversa de una convicción optimista en la potencia y la juventud de América. Véase J. L. A., *Historia crítica del pensamiento español*, tomo V, Madrid, Espasa-Calpe, 1989, capítulo XX.

defensa de la raza latina y extremaron la versión hispanista. Simultáneamente con el avance de las convicciones imperialistas entre las elites de las grandes potencias –y también con su popularización–, entre los grupos dirigentes en la Argentina ganaron terreno creencias semejantes; compartían con aquéllas los mismos supuestos ideológicos y un similar determinismo racial, puestos en función de un nacionalismo demasiado similar al que supuestamente se oponía.

En Santa Fe, el convencional Cullen fundamentó su rechazo del voto de los extranjeros en la existencia de esta "gravísima amenaza". La "doctrina del imperialismo" –decía– [...] "no importa un temor pueril para la existencia de nuestra nacionalidad"; esto lo probaba el libro de Edmond Demolins *A quoi tient la supériorité des anglo-saxons*, "un libro –confesaba seducido– que ha llamado justamente la atención del mundo intelectual por la superioridad del talento con que ha sido escrito y por la audacia de las conclusiones a que arriba".[94] En ese "panegírico entusiasta del carácter *anglo-saxon*" aparecía una advertencia:

> Sobre su cubierta trae un mapa mundi en que se encuentran marcadas en rojo las colonias que pertenecen al Imperio Británico, y pintadas de rosa las posesiones que se encuentran destinadas a ser convertidas en regiones pertenecientes al Gran Imperio, en un plazo más o menos breve. Entre estos países destinados a pasar del rosado al rojo inglés, se halla el Egypto y la República Argentina.

La relevancia del dato lo inclinaba a recomendar "estar alerta", sobre todo después de las recientes declaraciones del famoso político sudafricano Cecil Rhodes: "las repúblicas sudamericanas se encontraban maduras para la conquista por las naciones anglosajonas".[95] Cullen vinculaba este peligro con las recientes noticias sobre el reclamo de protección a Inglaterra hecho por los colonos galeses del Chubut, "declarando que a dicho Imperio corresponde la soberanía de esos territorios".[96] El obispo Romero relacionó los sucesos internacionales con las escuelas de los extranjeros en Santa Fe:

---

[94] El libro de Demolins fue publicado en París en 1897. En ese momento se hicieron muchas referencias en diarios y revistas; por ejemplo, José Luis Cantilo, "El Gran Problema", en: *Revista de Derecho, Historia y Letras*, tomo II, 1898 y Juan Ramón Fernández, "Reforma Universitaria", en ibíd.

[95] La revista de E. Zeballos publicó la traducción de un extracto de la entrevista que un periodista norteamericano hizo a Sir Cecil Rhodes, donde afirmaba las posibilidades de expansión hacia el sur que se presentaban para los anglosajones: "Los Americanos en Sud America" (traducido del *New York Herald* por R. Pérez, Alejandría, Egipto, febrero 11 de 1899), en: *Revista de Derecho, Historia y Letras*, tomo III, marzo de 1899, p. 450.

[96] E. Zeballos hace mención a una nota aparecida en *La Nación*, el 23 de enero de 1899, sobre la comunicación de una queja de aquellos pobladores al ministro de Colonias de Inglaterra.

Yo he visto mapas y estampas de Italia y a su lado la República Argentina mutila-
da con su límite sur hasta el Río Negro, con la Patagonia toda en blanco apareciendo como *res nullius*, como si a nadie pertenecieran! ¡Y esos mapas son los que
existen en las escuelas alemanas e italianas de Santa Fe!

Cullen volvió sobre las intenciones imperialistas de Italia:

Y qué significa [...] ese empeño que demuestran las naciones europeas, por mantener fuertemente vinculados a los emigrantes con el país de origen fomentando
su espíritu de cuerpo, propendiendo a que cultiven con esmero las tradiciones patrias y el idioma nativo y a que no abandonen jamás la nacionalidad de origen?

En los argumentos de quienes se opusieron al proyecto de voto provincial apareció la defensa de la nacionalidad y la nación desde una concepción eminentemente cultural: era necesario "homogeneizar su población, contribuir a que todos
los elementos que constituyen [...] participen de las mismas ideas, abriguen los
mismos sentimientos, tengan propósitos y aspiraciones uniformes". En la República Argentina se había seguido un rumbo equivocado por el exceso de liberalismo de la Constitución Nacional: "hemos sobrepasado en lo que se refiere a la liberalidad con que han sido tratados los extranjeros". Nos conviene, en cambio,
"una política de asimilación y compenetración [...] en ideales comunes de todos
los elementos étnicos que forman su heterogénea población": así, la heterogeneidad étnica se resolvía no sólo en la homogeneidad cultural sino en la uniformidad
de ideales y sentimientos. En la Convención santafesina de 1899, la discusión sobre el sufragio se centró en la defensa de la raza, la nacionalidad y una tradición
institucional "propia" amenazada por otra anglosajona de América del Norte. Se
concluyó que una reforma electoral –ya no nacional como en 1890, sino local y
provincial– y restringida a residentes extranjeros con determinadas condiciones
de arraigo podía convertirse en una amenaza a la nacionalidad. La argumentación
en defensa de la nacionalidad se había convertido en un discurso justificatorio
que encubría el mantenimiento del control político de un grupo en la provincia.
Puso de manifiesto la eficacia del argumento nacional para defender situaciones
políticas establecidas y rechazar los intentos de modificarlas, que se calificaban de
antinacionales.

(E. Zeballos, "El capital extranjero en la República Argentina", en: *Revista de Derecho, Historia y
Letras*, tomo II, 1898). Otras evidencias de una alerta atención ante el avance anglosajón apare-
cen en las declaraciones sobre el Atlántico Sur, la guerra de los boers, los colonos galeses del
Chubut, el arbitraje de límites con Chile, etcétera.

VII. Soldados, gimnastas y escolares: defender la nación

En la era de la "paz armada" la sociedad argentina sufrió los efectos del militarismo, que empezó a cobrar importancia cuando crecieron las posibilidades de guerra con Chile. Los conflictos con los países limítrofes no eran nuevos, pero se fueron agravando a medida que las repúblicas comenzaron a definir sus límites y procuraron incorporar la mayor cantidad de territorios, de acuerdo con el espíritu expansivo de los Estados que aspiraban a convertirse en potencias.

Durante las tareas preliminares para la demarcación de límites acordada con Chile en 1881 ya se entrevieron divergencias difíciles de superar, y desde los últimos años de la década de 1880 se hizo más definida la posibilidad de desembocar en una guerra. Así, pasó a primer plano la necesidad de modernizar el Ejército y la Marina, a fin de disponer de fuerzas capaces de enfrentar a Chile, que luego de su victoria en la Guerra del Pacífico era considerada una potencia militar de importancia.[1]

Se procuró modernizar el Ejército, se fundaron institutos de capacitación militar, se incrementó el armamento, se convocó a la Guardia Nacional a ejercicios militares y se discutió sobre la mejor fórmula para lograr una fuerza militar poderosa y entrenada. Las opiniones oscilaban entre dos modelos de fuerzas militares: el Ejército centralizado y de mando unificado, oficialidad profesional y servicio militar obligatorio, y la Guardia Nacional, formada por ciudadanos-soldados entrenados para tomar las armas en cualquier momento y conscientes de su deber de defender la patria. En un clima crecientemente militarista, la reorganización del Ejército, la instrucción de los soldados, la práctica de la gimnasia o la formación de jóvenes saludables en la década del noventa fueron vistas en relación con la construcción de la nacionalidad y la afirmación de una nación-potencia.

---

[1] Véanse: Gustavo Ferrari, "La Argentina y sus vecinos" en: G. Ferrari y E. Gallo (comps.), *La Argentina del Ochenta al Centenario*, Buenos Aires, Sudamericana, 1980; José Bianco, *Negociaciones internacionales*, Buenos Aires, 1904; Estanislao Zeballos, *Diplomacia desarmada*, Buenos Aires, 1974; Ernesto Quesada, *La política argentina respecto a Chile (1895-1898)*, Buenos Aires, 1898.

Defender la nación

Las fuerzas militares se componían del Ejército de Línea y la Guardia Nacional. El primero estaba integrado por oficialidad y tropa. Ser oficial del Ejército no excluía el desempeño de otras actividades: por ejemplo, lo fueron políticos y funcionarios, como Mitre o Sarmiento; desde 1869, cuando se fundó el Colegio Militar, se sumaron oficiales con formación profesional específica. La tropa estaba integrada por los enganchados –voluntarios que se contrataban para hacer el trabajo militar por un tiempo determinado–, soldados veteranos, entre los que se reclutaba la suboficialidad, y los destinados a servir en el Ejército a causa de una condena. Existía además la Guardia Nacional, creada en Buenos Aires en 1852 y adoptada desde 1854 por la Confederación. La legislación disponía que todos los argentinos de 17 a 60 años debían pertenecer a alguno de los cuerpos de milicias organizados por las provincias. En caso de conmoción interna o de amenaza exterior –según lo establecía el artículo 21 de la Constitución– eran convocados a la Guardia Nacional por el gobierno nacional. Los ciudadanos se incorporaban a unidades o milicias a las órdenes de un jefe civil, que en esas circunstancias asumía funciones militares, nombrado por las provincias, las que también decidían sobre la organización y el régimen disciplinario. Una vez movilizadas, las milicias se convertían en Guardia Nacional y pasaban a depender del gobierno nacional, en igual situación que las tropas de línea, con la sola diferencia del uniforme. Así se constituyó el ejército que combatió en la guerra del Paraguay.[2]

La Guardia Nacional se fundaba en la obligación que existía para todos los ciudadanos de asumir la defensa militar en las situaciones excepcionales previstas por la Constitución. Predominaba el carácter civil: el ciudadano se hacía soldado sin renunciar a otras actividades o condiciones. Su puesta en práctica solía ser dificultosa, por la forma de reclutamiento y organización de los reclutas, que llegaban a la Guardia casi sin entrenamiento previo.

En la década del ochenta el crecimiento y transformación del país, así como las posibilidades de conflictos, reales o hipotéticas, hicieron pensar a los profesionales de la guerra y a muchos otros que el país debía tener un ejército moderno y poderoso, de acuerdo con su nueva importancia. La defensa nacional era una necesidad por todos reconocida, pero había formas muy diversas de alcanzar una capacidad militar que la garantizara. En 1887 se discutió la oportunidad y el alcance del decreto reglamentario de la ley de reclutamiento de 1872, que disponía una incorpo-

---

[2] Véanse: Augusto Rodríguez, *Reseña histórica del Ejército Argentino, 1862-1930*, Buenos Aires, Círculo Militar, 1964; Darío Cantón, *La política de los militares argentinos: 1900-1971*, Buenos Aires, 1971; Augusto, A. Maligne, "Historia Militar de la República Argentina durante el siglo de 1810 a 1910", Buenos Aires, *La Nación*, Suplemento del Centenario, 1910.

ración forzosa "cuando el enganche y los voluntarios no basten a la remonta del ejército".[3] Algunos opinaron que "asegurada la tranquilidad pública", no se justificaba el cambio hacia un ejército permanente: "hoy cuando menos necesidad tenemos de un ejército numeroso, es cuando se instituye el servicio militar obligatorio".[4] Otros se inclinaban por el servicio obligatorio por atribuir al desempeño del soldado un carácter moral superior: "El criminal no puede ni debe ser soldado [...] el enganchado no debe ser extranjero, y aún siendo argentino no es soldado [...] sino un individuo atraído por una cantidad de dinero". El servicio militar y la defensa de la patria son un deber moral, una ofrenda, "un sacrificio, que todo ciudadano amante verdaderamente de la patria y de sus instituciones debe prestar".[5]

Sucesivas medidas tendieron a la capacitación, profesionalización y organización institucional del Ejército de Línea;[6] a la vez, hubo reiterados intentos de mejorar el sistema de convocatoria, reclutamiento, y particularmente de entrenamiento de la Guardia Nacional, con la realización de ejercicios doctrinales o de prácticas militares. Este avance no fue lineal y estuvo signado por marchas, contramarchas y discusiones.

En 1888 se dispuso que era obligatorio el enrolamiento en la Guardia Nacional de los argentinos comprendidos entre los 17 y los 50 años, quienes integrarían el ejército nacional, agrupados por edades.[7] Este sistema procuraba mejorar el reclutamiento, pero dejaba sin resolver la instrucción militar. En 1891 se inició la pro-

---

[3] Decreto 16.141, del 7 de setiembre de 1887, reglamentario de la Ley núm. 542/1.872, de reclutamiento. Establecía una incorporación forzosa al ejército cuando no se alcanzara la cuota de los enganchados. Según A. Rodríguez, esta medida "se presenta como primer vislumbre del servicio militar obligatorio". (Augusto Rodríguez, *Reseña histórica del Ejército argentino, 1862-1930*, ob. cit., p. 78.)

[4] "Remonta del Ejército" (artículo editorial), en: *La Prensa*, 9 de noviembre de 1887.

[5] "Servicio Militar Obligatorio", ibíd., 22 de noviembre de 1887.

[6] En 1869 se creó el Colegio Militar, para la formación de oficiales; en 1884 la Academia Militar, para mejorar la formación de los oficiales que no habían hecho el Colegio Militar y en 1890 la Escuela Normal de Clases de Tropa para educar a los suboficiales. Éstos se perfeccionaban en teoría y práctica de tiro, gimnasia y esgrima, administración interna de cuerpos, procedimiento y código penal militar y especialidades de cada arma. Volvían a sus unidades como instructores. Véase Roberto Cristiani, *Reseña histórica del Cuerpo de Gimnasia y Esgrima del Ejército y su proyección en la vida nacional. Algunos aspectos de su evolución entre 1897 y 1960*, Buenos Aires, Comando en Jefe del Ejército, 1967.

[7] *Registro Nacional*, Acuerdo núm. 16.973, 5 de junio de 1888. El mismo creaba: a) El ejército activo, organizado en tres cuerpos con 33 mil hombres cada uno, al mando de Julio A. Roca, Luis María Campos y Juan Andrés Gelly Obes; a éste pertenecían los hombres de 17 a 35 años; b) La reserva del ejército activo, con 33 mil hombres, constituida por las Guardias Nacionales de la Capital, Buenos Aires, Santa Fe, Córdoba, y Entre Ríos; la formaban los hombres de entre 35 y 40 años; c) El pasivo, que comprendía a los hombres de entre 45 y 50 años y a los exceptuados del servicio activo.

visión a las fuerzas militares de fusiles y carabinas máuser –modelo argentino 1891–, armas muy modernas que requerían de cierta destreza en su manejo; entonces se acentuó la necesidad de impartir entrenamiento militar profesional a los reclutas.[8] En los años noventa, cobró mayor importancia el debate sobre la reforma del Ejército y la necesidad de su perfeccionamiento.[9]

Formar al ciudadano soldado

Con esta transformación institucional de las fuerzas militares, a lo largo de los años noventa fue arraigando la idea de apoyar la capacitación del soldado con el concurso de asociaciones privadas e instituciones civiles. A la vez, ganó terreno otra idea: la preparación militar de los ciudadanos era un aspecto central de la formación de la nacionalidad. Más allá de los militares profesionales, se encarnó en grupos de opinión de configuración fluctuante. Creció y se consolidó en las coyunturas favorables para el entusiasmo patriótico, como bloqueos o amenazas de intervención extranjera o algún atentado –real o imaginado– a la soberanía, y sobre todo ante la posibilidad de guerra con Chile. Aunque el entusiasmo solía debilitarse bastante pronto, apenas este tipo de preocupaciones desaparecía del horizonte, es posible advertir la permanencia de un grupo de entusiastas dispuestos a secundar o respaldar estas campañas o movimientos patrióticos. Lo integraban hombres que pertenecían al mundo de la política, las letras y las artes, los negocios y las empresas, y que a la vez se vinculaban al Ejército, a clubes y a asociaciones deportivas como el Club de Gimnasia y Esgrima y el Tiro Federal, y a otras instituciones similares. Todos ellos compartían el entusiasmo por la preparación física, la gimnasia y el tiro, actividades que asociaban con valores morales y patrióticos. Se manifestaban partidarios de afianzar la unión nacional, principal medio para alcanzar esa grandeza y fortaleza que admiraban en las grandes potencias europeas y que consideraban el resultado, no sólo de su riqueza económica y su civilización, basada en sólidas instituciones, sino fundamentalmente de su potencia militar y capacidad agresiva.

La actitud patriótica y militarista que se desarrolló en los grupos dirigentes de la sociedad argentina se relacionó sin duda con las nuevas circunstancias domésticas, pero reflejaba también el cambio de imágenes y de prestigios relativos de las potencias europeas.

[8] Estanislao Zeballos viajó a Europa con el encargo de comprar armas y contrató en Alemania la provisión del "máuser argentino". Véase Augusto Rodríguez, *Reseña histórica del Ejército...*, ob. cit.

[9] Se publicaron varios trabajos sobre el tema, por ejemplo, "Máuser Pacífico", en: *Ensayo militar por el mariscal del pueblo*, Buenos Aires, Lajouane, 1893; Servio de Maestre y Rodolfo S. Domínguez, *El Ejército Argentino. Reorganización o derrota*, Buenos Aires, Teodoro Real y Prado, 1893.

Mientras que Inglaterra conservaba su lugar de potencia, Francia mostraba una imagen más deslucida, perdido parte de su tradicional prestigio; si bien mantenía su primacía como centro artístico e intelectual, sus instituciones políticas habían caído en un profundo descrédito, y se sospechaba que eran la causa de los graves conflictos sociales allí desatados y de su decadencia como potencia.

Todas las miradas se dirigían a su vencedora de 1870, Alemania, que gracias a su rápida unificación se había convertido en el nuevo modelo de nación potencia. Se admiraban sus logros políticos, la fortaleza de su Estado y su eficacia para resolver los problemas que acosaban a las naciones modernas. Entre sus logros se contaba, en primer plano, el eficaz desarrollo de las instituciones educativas y el sistema de instrucción militar, que abarcaba desde la escuela primaria hasta el ejército regular. A aquéllas se atribuyeron, en gran medida, sus resonantes logros en política internacional: como lo proclamaron los mismos alemanes y lo repitieron desconcertados los franceses, el triunfo de Prusia se debía a la superioridad de la formación educativa alemana, imbricada con la construcción misma de la nación, lo que confirmaba a sus ojos la validez del camino seguido para lograr la unidad interior y el poderío internacional.

La idea de seguir este rumbo fue ganando terreno especialmente en los sectores de la elite preocupados por la formación de la nacionalidad, sobre todo después de la movilización política de los extranjeros entre 1890 y 1893. Estos grupos tendían a concebir la nación de una manera exclusivista y defensiva, expresión de una singularidad cultural, y manifiesta en la unidad simbólica. Para ellos la defensa de la integridad de la patria se convertía en una demanda fundamental, superior a la de los intereses individuales, de modo que los lazos que ligaban a los individuos debían asentarse en una moral patriótica que garantizara su actitud de entrega a la nación. Esta entrega, incitada por una creciente mística patriótica, no sólo tiñó las actividades de los cuerpos militares sino también las de aquellas instituciones cuyas prácticas físicas o deportivas pudieran relacionarse, aunque fuera indirectamente, con la formación del soldado. Del mismo modo, el entusiasmo expresado en las celebraciones patrióticas se trasladó a las exhibiciones deportivas y gimnásticas, a las que se atribuía un valor moral, según una concepción que entendía la actividad física como manifestación de la unión ideal del cuerpo –en su punto de perfección física– y el alma, en su más plena entrega a la patria.

Las sociedades deportivas y de tiro

Uno de los aspectos más importantes de la instrucción del soldado era su capacitación como tirador. Vinculado al perfeccionamiento de las armas, el tiro al blanco se había transformado en todo el mundo en un deporte de moda, y también en Buenos Aires habían nacido algunas asociaciones dedicadas a esta práctica. En 1891, cuando fue incorporado el fusil máuser argentino, se creó el Club Militar de Gimnástica, Esgrima y Tiro.[10] Ya existían el Círculo de Armas y el Tiro Club Buenos Aires, creado poco antes y del cual había sido presidente Marcelo T. de Alvear, un eximio tirador.[11] La aspiración del momento era crear una institución de carácter nacional, un Tiro Federal Argentino o Gran Tiro Nacional como lo denominaban otros. Salustiano Pourteau, destacado profesor de Educación Física del Club Gimnasia y Esgrima y gran propulsor de la idea de una sociedad de carácter nacional, ponía como modelo a la Sociedad de Tiro de Roma, donde el año anterior el mismo rey había participado en el Concurso de Tiradores. Ya en 1886 y en 1888 el Club de Gimnasia y Esgrima había intentado, sin éxito, crear en Buenos Aires un polígono para el tiro al blanco. Pero en 1891 se pensó que había llegado el momento.[12] Según *La Prensa*,

> La idea tantas veces iniciada y puesta incompletamente en práctica de constituir y organizar en toda la República un gran tiro nacional va al fin a realizarse [...] a los trabajos ya tan adelantados del Club Buenos Aires [...] van a agregarse los que promoverá y patrocinará un centro [...] de la importancia del Círculo de Armas.[13]

Las asociaciones de tiro, inspiradas en la moda europea, sumaron también la experiencia de casi dos décadas de las pequeñas asociaciones locales de tiro, creadas por los residentes suizos en Entre Ríos y Santa Fe con fines sobre todo deportivos. El Tiro Suizo de Buenos Aires fue fundado por los residentes de ese origen, estimulados por las actividades de la Sociedad de Tiro Suiza de Montevideo a principios de la década de 1870 y fueron esas asociaciones las que organizaron los primeros torneos, denominados torneos de "Tiros Federales del Río de la Plata".[14] En las instalaciones del Tiro Suizo de Buenos Aires se entrenaba la Guardia Nacional, y allí se formaron algunos de los adeptos que organizaron la Sociedad

---

[10] Integraron la comisión organizadora Jorge Korn, Ezeiza, Placé, Arballo, Emilio Castellanos, Juan M. Videla y el capitán Benjamín Calvete. (*La Prensa*, 11 de setiembre de 1891.)

[11] Otros socios tiradores eran Ricardo A. Day, Hernán Ayerza, Tomás Le Bretón, Carlos Cossio, Rodolfo Lagraña, Ramón Menéndez, Lisandro de la Torre, Manuel Gondra, Justo Álvarez, Bartolomé Obligado, Carlos F. Lynch, Rafael Herrera Vegas, Carlos de la Barra, etc. (*La Prensa*, 26 de noviembre de 1891.)

[12] Oscar Vázquez Lucio, *Historia del Tiro Federal Argentino de Buenos Aires*, Buenos Aires, Eudeba, 1987, p. 14.

[13] *La Prensa*, 25 de noviembre de 1891.

[14] Los torneos tuvieron lugar en el *stand* de Belgrano en 1874, 1878, 1882 y 1892, en Montevideo en 1872 y 1876, y en Rosario en 1895. Véanse Carlos Morra, *Guía de las Sociedades de Tiro*, Buenos Aires, J. Peuser, 1895 y *El Stand*, núm. 12, Buenos Aires, 1902.

Italiana de Tiro al Segno y el Tiro Federal Argentino, que se fundó en 1891. Ese año, el Círculo de Armas convocó a organizar "una asociación de carácter nacional" que tuviera "por objeto ejercitar a los ciudadanos en el manejo de armas y en el tiro". Encabezaron la convocatoria Francisco Ramos Mejía, Antonio Bermejo, Alfredo J. de Urquiza y Antonio V. Obligado[15] e integraron la primera junta directiva del Tiro Federal Argentino Aristóbulo del Valle como presidente, Roque Sáenz Peña como vicepresidente y Jesús M. Espeche, el sargento mayor Alfredo de Urquiza, Federico Leloir, Tomás Santa Coloma, Ricardo A. Day, Carlos Morra, Lucio V. Mansilla, Manuel Láinez, Marcelo T. de Alvear, Rodolfo Araujo Muñoz, los generales Alberto Capdevila, Emilio Sellstrom y Francisco Reynolds y el capitán de fragata Manuel Domecq García. Los torneos realizados en 1892 por los Tiros Federales del Río de la Plata fueron particularmente importantes, y participaron 230 tiradores, "cifra elevada –según *La Prensa*– si se considera que tan útil ejercicio estaba aún en embrión con respecto al elemento nacional". Estuvieron presentes doce sociedades de Montevideo, Paysandú y Nueva Helvecia del Uruguay, San José de Entre Ríos, Esperanza, San Gerónimo, Carcarañá, San Carlos y Rosario de Santa Fe, Baradero y Colonia Tornquist de Buenos Aires. En 1895 se iniciaron las actividades regulares en el Tiro Federal y en la Sociedad Italiana de Tiro al Segno. En momentos en que aumentaba la tensión con Chile, se consideró que el entrenamiento y la práctica de tiro entre los ciudadanos era una contribución fundamental para la defensa nacional. Precisamente entonces se estableció la instrucción militar y la práctica de tiro en los colegios nacionales y escuelas normales y de comercio.

Mientras tanto, se habían ido formando asociaciones de tiro en ciudades y pueblos, y este deporte "patriótico" se difundió y ganó adeptos en amplios sectores de la sociedad. Surgieron asociaciones en los diferentes barrios de Buenos Aires. El Centro Buenos Aires de Gimnasia, Esgrima y Tiro de la Parroquia de Balvanera invitó a los vecinos a asociarse al centro, tan necesario

> para el desarrollo de las fuerzas físicas como útil para preparar a la juventud en el manejo de las armas formando ciudadanos dignos representantes de esta gran nación. Cuenta además con un salón de lectura que posee una biblioteca de más de doscientos volúmenes [...] a la que concurre la juventud con asiduidad a ilustrar y

---

[15] También firmaban Plácido Maín, Antonio J. Crespo, Adolfo J. Olivares, Julio Fernández, Arturo Gramujo, Alejandro Acevedo, A. F. Orma, Carlos Basabilvaso, Alfredo Gándara, J. M. Espeche, Carlos Blaquier, Faustino Bengolea, Carlos V. Ocampo, Enrique Rojo, Osvaldo Saavedra, Bernardino Bilbao, A. Dutilloit, Emilio Castro (h.), Pablo Cárdenas, Ernesto Mayol, Eduardo González Bustamante, Rodolfo Araujo Muñoz, Luis M. Acuña, José A. Llovet, Manuel Guerrero. (*La Prensa*, 25 de noviembre de 1891.)

a nutrir su inteligencia [...] La comisión [...] penetrada de la necesidad de fomentar esta clase de instituciones que están llamadas a prestar grandes servicios a la juventud convirtiéndola en sana y vigorosa y alejándola de otros centros que minan su salud cuando no pervierten sus buenas costumbres, ha creído una necesidad invitar a todos los vecinos de esta populosa parroquia a que formen parte del Centro [mediante] el pago de una cuota mensual adelantada de dos pesos.[16]

Existía la intención de articular las diferentes sociedades de tiro que paulatinamente iban surgiendo en el país en un Tiro Nacional. La denominación "nacional" era importante, más allá de su extensión efectiva; se pensaba que una sociedad o liga particular así denominada se investía de los valores atribuidos a la nación y la legitimidad derivada de la promoción de un interés común.

La defensa nacional era un objetivo principal de los tiros. Más allá del atractivo que tenía para los jóvenes –y los maduros– de la sociedad porteña este "deporte de reyes", gallardo, viril y de moda entre los círculos elegantes europeos, interesaba la amplia difusión de esa capacidad entre la población masculina, importante para la capacitación de potenciales soldados del ejército nacional y para la formación moral nacional. Una mística patriótica envolvió progresivamente su práctica y la de otros deportes, especialmente la gimnástica. Esta relación fue explicada por Alejandro Guesalaga, en su *Informe sobre la instrucción pública en Alemania y Suiza*:

los ejercicios gimnásticos constituyen una preparación directa al estado militar. También en este caso la pedagogía alemana tiene por objeto la unidad. La enseñanza de la gimnasia en este país es más bien disciplinaria [...] se proponen formar con la juventud conjuntos disciplinados, coherentes, obedientes y manuables, en una palabra, podría decirse que es la escuela del soldado [...] La disciplina en el ejército nace en la escuela [...] desde su infancia aprenden a marchar como soldados [...] Después de la invasión napoleónica, la Alemania humillada se levantó como un solo hombre [...] todo el país se constituyó en sociedades patrióticas y medio militares que se adiestraban en las armas, en la lucha y en toda clase de ejercicios viriles. El profesor Jahn fue el que inventó la gimnasia, inspirándose en estos sentimientos y prediciendo al inaugurarla una guerra futura en la cual saldrían victoriosos; más adelante, Jäger completó la gimnasia dándoles bastones que desempeñaban las veces de fusiles con el objeto de preparar a los jóvenes a convertirse en defensores de la patria.[17]

[16] *La Prensa*, 26 de enero de 1893.
[17] Alejandro Guesalaga, *Informe sobre la instrucción pública en Alemania y Suiza* (cap. VIII, "El canto, la gimnasia y su relación con el servicio militar"), s/d, pp. 95-96. Guesalaga fue miembro de la legación argentina en Berlín; este informe fue elogiado y consultado: Lucas Ayarragaray lo citó, como se vio, en la discusión en el Congreso Nacional, en 1896.

En la Argentina existían unas pocas sociedades de gimnasia, algunas relacionadas por origen y sociabilidad con las dedicadas a la práctica de tiro, por ejemplo la Sociedad Suiza de Gimnasia y la Sociedad de Tiro Suizo de Belgrano.[18] Pero la gimnasia tenía también un antiguo y prestigioso centro en el club Gimnasia y Esgrima de Buenos Aires, de donde salió la iniciativa de fundar una gran Federación Gimnástica Nacional. Salustiano Pourteau, profesor de gimnasia y miembro de la Comisión Directiva, explicó en noviembre 1891 que el club, interesado por el porvenir nacional, había emprendido una campaña encaminada, como otras anteriores, "en cuanto a su acción social a afirmar el sentimiento nacional preparando ciudadanos fuertes". El club perseguía "la fundación de la Federación Gimnástica Nacional sobre bases amplias y patrióticas" y buscaba realizar acciones que tendieran "a unir en un haz todas las fuerzas gimnásticas diseminadas en la República y que van despertándose poco a poco en expansión verdaderamente halagadora para el sentimiento nacional". San Nicolás, Rosario, Córdoba, Mendoza, Tucumán, Paraná, Azul, Corrientes, y algunos otros centros ya tenían "su Club de Gimnasia y Esgrima y actualmente trata de fundarlo también Concordia después de haber dado el hermoso espectáculo de la formación del batallón de voluntarios". El Club de Gimnasia y Esgrima de esta ciudad perseguía la idea de constituir con estos elementos importantes la federación nacional y esta idea, lanzada oficialmente por su presidente en Rosario, mereció entusiasta acogida.[19]

Para llevar a la práctica estas ideas, y a la vez alcanzar a un público más amplio, era necesaria una acción propagandística. Las escuelas comunes y los niños eran uno de los campos de acción más importantes, porque la institución educativa era extensa y organizada y también por la capacidad de los niños para movilizar y conmover al conjunto de la sociedad. Hasta ellas habrían de llegar las propuestas de educación militar, que inicialmente se concentraron en los colegios nacionales y las escuelas normales, cuyos alumnos estaban más cerca de la edad del soldado. Con este propósito propagandístico, las asociaciones gimnásticas habían acordado la realización de una competencia o concurso, "establecido anualmente en lo sucesivo con lo cual se obligará a la continuidad del ejercicio que es el propósito que persigue el club y la condición esencial de la educación física".[20]

---

[18] Estaban vinculadas por origen y juntas conmemoraban los aniversarios patrios los días 11 y 12 de noviembre. (*La Prensa*, 10 de noviembre de 1893.)

[19] Salustiano Pourteau, "La Fiesta Gimnástica", en: *La Nación*, 2 de noviembre de 1891. Sobre la importancia de las asociaciones gimnásticas en la constitución de movimientos nacionalistas en Europa, véase E. Hobsbawm, *La era del imperio*, Madrid, Labor, 1989 y George Mosse, *La nazionalizzazione delle masse*, Bolonia, Il Mulino, 1975.

[20] S. Pourteau, "La Fiesta Gimnástica", ob. cit.

El Gran Torneo Gimnástico

La idea de movilizar a los más jóvenes para desempeñar un papel protagónico en una gran celebración ya había sido empleada con los batallones escolares a fines de los años ochenta. Reapareció en 1892, bajo la forma de un Gran Torneo Gimnástico, que el Club Gimnasia y Esgrima de Buenos Aires (GEBA) programó para la conmemoración del Cuarto Centenario del Descubrimiento de América. Se proyectó la participación de "no menos de cinco mil niños de las escuelas públicas y privadas".[21] Uno de sus gestores, el profesor Pourteau, justificó la trascendencia del evento por la íntima relación que vinculaba la gimnástica, la instrucción militar, el patriotismo y la nacionalidad.[22] El torneo infantil era parte de otro proyecto más ambicioso de GEBA: liderar un movimiento nacional de asociaciones gimnásticas, estimulando su creación en las ciudades más importantes del país, para culminar con la organización de una Federación Nacional Gimnástica.

Pourteau aprobó con entusiasmo la orientación que el nuevo presidente del club, el periodista e historiador Gabriel Cantilo, imprimió a la institución. Según Pourteau, si se pretendía "formar ciudadanos fácilmente transformables en soldados" se debía poner en marcha un plan de preparación física en las escuelas, así como torneos y fiestas destinados a "despertar la emulación en la juventud" y a obtener "el elevado sentimiento de la nacionalidad, el orgullo sagrado del patriotismo". Debía tratarse de "despertar la emulación de nuestra juventud organizando concursos de toda clase" y de honrar a los vencedores por sus merecimientos y por "el significado moral" que ellos revestían. Ponía como ejemplo a los suizos: igual que los alemanes, asociaban la escolaridad con la gimnástica militar y la práctica de tiro, y además habían demostrado ser capaces de poner a sus hijos en pie de guerra y en las fronteras con asombrosa prontitud.[23]

Para dar forma a esta aspiración, Pourteau imaginaba también la creación de un Gran Gimnasio Nacional, que se levantaría en la Plaza Lavalle: un lugar central de la ciudad consagrado a la actividad gimnástica. En su proyecto, la plaza estaría rodeada por una ancha vereda y una línea de frondosos árboles con bancos; luego, una verja y por dentro, otra línea de árboles y una pista para carreras a pie.

[21] Idem.
[22] Sobre la relación entre formación física, instrucción militar y patriotismo, véase Pierre Arnaud, *Le militaire, l'écolier, le gymnaste. Naissance de l'éducation physique en France (1869-1889)*, Lyon, Presses Universitaires de Lyon, 1991; Joany Hichberger, "Old Soldiers" en: Raphael Samuel (comp.), *Patriotism, The making and unmaking of British national identity*, vol. III, Londres, Routledge, 1989; Philippe Contamine, "Mourir pour la patrie" y Gérard de Puymège, "Le soldat Chauvin" en: Pierre Nora (comp.), *Les lieux de mémoire*, París, Gallimard, 1984.
[23] S. Pourteau, "Educación Física. El Gran Torneo Nacional. Una Obra Patriótica", en: *La Nación*, 1º de abril de 1892.

En el centro, toda clase de aparatos para hacer gimnasia y un pórtico con cuerdas para ejercicios; a los costados, lugares para salto y terrenos para juegos:

> A esta plaza concurren diariamente y por turno, las escuelas de la Capital que carecen del espacio necesario para que sus alumnos puedan tomar el ejercicio y aire necesario. Mensualmente se reúne un número dado de escuelas y se establecen en concursos parciales o generales [...] a fin de conocer la fuerza de los alumnos de cada escuela o parroquia y preparar con equidad un gran certamen anual a celebrar el 12 de octubre de cada año.

Este Gran Gimnasio Nacional y el Tiro Nacional, otra institución que creía imprescindible constituir, "se complementarán admirablemente, y en breve plazo veríamos formarse la falange sobre la cual pudiera descansar confiada y segura nuestra patria". Pourteau manifiesta otra aspiración: "Del Club Gimnasia y Esgrima debe salir el primer regimiento de guardias nacionales que solicite del gobierno la creación de los ejercicios doctrinales periódicos en los días feriados, por ejemplo, como medio de preparar a nuestra juventud en la sagrada misión del soldado". Concluía con un deseo: "¡Hago moción para que el IV Centenario del Descubrimiento de América sea dignamente celebrado por medio de un gran Concurso de Gimnasia, Esgrima y Tiro y Revista de 10 mil Guardias Nacionales en pie de guerra". En ese año de 1892, respondiendo sin duda a la iniciativa de GEBA y de otros grupos interesados en la preparación para la guerra, la Guardia Nacional fue convocada para realizar entrenamiento militar.

Respecto de la gimnasia –según Pourteau– GEBA se proponía "no descansar hasta conseguir que en la República Argentina sea obligatorio encerrar una *mens sana in corpore sano*". Para esto,

> de la modesta cátedra en los colegios y escuelas –así del estado como particulares– es de donde debe irradiar el entusiasmo que gane a la niñez y a la juventud en primer término. Poco tardará en ganar desde allí a los padres, al pueblo y al gobierno.[24]

Sin embargo, GEBA encontró dificultades para lograr la participación de las escuelas públicas en este proyecto. El año anterior se había atribuido la muerte de un niño a las fatigas del entrenamiento, y eso aumentó las reticencias de muchos docentes a ese tipo de prácticas y exhibiciones.[25] El diario *La Prensa*, entusiasmado

---

[24] "El Gran Torneo Nacional. Octubre 12 de 1892", en: *La Prensa*, 25 de julio de 1892.

[25] "En la mañana de ayer falleció el niño E. Espadero, Jefe de uno de los batallones Infantiles, el de los 'Cívicos de la Patria'". ("Batallones Infantiles", ibíd., 6 de junio de 1891). "En el cortejo fúnebre iban los compañeros de armas [...] y la banda de música de los Huérfanos." ("Entierro del niño Estanislao Espadero", en: *La Prensa*, 7 de junio de 1891.)

con la idea del club, afirmó que "el Consejo Nacional de Educación haría bien en apresurarse a prestar su más decidido concurso al mejor éxito del gran torneo gimnástico", y reclamó que éste hiciera sentir su autoridad en favor del torneo. De esto dependía su éxito, confesaba al CNE el presidente de GEBA: "no se me oculta que el éxito definitivo no estará conseguido sino pudiendo contar con la intervención de las escuelas dependientes de ese Honorable Consejo."[26] Finalmente el CNE resolvió no involucrar a la institución en el Torneo y comunicó:

> ha decidido prestarle su cooperación en los límites de las atribuciones que le corresponden [...] la obligación escolar no puede ir más allá del recinto de la escuela ni comprender otros actos que los que determinan sus programas de enseñanza. Por otra parte, siempre que se ha requerido la asistencia de los alumnos con propósitos análogos se ha limitado a prestigiarlos dejando al padre que es quien resuelve en definitiva si sus hijos han de tomar parte o no en ella.[27]

El club recibió en cambio apoyo oficial del Congreso de la Nación, que votó en julio de 1892 un subsidio de quince mil pesos para la realización del Torneo,[28] y de la Municipalidad de Buenos Aires, que "sintiendo que circunstancias bien conocidas le impedían [...] conmemorar [el Centenario] como hubiera deseado", dejaba al club su organización, y confiaba en que todos los habitantes de la Capital se asociarían a la celebración del grandioso acontecimiento.[29]

Sin embargo, el torneo no pudo realizarse el mismo 12 de octubre, probablemente porque la preparación de un conjunto tan numeroso de niños –que quedó en manos de los instructores de GEBA– demandó un tiempo mayor del previsto. Sólo en noviembre se pudieron realizar los ensayos finales en el Frontón Buenos Aires y en la Plaza Eúzkara, los que tuvieron un claro efecto propagandístico, tanto por el público que los presenció como por las entusiastas crónicas periodísticas. Éstas presentaron el torneo como la "gran revista del ejército gimnástico", y lograron que el día de la exhibición se contara con mucho público, formado en su mayoría por los padres de los niños. El torneo –en realidad se trató de una exhibición gimnástica– se realizó en la plaza Eúzkara y fue respaldado por la presencia de las máximas autoridades: el "Presidente de la República, los ministros de la Guerra e Instrucción Pública, el Intendente Municipal, la Comisión Directiva del Club de Gimnasia y Esgrima, el presidente de la Sociedad Suiza de Gimnasia y otras personas de distinción".[30] Los movimientos rítmicos y el desplazamiento acompasado

---

26 "El Gran Torneo Gimnástico", en: *La Prensa*, 13 de julio de 1892.

27 Ibíd., 2 de agosto de 1892.

28 *Registro Nacional*, Ley núm. 2.944, 18 de julio de 1892.

29 *La Prensa*, 9 de octubre de 1892.

30 Ibíd., 28 de noviembre de 1892.

en formaciones regulares de un conjunto infantil tan numeroso conmovieron al público ya emocionalmente predispuesto. Según la crónica periodística,

> El uniforme y la disciplina contribuían a que los cuadros fueran hermosísimos. Lo bello y lo altamente útil hállanse pues combinados perfectamente, en esos movimientos simultáneos de centenares de niños, los cuales levantando los brazos, inclinando el cuerpo, girando a un lado y a otro, y todos al mismo tiempo, a la misma voz, ejercitan cada una de las secciones del organismo y se habitúan a los indispensables principios de la disciplina por la regularidad matemática de los movimientos.

Según la misma crónica periodística, Gabriel Cantilo saludó:

> en estas falanges infantiles la fuerza futura de la Nación. Un lustro más y estos que miráis aquí serán bizarros guardias nacionales. Ahí los tenéis vistiendo el uniforme de gimnasia, que nivela todas las posiciones sociales. No distinguiréis en esas filas al hijo de familia pudiente del hijo del obrero humilde. Se os presentan con idéntico aspecto, con la misma gallarda apostura, sin rangos ni jerarquías, sometidos todos a la ley severa de la disciplina. Así también confundidos en un solo anhelo formarán en defensa de la nación. Soldados hoy del ejército gimnástico, serán mañana el brazo fuerte de la patria [...] Esta es la fiesta de la fuerza [...] en ellas se afirma y consolida el sentimiento de la nacionalidad.

La virtud igualadora que encontraba en ellas coincide con la elogiada por los partidarios del servicio permanente en el ejército. Allí –según sostenía en *La Prensa* un militar–, la obligación común suprime las diferencias, sometiéndolos a una misma severa disciplina porque todos son necesarios. "Hoy en día no se hace nada sino con la espontánea colaboración de esta potencia infalible que los alemanes llaman Her Omnes, Señor Todo el Mundo".[31] La disciplina gimnástica o militar iguala las diferencias individuales y constituye un todo uniforme que con el movimiento rítmico del conjunto, en el espectáculo, exalta fuerza y belleza, y expresa la unidad en un común ideal patrio.

Con el Torneo, GEBA pretendía dejar "fundada la institución de los torneos gimnásticos anuales", celebrando, a la manera de las federaciones gimnásticas europeas, encuentros, competencias y espectáculos masivos. Según Cantilo,

> Este acto no es aislado y por nuestra parte perseveramos hasta darle la amplitud que exige en el porvenir; debe tenerse presente que hay en la República quince sociedades gimnásticas prontas a secundar nuestra iniciativa, ensanchándola al calor de su entusiasmo.[32]

---

[31] "La reorganización del ejército", ibíd., 21 de noviembre de 1892.
[32] *La Prensa*, 28 de noviembre de 1892.

Al año siguiente, un grupo de diputados presentó un proyecto de ley para otorgar a GEBA un subsidio para organizar un torneo gimnástico escolar, señalando que el club, cuya acción benéfica se extendía a la nación entera, era "una escuela de virilidad, de energía y de valor que merece estar colocado al lado de nuestras grandes instituciones nacionales, los colegios y las universidades".[33]

El Sthenójeno *Patriótico Argentino*

También el CNE pretendía la educación física de los niños aunque con un enfoque muy diferente al de GEBA. Por entonces, el Consejo había solicitado a la Municipalidad la cesión de terrenos próximos al Parque Tres de Febrero para crear jardines e instalaciones donde los alumnos de las escuelas públicas pudieran practicar gimnasia al aire libre. A principios de 1893 se firmó un acuerdo con la Municipalidad, que cedía temporalmente un terreno de 16.200 metros cuadrados para la construcción de un gimnasio.[34] La orientación que se imprimiría a la práctica gimnástica dio lugar a un nuevo conflicto, que en este caso se dirimió dentro de la institución educativa.

Cuando Gabriel Cantilo asumió como presidente de GEBA, Honorio Leguizamón, en ese momento director de la Escuela Normal de Profesores de la Capital y miembro activo del club, se había declarado "un soldado", un seguidor entusiasta de sus ideas. En mayo de 1893 dictó una Conferencia Doctrinal sobre Educación Física. El CNE organizaba en la Capital Federal conferencias pedagógicas, de exposición y discusión de temas generales, para conocer la opinión del cuerpo docente y obtener un pronunciamiento que permitiera luego su instrumentación en las escuelas. Este pronunciamiento se alcanzaba por votación de los docentes reunidos en asamblea, y respaldaba y legitimaba medidas que luego ponía en vigor el CNE.

Si bien la asamblea no era una institución permanente e independiente de la convocatoria del CNE, y las conferencias pasaban por altibajos en su funcionamiento y en la concurrencia de los maestros, sus decisiones eran tomadas en cuenta. Este reconocimiento de la opinión de los docentes fue oficialmente anunciado a mediados de la década de 1890, para estimular su participación. En 1894 se reconoció oficialmente que "las ideas que resultasen dominantes en la Asamblea pedagógica servirían para fijar inmediatamente el rumbo a las tareas individuales de los maestros". Según el Consejo,

---

[33] Congreso Nacional, Cámara de Diputados, *Diario de Sesiones*, julio de 1893, solicitud de un subsidio de 15 mil pesos presentada por Indalecio Gómez, Félix M. Gómez, Juan M. Acuña, Eugenio T. Abella y Bartolomé Novaro.

[34] *El Monitor*, tomo XI, núm. 220, enero de 1893, p. 957.

el cuerpo docente se encontraba llamado acaso por primera vez a intervenir en la organización y dirección de la escuela, y el Consejo al reconocer y honrar así la preparación de los maestros, asesorándose de ellos, aseguraba así su concurso y lo ponía sin reservas al servicio de la educación común.[35]

En ocasiones los docentes no sólo opinaron sino que lograron imponer criterios, inclusive en asuntos no secundarios, haciendo variar rumbos y orientando las decisiones del Consejo Nacional. La orientación de la enseñanza de la educación física dio lugar a que la opinión de los docentes se pusiera firmemente de manifiesto.

En la Conferencia Doctrinal mencionada, H. Leguizamón presentó un proyecto de creación de un gimnasio que denominó *Sthenójeno* Patriótico Argentino. Se compondría de varios terrenos espaciosos y cercados, preparados para la realización de ejercicios al aire libre, distribuidos en los diversos barrios de la ciudad. Éstos se abrirían los días feriados para todos los niños con matrícula escolar, quienes tendrían derecho, una vez dentro, a una hora de juego libre,

> concluída la cual, el toque del tambor les llamaría a hacer ejercicios militares en conjunto, o a oír una lección moral o patriótica […] [Esta actividad] daría benéficos resultados porque ella está basada en la inagotable fuente de atracción para los niños e inspirada en el más noble de los amores del ciudadano: la patria.[36]

La asamblea del personal de las escuelas normales y comunes de la Capital asistente a la Conferencia Doctrinal, si bien aprobó en general la creación del *Sthenójeno*, decidió pasar el proyecto a estudio de una comisión, integrada por José María Aubin, Úrsula Lapuente y Juan Tufró, maestros de reconocido prestigio.

En la reunión siguiente, en julio de 1893, presentaron un proyecto que modificaba en algunos puntos sustanciales la propuesta originaria. Se sostenía que, siendo la educación física una enseñanza dispuesta por la Ley de Educación,

> debe darse regular y metódicamente como las otras enseñanzas en la escuela; en los primeros grados […] deben predominar los juegos y los ejercicios libres [y] sería de desear el establecimiento de Plazas de Juegos que estuviesen abiertas todos los días y en toda estación, en las horas anteriores y posteriores a las que comprenda el día escolar. Dichas plazas servirán para hacer ejercicios libres y juegos.

Luego de debatir, la asamblea aprobó el proyecto modificado, que convertía la inicial propuesta militar-patriótica del prestigioso director de la Escuela Normal

---

[35] *Informe del CNE al Ministro de Instrucción Pública correspondiente a 1894-1895*, Buenos Aires, 1896, p. 125.
[36] *El Monitor*, tomo XII, núm. 226, mayo de 1893, pp. 127 a 133.

de Profesores en otra diferente.[37] Muy poco después se anunció que el CNE había decidido la creación de cuatro gimnasios escolares al aire libre, localizados en el parque Tres de Febrero, en las calles Pozos y Brasil, Salta y Suárez, y Juncal y Basavilbaso; también ordenó que se proyectaran "las construcciones necesarias para los diversos juegos […] con el fin de estimular su actividad natural". Esta resolución del CNE coincidía con la que había apoyado la mayoría del cuerpo docente, y era claramente divergente de la postura sustentada por algunas autoridades y por prestigiosas instituciones.

Las conferencias pedagógicas permitían a algunos maestros, los más destacados, sentar su enfoque en el tema y lograr eco entre sus colegas. Emilio Olivé, director de la Escuela Superior de Varones del 5to Distrito, sostuvo que "para que los niños hagan gimnasia con éxito es necesario que los entretenga, y para que [ésta] los entretenga ha de revestir la forma de juego". Coincidiendo con Olivé, *El Monitor* concluía que

el juego es la piedra de toque del carácter, en el niño o en el hombre, y los juegos libres, organizados convenientemente, serán fecundos en revelaciones para los maestros, de los cuales sacarán ellos el mejor partido en su afán de contribuir a la educación moral, física e intelectual de sus alumnos. Reciba el señor Olivé nuestras felicitaciones.[38]

Varios años después, en 1901, Emilio Olivé publicó un manual de juegos y actividades físicas para niños y jóvenes de ambos sexos, donde desarrollaba estas ideas. Al señalar la repercusión que había tenido en los maestros y en la práctica escolar, *El Monitor* explicaba:

durante mucho tiempo [lo] hemos facilitado a los maestros en la biblioteca. [El manual] reúne la ventaja de venir ilustrado con grabados que facilitarán al personal docente la enseñanza de estos juegos, tan útiles desde el punto de vista de la educación física como de la educación intelectual.[39]

Por otra parte, el profesor Pourteau brindó un testimonio, no sospechoso de parcialidad, sobre la presencia del juego en las actividades físicas de los escolares. En una carta que dirigió a Félix Martín y Herrera en noviembre de 1893, con las observaciones sobre la enseñanza de la educación física realizadas durante una visita a las escuelas, decía haber notado que no había "tiranía, ni penitencias crueles, ni

---

[37] *El Monitor*, tomo XII, núm. 229, julio de 1893, p. 19 y tomo XII, núm. 230, julio de 1893, p. 238; también en *La Prensa*, 28 de julio de 1893.

[38] *El Monitor*, tomo XII, núm. 237, noviembre de 1893, p. 411.

[39] Ibíd., tomo XVIII, núm. 341, julio de 1901, p. 45

esa cantidad de niños taciturnos, silenciosos, retraídos [...] [en] nuestras escuelas donde he visto que se juega con la libertad que permite el local limitado y los patios cuidadosamente embaldosados".

Esta situación, sin embargo, no le parecía satisfactoria. En defensa de su posición sobre la educación física, agregaba: "De lo que sí ha llegado el caso de convencerse [es] de que los juegos y los ejercicios naturales si bien son ejercicios físicos y son benéficos en alto grado, no pueden, no deben llenar un programa de educación física".[40] Pourteau, como vimos, pensaba en una ejercitación más sistematizada y que persiguiera otros objetivos.

Disciplina de la obediencia o gobierno intelectual de sí mismo

La preocupación por robustecer las fuerzas militares de la Argentina se acentuó desde 1892. Los ejercicios de entrenamiento de la Guardia Nacional se reiteraron en 1893; en 1894 la convocatoria fue probablemente más amplia, y además la Guardia Nacional tomó parte junto al Ejército de Línea de la revista militar del 9 de Julio. Para el año siguiente, el gobierno dispuso que la Guardia Nacional, incluyendo por primera vez contingentes de las provincias, desfilara en la proyectada "Fiesta de la Patria", cuyo propósito era concentrar la celebración patriótica en "una sola y grandiosa conmemoración".[41] La participación del Ejército y la Guardia Nacional en los desfiles y en los actos de las fiestas patrias estimuló el necesario clima patriótico militar pues, como había señalado Lucio V. Mansilla, no sólo hacía falta contar con las fuerzas militares capacitadas sino también con "un sistema popular de movilización, en el sentido de que la población lo acepte".[42]

En 1894, una comisión de estudio nombrada por el Poder Ejecutivo había recomendado la introducción de la instrucción militar en los colegios nacionales, escuelas normales y comerciales. La inminencia del decreto que la pondría en práctica alertó al magisterio sobre un intento de introducirla también en la escuela primaria. El inspector Andrés Ferreira –maestro de gran prestigio y autor del libro de lectura *El Nene*– enfrentó la cuestión disertando sobre la instrucción militar en las Conferencias Doctrinales. Se proponía generar en los docentes una definición clara en contra de la instrucción militar, una cuestión que, como resultado de la experiencia

[40] Ibíd., tomo XII, núm. 237, noviembre de 1893, p. 413.

[41] "Idea en Discusión. La Fiesta de la Patria. Una sola y grandiosa conmemoración", en: *La Nación*, 13 de julio de 1894.

[42] General Lucio V. Mansilla, "Estudio sobre la organización del ejército argentino y defensa nacional", en: *La Prensa*, 8 de abril de 1893. El texto fue escrito durante la guerra del Paraguay.

de los batallones escolares, había pasado "a la categoría de cosa juzgada en el espíritu de los señores maestros y del Honorable Consejo". Ferreira sostenía que mientras "nuestro plan de estudio contenga todavía la amenaza permanente de resurrección de los famosos batallones escolares" existía el peligro de que los maestros fueran arrastrados por el entusiasmo patriótico y la imitación de los colegios nacionales.

Ferreira argumentó que la instrucción militar no respondía a ninguno de los principios pedagógicos que regían la escuela primaria común: la universalidad estaba limitada por la exigencia de aptitud física y la exclusión de las niñas; la gradualidad no era contemplada y no se tenía en cuenta la edad. Tampoco era beneficiosa para la salud: "los ejercicios militares son dañinos [...] por la acción unilateral de la actividad militar contraria a las leyes del desarrollo armónico del cuerpo y [...] perniciosos para niños en edad escolar".[43] Por otra parte, las instituciones pedagógicas más avanzadas establecían una clara diferencia entre el entrenamiento militar y la educación física escolar, cuyo propósito debía ser el desarrollo del niño, y además recomendaban "la supresión de todo aparato gimnástico y su reemplazo por ejercicios libres".

La objeción más importante de Ferreira se centraba en el tipo de hábitos que la instrucción militar formaba, "convirtiendo al niño en autómata de la voz de mando". La disciplina negativa que buscaba formar en el niño era opuesta a la que debía crear la escuela:

Los medios propios del instructor militar son la repetición y continuidad de la ejercitación para obtener el automatismo necesario de los movimientos y evoluciones. El pedagogo por el contrario debe respetar la ley de equilibrio sicofísico alternando el trabajo corpóreo con el reposo y el trabajo intelectual, respetando los instintos del niño, que debe tomarse como guía para la continuidad, repetición o alteración de las tareas.

Esta disciplina militar era contraria al

instinto del niño [que en] salvaguardia de su salud, se subleva contra ese automatismo de la disciplina militar. Las repeticiones frecuentes, la subordinación y obediencia pasivas a que debe sujetarse el alumno, hacen fastidiosos los ejercicios y traen pronto el aburrimiento, de aquí que la inmovilidad y el silencio en las filas, sea imposible.

Ambas disciplinas resultaban contradictorias: "si el pedagogo aplica a la ejercitación las leyes de la disciplina espontánea fracasa el propósito militar, si el oficial

---

[43] Andrés Ferreira, "La instrucción militar", en: *El Monitor*, tomo XIII, núm. 252, setiembre de 1894, pp. 1.066 a 1.082.

aplica las coerciones militares, fracasa la educación pedagógica". En consecuencia, en las escuelas "el batallón escolar, muy lejos de facilitarles su tarea, desde el punto de vista de la conservación de la disciplina, es a menudo una causa de barullo y desorden".

En su argumentación quedaba claramente expuesta la oposición entre la disciplina de la obediencia y la buscada por "la educación moderna, que [...] protesta contra esta obediencia ciega". Esta oposición se manifiesta también en las facultades que una y otra estimulan y las formas de conocimiento que permiten, puesto que

la instrucción militar cultiva la facultad de atender de una manera especial y en detrimento de facultades intelectuales como la de raciocinar [sic] y crear. Anula el sentimiento de la personalidad humana subvirtiendo la manera propia de funcionar que tiene la voluntad, bajo los dictados del gobierno intelectual de sí mismo.

Por el contrario, el objetivo de la escuela era, precisamente, este gobierno intelectual de sí mismo, o autodisciplina. La distinción entre las dos formas de disciplina, que respondían a finalidades tan divergentes, le permitía demostrar la incompatibilidad existente entre la instrucción militar y la de la escuela primaria común.

Ferreira agrega otros argumentos más claramente políticos. La instrucción militar fomentaba un patriotismo artificial y exacerbado; agregaba:

[si bien] el amor a la patria es indispensable en la sociabilidad actual, [em]pero el amor a la humanidad es más general y lo comprende, y sólo partiendo de él puede tenerse una noción clara del patriotismo en sus aplicaciones a la defensa de los derechos internacionales, como un derivado de los dictados de la justicia internacional.

Proponía, como un objetivo patriótico superior, "sembrar en el corazón de nuestros hijos el más grandioso y noble de los sentimientos del hombre: el amor universal".

Al finalizar la conferencia de Ferreira, la Asamblea de Maestros votó afirmativamente, por amplia mayoría, dos proposiciones decisivas:

1º. La instrucción militar con armas y equipos, grados y carácter bélico, es incompatible con la enseñanza primaria;
2º. Debe nombrarse una comisión científica que ajustándose a este principio revise los programas de ejercicio físico y proponga un plan de ejercicios sencillos que sean útiles a la preparación del ciudadano.[44]

Tiempo después, la revista *La Educación* reprodujo un comentario de Ferreira: Benjamín Zorrilla, presidente del CNE, le habría reconocido que la idea de intro-

[44] Idem.

ducir los ejercicios militares en las escuelas primarias había sido desechada debido a que fue "derrotada por una asamblea de maestros". Se refería precisamente al resultado de la Asamblea de Maestros del 28 de agosto de 1894: el peso de la opinión del cuerpo docente de la Capital había sido decisivo en la política seguida en este caso por el CNE.

En otros lugares prevalecieron posturas diferentes sobre la instrucción militar. En Entre Ríos, por ejemplo, donde el clima predominante parecía ser otro, reinaba "un espíritu muy favorable a la institución de los batallones escolares".[45] El señor Bavio, presidente del Consejo General de Educación de la Provincia, sostenía que los ejercicios escolares

> requieren del maestro mucha seriedad y dedicación [...] Pensamos que debería comenzarse por hacer cuadrar y alinear a los niños, y no pasar adelante hasta que esto se consiga a la perfección, porque es la base de todo. Cuando se pasa al manejo de armas no se enseñará un nuevo movimiento hasta que el anterior esté bien hecho".

Bavio se refería, sin lugar a dudas, a ejercicios propios de la instrucción militar.[46]

En el Patronato de la Infancia, una institución encargada del cuidado y la educación de niños huérfanos o abandonados, prevalecía una concepción de disciplina entendida como subordinación y obediencia, que contrastaba más aún con aquélla que se aprobó en la Asamblea de Maestros. Esta institución estimaba que:

> Donde es más resaltante el provecho que se puede sacar de la organización de los batallones infantiles es encarándolos por el lado de la disciplina, del deber del respeto al superior [...] La disciplina a la que son tan rebeldes los niños la acatan y la cumplen si es en carácter de soldado que se les impone; la limpieza de su vestuario, armas, etc.; el saludo y respeto a los superiores jerárquicos son tomados al pie de la letra.[47]

En esta caracterización de la disciplina, derivada de los ejercicios militares, aparece también el propósito de formar en los niños conductas de subordinación y acatamiento, que consoliden relaciones de deferencia más adecuadas a una sociedad jerárquica. El mismo contrasta notoriamente con aquéllos que predominaron entre los maestros y en el CNE. Una disciplina que apunte al gobierno intelectual de sí mismo tiende, por el contrario, a la formación del criterio y la autonomía,

---

[45] En *Boletín de la Educación*, Paraná, núm. 43, 1894.
[46] *El Monitor*, tomo XIII, núm. 252, setiembre de 1894, p. 1106.
[47] Ibíd., tomo XIV, núm. 274, 1895, p. 670.

propios de los miembros plenos de una sociedad abierta al desarrollo de las potencialidades de todos. Por detrás de la discusión sobre un tema específico, se esbozaron ideas diferentes sobre la sociedad que se quería construir.

Ejercicios militares y educación física

Aquella decisión de los docentes y del CNE tuvo una trascendencia mayor porque se produjo en un momento de gran entusiasmo militarista. En 1894 las celebraciones patrióticas fueron especialmente entusiastas y se organizó una importante revista militar, con participación de la Guardia Nacional de la Capital y el Ejército de Línea, sumándose en el desfile unos 20 mil hombres.[48]

El tema fue la exaltación de los ciudadanos soldados que formaban la Guardia Nacional.

El Poder Ejecutivo dispuso un homenaje a Hilario Mascías, "último héroe superviviente de nuestra independencia" y un reconocimiento al Décimo Regimiento de la Guardia, donde había servido. Era a la vez un homenaje "al ciudadano armado, al cívico, al voluntario, al Guardia Nacional", que contribuyó "con su sacrificio y con su sangre a constituir la República Argentina".[49] Los soldados ciudadanos de la Guardia Nacional participaron voluntariamente del desfile: una "gran muchachada, alegre, bulliciosa, de aspecto marcial" desfiló en medio de un gran entusiasmo.[50] Según La Nación, aquéllos eran una "raza de soldados con alientos de atleta; retoño vigoroso de la encina de Mayo".[51] Con emoción, el cronista agrega que la festividad militar había sido un hecho sin precedentes, un espectáculo soberbio: "aquello es una sola masa y una sola raza. Todos son argentinos. Se siente la patria, se la ve, se la toca: ¡Qué hermosa, qué fuerte y qué gloriosa a un tiempo!".[52] A partir del éxito de este desfile, el Gobierno proyectó para el siguiente año establecer el 25 de Mayo una fiesta única, la Fiesta Nacional, y se programó la convocatoria de la Guardia Nacional de toda la República.[53]

La estrecha relación entre el ejercicio físico y la moral se reforzó desde otros ángulos. Con la intención explícita de que sus ideas fueran una base para la edu-

---

[48] La ley núm. 3.063, del 8 de enero de 1894, estableció los ejercicios doctrinales de la Guardia Nacional.

[49] "Fiestas Julias", en: La Nación, 7 de julio de 1894.

[50] "El Gran Aniversario", ibíd., 9 de julio de 1894.

[51] La Nación, 10 de julio de 1894.

[52] "La Revista del 9", ibíd., 13 de julio de 1894.

[53] "Fiestas Patrias" (artículo editorial), en: La Nación, 15 de julio de 1894 y "Fiesta Nacional" (artículo editorial), ibíd., 19 de julio de 1894.

cación popular, Federico Susviela Guarch afirmó en el Ateneo que el problema de "El hombre moral [que] desaparece cada día en nuestros tiempos" tiene solución con el perfeccionamiento que brinda la gimnasia. Entre sus variedades, la alemana "tiene la ventaja de poder ejercitar un número deseado de jóvenes de toda edad y estado con los recursos más insignificantes" y los ejercicios tienen "la ventaja de una regularidad común en el desarrollo físico como no puede adquirirse allí donde cada uno sigue la inclinación de su *sport*".[54]

En 1895, en un clima de creciente "agitación patriótica", se llevó a cabo la refundación y organización efectiva del Tiro Federal,[55] destinado a "enseñar a los ciudadanos el uso de las armas" y a suplir las deficiencias de su preparación militar. Se instituía como complementario de la ley que disponía el alistamiento total y obligatorio de "los argentinos que en el año anterior al de su llamamiento hayan cumplido 20 años".[56] Éstos eran incorporados durante dos meses a las filas del ejército permanente, para recibir una instrucción militar más completa que la hasta entonces usual de la Guardia Nacional, limitada a los días feriados. Cumplido este servicio pasaban a formar parte de la Guardia Nacional activa y hasta los treinta años de edad quedaban obligados a concurrir anualmente durante tres meses a los ejercicios doctrinales.

Este sistema requería no sólo un reclutamiento eficaz sino también que, luego de los dos meses de entrenamiento en los campamentos, los guardias mantuvieran y perfeccionaran su capacitación con una práctica complementaria en los polígonos de tiro. Este "patrón suizo" de ejército suponía la existencia en todo el país de asociaciones de tiro, cuya formación debía ser estimulada y apoyada allí donde no se hubieran constituido espontáneamente. El Tiro Federal, reorganizado, se convertiría en la institución directriz o tutelar. Dirigido por el general Francisco Reynolds, Marcelo T. de Alvear, Gabriel Cantilo y Carlos Morra, organizó el Primer Gran Torneo Nacional de tiro al blanco. La Municipalidad de la Ciudad de Buenos Aires y el Congreso de la Nación aportaron fondos para iniciar la construcción de un polígono.[57] En 1896 y en 1897 se reiteraron los torneos y la práctica del tiro prosperó exitosamente.

Esta tarea de capacitación militar complementaria resultaba importante, dado lo imperfecto y poco eficaz del sistema de reclutamiento para la Guardia Nacional. Se procuraba entrenar a la mayor parte, y mejor aun a todos los ciudadanos,

---

[54] Federico Susviela Guasch, "Higiene pública", conferencia leída en el Ateneo el 20 de julio de 1894; publicada en *La Nación*, 25 de julio de 1894.

[55] Oscar Vázquez Lucio, *Historia del Tiro Federal*, ob. cit.

[56] *Registro Nacional*, Ley núm. 3.318, del 22 de noviembre de 1895; fue reglamentada el 26 de enero de 1896.

[57] Oscar Vázquez Lucio, *Historia del Tiro Federal*, ob. cit.

para convertirlos en soldados potenciales, listos para entrar rápidamente en combate en una eventual situación bélica. En relación con esto, en 1895 también se puso en práctica el programa de instrucción militar y práctica de tiro en los colegios nacionales y las escuelas normales, en tercero, cuarto y quinto año, proyectado por los generales Reynolds y Capdevilla.[58] Se designaron como profesores a oficiales facultativos del Ejército de Línea,[59] se dispuso que esta enseñanza se diera de manera práctica y se proveyó a los establecimientos educativos de armas y vestuario, considerados "el modo de conseguir los resultados que se apetecen: los arreos militares son poderoso estímulo para los imberbes soldados".[60]

En marzo de 1896 se realizó la primera incorporación de todos los argentinos con veinte años cumplidos en la 1ª Región Militar, y estos primeros conscriptos realizaron su entrenamiento de campaña en Cura-malal. Para celebrar su regreso fue organizada una recepción triunfal: se embanderó el trayecto que recorrerían las tropas, se colocaron palcos en las calles y arcos de honor sobre la flamante Avenida de Mayo. Para los soldados, se acuñaron medallas con las inscripciones "Honor a los jóvenes soldados de veinte años" y "Primera conscripción del Ejército Argentino".[61] Al año siguiente la conscripción se extendió a todo el país y en 1898, en el momento en que se estuvo más cerca de la guerra con Chile, la Ley 3.318 llevó a un año el servicio de instrucción militar obligatorio, si bien el efectivo reclutamiento de los jóvenes chocó con numerosos inconvenientes.

Por entonces se dio un gran impulso a la práctica de tiro. El ministro de Guerra, general Riccheri, brindó un decidido apoyo distribuyendo armas, municiones y donativos en premios para estimular la concurrencia de la juventud y se respaldó la fundación de polígonos en ciudades y pueblos. Esta campaña resultó exitosa, creció notablemente el número de las sociedades de tiro y hacia 1902 llegaron a ser doscientas en funcionamiento en todo el país y un número semejante en formación.

Según *El Stand*, órgano del Tiro Federal, el éxito se había debido no sólo a que la práctica del tiro "extendió su influjo a la alta sociedad bonaerense", sino a que "la juventud sin distinciones" concurría espontáneamente a los stands, con la convicción de estar cumpliendo con su deber. Allí,

---

[58] Este programa comprendía: 1. Escuela del Soldado: Definiciones, composición del batallón, colocación de oficiales sargentos y cabos, reglas generales, posición del soldado sin armas, saludos, giros, pasos, saltos y marchas. 2. Nomenclatura y manejo del fusil: Continuación de la táctica. 3. Ordenanza: Obligaciones del soldado. Obligaciones del Cabo. Obligaciones del sargento.

[59] *El Monitor*, tomo XIII, núm. 260, marzo de 1895, p. 1492.

[60] *La Educación*, núm. 190, 1894, p. 1017.

[61] *La Prensa*, 4 de junio de 1896.

el obrero al lado del estudiante rivaliza en alcanzar la máxima destreza, se encariña con el arma nacional y no sería extraño que si el día de prueba llegara, supieran morir abrazados a su fiel compañero, a su fusil de guerra [...] nos hemos de acercar al ideal de que cada ciudadano sea un experto tirador.[62]

Pese al clima de efervescencia patriótica y guerrera, las escuelas primarias del CNE se mantuvieron al margen del movimiento militarizante. La posición de los docentes contraria a la instrucción militar fue recordada, varios años después, por Enrique Romero Brest: "La exageración evidente producida por los batallones escolares y la enseñanza militar [...] produjeron a poco andar un sentimiento de ridículo en el pensamiento de los educadores que la combatieron y la abandonaron finalmente".[63]

En el nivel medio, esta orientación militar de la educación física parece haber predominado por un tiempo, "abandonada [...] en manos de los maestros militares y desacreditada en el concepto de los verdaderos educadores".[64] Progresivamente, sin embargo, se introdujo una orientación más libre y moderna de la gimnasia, y también de los juegos y los deportes. Esta orientación se afirmó en las instituciones educativas con la reforma de 1898, que reglamentó la educación física en los colegios, realizada por el ministro Beláustegui siguiendo los consejos de Pablo Pizzurno.[65] No se eliminó, sin embargo, la práctica de los ejercicios militares y de tiro en los colegios pues se seguía considerando imprescindible la capacitación militar de la población. Sin embargo, al dar un lugar en las instituciones educativas a las nuevas orientaciones gimnásticas, se definieron con claridad las diferencias entre ambas actividades y se puso de manifiesto que sus propósitos no eran equivalentes.[66]

Estas nuevas orientaciones se afirmaron con la creación de los cursos teóricos y prácticos de educación física para los alumnos de las tres escuelas normales de la Capital, a través de los cuales se inició la formación en la disciplina de los futuros maestros. Sin embargo, los cambios llegaron más lentamente a las escuelas primarias.[67] Allí perduraban la disposiciones de la Ley 1.420 sobre ejercicios militares, que de manera residual subsistían en la práctica de muchos maestros o instructo-

---

[62] *El Stand*, núm.1, Buenos Aires, 1902, p. 1.

[63] E. Romero Brest, *Bases de la Educación Física en la Argentina*, Buenos Aires, 1939, p. 35.

[64] E. Romero Brest, *Breve reseña histórica del Instituto Nacional de Educación Física*, s/f.

[65] *Registro Nacional*, 10 de abril de 1898. Véase también *El ejercicio físico en los colegios nacionales. Su organización. Instrucciones y reglamentos*, Publicación oficial, año 1898.

[66] El decreto dispuso una reducción de las horas semanales de clase (a veinte) para dar lugar a la práctica del ejercicio físico en los colegios que ya insumían tiempo en la instrucción física militar. *Registro Nacional*, 18 de abril de 1898, pp. 837-839.

[67] *Registro Nacional*, 11 de abril de 1902, pp. 774-776.

res anticuados, bajo la forma rutinaria de marchas y formaciones, aunque despojadas de sus aspectos bélicos. También había algún cultor de la antigua gimnasia con aparatos, que tendía al desarrollo muscular. Muchos otros maestros ya se habían inclinado por el juego, la gimnasia de movimiento –y no de fuerza– y las actividades al aire libre. Finalmente había un grupo minoritario, con formación más moderna en la disciplina, que se fue consolidando en los cursos para maestros normales ya mencionados. Con ellos se afirmaron las nuevas orientaciones influidas por el reformismo espiritualista centrado en una moral nacional, que se desplegó en los años siguientes.

Consolidar el frente interno: la confraternidad ítaloargentina

Pese a estas mejoras en la preparación para un eventual conflicto, la situación seguía siendo riesgosa por la capacidad militar que se le reconocía a Chile. Su Armada doblaba en tonelaje a la argentina y el ejército, organizado según el modelo alemán, había demostrado recientemente su capacidad en la Guerra del Pacífico. Para los gobernantes argentinos resultaba imprescindible contar con el apoyo franco y decidido de todos los habitantes, incluidos los extranjeros, cuya defección, o simplemente neutralidad, habría resultado catastrófica. Un acercamiento más estrecho con los extranjeros, particularmente con los italianos, la colectividad más numerosa, constituía una sensata política de unión interior. La cuestión traía otra vez el problema de la plena incorporación de los extranjeros a la sociedad nacional, que no había logrado resolverse por el camino de la naturalización. Tampoco en esas circunstancias se encontró una resolución totalmente satisfactoria; sin embargo, la fórmula de "la confraternidad ítaloargentina", que se lanzó en 1895 y se desplegó entre 1898 y 1901, fue probablemente lo que más se aproximó a una solución. Tal fórmula englobaba un acercamiento y una colaboración práctica, al tiempo que un reconocimiento público y simbólico del aporte de la colectividad italiana a la Argentina.

A mediados de la década del noventa se dieron pasos muy visibles para este acercamiento y de un caracterizado núcleo patriótico surgió la idea de una manifestación de reconocimiento hacia los italianos. En el club GEBA se reunía hacia 1894 la Sociedad Patriótica pro Panteón Nacional, presidida por la señora Lavalle de Lavalle e integrada por ex presidentes –como Mitre y Roca– y varios ex ministros, y la Sociedad Patriótica de la Juventud, formada por los alumnos del Colegio Nacional, la Escuela Nacional de Comercio y el Instituto Libre: ellos proyectaron en 1895 la realización un acto de homenaje a la colectividad italiana.

Bajo el lema de la confraternidad se ofrecería un agradecimiento a los residentes italianos por su decisión de tomar las armas en favor de la República Argentina en caso de guerra. Poco antes, un comité de italianos muy cercanos a quienes llevaban adelante los esfuerzos de capacitación militar había convocado a formar una legión integrada por extranjeros, que se incorporaría a los ejercicios de la Guardia Nacional.[68] Poco después, se organizaban como una legión militar que terminaría denominándose Legión ítaloargentina.[69] No era ésta la primera vez que los italianos prestaban su colaboración en una situación bélica, y el nombre de Legión Italiana rememoraba algunas gestas heroicas del pasado en las que habían participado y cuya tradición procuraba revalorarse. La actitud asumida por los italianos en la República Argentina tuvo repercusiones en Chile, donde –según sostuvieron en su protesta las sociedades italianas de Buenos Aires– algunos italianos fueron detenidos por la policía de aquel país.[70] No fue casual que ese año las fiestas italianas del 20 de Setiembre tuvieran un brillo excepcional, y que organizaciones patrióticas argentinas participaran en la celebración:

> Quizás ninguna vez ha presenciado Buenos Aires un movimiento popular extranjero más grande, más entusiasta, más significativo que el realizado ayer por los italianos residentes, en un solo acto, en una sola procesión cívica hacia el local del Hospital italiano [...][71]

Pocos meses después se presentó una nueva ocasión para la confraternidad. Con motivo de la desastrosa campaña de Italia en África y de las pérdidas que sufrieron sus ejércitos, se organizó para el 25 de marzo de 1896 una gran demostración de duelo y solidaridad; se buscaba "producir también un hecho de verdadera confraternidad entre italianos y argentinos".[72] Las suscripciones de ayuda a los familiares de los caídos fueron realizadas también por las asociaciones patrióticas locales, especialmente las de estudiantes y de jóvenes, como la del Colegio Nacional, el Centro Nicolás Avellaneda, la Unión Universitaria, la Juventud del Norte, etc. Durante la gran manifestación, unas 60 mil personas desfilaron vivando a Italia y a su ministro en Buenos Aires: esta demostración había sellado de la manera más elocuente –dijeron los diarios– la confraternidad ítalo argentina. Los italianos, reconfortados por las demostraciones de condolencia, organizaron otra para expresar su gratitud a la República Argentina. Las asociaciones italianas, encabezadas por los Bomberos Voluntarios de la Boca, fueron recibidas el día 24 de mayo por

---

[68] "La colectividad italiana y la Guardia Nacional", en: *La Prensa*, 19 de junio de 1895.

[69] *La Prensa*, 5, 8 y 9 de agosto de 1895.

[70] Ibíd., 9 de julio de 1895.

[71] Ibíd., 21 y 23 de setiembre de 1895.

[72] Ibíd., 20 de marzo de 1896.

el presidente de la República y participaron en una "imponente" marcha el 25 de Mayo. La columna, que había iniciado la marcha con 10 mil personas, llegó a tener al finalizar entre sesenta y cien mil concurrentes.[73] Las demostraciones de agradecimiento de la comunidad italiana hacia el pueblo argentino se repitieron en muchas otras localidades del país.

La política de la confraternidad ítaloargentina sólo estaba en sus comienzos; alcanzó un pico de entusiasmo fraternal aún mayor en 1898, probablemente el momento más crítico de las relaciones con Chile. Ese año se precipitaron los aprestamientos militares desarrollados en los años anteriores, y un clima bélico inundó el país. Se trataba no sólo de la convocatoria y entrenamiento de la Guardia Nacional –a cuyo crecimiento se venía asistiendo en los últimos años– sino también del incremento de las tareas de apoyo. La práctica de tiro, que desde sus inicios había sido considerada de sumo interés para la defensa nacional, fue estimulada por el Ministerio de Guerra, que procuró su expansión en todo el país, propiciando la formación de sociedades de tiro y la construcción de polígonos en cada pueblo de la República, a los que proveía de armas, municiones y demás bastimentos. La instrucción militar se intensificó también en las instituciones de enseñanza media y se aprobó una modificación a la ley orgánica militar que posibilitaba el reclutamiento obligatorio y el servicio militar en la Guardia Nacional de todos los ciudadanos de veinte años.

En ese crítico año de 1898, cuando el conflicto con Chile llegó a su punto culminante, se gestó la Liga Patriótica Argentina, una asociación que nació en el Ateneo para estimular y vigilar todo aquello relacionado con la defensa nacional. La constituyó un grupo de destacados empresarios, profesionales, intelectuales y políticos, cuya diversidad muestra la aglutinación de la elite dirigente en torno de estos problemas. En su comisión organizadora se contaban médicos como Gregorio Aráoz Alfaro, José María Ramos Mejía y Enrique Bazterrica, e ingenieros como Luis A. Huergo, Alberto de Gainza, Carlos Agote e Ignacio Oyuela. Participaban notorios católicos como Emilio Lamarca, Lorenzo Anadón e Indalecio Gómez, y destacados políticos, como Estanislao Zeballos y Osvaldo Magnasco, así como Roque Saénz Peña y Manuel Quintana, futuros presidentes. La presidió Ricardo Lavalle, y otros integrantes fueron Tomás de Anchorena, Carlos T. de Alvear, Carlos Zuberbühler, Federico del Viso, Manuel Montes de Oca y Félix Bernal, y muchos otros hombres prominentes de la sociedad argentina vinculados también al club GEBA, el Tiro Federal, el Ejército, el diario *La Prensa* y otras instituciones. Su propósito central era "sostener los altos intereses de la defensa nacional", "contribuir con todos los medios posibles a la instrucción militar de los ciudadanos" y "estudiar las cuestiones que afecten la integridad de la nación".

---

[73] Ibíd., 6, 8, 11, 16, 17 y 19 de abril de 1896.

En la reunión inaugural, Alfredo Lagarde dijo que la Liga se inspiraba en asociaciones europeas de similar carácter como la *Ligue des Patriotes*, y otras que en Alemania, Francia y España –sostenían los organizadores– realizaron "gigantescas empresas".[74] También reconocían haberse inspirado en la idea y la acción de la Asociación Patriótica Española, que los residentes de ese origen habían formado ya hacía algún tiempo y que consideraban un ejemplo de lo que era posible realizar cuando los hombres se reunían tras "un mismo ideal, un mismo anhelo". Se proponían llevar adelante la unión "prescindiendo de regionalismos y disensiones partidistas", para lo cual afirmaban disponer "de la ayuda de los residentes extranjeros".[75]

Los organizadores de la Liga Patriótica Argentina distinguían en este caso, como se había hecho en ocasión de los conflictos en Santa Fe, entre aquellos residentes extranjeros dispuestos a colaborar en la defensa de la Argentina y las "santas reivindicaciones del patriotismo", y aquellos otros "elementos extranjeros a nuestro suelo, indiferentes a nuestros destinos, ajenos a nuestras glorias que son los representantes de la paz a toda costa y que profesan la máxima utilitaria de que *ubi bene ubi patria*". En opinión de la Liga, el predominio del neutralismo y el pacifismo entre la enorme población extranjera residente en el país podía llegar a constituir un peligro para la nación.[76] El buen extranjero no sólo se cuidaba de no intervenir en las cuestiones políticas internas, sino que estaba dispuesto a asumir en la hora de peligro los deberes patrióticos propios del ciudadano nativo.

Alguien que se presentaba a sí mismo como un residente italiano, un extranjero agradecido al país, decía en una carta a *La Prensa*: "la Argentina […] la tierra que así los hospeda y los asimila merece y es digna de que éstos [los extranjeros] le consagren como a la propia patria hasta la propia sangre, en defensa de sus instituciones y de su integridad, cuando la codicia de un invasor extranjero cualquiera que fuese pretendiera vulnerarlas."[77] La actitud de defensa frente a la agresión exterior, sin embargo, no se manifiesta con la debida claridad –según los organizadores de la Liga Patriótica Argentina– a causa de la diversidad de elementos étnicos que pueblan nuestro suelo y que "no siendo copartícipes de nuestras pasiones, representan las zonas de interferencia que impiden prolongar y difundir las ondas sonoras". Contrarrestar esas interferencias era la tarea central que debía asumir la Liga.

---

[74] "Liga Patriótica", en: *La Prensa*, 17 de mayo de 1898. Sobre la Ligue des Patriotes, véase Zeev Sternhell, *La droite révolutionnaire, 1885-1914. Les origines françaises du fascisme*, París, Seuil, 1978.

[75] "La Liga Patriótica", en: *La Prensa*, 25 de mayo de 1898.

[76] En 1898, en muchas quejas se manifestaba que el clima de guerra afectaba al comercio y a las finanzas y la situación preocupó particularmente a los empresarios y negociantes, que en número significativo eran extranjeros.

[77] *La Prensa*, 5 de abril de 1898.

Además de colaborar en la instrucción militar, se propusieron movilizar a los ciudadanos para "sacarlos de la adormidera", alimentando el patriotismo y el fervor por la celebración de las fiestas patrias, una de las formas más adecuadas para consolidar el espíritu del pueblo. Era necesaria "la fundación de una verdadera guardia permanente de ese culto […] que todas las naciones mantienen en pie para conservar la unidad, el fuego, el sentido de tradición y de los ideales de la nacionalidad". La Liga tuvo un gran apoyo de los diarios y periódicos de todo el país, que integraron una formidable red de propaganda; en especial, el diario *La Prensa* fue su gran agente en las tareas destinadas a "despertar la conciencia nacional". La Liga alcanzó un gran éxito en la fundación de filiales en el interior del país, que terminaron actuando en estrecha colaboración con las asociaciones de tiro, y buena parte de sus acciones se orientaron también a asistir y complementar la tarea del Ejército.

La extensión de la acción propagandística de la Liga sugiere que amplios sectores de la sociedad fueron sensibles al discurso patriótico y a la efervescencia guerrera de esos años y que entre ellos terminó por aceptarse la idea de que era necesario contar con fuerzas militares poderosas que implicaron más armamentos y mayores obligaciones militares para los ciudadanos.

La idea de fundar la Legión ítaloargentina no fue ajena a este movimiento patriótico. En junio de 1898 se inició formalmente la organización de una legión de cinco mil plazas distribuidas en tres regimientos, que se pondrían a las órdenes de la nación "sólo en caso de defensa de la integridad del territorio". Emilio Deleuse, organizador y cabeza visible, invitó a los ex oficiales del ejército italiano residentes en el país a integrarla;[78] entre los italianos el entusiasmo fue muy grande cuando circuló la noticia, luego desmentida, de que el general Esteban Canzio, yerno de Garibaldi, había aceptado el ofrecimiento de comandar la legión.[79] El capitán Deleuse, en una recorrida por las provincias, consiguió numerosas inscripciones para la legión, y comunicó estar preparado para "dar cumplimiento a la orden" de organizar 20 mil hombres,[80] número que los partidarios más optimistas –como el diario *La Prensa*– hacían llegar a 40 mil. En la campaña de reclutamiento participó activamente la Guardia Nacional, cuyos miembros eran acogidos por los residentes extranjeros "con atronadores aplausos y vivas".[81] La legión, que contó con un cuerpo de instructores técnicos, realizaba instrucción militar y práctica de tiro en los mismos polígonos que aquella usaba. La confraternidad fue cobrando forma en esta estrecha relación de camaradería que se establecía en los cuarteles entre la Legión italiana y la Guardia Nacional.[82]

[78] "Legión ítaloargentina", en: *La Nación*, 1º de julio de 1898.
[79] *La Prensa*, 16, 26, 28 y 29 de junio de 1898.
[80] "Legión ítaloargentina", en: *La Nación*, 18 de setiembre de 1898.
[81] *La Prensa*, 3 de julio de 1898.
[82] *La Nación*, 10 de julio de 1898; *La Prensa*, 5, 14 y 15 de julio de 1898.

La idea cundió también entre otros grupos de extranjeros residentes: los suizos de la colonia Esperanza ofrecieron "al comité local cooperar en la organización de un batallón de cazadores tiroleses, que se agregarían a la legión". En otras colonias también se formarían legiones de extranjeros bajo la denominación franco-suiza o tirolesa. Tampoco faltaron algunas resistencias. Según las noticias provenientes del Litoral, ciertos elementos externos a la legión trataron de "indisponer o desalentar a los oficiales de la legión, introduciendo al efecto la desunión en las filas".[83]

No todas las opiniones estaban en favor de los preparativos bélicos y aparecieron algunas voces pacifistas y otras críticas. José Ingenieros escribió en marzo de 1899 –poco después de esta campaña– sobre los perjuicios que el creciente militarismo acarreaba a la economía argentina, comprometida por las deudas que originaron la compra de armas y barcos. Ingenieros subrayó el desequilibrio del presupuesto causado por el armamentismo, y el perjuicio que ocasionaba a otras tareas del Estado, como la educación. Pero además cuestionó el patriotismo de quienes arruinaban a su patria con el militarismo y la guerra. Acordaba más bien con la idea de que las "virtudes militares son precisamente lo contrario de las virtudes cívicas".[84] Esas voces, sin embargo, no parecieron turbar demasiado el clima de fervor patriótico que envolvía los aprestos bélicos.

El 20 de Setiembre, una fiesta nacional

En ese marco de entusiasmo y confraternidad se realizaron las fiestas del 20 de setiembre de 1898. En el Club Gimnasia y Esgrima los estudiantes argentinos se reunieron para realizar un acto público de simpatía a la colectividad italiana en una manifestación por las calles de la ciudad que tenía como destino el Hospital Italiano.[85] El público participante y las entusiastas manifestaciones de agradecimiento dieron brillo especial a la celebración. Pero lo más notable fue su carácter de fiesta de unión nacional. Participó con las sociedades italianas un conjunto variado de sociedades argentinas. En años anteriores era común que los conflictos de los italianos, especialmente las diferencias entre republicanos y monárquicos, restaran la presencia de una o varias de las sociedades. En esa ocasión, el espectro de los sectores políticos representados fue muy amplio.

---

[83] "Legiones extranjeras. La ítaloargentina", en: *La Prensa*, 30 de junio y 26 de julio de 1898.

[84] José Ingenieros, "Militarismo y bancarrota", en: *Revista Nacional,* tomo XVII, 1899, pp. 228-238.

[85] J. Alemandri, *Cincuentenario del Club Gimnasia y Esgrima, 1880-1930. Su pasado, su presente y su futuro.* Buenos Aires, 1930; *La Prensa*, 8, 21 y 24 de agosto de 1898.

El 20 de Setiembre se festejó con entusiasmo en todo el país, imbricado con los preparativos bélicos, y la confraternidad se extendió de las manifestaciones al cuartel. Emilio Civit, gobernador de Mendoza y presidente honorario de las fiestas, obsequió a los italianos con 20 mil tiros para sus ejercicios de práctica en la semana de festividades, en el Tiro Nacional Club de Mendoza.[86] En otras ciudades, los italianos tomaron parte en las fiestas vestidos de legionarios, con uniformes y en correcta columna militar y "con tal motivo aumentaron las inscripciones de voluntarios."[87] En suma, en 1898 el 20 de Setiembre fue convertido en una fiesta nacional.

El sentido principal de la celebración cambió. No fue, como era habitual, la unidad italiana sino la confraternidad entre italianos y argentinos. Fue la ocasión para que el sentimiento de amistad entre italianos y argentinos, tanto tiempo latente, se manifestara "con toda intensidad, en la fiesta nacional italiana que por tal concepto llamaremos una fiesta común." Pero además se celebraba la generosa actitud de los residentes italianos al constituir "legiones militares, listas para entrar en las filas de nuestros ejércitos y confundir con la de éstos, su sangre, sus anhelos y sacrificios por la victoria."[88] Dadas las especiales circunstancias, y ante esas pruebas de adhesión patriótica de millares de hijos de Italia, la celebración del 20 de Setiembre fue también "una fiesta nacional argentina".

Dos procesiones cívicas, una organizada por los estudiantes y otra por el comité italiano, confluyeron en la plaza Once de Setiembre para marchar unidas.[89] Esta unión fraternal se expresó simbólicamente en la columna cívica que encabezaba la juventud estudiosa y "un carro alegórico de la sociedad ítaloargentina Ocarinisti" con nueve niñas cuyos trajes "adornaban los colores de las banderas argentinas e italianas". A la altura de Rivadavia y Gascón la columna tenía veinte cuadras de largo. Después de las corporaciones y sociedades argentinas, formaban los numerosísimos centros sociales de italianos residentes; iban también las bandas de música de la policía y de algunas sociedades, y "varios colegios, un batallón infantil y niños vestidos con la tradicional camiseta roja, pequeños *bersaglieri* […]" Durante todo el trayecto no cesaron por un solo momento los vivas a Italia, a la República Argentina, y a la Legión Italiana.[90]

La columna cívica culminó su marcha en el Hospital Italiano, donde se pronunciaron los discursos. Antonio del Pino sostuvo que "los italianos […] no eran extraños en nuestra tierra"; el "porvenir de esta tierra os pertenece como a los ar-

---

[86] Ibíd., 26 de agosto de 1898.

[87] Ibíd., 22 de setiembre de 1898.

[88] "La Fiesta de Italia. El Día de la Confraternidad", ibíd., 20 de setiembre de 1898.

[89] *La Nación*, 19 y 20 de setiembre de 1898.

[90] "20 de setiembre. La manifestación ítaloargentina", en: *La Prensa*, 21 de setiembre de 1898.

gentinos, porque la habéis fecundizado con el sudor de vuestro rostro". Agradecieron el ministro de Italia, marqués de Malaspina, y a Luis Borzone, presidente de la comisión del Hospital.[91] La celebración tuvo características excepcionales, la columna cívica reunió a 50 mil personas en

> [una] ciudad [que] hasta en sus barrios más apartados amaneció engalanada con millares de banderas argentinas e italianas [...] Por todas partes, en fin, no se hablaba en las horas de la mañana de otra cosa que de las fiestas que celebrarían los italianos y los argentinos unidos fraternalmente.

También hubo festejos excepcionales en distintas ciudades del interior del país.[92] El broche de oro de los festejos de 1898 lo constituyó sin duda la colocación de la piedra fundamental del tanto tiempo demorado monumento a Garibaldi en la plazoleta que se encontraba a la entrada del Parque Tres de Febrero, denominada ahora Plaza Italia. Fue –en opinión de *La Prensa*– "el acto de colocación de la piedra fundamental del monumento a la unión Ítalo Argentina".[93] No obstante, antes de fin de año hubo otra ocasión para las manifestaciones de confraternidad y de agradecimiento a Italia con el arribo al puerto de Buenos Aires de la escuadra italiana. Los estudiantes y la comisión patriótica del club GEBA, presidida por el doctor Del Pino, organizaron un homenaje a los marinos italianos y se renovaron por las calles de Buenos Aires los vivas a Italia, a la Argentina y a la confraternidad de ambos pueblos.[94]

La formación de la Legión italiana estuvo en la base de la confraternidad ítaloargentina. Recogió la espontánea adhesión de un grupo de italianos, pero sobre todo contó desde su origen con el impulso del Gobierno y el Ejército argentinos, gracias al cual pudo crecer rápidamente, hasta convertirse en una posibilidad cierta de ayuda en caso de guerra. Una fuente argentina que citaba el *Jornal do Brasil* sostuvo que la Legión italiana había sido una iniciativa del gobierno argentino.[95] Se gestó en el ambiente patriótico nacional en el que muchos miembros de la elite local confluían con otros de las extranjeras, con quienes, además de otros vínculos tradicionales, familiares y empresariales, compartían enfoques ideológicos y una afición a las actividades deportivas viriles de moda –la esgrima, la gimnasia y el ti-

---

[91] "La Fiesta de Italia. El día de la confraternidad", en: *La Prensa*, 20 de setiembre de 1898.

[92] "20 de setiembre. Entusiasmo popular. 50.000 manifestantes", en: *La Nación*, 21 de setiembre de 1898.

[93] *La Prensa*, 21 de setiembre de 1898.

[94] "La demostración a la escuadra italiana", en: *La Nación*, 6 y 14 de diciembre; "Los Marinos Italianos. El Club de Gimnasia y Esgrima", ibíd., 17 de diciembre; "En honor de la Escuadra Italiana", ibíd., 18 de diciembre de 1898.

[95] *La Prensa*, 4 y 5 de julio de 1898.

ro–, muy apreciadas por quienes estaban interesados en la formación militar de la población.

La postulación de la confraternidad satisfacía, por otra parte, las aspiraciones de importantes sectores de las elites extranjeras, que en los años noventa –preocupadas por no quedar envueltas en la agitación política popular– buscaron un mejor entendimiento con los dirigentes locales. La prosperidad de estas elites se relacionaba con la magnitud de la colectividad residente y con los vínculos que conservaban con el país de origen; pero también dependía del mantenimiento de las buenas relaciones con los sectores locales, con los que compartían intereses comerciales y empresariales de todo tipo.[96]

Desde el punto de vista local, este reconocimiento público del aporte extranjero a la grandeza de la Argentina tenía otro aspecto positivo, en la medida en que operaba en favor del mejoramiento de las relaciones con algunos países europeos, muy conveniente ante la inminente posibilidad de guerra con Chile. En el caso de Italia, pareció acompañar algunos acuerdos decisivos que se llevaron a cabo, como el que culminó con la compra de barcos de guerra a los astilleros italianos.[97]

Algunos aspectos de este nuevo entendimiento con Italia se manifestaron en el viaje a la República Argentina del conde Angelo de Gubernatis, cuyas impresiones recogió en *L'Argentina: Ricordi e Lettere*,[98] publicado en Italia en 1898. De Gubernatis viajó en 1896 en calidad de enviado oficioso de su gobierno, con la misión de estudiar las posibilidades de guerra con Chile. Fue compañero de viaje de un militar italiano, especializado en artillería, que venía convocado por el gobierno argentino para asesorar en la organización de un sistema de defensa.[99] En Buenos Aires se entrevistó con el presidente José E. Uriburu, el ministro de Rela-

---

[96] Véanse: María Inés Barbero, "Grupos empresarios, intercambio comercial e inversiones italianas en la Argentina. El caso de Pirelli (1910-1920)", *Estudios migratorios latinoamericanos*, 5, núm. 15-16, 1990, p. 339; M. I. Barbero y S. Felder, "El rol de los italianos en el nacimientos y desarrollo de las asociaciones empresarias en la Argentina (1880-1930)", en: F. Devoto y G. Rosoli (comps.) *L'Italia nelle societá argentina*, Roma, 1988, pp. 137-159.

[97] Según Emilio Zuccarini, Ferdinando Maria Perrone, un italiano de larga residencia en la Argentina, fue el intermediario de esta operación. "Amigo sincero de la Argentina, en el momento de prueba en 1898 cuando se creía inminente la guerra entre la Argentina y Chile se volcó a organizar la legión italiana que con el ejército nacional había de contribuir a la defensa de la República". (E. Zuccarini, *Il Lavoro degli italiani nella Repubblica Argentina dal 1516 al 1910. Studi, Leggende e Ricerche*, Buenos Aires, Cía. Gral. de Fósforos, 1910, p. 316.)

[98] Angelo de Gubernatis, *L'Argentina: Ricordi e Lettere*, Florencia, Bernardo Seeber, 1898. El libro fue dedicado al ministro de Relaciones Exteriores de la República Argentina, doctor Amancio Alcorta, y al embajador argentino en Italia, coronel Enrique Moreno.

[99] Véase José Luis Moreno, "Conte Angelo De Gubernatis: de los Apeninos a los Andes y Regreso" en: Mauricio Taddei (editor), *Angelo De Gubernatis. Europa e Oriente nell'Italia umbertina*, vol. I, Nápoles, Istituto Universitario Orientale, 1995.

ciones Exteriores Amancio Alcorta, los ex presidentes Mitre y Roca, con muchos políticos e intelectuales –como Dardo Rocha, Vicente y Ernesto Quesada– y además con diferentes grupos de los residentes italianos en la Argentina. Luego viajó a Chile, aunque de esta parte de su viaje no dejó testimonios.

De Gubernatis abogaba en su libro porque Italia reconociera la postura argentina sobre la nacionalidad de los hijos de italianos nacidos en territorio argentino, de manera que no fueran obligados al servicio militar en Italia –aspecto que destacó el comentario de *La Prensa*– y por la firma de nuevos pactos internacionales que así lo reconocieran. Se proponía fundar un museo argentino en Roma, para hacer conocer mejor el país a los italianos y fomentar las relaciones comerciales, que en los años siguientes se intensificaron notablemente. En esto confluyeron importantes sectores de la elite residente, grupos argentinos vinculados con ellos y algunos grupos empresariales peninsulares. Quizás eran los que insuflaban nuevo aliento a los viejos sueños de un imperio comercial más alla del mar. Al menos ésa es la concepción que da forma al libro de Luigi Einaudi, *Un principe mercante. Studio sulla spanzione coloniale italiana*, publicado en 1900 y también al de G. Coen, *La questione coloniale e i popoli di raza latina*, publicado en 1901.

Este acercamiento entre la elite local y la colectividad italiana se manifestó en otros libros que aparecieron en ese momento. La Cámara Italiana de Comercio editó en 1898 *Gli Italiani nella Repubblica Argentina,* destinado a mostrar en la exposición de Turín la magnitud de la obra realizada en el país, y la suma de bienestar y riqueza que habían alcanzado como retribución por sus esfuerzos. Esta obra debía contribuir, como algunos esperaban, "a ejercer una influencia poderosa en el desarrollo de los vínculos sociales entre Italia y nuestro país".[100] Apuntaba también a otorgar un lugar a la colectividad italiana en la realización de la grandeza argentina.

Así, la nueva confraternidad, que nació en un clima de entusiasmo patriótico general, pareció abrir una etapa de idilio con la colectividad italiana. La constitución de la Legión italiana fue enmarcada en una valoración más amplia del aporte italiano a la formación de la República Argentina. Se recordaron las valientes y desinteresadas contribuciones realizadas en el pasado por los italianos para el logro de la libertad argentina, y se subrayó una gesta que las construcciones históricas de los años anteriores habían dejado de lado.

---

[100] "Los Italianos en la Argentina. Sus productos en la Exposición de Turín. Exposición gráfica del trabajo italiano", *La Prensa*, 22 de abril de 1898. Ese año se publicaron varios artículos que realizaban una apreciación positiva de la contribución de los italianos al país; por ejemplo, el artículo "Hechos Sugestivos" de *La Nación* del 23 de diciembre de 1898. También *La Voz de la Iglesia* expresó su reconocimiento en, por ejemplo, "Los italianos" del 1º de julio de 1898 y "Tratado de Arbitraje" del 25 de julio de 1898.

A este propósito se ajustaban varios escritos de intelectuales italianos que aparecieron en esos años. En 1897 se publicó *In America* de E. de Amicis, en 1899 *Gli Italiani nella Repubblica Argentina*, de A. Franzoni y *Vita italiana nell'Argentina* de F. Scardin; en 1902 *La colonizzazione italiana nell'Argentina* de R. Campolieti. Este afán por otorgarle a los italianos un reconocimiento en el presente argentino tanto como un lugar en su pasado perdurará algunos años, y tiñéndose con la euforia del Centenario, dará lugar a varios otros libros.[101]

La nueva confraternidad ítaloargentina no tuvo, sim embargo, un sentido unívoco y dio lugar a más de una interpretación. Muchos coincidían en considerarla el reconocimiento público y oficial del aporte de los italianos a la grandeza del país. Las diferencias volvían a aparecer cuando se pasaba a ubicar ese aporte extranjero en relación con la formación de la sociedad argentina. En algunos se realimentó la idea del crisol de razas, en el que se fundía el futuro tipo argentino, y resurgió la esperanza del reconocimiento de una raza nacional resultante de la mezcla de los diversos aportes étnicos. Gabriel Carrasco sostuvo que a partir del aporte de los italianos, el mayor de sangre extranjera, habría de formarse en la Argentina una raza propia.[102]

Otra interpretación le dieron los núcleos patrióticos locales que gestaron la Legión italiana e impulsaron la política de la confraternidad como acción complementaria, tanto de los aprestamientos bélicos como de la unión interna que buscaba la Liga Patriótica Argentina. En la idea de confraternidad habían encontrado una fórmula adecuada y compatible con su concepción esencialista de la nación. La confraternidad significaba la coincidencia y la colaboración de un hermano, de alguien que, si bien estaba muy próximo y no era extraño, sin embargo era distinto. Se trataba de un huésped, tan agradecido con el país que lo había acogido y en el que había prosperado como para asumir en la hora de peligro las obligaciones del nativo, aunque sin que desaparecieran las diferencias nacionales: "la Legión llevaba dos almas: el alma de Italia y el alma de Argentina, confundidas en una sola esencia y en un mismo destino".[103]

[101] En 1907 se publicó, *Storia degli italiani in Argentina*, y en 1911, *Gli italiani nella Repubblica Argentina alla Espozizione de Torino*, de G. Parisi; en 1910, *Il Laboro degli italiani nella Repubblica Argentina dal 1516 al 1910*, compilado y dirigido por E. Zuccarini; en 1910 *Los factores del progreso de la República Argentina*, de J. Ceppi; en 1910, *Album Ricordo dell'Espozizione Internazionale di Milano, 1906*, organizado por B. Cittadini y P. de Luca. Véase Leticia Preslei, "Gli italiani nella storia argentina attraverso gli scritti degli intellettuali" en AA.VV., *Euroamericani*, vol. II, Torino, FGA, 1987.

[102] La idea fue desarrollada en varios libros, tanto de autores argentinos como italianos. Así, por ejemplo, en Gabriel Carrasco, *Influencia del elemento italiano en los progresos de la República Argentina*, 1899.

[103] "La Legión Italiana", en: *La Prensa*, 1º, 5 y 6 de junio de 1898.

Frutos de esta confraternidad fueron en 1898 también la piedra fundamental del monumento a Garibaldi y la firma de un tratado de arbitraje con Italia que esperaba la sanción parlamentaria; además, la noticia, a fines de año, de un proyecto para establecer la enseñanza del idioma italiano en los colegios nacionales y el anuncio, a principios de 1899, del inicio de una negociación diplomática con Italia para establecer la doble ciudadanía. Sus límites, sin embargo, emergieron –como se vio– muy pronto, en diciembre de 1899, en la Convención Constituyente de la Provincia de Santa Fe, al rechazar la posibilidad del voto provincial de los extranjeros.

Un Ejército Nacional

La necesidad de una instrucción militar más prolongada –según se argumentó– llevó a reemplazar la instrucción obligatoria anual en la Guardia Nacional, establecida en 1898, por un servicio militar obligatorio, que se promulgó en 1901. La reforma importó también un completo cambio de modelo; se creó un nuevo ejército unificado y reorganizado en el que desapareció la dualidad entre la Guardia Nacional y el Ejército de Línea. El nuevo Ejército se asentó en un imperativo de reforma moral de la nación unido a una concepción eficientista y verticalizada de la organización de las fuerzas militares. Estas consideraciones estuvieron presentes en las discusiones que originaban las reformas a las leyes de reclutamiento, en particular en 1895 y en 1901.

En 1895, al igual que en 1901, hubo dos proyectos de ley contrapuestos: el del diputado Godoy de instrucción de la Guardia Nacional,[104] que como se vio fue el origen de la primera conscripción en 1896, y del diputado Pizarro, que pretendía establecer el servicio obligatorio en el Ejército. Muchos diputados objetaron el proyecto de Pizarro alegando que forzaba la interpretación de la Constitución. Manuel Mantilla afirmó que no había "necesidad de transformar en soldado al ciudadano. Nuestra Constitución es eminentemente civil y debemos hacer todo género de sacrificios para conservarle este carácter".[105] También se objetó que la obligación militar interfiriera con el ejercicio del derecho electoral y con los derechos de las provincias.[106]

Dos modelos de ejército dividían las opiniones. Unos defendían el tradicional Ejército de Línea permanente, pequeño y profesional, que coexistía con una

---

[104] La Ley 3.318 fue el resultado de este proyecto.

[105] Congreso Nacional, Cámara de Diputados, *Diario de Sesiones*, 5 de agosto de 1895, p. 533.

[106] Ibíd., 27 de setiembre de 1895, pp. 972-976.

Guardia Nacional de ciudadanos civiles, armada sólo en circunstancias de guerra. Otros proponían un ejército único, de mando centralizado y organización militar permanente, nutrido por la conscripción obligatoria de todos los ciudadanos, realizada en los cuarteles y por un período bastante más prolongado, tal como se expresó en el proyecto del Poder Ejecutivo de 1901.

El supuesto del primer modelo era que la guerra constituía una situación de excepción, extrema, que demandaba de los ciudadanos poner la vida al servicio de la patria; en circunstancias bélicas se admitía la necesidad de una práctica militar más intensa y sistemática, pero sin divorciar el ámbito civil del militar. El otro modelo suponía una modificación radical respecto de la tradición: se diferenciaba con nitidez un ámbito específico de lo militar, separado y diferente del civil, y con una organización permanente. Para el reclutamiento, el país se dividía en regiones y distritos militares, y se establecían regimientos, con cuarteles, oficiales, suboficiales y tropa, organizados en brigadas y divisiones, con un mando unificado. Era una máquina de guerra siempre lista, que respondía a una concepción bélica de la realidad, definida con la frase latina *si vis pacem para bellum*, muy usada por entonces. El argumento principal era que el pueblo que no podía atacar, tampoco podría defenderse; para evitar la guerra, era necesario estar siempre en condiciones de iniciarla.[107] El ministro de Guerra, coronel Pablo Riccheri comparó los dos proyectos recurriendo a un ejemplo famoso:

> Yo no creo poder hacer mejor comparación. Y la hago con la más absoluta convicción, entre los dos proyectos, que presentando la situación de la Alemania y de la Francia, en frente la una a la otra, en 1870.

Las consecuencias estaban a la vista y podían ser deducidas por todos.

El debate mostró que también se discutían distintas formas de entender el alcance del poder del Estado, las obligaciones y los derechos de los ciudadanos, la relación entre las fuerzas armadas y la sociedad civil. El general Capdevila, diputado, advirtió que el proyecto del gobierno encerraba un retroceso para la sociedad civil: "Esta idea del servicio obligatorio [es] lanzada como un progreso y un perfeccionamiento, sin apercibirse que la experiencia la cubre de cenizas, es un pensamiento atrasado y reaccionario."[108] La cuestión no era el "servicio" sino "la instrucción obligatoria", cuya eficacia no dependía de "hacer pasar a los ciudadanos por las filas del Ejército de Línea". Ante las acusaciones del ministro de Guerra

---

[107] Así lo sintetizó el diputado general Capdevila al procurar rebatirlo, en la Cámara de Diputados (Véase *Diario de Sesiones*, 15 de junio de 1901). Sobre la discusión de 1901 véase Ricardo Rodríguez Molas, *El servicio militar obligatorio*, Buenos Aires, CEAL, 1983.

[108] Congreso Nacional, Cámara de Diputados, *Diario de Sesiones*, 15 de junio de 1901.

debió aclarar que su proyecto no era una copia del suizo ni tenía "una inspiración del socialismo"; tenía el sello del carácter nacional y de la tradición heroica del viejo Ejército de Línea.

El diputado Balestra también destacó que el proyecto del ministro rompía con aquella tradición, destruía y desorganizaba lo existente y ofendía las leyes fundamentales del país. Al convocar a los conscriptos, no en ocasión de guerra sino en servicio permanente en tiempos de paz, terminaría disolviendo su entusiasmo y arrojo en la rutina de la subordinación. Las instituciones e ideales políticos de la República Argentina no derivaban de los pueblos militarizados del continente europeo sino de los países con tradición de libertad, autonomía y republicanismo. Para formar "ciudadanos en la práctica de las armas" no era necesario "trazar líneas de separación entre el ejército y el pueblo" sino instruir "seriamente a las milicias formadas por el ciudadano"; éste "estará listo para defender en el combate todos los intereses sociales y políticos de que participa y cuyo conjunto constituye el sentimiento de la patria".[109]

Ante estas objeciones, centradas en lo constitucional, el coronel Riccheri subrayó que el proyecto del Ejecutivo atendía a la formación de la nacionalidad: "el servicio militar obligatorio va a acelerar la fusión de los diversos y múltiples elementos étnicos que están constituyendo a nuestro país". Así, "el respeto sino el amor a la misma bandera, la observancia de la misma disciplina" permitirán formar el tipo señalado por el destino. Si bien el proyecto está lejos de alcanzar la "organización militar perfecta" de Prusia, tiene una virtud moralizadora: "organiza, educa e instruye suficientemente" a los soldados. Su influencia benefactora se esparcirá por la sociedad pues se pretende:

hacer pasar por las filas una cantidad de nuestros jóvenes conscriptos de veinte años, de lo mejor de nuestra población, para que a los dos años, al salir del ejército vayan a sus hogares y ¡sean un poderoso elemento de moralización pública!

El ejército debía ser una institución rectora, encargada del entrenamiento físico, militar y moral de la población. Con cada camada de soldados —decía Riccheri—, se echará "en la masa popular, cerca de medio millón de buenos ciudadanos, y éste es un poderoso instrumento de moralización pública".[110]

En la discusión sostenida en 1901 prevaleció el imperativo de la reforma moral de la nación y se impuso el criterio de la eficiencia organizativa y técnica pues se estaba ante "un nuevo tipo de guerra nacional moderna". Según el diputado

---

[109] Ibíd., 17 de setiembre de 1901.
[110] Ibíd., 11 de setiembre de 1901.

Enrique Godoy, el ministro de Guerra Riccheri dijo "en una de las reuniones" que "creía necesario reformar la Constitución para dar forma a su pensamiento sobre organización militar".[111] Para que la ley fuera sancionada fue necesario extremar la interpretación de la Constitución Nacional, y respaldarla por dos fallos de la Corte Suprema de Justicia.[112]

El triunfo de la propuesta de Riccheri en 1901 se debió en parte al recrudecimiento del conflicto con Chile. Además, para forzar la reforma se descuidó la organización militar existente y su deterioro hizo necesario adoptar el nuevo proyecto. Según el diputado Godoy, los cuerpos montados quedaron sin caballos, las unidades casi deshechas por falta de soldados, los soldados veteranos habían desaparecido de los cuerpos, aun aquellos mismos que querían continuar en ellos: "Dos años largos duró esta acefalía";[113] el gobierno había creído preferible enviar al jefe del Estado Mayor a Europa a comprar armamentos, y colocar al frente del Ejército un jefe que "no tenía más facultades ni atribuciones que las que se refieren al mero trámite. No puede extrañarse pues que desde entonces se iniciara la decadencia del ejército".

También influyó en la aceptación del proyecto el vuelco progresivo de una parte de la opinión pública que en los años anteriores acompañó con entusiasmo los preparativos bélicos y la extensión de la instrucción militar; y que progresivamente fue aceptando la idea de que la guerra regía las relaciones entre las naciones y de la conveniencia de contar con una fuerza militar permanente, moderna, de mandos centralizados y poderosa. Fueron importantes las ideas sobre la gimnasia, los deportes viriles y especialmente la instrucción militar que acarreaban virtudes morales anexas. Finalmente, también importó la idea de la unión moral de la nación como un imperativo de los tiempos en el que cabía un papel rector al ejército nacional.

La difusión de estas ideas se puso de manifiesto en la extensión de prácticas deportivas como el tiro al blanco, la esgrima y la gimnasia, que coadyuvaban a la instrucción militar, complementaban la formación militar y habían quedado teñidas de la moral guerrera y de una mística patriótica.

La nueva Ley de Servicio Militar Obligatorio dispuso que "todo argentino debe el servicio militar personal" y que "la obligación militar es igual para todos y tendrá una duración de 25 años".[114] Aunque se mantenían las denominaciones de la Constitución Nacional, el Ejército había cambiado totalmente de carác-

---

[111] Congreso Nacional, Cámara de Diputados, *Diario de Sesiones,* 10 de setiembre de 1901.

[112] Véase Rodríguez Molas, *El servicio militar obligatorio*, Buenos Aires, CEAL, pp. 96-97.

[113] Congreso Nacional, Cámara de Diputados, *Diario de Sesiones*, 10 de setiembre de 1901.

[114] Artículos 1º y 2º de la Ley núm. 4.031, de Servicio Militar Obligatorio, 7 de diciembre de 1901.

ter,[115] lo que se reflejó en algunos cambios en las denominaciones: se prefirió "argentino" a "ciudadano", y se habló de "servicio militar personal" en lugar de "instrucción militar". La institución fue argentinizada; en adelante, no podrían ingresar extranjeros.[116] Esto cambiaba una larga tradición de participación de los extranjeros en las fuerzas militares de la República, como técnicos, oficiales y soldados. También hubo un intento del obispo Romero –que no se concretó– de acentuar la impronta católica.[117]

El nuevo Ejército se concibió también como apolítico.[118] El diputado Torino consideró peligrosa la prohibición también de la participación indirecta, pues esta formulación vaga podría extenderse a la "exposición de ideas, a concurrir a reuniones y otros actos semejantes [...] puede dar lugar a que se interprete unas veces estrictamente, otras veces ampliamente [...] según convenga a las personas".[119] La prohibición de participar en política o de expresar opiniones establecía una nítida separación entre el Ejército y la ciudadanía. Esta exigencia cambiaba la tradición y colocaba al nuevo Ejército por encima de la política, más allá de las diferencias y las discusiones, que obedecían a la defensa de intereses parciales: lo colocaba en un mundo unido moralmente superior, el de la nación, de cuya defensa se hacía guardián y responsable.

Esta dignidad moral se extendió a las actividades laterales vinculadas con el Ejército y a la defensa nacional, que también debían ser depositarias de la moral nacional. En 1901, una resolución del Ministerio de Guerra estipuló las condiciones que debían reunir las asociaciones de tiro para recibir la subvención del gobierno. Además de la personería jurídica y otras garantías institucionales sobre

---

[115] Según la ley, "El Ejército de la Nación se compone: Del Ejército de Línea; De la Guardia Nacional; De la Guardia territorial". Entre los 28 y los 40 años, la reserva tomaba el nombre de Guardia Nacional, reunida y entrenada por las provincias; entre 40 y 45 años la reserva tomaba el nuevo nombre de Guardia Territorial.

[116] El artículo 3 establecía que "Nadie podrá ingresar en adelante al ejército nacional, en carácter permanente si no es ciudadano argentino o naturalizado argentino"; Ley 4.031, de Servicio Militar Obligatorio, 7 de diciembre de 1901.

[117] El obispo Romero propuso incluir a los eclesiásticos en el Ejército, en condición de tales, pero ante el riesgo de que se lo entendiera como obligación de cumplir el servicio militar, optó por mantener el sistema existente de capellanes, por el cual el Ejecutivo solicitaba a los obispos estos servicios para los cuerpos militares. Congreso Nacional, Cámara de Diputados, *Diario de Sesiones*, 7 de octubre de 1901.

[118] El artículo 6º de la ley decía: "Los jefes, oficiales, clases y asimilados de todos los grados y de todas las armas del ejército permanente no pueden ejercitar ningún derecho electoral, ni tomar parte directa o indirectamente, participación alguna en política, mientras tengan mando de fuerzas o desempeñen funciones en cualquier repartición dependiente del ministerio de guerra".

[119] Congreso Nacional, Cámara de Diputados, *Diario de Sesiones*, 7 de octubre de 1901.

las instalaciones y uso del material, las asociaciones no debían estar vinculadas con agrupación política de ninguna clase.[120]

Esta apoliticidad, que también asumían otras asociaciones deportivas sin armas, tendió a hacerlas más inclusivas y a despojarlas de rasgos partidistas: "por encima de las banderías". La condición de neutralidad de las asociaciones deportivas reforzó la idea de que se trataba de instituciones formativas del ciudadano, vinculadas con la capacidad defensiva de la nación. Esto era decisivo para la eficacia del simbolismo político que las atravesaba. En las representaciones colectivas, la neutralidad les otorgaba legitimidad ante la sociedad, las distinguía de las prácticas políticas propiamente dichas y las alejaba de los "pequeños intereses", considerados mezquinos, que caracterizaban a aquéllas.[121]

Con legitimidad podían hacerse cargo de la instrucción de los jóvenes. Si bien se aspiraba a que todo ciudadano de 19 a 46 años fuera experto en el manejo del fusil de guerra, y a esta aspiración respondió la fundación de polígonos en cada barrio de la ciudad y en cada pueblo del país, se debía procurar convocar a los más jóvenes. Para estimular su concurrencia se organizaron campeonatos universitarios y estudiantiles –que tuvieron lugar en 1902 y en 1903– para los alumnos de los colegios nacionales y escuelas comerciales y normales y demás institutos y colegios privados. Los dirigentes del Tiro Federal proyectaron también la realización de campeonatos para los gremios industriales, "tendiendo esta vez a extender a las clases obreras el influjo de la emulación que ejerce [la práctica de tiro]".[122]

Las subvenciones del gobierno fueron vitales para el mantenimiento y la supervivencia de las numerosas sociedades que se crearon desde 1898 y en los primeros años del siglo XX. Por otra parte, la posibilidad de ofrecer premios en los torneos se consideraba decisiva para cumplir el propósito fundamental de atraer a sectores amplios de la sociedad hacia ese centro de unión, de cohesión social, el polígono: "aquel sitio neutral y todo de la patria [donde] forman grupos con tanta facilidad los acomodados y los pobres, confundiéndose los mozos bien con los del pueblo".[123] Las sociedades de tiro, consideradas por *El Stand* "tan indispensables como la iglesia y la escuela" en la vida de los pueblos, tendrían –se pensaba– una importante acción orientadora sobre la población; en ellas no sólo se hacía una práctica deportiva sino que se difundía una concepción ideológica, en la convicción de que "son las ideas las que mueven a las masas". De este modo, las aso-

---

[120] *El Stand,* núm. 2, 19 de octubre de 1902.

[121] Véase P. Chambat, "Les fêtes de la discipline: gymnastique et politique en France (1879-1914)" en: P. Arnaud et J. Comy (comps.), *La Naissance du Mouvement Sportif Associatif en France. Sociabilités et formes de pratiques sportives,* Lyon, Presses Universitaires, 1986.

[122] *El Stand,* núm. 1, 12 de octubre de 1902.

[123] *El Stand,* núm. 5, 8 de noviembre de 1902.

ciaciones culturales y deportivas desarrollaron a fines del siglo XIX y principios del XX una acción política con una concepción nacionalista y patriótica que alcanzó una gran difusión entre amplios sectores de la población y que abonó poco a poco la tierra donde prendieron con fuerza, años más tarde, formulaciones más sistemáticas de grupos y partidos políticos que sostuvieron planteos de un nacionalismo esencialista y excluyente.

VIII. Un panteón nacional, 1886-1900

Hacer la historia patria: la Revista Nacional

En el siglo XIX, hacer la historia nacional era un aspecto ineludible de la construcción de una nación. En sentido amplio, como memoria selectiva del pasado de un sociedad, y junto con la lengua y las costumbres, la historia vertebraba la tradición cultural. Era además una disciplina científica en plena expansión y en proceso de constituir un campo intelectual y profesional propio. Esta distinción, que hoy es clara, no era común a fines del siglo XIX. La historia como disciplina fue estimulada debido –en buena medida– a la importancia que se atribuía a las obras históricas para la formación de la conciencia nacional de los pueblos, amalgama cohesionante que coadyuvaba a la consolidación de los estados modernos en la época de la emergencia de la sociedad de masas.

A esta actividad se volcó con entusiasmo buena parte de los intelectuales; no sólo los historiadores y los memorialistas, sino también los recolectores de anécdotas y leyendas y los conservadores de objetos. A la vez, la idea de que se debía construir la cultura nacional comprometió –como se vio– a ensayistas, poetas y novelistas, e incluso alcanzó a los artistas plásticos y a los músicos. Este propósito cobró importancia hasta abarcar las más variadas actividades intelectuales, al tiempo que adquiría cierto matiz de deber cívico y de servicio a la patria. Estimular, propiciar, gestar actividades patrióticas, desde cantar el himno hasta recitar poemas, divulgar una leyenda nacional o leer un discurso en homenaje a un héroe, era realizar una contribución patriótica. Hubo así lugar para una activa participación ciudadana en la construcción de la memoria, que se desarrolló simultáneamente con el debate que sostenían políticos e intelectuales respecto de quiénes debían integrar el panteón de los héroes de la patria. Pues aunque la idea de contar con un panteón nacional de los héroes fue bien vista, y había cierto acuerdo sobre los principales nombres, muchos otros fueron objeto de controversias.

Los que se enfrentaron en aquellos debates sustentaban distintas concepciones de la nación –y la nacionalidad–, en pugna por organizar las diferentes tradiciones históricas que las legitimaran. Cada tradición debía a la vez incluir a unos y excluir a otros, atendiendo a una variedad de factores; los motivos de la decisión

255

no fueron siempre claros, y la línea que separaba las distintas posiciones fue cambiante. La *Revista Nacional*, uno de los foros principales de este debate, permite seguir este desarrollo a lo largo de la década de 1890.

La labor historiográfica propiamente dicha fue particularmente valorada. Aunque el propósito de hacer una historia propia para el nuevo país surgió casi al mismo tiempo que la nueva nación, y se remonta al *Ensayo* del Deán Funes dedicado "A la Patria",[1] fue desde la década de 1850 que se perfiló como un trabajo específico y adquirió cierta intensidad. Entre 1850 y 1880 se realizó una importante actividad que cubrió el relevamiento de fuentes, la elaboración de algunas obras históricas,[2] y especialmente la publicación de revistas como la *Revista de Buenos Aires* (1863-1871), la *Revista del Río de la Plata* (1871-1877), la *Revista Argentina* (1868-1872), la *Revista del Archivo* (1869-1872), o la *Revista de la Biblioteca* (1870-1882).

Sin embargo, este trabajo fructificó a partir de 1880 cuando se publicó un conjunto de libros de gran significación, entre ellos la versión definitiva de la *Historia de Belgrano*,[3] y la *Historia de San Martín y la emancipación americana* de Bartolomé Mitre, que apareció entre 1887 y 1890. Adolfo Saldías publicó en 1888 *Historia de Rosas y de su época*, que reaparecería corregida y aumentada en 1892, como *Historia de la Confederación Argentina*. En 1887 se publicó *El federalismo argentino* de Francisco Ramos Mejía y en 1888 aparecían *La tradición nacional* de Joaquín V. González, las *Tradiciones de Buenos Aires* de Pastor Obligado y *Londres y Catamarca* de Samuel Lafone Quevedo. Entre 1883 y 1893 se publicaron los diez volúmenes de la *Historia de la República Argentina* de Vicente Fidel López, y entre 1889 y 1890, su *Compendio de historia argentina*, mientras que *La gran semana de 1810. Crónica de la Revolución de Mayo,* apareció en 1896.[4]

---

[1] Deán Gregorio Funes, *Ensayo de la historia civil del Paraguay, Buenos Aires y Tucumán*. Publicada en Buenos Aires, entre 1816 y 1817, contenía un "Bosquejo sobre la revolución emancipadora", que cerraba la obra.

[2] Los textos más significativos son: José Manuel Estrada, *Lecciones sobre la historia de la República Argentina*, publicada en 1866-1868; conferencias leídas en 1866 y 1868 en la Escuela Normal de la Catedral y publicadas inicialmente en la *Revista Argentina* en 1868 y 1869; y *Lecciones de historia argentina* de Lucio V. López, que también fueron conferencias, luego editadas en 1878 como texto para la enseñanza. También, de Luis Domínguez, *Historia Argentina*, publicada en 1862, y de Clemente Fregeiro, *Compendio de historia argentina*, aparecida en 1876.

[3] Bartolomé Mitre publicó una *Biografía de Belgrano* en 1858 y una primera versión de la *Historia de Belgrano* en 1876-77. La versión definitiva apareció en 1887.

[4] Se publicaron también muchas memorias históricas y obras sobre la realidad nacional. En la década de 1870, Lucio V. Mansilla había publicado en folletín *Una excursión a los indios ranqueles*, en los ochenta, muchos otros: Mariano Pelliza, *Historia argentina*, Vicente F. López había publicado en 1881 *Introducción* a la *Historia de la revolución argentina* y la *Revolución argentina*. Es-

No sólo se publicaron las historias generales más importantes sino las historias de casi todas las provincias y de las regiones y lugares que querían perdurar en la memoria, que se sumaron a las pocas crónicas provinciales existentes.[5] Paul Groussac publicó su *Ensayo histórico sobre el Tucumán* en 1882; Juan M. Pujol Vedoya, *Province de Corrientes* en 1883 (París); Benigno T. Martínez, *Apuntes históricos sobre la provincia de Entre Ríos* en 1884 (Uruguay) e *Historia de la provincia de Entre Ríos* en 1900; Santiago Vaca Guzmán, *El Chaco oriental: su conquista y civilización* en 1887;[6] José Juan Biedma, *Apuntes históricos del Río Negro* en 1887; Mariano Pelliza, *El país de las Pampas* en 1887.[7] Se escribieron además crónicas de Córdoba,[8] San Nicolás de los Arroyos,[9] Catamarca,[10] Tucumán,[11] Chubut,[12] Rosario,[13] Cuyo,[14] La Patagonia,[15] Santa Fe.[16] Sobre Buenos Aires, Alberto Mar-

---

tanislao Zeballos completó en 1888 la trilogía de relatos sobre temas indios: *Callvucurá y la dinastía de los piedra* (1884); *Painé y la dinastía de los zorros* (1886) y *Relmu, reina de los pinares* (1888). Publicó además: *La conquista de quince mil leguas*, de 1879 y la *Descripción amena de la República Argentina* en tres tomos: *Viaje al país de los araucanos* (1881), *Viaje a la región del trigo* (1883) y *Viaje a través de las cabañas* (1888), dedicado a la Sociedad Rural Argentina de la cual era presidente. Emilio Daireaux, *La vie et les moeurs à la Plata*, en 1887; Francisco Latzina, *Geografía de la República Argentina*, en 1888, editado en francés dos años después; Gabriel Carrasco, *La provincia de Santa Fe*, 1886. En 1889 apareció *Memorias de un viejo* de Víctor Galvez (Vicente G. Quesada) que había aparecido en artículos en la *Nueva Revista de Buenos Aires*.

[5] Fray Juan N. Alegre, *Antigüedades correntinas*, Buenos Aires, 1867; Urbano Iriondo, *Apuntes para la historia de la provincia de Santa Fe*, 1871; Vicente G. Quesada, *La provincia de Corrientes*, 1857; N. Navarro, *El territorio de Misiones*, 1877; Joaquín Carrillo, *Jujuy. Provincia federal argentina. Apuntes de su historia civil*, 1877.

[6] Un poco después, B. Olaechea y Alcorta, *Notas históricas de Santiago del Estero*, 1909.

[7] También Mariano Pelliza, *Crónica abreviada de la ciudad de Buenos Aires*, 1889 y *Córdoba*, 1890-1904.

[8] Santiago Albarracín, *Bosquejo histórico, político y económico de la provinca de Córdoba*, 1889; Ignacio Garzón, *Crónica de Córdoba*, Córdoba, 1898-1902; Juan M. Olmos, *Compendio de la historia de Córdoba*, Córdoba, 1899; Julio P. Rodríguez, *Sinopsis histórica de la provincia de Córdoba*, 1907.

[9] Damián Méndez, *Historia de la ciudad de San Nicolás de los Arroyos*, San Nicolás,1890.

[10] Manuel Soria, *Curso elemental de la historia de Catamarca*, Catamarca, 1891.

[11] Arturo L. Dávalos, *Noticias históricas sobre el descubrimiento y conquista de la antigua provincia del Tucumán*, 1896; Adán Quiroga, *Calchaquí*, Tucumán, 1897.

[12] Eugenio Tello, *Resumen histórico geográfico del Chubut*, 1896.

[13] Eudoro y Gabriel Carrasco, *Anales de la ciudad del Rosario de Santa Fe*, 1897.

[14] Nicanor Larraín, *El país de Cuyo*, 1906; Agustín Álvarez, *Breve historia de la provincia de Mendoza*, 1910.

[15] Lino D. Carbajal, *La Patagonia*, 1899.

[16] Manuel Cervera, *Historia de la ciudad y provincia de Santa Fe*, 1907; Juan Álvarez, *Ensayo sobre la historia de Santa Fe*, 1910.

tínez escribió en 1885 *Buenos Aires, 1850-1885;* Antonio Galarce, el *Bosquejo histórico de Buenos Aires capital de la República Argentina* en 1886 y Manuel Bilbao, *Buenos Aires desde su fundación hasta nuestros días* en 1902.

Además, la labor historiográfica se diversificó de una manera notable y tendió a cubrir todos los campos. Hubo así recopilaciones de tradiciones regionales, historias de sucesos (guerras y campañas, conquistas, poblamientos), historias de héroes, historias de las instituciones más importantes, historias de distintas actividades: económicas o artísticas, historias de la evolución de las instituciones, historia del Ejército y de la Marina. La historia de algunas instituciones se iba haciendo casi al mismo tiempo en que aquéllas se armaban, como si al consignarla por escrito se diera un paso imprescindible para su efectiva construcción.

De este interés nació la *Revista Nacional. Historia Americana, Literatura, Jurisprudencia,* al igual que otras varias publicaciones periódicas que aparecieron en esos años.[17] En el conjunto de aquéllas la *Revista Nacional* se singularizó como uno de los más entusiastas agentes de la construcción de la historia patria, debido a su continuidad[18] y a la orientación que le imprimió su fundador, Adolfo P. Carranza, un "propagandista" de la historia nacional, "empeñado en servir[la][…] exhumando héroes olvidados o desconocidos".[19] Ernesto Quesada recordaba que esta afanosa tarea había comenzado tiempo atrás, con pasión "por la historia patria, cuyo amor nos infundió […] con un entusiasmo que ha sabido conservar hasta hoy".

---

[17] Además se publicaron los *Anales del Museo Nacional de Buenos Aires* (1895-1910 y continuó), la *Revista del Museo de la Plata* (1890-1910 y años sucesivos), *La Biblioteca* (1896-1898), la *Revista de Derecho, Historia y Letras* (1898-1910 y sucesivos), la *Revista patriótica del pasado argentino* (1888-1892), la revista *Historia* (1903) y *Revista de la Universidad de Buenos Aires* (1904-1910 y sucesivos); el *Boletín del Instituto Geográfico Argentino* (1881-1911), *Renacimiento* (1909-1913), y la *Revista Argentina de Ciencias Políticas.*

[18] La *Revista Nacional. Historia Americana, Literatura, Jurisprudencia* fue dirigida por Adolfo P. Carranza hasta 1891, luego por Carlos Vega Belgrano, y más tarde, en forma conjunta, por Juan José Biedma, Alejandro Rosa y José A. Pillado. A partir de 1897 fue director Rodolfo W. Carranza, y Juan Canter el editor. Recogió una importante tradición periodística e intelectual de Buenos Aires, iniciada con la *Revista del Archivo General de Buenos Aires,* la *Revista de la Biblioteca Pública de Buenos Aires* y la *Revista de Buenos Aires (Periódico de historia americana, literatura y derecho)* (1863-1871), dirigida por Miguel Navarro Viola y Vicente G. Quesada. A este período corresponden *La Nueva Revista de Buenos Aires* (1881-1885), la segunda época de *Revista Argentina* (1880-1882), que en su primera etapa (1868-1872) fue dirigida por José Manuel Estrada. (Además de la *Revista de la Sociedad Geográfica Argentina* (1881-1888) dirigida por Ramón Lista.) Véase Diego Abad de Santillán, *Gran enciclopedia argentina,* Buenos Aires, 1961; Héctor Lafleur, Sergio Provenzano y Fernando Alonso, *Las revistas literarias argentinas, 1893-1967,* Buenos Aires, CEAL, 1968; Rómulo Carbia, *Historia crítica de la historiografía argentina,* La Plata, UNLP, 1939.

[19] *Revista Nacional,* tomo VIII, 1889, pp. 367-382.

La *Revista* recibió esta impronta decisiva, y la influencia de Carranza perduró aun después de haber dejado aquél su dirección en 1891, cuando el Museo Histórico a su cargo fue convertido en Museo Histórico Nacional. Desde ambas instituciones Carranza realizó una notable actividad de selección y organización de contenidos de la tradición histórica, con la reunión de los objetos –que se convirtieron en reliquias históricas en el Museo Histórico Nacional– y con la publicación de documentos, trabajos históricos, literarios y ensayos culturales en las páginas de la *Revista Nacional*. Simultáneamente, Carranza desplegó una intensa actividad en la organización de acontecimientos celebratorios, organizando comisiones pro monumentos, homenajes, discursos y colocación de placas recordatorias, que contribuyeron, más que sus propios escritos, en la ingente tarea de armar un panteón nacional.

Tras estos propósitos, la revista reunió a un amplio grupo de colaboradores, funcionarios, políticos, profesionales o periodistas, capaces de desplegar una influencia que iba más allá del universo de sus lectores. Eran historiadores, literatos, ensayistas y políticos interesados en la cultura nacional, que respondían a posturas políticas e intelectuales diversas, de manera que la *Revista* fue también una tribuna de discusión y polémica, un ámbito donde se expusieron y se discutieron distintas interpretaciones del pasado. Pese a sus diferencias, estos colaboradores compartían la preocupación por el rumbo futuro de la sociedad argentina y coincidían en reconocer la vital importancia de la historia patria como rasgo fundamental de la identidad nacional. Se trataba, sin embargo, de un grupo heterogéneo y a poco que avanzaban en las realizaciones y exponían sus ideas, emergieron entre ellos fuertes diferencias.

Sus discusiones resultan reveladoras, no sólo del tipo de vínculos que se postulaban con el pasado, sino también de las distintas concepciones que pugnaban en el armado de la tradición patria. Hubo una clara disputa por la hegemonía entre varias versiones del pasado. La historiografía patriótica, independentista y republicana, colocó el origen de la nación en la Revolución de Mayo, y vertebró su armado en la gesta de la Independencia, para culminar en la organización nacional y la Constitución de 1853. Por otro lado, creció un movimiento de valoración de las raíces españolas iniciada antes, pero que se desplegó particularmente en los años de 1890. También otra visión, que procuró el reconocimiento del aporte de los inmigrantes de otros orígenes a la tradición patria. La primera encontró un punto fuerte en la continuación de aquella tradición heroica y en el fortalecimiento de la imagen del Ejército: la constitución de un panteón nacional y la colocación en él de los héroes de la guerra del Paraguay y de otras campañas más recientes, operaba en ese sentido. Para éstos, era fundamental poner el acento en la independencia y la constitución de una nueva nación. Para otros era más significativa la pertenencia a una tradición cultural que, además de la lengua, remitía a un pasado que entroncaba con lo español, donde incluso cabía encontrar el origen de las instituciones políticas propias, tal como se procuró mostrar con el federalismo y los cabildos hispánicos.

El panteón nacional: un juicio tranquilo e imparcial

La idea de construir un panteón nacional no era nueva; había cobrado fuerza a fines de los años ochenta cuando también se proyectaron un "Monumento a Mayo"[20] y un monumento conmemorativo de las campañas del Ejército de los Andes,[21] que no llegaron a realizarse.

Tampoco se construyó el monumental edificio que algunos imaginaron, destinado a panteón nacional.[22] Sin embargo, otra versión del panteón nacional, ideal y simbólica, se fue esbozando desde las páginas de la *Revista Nacional*, que comenzó el sistemático relevamiento de todos aquellos hombres acreedores de la condición de próceres que merecían ser recordados por la posteridad.[23]

La revista contó con secciones dedicadas a los centenarios –cuya conmemoración impulsó incansablemente– a los Solemnes Funerales y a las Honras Fúnebres, a los Muertos Ilustres, a los Grandes Ciudadanos, a los Próceres Olvidados. Poco a poco, a medida que se conmemoraban los centenarios de sus nacimientos y se realizaban trabajos historiográficos, se hacía el reconocimiento de un héroe o se redescubría un acontecimiento histórico, se iba conformando una galería de próceres y de sucesos notables que terminaban por constituir en la memoria nacional una suerte de panteón ideal. Adolfo P. Carranza explicó el sentido de esa tarea de construcción de la memoria, de gran importancia en ese momento en que se sentía interrumpida la conexión vital con el pasado:

> Mientras enterramos a los últimos veteranos de la Independencia se acercan los cien años del nacimiento de otros varones ilustres, de otros guerreros [...] Es decir, que nos despedimos con amargura de los que se van y saludamos con alborozo las fechas clásicas de los que se fueron.[24]

[20] *Revista Nacional*, tomo VI, 1888, pp. 348 a 353.

[21] *Registro Nacional*, Ley 2.270, 16 de junio de 1888.

[22] Sobre este tema, véase Mona Ozouf, "Le Panthéon", en: P. Nora, *Les lieux de mémoire*, París, Gallimard, 1984, tomo II y Antoine Prost, "Les Monuments aux morts", en ibíd.

[23] Una idea similar expresó el intendente Bollini sobre el Museo Histórico Nacional, "una institución en [la] que, como en un panteón de gloria", se reunirían "los objetos de nuestra historia". Véase "Museo Histórico. Su nacionalización", en: *Revista Nacional*, tomo XIV, 1891, p. 217.

[24] "Centenario de Mansilla, 1789-1889", ibíd., tomo VIII, 1889, p. 92.

Según lo entendían Carranza y muchos de sus colaboradores, la tarea implicaba, en primer lugar, el relevamiento exhaustivo de todos los héroes de la patria y de los compatriotas meritorios por sus servicios a la patria, que con este reconocimiento alcanzaban la condición de "históricos". En particular, cumplían al rescatar del olvido a aquellos guerreros abnegados que hicieron posible la gesta de la independencia. Número a número fueron surgiendo los héroes, algunos conocidos, otros casi completamente olvidados o desconocidos, en una incansable tarea reparadora de la ingratitud de sus compatriotas. La revista se ocupó especialmente de aquéllos que vivieron con modestia y aun sufrieron privaciones, como el lancero Cornelio Zelaya, el veterano de los Andes Zapiola, el coronel Castañón, edecán de Rivadavia y de Dorrego, y otros.[25] También se reconocía el mérito de quienes habían honrado a la patria desde la función pública,[26] o eran ilustres por haber pertenecido a la antigua sociabilidad patricia.[27]

Entre los recordatorios sobresalió el centenario del nacimiento de los próceres mayores.[28] En junio de 1887 se recordó el de Dorrego,[29] y en setiembre de 1888 el de Tomás Guido. Entonces, un acto público de homenaje daba al evento mayor repercusión: se constituía una comisión *ad hoc*, se convocaba a una procesión cívica y luego de los discursos se colocaba una placa en el sepulcro del homenajeado. Así se hizo en el centenario de Tomás Guido y en el del general Lucio Mansilla, "gentil en los salones y áspero en los campamentos".[30] Se trataba, en este caso, no sólo de un guerrero de la Independencia sino del cuñado de Rosas, y aunque esta circunstancia no fue recordada, ponía de relieve el empeño en homenajear a todos. Más allá de la simpatía personal o la afinidad política pesaba el propósito de constituir un panteón y ubicar en él a cada hombre ilustre, prócer o guerrero que hubiera participado en la construcción de la nación. Este empeño de la *Revista Nacional* apareció aún más claro en el caso del general Alvear, para cuyo centenario se realizó una importante conmemoración oficial. El 4 de noviembre de 1889 se decretó feriado y las autoridades invitaron al pueblo a celebrarlo. La *Revista Nacional*

---

[25] Adolfo P. Carranza, "Próceres en la indigencia", ibíd., tomo X, 1889, pp. 57-66.

[26] Así, en "El general Espejo" (*Revista Nacional*, tomo VIII, 1889, p. 95) y "Héctor Álvarez" (*Revista Nacional*, tomo X, 1889, p. 96). Véase Jean-Claude Bonnet, "Les morts illustres" en: P. Nora, *Les lieux de mémoire*, ob. cit.

[27] "José Tomás Guido", en: *Revista Nacional*, tomo XII, noviembre de 1890, pp. 340-342.

[28] El centenario de Rivadavia, conmemorado con grandes honores en 1880, era uno de los modelos.

[29] "Manuel Dorrego. Su centenario 1787-1887", en: *Revista Nacional*, tomo III, 1887.

[30] Adolfo P. Carranza, "In Memoriam, al brigadier general Tomás Guido, Prócer de la Independencia en el Primer Centenario de su natalicio, 1º de setiembre de 1788-1888", ibíd., tomo VI, pp. 287-288. En la placa a Mansilla se leía: "La Dirección de la *Revista Nacional* al general Lucio Mansilla en su centenario 1789-1889. Chacabuco, Ombú, Obligado. A. P. C.".

adhirió "no obstante ser hasta hoy discutida la personalidad del general Alvear". El pueblo argentino, señalaba, "treinta y seis años después se ha congregado para celebrar su apoteosis, sin dudas en la mente y sin rencores en el alma. Montevideo e Ituzaingó cubren con exceso sus veleidades".[31]

De esta manera se demostraba la voluntad de construir una memoria armónica de la nación. En aquel centenario se recordó no sólo al general victorioso sino al presidente de la primera Asamblea General Constituyente de las Provincias Unidas del Río de la Plata: la que estableció "la libertad de todo el que pisase territorio nacional" y "la inviolabilidad de los representantes del pueblo" y donde "se abolió la servidumbre de los indios, se creó el escudo, la bandera, el himno nacional, se abolió la nobleza y se mandó quemar [...] los instrumentos de tortura". El gobierno había dispuesto los máximos honores: embanderamiento de los edificios públicos, salvas en las baterías de tierra y en los buques de la Armada, gran parada de las tropas en el Cementerio del Norte, la colocación de una corona en el sepulcro del héroe por una comisión de generales y una placa conmemorativa por el Ministerio de Guerra.

Una comisión de ciudadanos, destacados colaboradores de la *Revista Nacional,* convocó a formar una columna cívica: Adolfo P. Carranza, Manuel Mantilla, Adolfo F. Orma, Juan J. Alsina, Ángel J. Carranza, Mariano de Vedia, Alejandro Calvo y otros. A ellos se sumaron Vicente F. López, Bartolomé Mitre, Alberto Capdevila y muchos otros, que "organizaron una manifestación popular de homenaje". Convocaron al pueblo a reunirse en la plaza "General San Martín para, de allí, partir hasta la tumba del prócer y depositar sobre ella una corona de bronce". El "poeta nacional" Carlos Guido y Spano fue designado para "llevar la palabra en el acto a nombre de la columna cívica", en la que participaron también los más importantes centros sociales de la Capital, como el Club del Progreso, el Club Oriental, el Club de Gimnasia y Esgrima, el Club Argentino y asociaciones literarias y educativas.

La columna cívica fue encabezada por el intendente y la comisión de ciudadanos; la corona de bronce fue portada por "cuatro vigorosos ciudadanos negros" mientras una banda de música "tocaba con frecuencia la marcha triunfal de Ituzaingó". En la Recoleta confluyeron con la columna militar que conducía la corona de bronce dedicada por el gobierno.

El Cementerio del Norte, en la Recoleta, donde se depositaban los restos de los grandes hombres, era el escenario de los homenajes, el lugar obligado de quienes querían rendir culto a la memoria de los próceres y constructores de la patria, mientras se discutía la construcción de un panteón. Allí culminaron muchas de las columnas cívicas organizadas por la *Revista Nacional,* para homenajear a algún

---

[31] "Centenario de Alvear", en: *Revista Nacional,* tomo X, 1889, p. 97-110.

prohombre y en ceremonias, a veces sencillas, recordar sus méritos, exaltar sus virtudes, depositar una corona y colocar una placa en su tumba.

En ocasión del centenario del general Alvear hablaron el ministro de Guerra Eduardo Racedo, el general Emilio Mitre, el intendente municipal, el historiador Bartolomé Mitre y el poeta Guido y Spano, quien expresó el sentido de aquella conmemoración :

> No hay duda, era una raza fuerte, valerosa, abnegada. Nuestra degeneración sería evidente si no tributásemos a los antepasados el homenaje de nuestra admiración y respeto. Empero, el espectáculo que se presenta a nuestra vista debe tranquilizarnos. No están lejos de parecerse a sus padres los que saben venerar sus virtudes.[32]

La virtud moralizadora de la celebración contribuía –según Guido y Spano– a constituir una memoria colectiva cohesionada. Este mismo sentido se le había dado al homenaje al general Frías, la última reliquia viviente, en ocasión del Gran Desfile Patriótico del 9 de julio de 1889.

Después vinieron los centenarios de Nicolás de Vega, general de la guerra de la Independencia, recordado en julio de 1890,[33] y del general José María Paz, en setiembre de 1891.[34] En este caso, el moderado recordatorio de la *Revista Nacional* contrastó con la importancia de los eventos oficiales en Córdoba y en Buenos Aires. En opinión de Carranza, el general Paz había sido una "personalidad descollante, pero no eminente", un servidor decidido en la guerra "pero un oficial subalterno" que recién alcanzó "alguna notoriedad en un suceso que después harto lamentó", en la sublevación de Arequito.[35]

El gobierno nacional dispuso que se le rindieran los máximos honores, el Congreso de la Nación votó fondos y representación especial[36] y realizó un homenaje a su memoria.[37] En Buenos Aires también hubo una solemne conmemoración en la Recoleta: "Una numerosa concurrencia presenció ayer en el Cementerio del Norte el homenaje" rendido a la memoria del guerrero y el Ejército formó dos batallones de infantería de línea y dos secciones con sus piezas de artillería para rendir los honores militares. En la tumba se colocaron dos placas, una

---

[32] Ibíd., p. 107.

[33] "Nicolás de Vega, 13 de julio de 1790-2 de diciembre de 1879", en: *Revista Nacional*, tomo XII, 1890.

[34] "Centenario de Paz" (artículo editorial), ibíd., tomo XIV, 1891, p. 178.

[35] *Revista Nacional*, tomo XIV, 1891, p. 178.

[36] Congreso Nacional, Cámara de Diputados, *Diario de Sesiones*, 7 de agosto de 1891 y 26 de agosto de 1891, p. 432 y 580-81.

[37] Ibíd., 9 de setiembre de 1891, p. 645-46.

de "La Nación Argentina", ofrecida por una comisión de ciudadanos presidida por el general Bartolomé Mitre; la otra de "El Ejército Argentino", por una comisión formada por "generales, jefes y oficiales que han servido bajo las órdenes del General Paz".

En su discurso, Mitre comparó a Paz con San Martín: "El general Paz es el representante de las glorias del ejército argentino [...] genio trascendente en el orden militar y moral".[38]

Otra solemne ocasión para entronizar una figura en la memoria colectiva eran los funerales. Estos momentos solemnes por excelencia eran de rigor con los grandes hombres; con otros, porque constituían el eslabón vivo de una cadena que unía el presente conflictivo con un pasado patrio paradigmático. En marzo de 1891, el fallecimiento del general Eustaquio Frías fue la ocasión para la realización de un gran funeral cívico. "Con él desaparece –dijo la *Revista Nacional*– el último representante de la generación que fundó la independencia de la República. Su muerte fue un duelo nacional." En su entierro hablaron el presidente de la República, doctor Carlos Pellegrini, el teniente general Emilio Mitre, Carlos M. Urien, el capitán Juan A. Mendoza y Adolfo P. Carranza, quien expresó la gratitud al héroe en nombre de la ciudad de Buenos Aires.[39]

La revista publicó los discursos y la foja de servicios en el Ejército, una dignidad que ya había otorgado a otros militares de la Independencia. El presidente Pellegrini expresó el sentimiento de la hora: "esta muerte es para la patria una orfandad ¡Ya no existen aquellos que la crearon!"; en nombre de la nación, agradecida por sus largos servicios, se despidió "de los restos mortales del general Frías que reposarán un día en el panteón de nuestras glorias nacionales".[40] Con las exequias de "la última reliquia viviente" parecía haberse colocado la piedra fundamental del panteón nacional, materialización de aquel vínculo con el pasado que la muerte de sus protagonistas iba volviendo inmaterial e inaprensible.

La idea de construir un recinto monumental que alojara los restos de los próceres tomó mayor fuerza a principios de 1891, a raíz de la repatriación de los restos de Martín Rodríguez, Félix Olazábal, Elías Galván y Juan José Quesada. La iniciativa partió de una comisión de destacados ciudadanos, casi todos vinculados a la *Revista Nacional*,[41] quienes opinaban:

---

[38] "Centenario del general Paz", 8 de setiembre de 1891 y "Centenario de Paz. Acto patriótico", en: *La Prensa*, 10 de setiembre de 1891.

[39] "El general Frías", en: *Revista Nacional*, tomo XIV, 1891, pp. 254-364.

[40] Ibíd., pp. 261-162.

[41] J. M. Bustillo, Guillermo Achával, J. A. Pillado, Juan J. Biedma, J. S. de Bustamante, Adolfo P. Carranza, Juan C. Molina, Miguel G. Méndez, J. M. Ramos Mejía, J. B. Zubiaur, Bernardo de Irigoyen, F. de las Carreras, A. G. Carranza Mármol, Carmelo Rosende y Mitre,

repetidos actos de reparación histórica comprueban que ha llegado la época del juicio tranquilo e imparcial para los hombres públicos y los guerreros que tuvieron
participación en la lucha y en la labor política por la independencia nacional.[42]

La repatriación fue rodeada de grandes honores, como se había hecho con los restos de San Martín en 1880, en procura de una recuperación que entronizara al
héroe en el lugar adecuado para recibir el homenaje de la posteridad.[43]

Llegaron a Buenos Aires en el "Villarino", custodiados por una comisión militar y una civil; fueron recibidos con una salva de once disparos de los buques de
la Armada y el embanderamiento a media asta de todos los edificios públicos.
Una tercera comisión, integrada por el teniente general Emilio Mitre y los generales Luis María Campos y Manuel Obligado los recibió en la dársena, y junto
con la comisión popular presidida por José María Ramos Mejía encabezaron el
cortejo hasta el Cementerio del Norte.

Roque Sáenz Peña, llegado hacía poco de Washington, donde había tenido
una descollante actuación, fue el encargado de pronunciar las palabras de recepción: "Somos la posteridad de 1810 –dijo– pronunciando el veredicto del reconocimiento nacional". En retribución, el pasado vendrá en auxilio del presente,
una hora en la que "pesadas responsabilidades nos oprimen" y se está rodeado de
los síntomas de la caducidad. "Las evocaciones del pasado pueden llegar a ser los
correctivos transformadores del presente" pues los pueblos que "honran a sus
próceres, no acusan la molicie de la decadencia, no sienten atrofiadas las fibras
generosas del sentimiento nacional". Esta convicción respaldaba la idea de que un
sitio dedicado a honrar el eterno descanso de los ilustres muertos serviría de
ejemplo moralizador para el conflictivo presente, pues quienes "veneran a sus héroes –se repetía– [...] están a punto de imitarlos".[44]

En esta ocasión, Roque Sáenz Peña puso de relieve otra virtud de aquel pasado referencial: la de haber señalado una misión a la presente generación. Acababa
de sustentar en la conferencia de Washington la idea de una responsabilidad ame-

---

Ricardo J. Pardo, Julio A. Roca, Pedro F. Caraffa, E. Ortiz Basualdo, R. Araujo Muñoz, M. H.
Latorre, C. del Campillo, Eduardo A. Sala, Carlos M. Cernadas, Mariano Agrelo, Alejandro So-
rondo, A. Jallaguier (h), A. M. Tallaferro, José Garmendia, Juan A. Mármol, Ricardo Eastman,
A. F. Orma, Enrique Yateman, D. Chapeaurouge Graham, Enrique Spangenberg, Juan S. Gó-
mez, Manuel C. Chueco, Francisco Centeno. "Repatriación de los restos de Rodríguez, Galván,
Olazábal y Quesada", en: *Revista Nacional*, tomo XIV, 1891; pp. 152 a 169.

[42] *Revista Nacional*, tomo XII, enero de 1891, p. 153.

[43] Ernesto Quesada, "Las cenizas del general San Martín" en: *Reseñas y Críticas*, Buenos Aires, F. Lajouane, 1893.

[44] *Revista Nacional*, tomo XIV, 1891, pp. 161-162.

ricana a partir de Mayo, punto de partida no sólo de la nación argentina sino de la independencia americana.

> La revolución de Mayo [...] fue [...] el alumbramiento de una raza, la libertad de un continente [...] dan testimonio de nuestros grandiosos esfuerzos, las reliquias dispersas de nuestros mayores, que viven diseminadas en el vasto escenario de sus triunfos.

"Nos faltan" –agregaba– Las Heras, Necochea y Rondeau, "faltan tres próceres, porque hay tres pueblos que se disputan la honra de velar el sueño eterno de sus benefactores".

Esta perspectiva americana de Mayo, por la que dieron su vida los héroes repatriados, integraba "los principios de la nacionalidad argentina que nos conservan dignos de nuestros mayores". Medio siglo más tarde, esta misión de la libertad americana –decía con orgullo– había sido retomada por la presente generación: "es la familia de los argentinos la que exclama una vez más en el Congreso de Washington: ante el derecho público de América queda condenada la conquista".[45] Las palabras de Sáenz Peña ponían a su generación a la altura de aquel glorioso pasado.

La idea de un panteón representativo de una memoria armónica de la nación, que parecía rondar en la mente de todos, es interpretada como una afirmación simbólica de la unidad interior. El proyecto de construir un panteón también respondía a otro propósito: poner de relieve el papel histórico del Ejército Argentino en la construcción de la nación y así valorar su imagen presente. El reconocimiento de la guerra del Paraguay –y de quienes lucharon en ella, oficiales o soldados– y su entronque con la tradición de la guerra de la Independencia, fue una de las formas de elaborar la imagen de una continuidad heroica. El Ejército fue adquiriendo –como se vio– cada vez más importancia a lo largo de la década de 1890. Esta transformación que sufría fue apuntalada por la labor de asociaciones civiles, de distintas instituciones y también por los historiadores, que se esforzaron por consolidar aquella tradición guerrera y militar que se remontaba a la heroica guerra de la Independencia y que en los años noventa procuraba prolongarse hasta el presente.

De la mano de esta valoración aparecieron nuevos proyectos de realización del panteón. En abril de 1892, una comisión vinculada a la sociedad Guerreros del Paraguay solicitó un terreno en el Parque Norte para levantarlo. Otros propusieron realizarlo en el terreno del cuartel de infantería en la plaza del Retiro. En el Club Gimnasia y Esgrima se organizó otra comisión interesada en el panteón nacional. La importancia de los nombres de quienes se congregaron en esta última

---

[45] Ibíd., p. 168.

–la presidía Bartolomé Mitre y la integraban Vicente F. López, Bernardo de Irigoyen y Julio Argentino Roca– parecía anunciar un sólido respaldo y una rápida
realización.[46] Sin embargo, pronto surgieron fuertes diferencias. Las opiniones estaban divididas entre quienes querían un panteón donde se depositaran los restos
de "todos los próceres de la independencia americana", los que querían en él sólo
a "los guerreros que fundaron esta república", y quienes proponían reservarlo para "los grandes hombres", diferencias que amenazaron con estancar el proyecto.
En realidad, esas diferencias expresaban la existencia de más de una interpretación sobre cuál era la tradición nacional.

Tradiciones en conflicto: ¿Es Mayo el punto de partida de la nación?

Desde 1892, Carlos Vega Belgrano se hizo cargo de la dirección de la *Revista Nacional,*[47] a la que imprimió una orientación iberoamericana afín al espíritu de
confraternidad que alentaba la conmemoración del IV Centenario del Descubrimiento.[48] La revista dio un lugar más amplio a la literatura nacional: poesías, relatos, leyendas, tradiciones, dramas y otras producciones consideradas importantes en la formación de la cultura nacional. Un número reunía, por ejemplo,
composiciones poéticas como "Elegía" y "Noche de Luna" de Calixto Oyuela,
fragmentos de "La vida y la muerte" de N. Reynal O'Connor, "Recuerdos literarios" de Martín García Merou, "Los Horneros" y "La Salamanca" de Rafael Obligado, "La flor del aire" de Joaquín V. González y el drama en tres actos de Martín

---

[46] La comisión era presidida por Bartolomé Mitre y era vicepresidente Aristóbulo del Valle;
reunió a Manuel Mansilla, Rodolfo Araujo Muñoz, Eduardo Ortiz Basualdo, Guillermo
Udaondo, Bernardo de Irigoyen, Roque Sáenz Peña, Vicente Fidel López, Ángel J. Carranza,
Julio Argentino Roca, Francisco P. Moreno, Luis Sáenz Peña, Juan Carballido, Leonardo Pe-
reyra, Mariano de Vedia, Leandro N. Alem, Adolfo P. Carranza, Mariano Demaría, Emilio Mitre, José Juan Biedma, Manuel Ricardo Trelles, Julio de Vedia, Enrique S. Quintana, Ceferino
Ramírez, Carlos Guido Spano, Eduardo O'Connor, Francisco Ramos Mejía, Benjamín Zorri-
lla, Mauricio Daract, Adolfo E. Dávila, Manuel J. García, E. Martínez de Hoz, Emilio Agrelo,
Mariano Pelliza, Eduardo Copmartín, Antonio Bermejo, Carlos Z. Castro, Adolfo Saldías, Luis
María Campos, José Ignacio Garmendia, Fermín Rodríguez y C. Chueco. ("Panteón Nacional", en: *La Prensa,* 18 de agosto de 1892.)

[47] A. P. Carranza dejó desde diciembre de 1891 la dirección de la *Revista* para concentrar su
actividad en el Museo Histórico Nacional. "Museo Histórico. Su nacionalización", en: *Revista
Nacional,* tomo XIV, 1891, p. 217.

[48] "Página Volante", en: *La Quincena,* tomo I, núms. 9 y 10, 1ª y 2ª quincenas de diciembre
de 1893, p. 187.

Coronado, "Salvador".[49] También cobró mayor importancia la publicación, en capítulos, de algunas crónicas provinciales y biografías de rehabilitación histórica como "El patriota santiagueño Borges", de Miguel Ángel Garmendia o el "Ensayo histórico sobre la provincia de Salta" de Manuel Solá,[50] a las que siguieron otras como el "Bosquejo histórico de la provincia de La Rioja" de Marcelino Reyes y la "Historia de la provincia de San Luis", de Juan W. Gez.[51]

Sin que la revista perdiera del todo el perfil anterior, ni desaparecieran los trabajos destinados al minucioso relevamiento del pasado patrio, cobraban mayor espacio trabajos más afines a la concepción que Joaquín V. González había propuesto en 1888 en *La tradición nacional*: una concepción de fuerte impronta romántica que entendía la poesía como expresión del alma de un pueblo y en la que mitos, leyendas y costumbres ancestrales daban la carnadura a la epopeya nacional, suprema manifestación de su heroico pasado. Labrada por las viejas generaciones en el incomparable escenario de los Andes, la gesta vertebradora de su historia actuaba a través de la fuerza cohesionante del mito, las leyendas y las hazañas, que alimentaban la imaginación y conmovían profundamente los sentimientos del pueblo niño. Así, la tradición nacional desprendía el calor del viejo fogón familiar y desde el pasado venía a rodear el presente con su encanto y benéfica tibieza.

De esta forma, diferentes ideas acerca del trabajo histórico –que oscilaban desde el relevamiento exhaustivo de los próceres y los hechos históricos a la operatividad de las leyendas y la fuerza cohesionante del mito– aparecían expresadas en las páginas de la revista, y a su vez se entrecruzaban con las diferentes opiniones sobre cuál era el pasado patrio. La tradición de la Revolución y la guerra de la Independencia, que tenía en Mayo el punto de partida, era confrontada por quienes remontaban el pasado patrio mucho más atrás. Algunos, como J. V. González, querían darle envergadura remontándose a los tiempos proteicos de América, cuando el pasado del hombre se perdía en la memoria y casi se confundía con la edad de las montañas y los dioses. Otros querían incorporar el pasado colonial, buscando allí la raza nacional, conformada e indiscutida.

En otras discusiones, nuevos intereses renovaron viejos temas. El estudio del papel de las instituciones españolas en América llevó a proyectar sobre los cabildos coloniales tanto la revaloración de España como cuestiones de la política con-

---

[49] Ibíd., tomo XVII, 1893.

[50] Ibíd., tomo XV, 1892.

[51] Carlos Olivera escribió la de Buenos Aires; Manuel del Río, Córdoba; Juan B. Terán, Tucumán; Julio Aguirre, Mendoza; P.B.S. Corrientes; Juan Gez, San Luis; Joaquín Carrillo, Jujuy; B. Olaechea y Alcorta, Santiago del Estero; Carmelo Valdés, La Rioja; Guillermo Correa, Catamarca; M. J. Oliva, Salta; Salvador Carbó, Entre Ríos, y Ramón Lassaga, Santa Fe; Jacobo Larraín, San Juan; Arturo Seelstrang, "Apuntes históricos sobre la Patagonia y la Tierra del Fuego".

temporánea. Se publicaron algunos artículos[52] donde se sostenía que los cabildos españoles en América sentaron una tradición de libertad que habría estado en la base de la democracia argentina, punto de vista que dio lugar a otros varios trabajos. También se procuró revisar etapas o personajes particularmente controvertidos; aparecieron algunos escritos sobre Rosas como "La dictadura de Rosas", de M.A.P. y "Rosas" de Ventura de la Vega, de quien poco más tarde, se ocuparían varios libros.[53]

En 1892, la aparición del libro de Manuel F. Mantilla *Los premios militares de la República Argentina* dio lugar a comentarios de escritores e historiadores conocidos, reveladores de estas disidencias.[54] En ellos se puede advertir la conciencia de que estas reconstrucciones del pasado patrio contribuían a formar la nación. Carlos Guido y Spano se dirigía a Mantilla: "Por tal empresa, llevada a cabo con tesón, talento y patriotismo, merecería Ud. también ser condecorado"; y Francisco Ramos Mejía agregaba:

El [libro] es un monumento levantado al valor argentino […] El día que salga […] en caracteres de cuerpo vistoso, con ilustraciones en cromos y rico papel, será su libro entre nosotros algo como la Pirámide de Mayo o la legendaria Torre de Santo Domingo, acribillada a balazos: una materialización de nuestras viejas glorias.[55]

Francisco Ramos Mejía había publicado en 1887 *El federalismo argentino*, donde sostenía que éste tenía su origen en la tradición institucional española. Sin embargo, polemizó con Mantilla acerca de las líneas de interpretación de la tradición nacional: ¿era Mayo el momento inicial de la Patria o ésta se había formado en la etapa colonial, en el regazo de la Madre Patria? En la carta a Mantilla decía también:

Tendrá Ud. que incluir en él la Medalla de Perdriel y la Medalla y Escudo de la Defensa de Buenos Aires contra el ejército inglés y suprimir las consideraciones en que funda Ud. su exclusiva. ¿Cómo, la patria argentina ha nacido recién el 25 de Mayo de 1810? ¿Recién entonces hay hechos y glorias argentinas? Permítame, mi querido amigo, que disienta absolutamente de su modo de pensar, que creo es un error fundamental.

---

[52] Véase, por ejemplo, Américo Palma, "La democracia argentina", en: *Revista Nacional*, tomo XV, 1892, p. 43.

[53] Ibíd., tomo XV, 1892.

[54] "Los premios militares de la República Argentina", ibíd., tomo XV, 1892, pp. 356 a 364.

[55] Carta de Francisco Ramos Mejía a Manuel F. Mantilla, 4 de mayo de 1892, Archivo General de la Nación.

Y agregaba luego:

> Para mí, la patria argentina nació, no le diré al poner los conquistadores su planta audaz en lo que hoy es la República Argentina, pero sí a los nueve meses de que las pusieran sus mujeres, es decir, desde que empezaron a nacer [...] ¿Cree Ud. que Saavedra y los Patricios y Arribeños son menos argentinos peleando contra los ingleses en las calles de Buenos Aires, que pidiendo la primera Junta aquel, y muriendo en Salta éstos? ¡Oh, no![56]

Sin embargo, Manuel Mantilla rechazó categóricamente esa idea: "ante el derecho público de las naciones y según nuestras instituciones fundamentales principió nuestra vida nacional el 25 de mayo de 1810, aunque los hombres y los hechos [...] trajeran su origen de muy atrás". Según él era indiscutible que la historia de la Argentina y sus hechos heroicos debían remontarse a Mayo. Si los primeros chiquillos nacidos aquí –y le recuerda que ya Aristóteles enseñó que el clima, el aire, las aguas modifican las condiciones morales e intelectuales de los hombres– no eran godos "ante los principios aceptados hoy por la sociología" eran godos y "muy godos ante las instituciones de España. Este hecho legal subsistió hasta el 25 de mayo de 1810. De esa fecha en adelante se reconoció este otro: Patria Argentina". Y por más que "de más lejos venga la formación de nuestra nacionalidad".[57] Lo que se había puesto en discusión era el punto de partida de la nueva nación.

Tradiciones en conflicto: los cabildos, los caudillos y el federalismo

El artículo de M. A. Garmendia "El patriota santiagueño Borges", publicado en 1894 en la *Revista Nacional*,[58] reflejaba el estado de la discusión sobre la "antigua y respetada institución" de los cabildos en América pues, en opinión de Garmendia, en el trabajo historiográfico esos organismos "no pueden pasar desapercibidos para todo el que se ocupe de historiar los sucesos que se desarrollaron en el comienzo de nuestra trabajosa elaboración institucional". Estaba de acuerdo con Vicente Fidel López en que la institución municipal que funcionó en América del Norte, creada "bajo un régimen francamente electoral y republicano", era diferente de los cabildos de las colonias hispanoamericanas, y que "mucho se ha exagerado la

---

[56] Ibíd., p. 358.

[57] Ibíd., p. 359.

[58] M. A. Garmendia, "El patriota santiagueño Borges", en: *Revista Nacional*, tomo XIX, 1894, pp. 337-386.

importancia de estos Cabildos y se han hecho elogios infundados respecto de nuestras municipalidades coloniales [...] Nuestros antiguos Cabildos tenían por título la ficción popular y eran incompatibles con el principio de un gobierno republicano".

Tras la discusión sobre los cabildos asomaba el tema de la rivalidad entre la raza latina y la raza sajona, confrontadas a través de su acervo cultural, del que las instituciones eran parte. Las instituciones coloniales estaban en el origen de las modernas y evolucionadas instituciones contemporáneas. Las costumbres e instituciones propias fundaban una nación grande, poderosa y capaz de confrontar con otros pueblos. Garmendia subrayó la importancia de revalorizar la institución hispana colonial en el origen del federalismo:

> queda por examinar otra faz importante del significado histórico de los Cabildos. Eminentes jurisconsultos e historiadores como el Dr. Vicente G. Quesada (*El Virreinato del Río de la Plata y la sociedad hispanoamericana bajo la dominación española*) han encontrado en ellos el origen del *self government* hispanoamericano y un antecedente de nuestro federalismo [...] Esa tradición legal de los ayuntamientos y gobiernos intendencias forman pues en el sentir de ese escritor, la filiación del autonomismo, el gobierno federal, y explican por qué no fue simpático el régimen unitario.

Esta interpretación de V. G. Quesada, que vinculaba a los cabildos con la autonomía local sofocada luego por el centralismo, avanzaba hacia una interpretación crítica de Rivadavia y el unitarismo. En su opinión, los cabildos habían sido suprimidos a imitación del moderno despotismo centralista de Francia.[59]

Garmendia recordó que "un distinguido literato argentino, el Dr. Joaquín V. González, después de estudiar la importancia histórica de nuestros cabildos coloniales" en su obra *La tradición nacional*, los consideró "un precioso legado de libertad comunal y como germen fecundo de la libertad política y de la emancipación del país". También Francisco Ramos Mejía, en *El federalismo argentino*, "sostenía que la idea del gobierno federal ha sido heredada de los españoles", resultando que los cabildos, fuente del federalismo y la libertad, habían sido cercenados por el centralismo unitario. La interpretación dibujaba no sólo el origen de las libertades y las formas federales en las instituciones hispanocoloniales; tam-

---

[59] La oposición al centralismo fue una crítica de carácter liberal y también fue bandera de otras corrientes, de un regionalismo conservador. Wolf Lepenies sostiene: "A Maurice Barrès y a Charles Maurras los unía [...] su admiración por Comte". Entre otras, por sus ideas federalistas: "la idea de regionalismo propagada por Maurras y por el lorenés Barrès, en lo cual les servían como autoridades no sólo Comte sino sociólogos católicos como Le Play y el marqués de La Tour du Pin". Véase Wolf Lepenies, *Las tres culturas. La sociología entre la literatura y la ciencia*, México, FCE, 1994; pp. 35-36.

bién dejaba sentado que aquéllas habían sido cercenadas por las reformas rivada-
vianas, que remitían con fuerza a la tradición revolucionaria de Mayo.

La cuestión del federalismo, valorado positivamente, fue traída al debate público porque se discutía en los ámbitos políticos de Francia y España y porque el
desarrollo de los estudios constitucionales en la Argentina despertó el interés por
explicar el carácter de las propias instituciones, en particular el carácter federal de
la República establecido por la Constitución Nacional de 1853.[60] Algunos se inclinaron a interpretarlo por semejanza con el federalismo de los Estados Unidos,
mientras que otros procuraron mostrar sus raíces locales, ya fueran remotas e his-
pánicas, ya vinculadas a las autonomías provinciales.

En cierto sentido se vinculó con la discusión sobre Rosas, los caudillos y la
política del unitarismo ilustrado. En 1898 aparecieron tres libros sobre estos temas:
La época de Rosas y la política argentina, de Ernesto Quesada; *Rosas. Ensayo histórico, psicológico*, de Lucio V. Mansilla, y *Las multitudes argentinas*, de José María
Ramos Mejía. A ellos debe agregarse el curso de conferencias dictadas en la Facultad de Filosofía y Letras por David Peña, que publicaría más tarde con el título
de *Juan Facundo Quiroga. Contribución al estudio de los caudillos argentinos*.

Sin embargo, esta discusión ya venía desarrollándose desde hacía tiempo en
las revistas. El libro de Ernesto Quesada se publicó por fragmentos entre 1893 y
1897 en La *Revista Nacional, El Tiempo* y *La Quincena*, en respuesta a los planteos de Adolfo Saldías en la *Historia de Rosas*. Su segunda edición, de 1892, había
suscitado una durísima crítica de Quesada, quien afirmó: "lo que es admitido en
el panfleto no es tolerado en la historia". Quesada reconocía en Saldías el gran
mérito de estudiar "la época de Rosas sin prevenciones partidistas y sin el odio
ciego de la emigración de entonces", pero disentía, entre otras cosas, en el juicio
sobre el general Pacheco, abuelo de su mujer. Saldías había tratado

> con saña singular, con una fiereza terrible a una de las figuras más puras, el general
> D. Ángel Pacheco, patriota siempre al servicio de la bandera nacional sin que ja-
> más, la pureza de su gloria militar se manchara con alianzas extranjeras para com-
> batir al gobierno de su patria.[61]

Quesada escribió un largo trabajo sobre el general Pacheco y las circunstancias en
las que se desenvolvió su vida. Formuló fuertes críticas a los historiadores detrac-
tores de Rosas y a los políticos unitarios contrarios a Dorrego, "quienes fueron el

---

[60] F. Ramos Mejía decía: "aún cuando nuestra constitución escrita es norteamericana, nuestra constitución orgánica y nuestro temperamento político es esencialmente español" (*El federalismo argentino*, Buenos Aires, La Cultura Argentina, 1915, p. 42).

[61] "¿Es el doctor Saldías un historiador? Criterio de la *Historia de Rosas* (La decapitación de
general Acha)", en: *Revista Nacional*, tomo XVIII, 1893, pp. 231-239.

punto de partida de nuestros males". Dos generaciones se han acostumbrado desde la caída de Rosas a considerar aquella época como la de una tiranía violatoria de las leyes divinas y humanas, criterio extremo que sólo puede "mistificar la opinión". Preciso es protestar contra esas exageraciones, es tiempo ya de emanciparnos de una tutela partidista que, "so color de la palabra 'tiranía' nos niega el derecho de ver con nuestros ojos y de juzgar con nuestro criterio". Según Quesada, la tiranía era un argumento falaz para referirse a Rosas porque

> aquel gobierno aparte de las formas aparentemente constitucionales que siempre observó, fue saludado en sus comienzos por toda la opinión sana del país, fue sostenido por el elemento conservador [...] con la esperanza de prosperar a la sombra de la paz.

Quesada, hábil polemista de gran erudición, invertía los valores de la historiografía que caracterizaba a Rosas como tirano, ya que éste habría impuesto un régimen fuerte porque llegó a un país desorganizado por los unitarios. Los elementos fundamentales del país estaban subvertidos, "el partido unitario, transformación del neo directorial de la época anterior, desconociendo la índole del país [...] gobernó la república como facción republicana e imbuido en las máximas liberalescas de los filósofos franceses de la época, todos los cuales eran centralistas (y por lo tanto unitarios)". Aquellos hombres, aunque merecieran el respeto de la Historia, fueron los causantes de todos los males, que retardaron la organización del país y dejaron funestos gérmenes. El derrocamiento del virtuoso Las Heras, la "aventura presidencial de Rivadavia", el motín contra Dorrego, fueron "el punto de partida de todos nuestros males".

Quesada denunció el operativo ideológico de los emigrados antirrosistas:

> Debemos al talento de los emigrados vueltos después de Caseros y a su incansable propaganda la identificación de federal con orillero, mazorquero, anarquista y la de unitario con decente, ilustrado, organizador [...] ¿Debemos ser meras proyecciones de los que nos preceden y aceptar como verdad histórica el eco de sus pasiones enconadas, para no ser blanco de sus estigmas?

Desarmó así la representación "unitaria" y montó otra representación revisada del pasado nacional cuyo eje se desplegaba desde la etapa hispanocolonial hacia el presente, a través de caudillos como Rosas, que restauraron el orden y volvieron los elementos perturbados a su cauce natural. Además, la oposición unitaria a Rosas "no puede pretender patente limpia. Aparte de su alianza inmoral con los enemigos extranjeros". Esta afirmación, que se refiere a la intervención de extranjeros en el Ejército Grande, será un punto fuerte de la cartilla nacional revisionista y de la nueva valoración de Rosas.

En 1894 se reanudó la discusión con la aparición del libro de Mariano Pelliza *La dictadura de Rosas*. A pesar "de todo lo que se ha escrito en un período de casi cincuenta años [...] las pasiones se agitan y los espíritus se conmueven".[62] En cambio, el libro de Ernesto Quesada *La época de Rosas* pretendía dulcificar los tintes sombríos de la dominación española en el Río de la Plata y presentar a Rosas como defensor de la integridad nacional, como "la encarnación del patriotismo de los próceres de Mayo". Al igual que su padre Vicente, Ernesto Quesada pretendía, con "demasiada sutileza", descubrir en la organización colonial el origen del sistema de gobierno federativo. En su opinión, estos autores dejaban sentada la idea de que la nacionalidad argentina, en lo esencial, se formó en la etapa colonial, y en consecuencia restaban importancia a la ruptura revolucionaria.[63]

También Rodolfo W. Carranza, en ese momento director de la *Revista Nacional*, opinó que el de Ernesto Quesada era "un libro valiente" porque mostraba a Rosas como el producto de una época, pero no coincidió con aquél en "encontrar la génesis de la federación argentina bajo el gobierno despótico de Felipe II, ni en la confederación de los reinos españoles, como lo afirma el Dr. Quesada". Tampoco, en "atribuir a Rosas un mérito que no tiene, el sostener que tendió siempre a organizar la patria fuerte y sólida". No le parecía posible "explicar la mazorca por la influencia del famoso plan de Moreno", ni bastaban "las ejecuciones de Cruz Alta y del Alto Perú [...] para calificar de terrorista a aquel gobierno". Además, la interpretación de la alianza del partido unitario con los franceses tendía a inducir la conclusión de que "fue un crimen, una traición a la patria". Finalmente, Carranza observó con agudeza que Quesada había usado para justificar las matanzas con que Rosas castigó la traición de los unitarios un argumento de actualidad, que respondía al muy tradicional de la razón de Estado:

> teniendo en cuenta que el patriotismo no es monopolio de un hombre ni de un partido [...] es necesario demostrar cuando se aplica, hasta la evidencia, que los actos de gobierno responden a los grandes intereses de la patria [...] pues el espíritu de la nacionalidad no debe arrastrarnos hasta sancionar la injusticia porque ella sea sustentada por los representantes de la nación".[64]

El curso de David Peña en la Facultad de Filosofía y Letras tuvo como propósito rehabilitar la figura de Juan Facundo Quiroga y desacreditar a Sarmiento. Procu-

---

[62] Moncayo Avellán, "Bibliografía. La dictadura de Rosas por Mariano Pelliza", en: *Revista Nacional*, tomo XIX, 1894, pp. 398-408.

[63] Luis de Vargas, "La época de Rosas de E. Quesada", ibíd., tomo XXVI, 1898, pp. 207, 378-383.

[64] Rodolfo W. Carranza, "La época de Rosas y la política argentina, de Ernesto Quesada", ibíd., tomo XXVI, pp. 378-383.

raba con ello desnudar la falaz –según D. Peña– imagen de Facundo y el falseamiento de la verdad histórica.[65]

Los jóvenes y las peregrinaciones patrióticas

La idea de que las gestas heroicas del pasado patrio habían dejado el escenario impregnado con su espíritu dio origen a un evento especial: las peregrinaciones patrióticas de los jóvenes estudiantes. La idea de peregrinar probablemente fue inspirada por cierto renacimiento de las peregrinaciones religiosas a Luján en 1893, organizadas ese año para "unir a la gran familia argentina".[66] En los años noventa, los estudiantes secundarios y universitarios protagonizaron numerosos eventos patrióticos, resultado en parte de la apelación patriótica a la juventud que desde 1892 acompañaba la convocatoria a las prácticas de la Guardia Nacional. Al llamárselos a las filas, se transfería a sus manos la bandera de los viejos héroes, y para eso necesitaban fortalecer su espíritu, respirar la atmósfera vitalizante de los lugares donde la patria había visto la luz, reverenciar a la generación que llevó a cabo la gesta heroica y embeberse con su ejemplo. Según se repetía con frecuencia, los pueblos –en especial a través de sus jóvenes– que honran a sus héroes se ponen a salvo de la degeneración y la decadencia.

Los universitarios participaron de las iniciativas patrióticas:[67] se movilizaron en Mendoza, en 1891, en defensa de las reliquias del Ejército de los Andes;[68] en Buenos Aires, en 1893, en contra del cercenamiento del Himno Nacional[69] y en

---

[65] Peña, David, *Juan Facundo Quiroga. Conferencias en la Facultad de Filosofía y Letras. Contribución al estudio de los caudillos argentinos* (1898), Buenos Aires, 1903.

[66] El sacerdote Federico Grote fue nombrado director general de la peregrinación, "Peregrinación a Luján", en: *La Prensa*, 24 de noviembre de 1893. En Luján, Luis V. Varela solicitó garantías al interventor nacional de la provincia de Buenos Aires, Lucio V. López, debido a que "espíritus anárquicos", denunció, perturbarían "las grandes manifestaciones de nuestro culto nacional", ibíd., 14 de noviembre de 1893.

[67] La Unión Universitaria formó parte de la comisión que acompañó desde Montevideo la repatriación de los restos de Martín Rodríguez, Félix Olazábal, Elías Galván y Juan José Quesada. ("Repatriación de los restos de Rodríguez, Galván, Olazábal y Quesada", en: *Revista Nacional*, tomo XII, 1891, pp. 152 a 160.)

[68] "Nuestras reliquias históricas y el pueblo de Mendoza", en: *La Prensa*, 14 de setiembre de 1891; "Reliquias históricas", en: *La Prensa*, 15 de setiembre de 1891; "Banderas y escudos en Mendoza", ibíd., 19 de setiembre de 1891.

[69] Los estudiantes "heridos en su patriotismo" [...] por la idea de solicitar "la mutilación del himno patrio" convocaron a una manifestación; "El Himno Nacional y los estudiantes de Derecho", en: *La Prensa*, 14 de julio de 1893. Congreso Nacional, Cámara de Diputados, *Diario de Sesiones*, 10 de julio de 1893, pp. 221 y 222.

las manifestaciones de confraternidad con los extranjeros. En 1893, los estudiantes de la Unión Universitaria de Buenos Aires y los de la Universidad de Córdoba organizaron una peregrinación patriótica a la provincia de Tucumán, para celebrar el 9 de Julio en la Casa Histórica de Tucumán, en el ámbito mismo donde se juró la Independencia. La opinión pública recibió con beneplácito la iniciativa, que contó con apoyo oficial –un subsidio del Congreso de la Nación para pagar los pasajes–[70] y también con el aplauso de la prensa, que la siguió paso a paso: "Que vayan esos jóvenes animosos y patriotas a visitar el teatro de nuestras glorias y a inspirarse en el recuerdo de la acción heroica de nuestros patricios y a rendir culto al patriotismo".[71]

En Buenos Aires fueron sorteados los estudiantes participantes; para el viaje, ocuparon cinco vagones de tren, de veintidós camas cada uno, a los que se agregaría uno más en Córdoba; cada coche tenía un estudiante-comisario, responsable de la organización. Los diarios publicaron la lista completa de los alumnos que viajaban y la de quienes hablarían en el acto en Tucumán. La comitiva partió el 7 de julio de la estación Once de Setiembre "en medio de un gran bullicio".[72] En Córdoba una comisión los recibió con honores. La comitiva, acompañada por una numerosa concurrencia, a pie y en coches, llegó hasta la Facultad de Medicina, donde los aguardaban el gobernador Pizarro y otros funcionarios. Allí se inició una Procesión Cívica, en la que desfilaron por las calles de la ciudad junto con los niños de las escuelas municipales, vestidos con los colores patrios. En la plaza General Paz se pronunciaron los discursos: hablaron el gobernador Pizarro y los estudiantes Gerardo Palacio Hardy y Tristán Avellaneda, y luego depositaron una corona al pie de la estatua del general Paz.[73]

En Tucumán, la organización estuvo a cargo de la Sociedad Sarmiento: sus miembros, con distintivos especiales, formaron el comité de recepción, que "en corporación", se encargó de recibir en la estación a los estudiantes peregrinos. Establecieron también una guardia de honor en la Casa Histórica, con dos miembros de la Sociedad colocados a la entrada del salón donde se declaró la Independencia. La misma Sociedad Sarmiento organizó, junto con la Unión Universitaria, el programa de la velada literaria, a realizarse el 10 de julio en el teatro Belgrano.[74]

La Sociedad Sarmiento era por entonces la institución cultural más activa e importante de la ciudad. A ella perteneció el escritor y estudioso Adán Quiroga, quien

---

[70] Congreso Nacional, Cámara de Diputados, *Diario de Sesiones*, 26 de junio de 1893, p. 180.

[71] *La Prensa,* 4 de julio de 1893.

[72] Ibíd., 6 de julio de 1893.

[73] "La llegada de los estudiantes", ibíd., 9 de julio de 1893.

[74] "Unión Universitaria. Peregrinación Patriótica a Tucumán", ibíd., 8 de julio de 1893.

residió en Tucumán entre 1894 y 1900, quien estuvo dedicado, entre otras cosas, al estudio del pasado aborigen, que procuró intuir en su singularidad cultural, con la idea de que "si los historiadores pueden poco, los poetas lo pueden todo".[75] Para Quiroga, había una íntima relación entre el hombre y su entorno natural, vínculo en el que se conformaban la espiritualidad y la cultura del pueblo, como ocurría con el hombre de montaña. Los lugares donde acontecimientos trascendentes habían tenido lugar conservaban una cierta energía espiritual, perceptible para quienes llegaran a ellos en actitud receptiva. Las mismas ideas sobre la consustanciación del hombre y la montaña grandiosa y milenaria están presentes en *La tradición nacional* y en *Mis montañas*, de Joaquín V. González. Ideas y opiniones semejantes, emparentadas con esta concepción cultural espiritualista, de raíz romántica, circulaban en el ambiente patriótico, conformaban el clima intelectual y alimentaban los esfuerzos de la Unión Universitaria y la Sociedad Sarmiento para crear en Tucumán un centro de peregrinación y de culto patriótico para los jóvenes argentinos.

La iniciativa de la peregrinación era también el resultado de una demanda de la hora: la exteriorización del patriotismo por los jóvenes estudiantes. Así, quienes serían convocados a la guerra eran llamados a reunirse en un sitio sagrado, en comunión, como promesa de fidelidad y entrega a la patria. El modelo de estos eventos era la célebre reunión fundacional de las organizaciones estudiantiles, gimnásticas y nacionales alemanas, realizada en 1817 al pie del castillo de Wartburg y celebrada en honor de la liberación de Alemania; en la ocasión –sostuvieron sus propagandistas– los cientos de estudiantes reunidos establecieron entre sí un fuerte vínculo espiritual.[76] Esta reunión se convirtió en el acontecimiento referencial por excelencia de la juventud patriótica en Europa y en un ritual que movimientos posteriores imitaron en muchos otros lugares.[77]

En Tucumán, la llegada de la Peregrinación fue un gran acontecimiento. "Gran entusiasmo –decía la crónica– reina para las fiestas de mañana. La ciudad, atestada de forasteros y de gran número de estudiantes", ya que la iniciativa de la Unión Universitaria había despertado el interés de otros estudiantes y el ejemplo había empezado a cundir. Pronto la ciudad se convirtió en lugar de exaltación patriótica y centro de reunión de los estudiantes provenientes de otras provincias. El 8 de julio por la noche ya habían arribado los de la Escuela Normal y del Colegio

---

[75] Citado por Sara P. de Bascary, "Adán Quiroga y la trascendencia de una colección perdida", en: *La Gaceta*, Tucumán, 27 de junio de 1976.

[76] Véase G. Mosse, *La nazionalizzazione delle masse*, Bolonia, Il Mulino, 1975, pp. 115-130.

[77] Noticias sobre las asociaciones gimnásticas de fines del siglo XIX y los jóvenes estudiantes viajeros se difundían en los periódicos, las revistas especializadas y también en los informes especiales: en 1882 se publicó *La instrucción pública*, de José Francisco López, y en 1894 el *Informe* de A. Guesalaga –citado por Lucas Ayarragaray en la Cámara de Diputados en 1896– sobre Alemania y Suiza.

Nacional de Santiago del Estero, anticipándose a los de la Unión Universitaria de Buenos Aires y Córdoba, y a los de Santa Fe, que se habían sumado. La Peregrinación tomaba el aspecto de una convocatoria nacional de estudiantes; desbordada la capacidad de alojamiento prevista, se anunció: "Se han habilitado los edificios públicos para alojar a la concurrencia".[78]

En términos generales, el sitio conmemorativo era la ciudad de Tucumán, pero el lugar propiamente histórico era la casa donde se había jurado la Independencia el 9 de julio de 1816. De la casa original, sin embargo, no quedaba prácticamente nada y en el solar donde aquélla se levantó se había construido posteriormente otro edificio; lo que restaba de la vieja casa era muy poco, había perdido su apariencia original y probablemente no era reconocible. Con el propósito de que la peregrinación pudiera culminar en un ámbito adecuado se decidió montar una escenografía, un telón representando la Casa Histórica: "La casa donde juróse la independencia revistióse de la primitiva fachada por medio de una hábil pintura", explicaba la crónica de los preparativos. En el interior de la casa, en el salón, fueron "colocados los retratos de los próceres que dieron independencia a la República", a los que se añadió también el del general Sarmiento, patrono de la Sociedad, mientras que en el patio se colocaron los escudos de las catorce provincias. La Sociedad Sarmiento había autorizado la inversión de 1.500 pesos en los trabajos de ornato de la Casa Histórica y en el embellecimiento de la primera y la segunda cuadras de la calle que ocupaba con arcos, gallardetes y banderas, "suma que ha principiado a recogerse por suscripción popular".[79] De esta manera quedó preparado el lugar para la realización de los homenajes.

Los estudiantes rindieron honores y colocaron una placa alusiva a la peregrinación en la sala donde se firmó el Acta de la Independencia; luego, depositaron una corona en la estatua del general Belgrano.[80] En la velada literaria del día 10 fue invitado a hablar, en honor de la peregrinación y en nombre de la Sociedad Sarmiento y la de San Vicente de Paul, el "notable orador tucumano" don Silvano Bores:

Consuela verlos llegar en horas tristes [...] en los destinos del pueblo argentino, buscando la cuna de la Nación [...] Consuela verlos llegar al Tucumán de la leyenda incásica para retemplarse y vivir dentro del esfuerzo y de la gloria; porque fue aquí, al pie de estas montañas siempre azules, bajo este cielo donde la luz ciega [...] el sitio predestinado para cambiar el rumbo del Continente Sur.[81]

---

[78] "Peregrinación Patriótica. Preparativos para la fiesta", en: *La Prensa*, 9 de julio de 1893.
[79] "Unión Universitaria. Peregrinación Patriótica a Tucumán", ibíd., 8 de julio de 1893.
[80] Ibíd., 7 de julio de 1893.
[81] Silvano Bores, *Peregrinación Patriótica*, discurso pronunciado por el señor S. B. el 10 de

En un escenario natural predestinado –explicaba Bores con prosa florida– la Patria, iniciada por Mayo y confirmada por la declaración de Julio, nació con promesas de libertad "para que los hombres de todas las razas vinieran a poblar sus territorios"; y agregaba un mensaje de confianza: "Podemos, pues, mirar el presente ingrato con la seguridad de mejores venideros tiempos. ¿Por qué desesperar? Aún viven los combatientes de Mayo[…]"

Después de aquellas exitosas jornadas, en las que patriotismo y juventud quedaron aunados, el 15 de julio los estudiantes partieron de regreso. La despedida de los peregrinos fue emotiva: "numeroso pueblo los acompañó a la estación, arrojándoles flores a su paso [las] distinguidas familias". La manifestación de despedida "revistió proporciones imponentes", al punto que algunos perdieron el tren por no poder llegar con su equipaje hasta los coches. La multitud que llenaba el vasto andén y alrededores "prorrumpió en aplausos atronadores cuando la banda de música tocó el himno nacional que fue cantado a coro por los estudiantes". Hubo discursos de despedida y aplausos al ponerse en marcha el tren; "fue una escena conmovedora". La crónica periodística resumió: los estudiantes "dejan en nuestra sociedad un grato recuerdo".[82]

En los años siguientes se repitieron las peregrinaciones patrióticas juveniles. En 1894 la Unión Universitaria agregó otra meta: una peregrinación patriótica hasta el sitio donde se libró la batalla de Salta; se proponían reactivar la construcción del monumento a la victoria de Salta ordenada por la Asamblea del año XIII. Estas peregrinaciones continuaron a lo largo de los noventa, y cada año el Congreso de la Nación votó los recursos para subsidiar los pasajes de los estudiantes de las universidades de Buenos Aires, Córdoba y Santa Fe. En 1895 volvieron a Tucumán; en 1896 la meta fue el campo de batalla y el convento de San Lorenzo; en 1897 la peregrinación tuvo como destino Yapeyú, donde se construía un monumento a San Martín.[83] Ese año se repatrió la espada del héroe y su recepción dio lugar a una ceremonia especial.[84]

En 1898, la Liga Patriótica –que, como se vio, desarrollaba ese año una campaña en pro del entrenamiento militar– propuso celebrar la fiesta central de la Inde-

---

julio de 1893 en honor de la 1ª Peregrinación Patriótica organizada por la Unión Universitaria. Publicación hecha por el gobierno de Tucumán con motivo del Centenario 9 de julio de 1916, Casa Histórica, Tucumán, 1916.

[82] *La Prensa*, 16 de julio de 1893.

[83] "Por José de San Martín. Monumento y templo en Yapeyú", ibíd., 22 de enero de 1897 y también 26 de enero, 6 y 21 de febrero de 1897; "Peregrinación Patriótica a Yapeyú", ibíd., 7 de junio de 1897.

[84] "La espada del general San Martín", ibíd., 26 de enero de 1897; también en *La Prensa*: "El sable de San Martín", 7 de febrero de 1897; "La espada del héroe", 26 de febrero de 1897; "La espada de San Martín. Llegada y recepción", 1º, 4 y 5 de marzo de 1897.

pendencia en Tucumán, contando con la concurrencia de los jóvenes patriotas. Se afirmaba la idea de hacer en ese lugar un centro de culto patriótico, aunque seguía faltando una referencia material adecuada al mismo. La Sociedad Literaria Sarmiento tenía en vista un proyecto importante: expropiar un terreno para construir una plazoleta semicircular que dejara en su centro a la Casa Histórica. Aquélla tendría así un emplazamiento digno, en un amplio espacio abierto con jardines; en el centro se construiría una especie de urna a fin de resguardar lo poco que quedaba de la casa, cuyo cuidado y custodia se confiaría a los veteranos de guerra. Se trataba de "conservar uno de los raros vestigios que van quedando de la época más grande de nuestra historia y destinada a ser el santuario donde el patriotismo de las jóvenes generaciones vayan buscando su inspiración y fortaleza".[85] Además de restaurar los escasos restos, se procuraría darles una perspectiva adecuada y abrir un escenario de gran tamaño, donde pudieran congregarse los contingentes de jóvenes peregrinos que acudirían en busca de fortaleza espiritual.

Con el mismo espíritu se dispuso también levantar un monumento recordatorio en otro lugar sagrado, en el sitio donde había nacido la Bandera: una forma monumental, presidiendo un gran espacio abierto que permitiera las grandes concentraciones propias de aquellas expresiones patrióticas de masas que reunían ejércitos, jóvenes peregrinos, gimnastas o escolares.[86] Una delegación de senadores viajó a Jujuy a recibir la Bandera de Belgrano y la trasladó a Rosario, donde se preparaban los festejos de colocación de la piedra fundamental del monumento. La comisión organizadora declaró:

> Tócale al pueblo de esta localidad recibirla ahora con el recogimiento más puro de su patriotismo, pasearla en triunfo, en procesión grandiosa hasta el sitio en donde se erigirá el monumento que le ha sido decretado, y hacerla saludar, por fin, con el estruendo de los cañones y el cántico del Himno Patrio.[87]

Para recibirla, se organizó una gran procesión cívica.[88] La Bandera fue custodiada por cien soldados de la Guardia Nacional y miembros de la Legislatura de la provincia de Jujuy; dos comisiones de representantes del Congreso Nacional y un carro alegórico la condujeron hasta su emplazamiento.[89] Se realizaron fiestas en todas las escuelas de Santa Fe y una peregrinación a la tumba de los héroes de la provincia.

---

[85] "La Casa del Congreso de 1816", en: *La Prensa*, 2 y 4 de abril de 1898.

[86] El sitio en las barrancas del Paraná donde Belgrano enarboló por primera vez la bandera nacional fue establecido por una comisión del municipio de Rosario.

[87] *La Prensa*, 8 de julio de 1898.

[88] Idem.

[89] "Monumento a la Bandera", en: *La Prensa*, 16 de junio de 1898.

También se concluyó el monumento a San Martín en Yapeyú, y se eligió para su inauguración el día 12 de octubre de 1899.[90] A la colocación de la piedra fundamental asistieron representantes del gobierno nacional y las Fuerzas Armadas.[91] Los festejos y la peregrinación patriótica fueron organizados por la Comisión de Homenaje presidida por José P. de Guerrico e integrada por Ricardo Lavalle y Adolfo P. Carranza; este último comunicó la inauguración a la nieta del general San Martín, doña Josefa Balcarce y San Martín de Gutiérrez de Estrada.[92] El gobierno nacional dispuso tributar honores a la memoria del general José de San Martín, mediante el izamiento de la Bandera nacional en todos los establecimientos nacionales públicos.

Las asociaciones patrióticas de la juventud

También los estudiantes de los colegios y escuelas fueron entusiastas participantes de muchas iniciativas patrióticas. Los alumnos del Colegio Nacional, la Escuela de Comercio y el Instituto Libre de Buenos Aires constituyeron la Asociación Patriótica de la Juventud, de destacado papel en las manifestaciones de confraternidad. Además, los jóvenes estudiantes formaron centros y asociaciones que tenían propósitos expresos de honrar y mantener viva la memoria de un prócer; generalmente estos centros se organizaban con fines más amplios, artísticos, literarios o musicales, bajo la advocación de una figura histórica. Aunque muchas veces estas asociaciones incluían gente mayor y el presidente honorario era una figura pública, los jóvenes fueron miembros más activos. El Centro Pro Sarmiento, el Centro José Mármol, el Centro Goyena, el Centro Nicolás Avellaneda y otras, se ocupaban de recordar los aniversarios del prócer inspirador, colocaban placas conmemorativas y realizaban homenajes públicos.[93] Las actividades cívico patrióticas de estas sociedades eran vistas con beneplácito, pues se advertía el interés de los adolescentes por participar en

---

[90] La iniciativa surgió del coronel Ernesto Rodríguez, quien organizó en Santo Tomé, asiento de la comandancia militar, una comisión, integrada por vecinos caracterizados. Era presidida por el coronel Rodríguez e integrada por el teniente coronel Adolfo Arana, presidente; Francisco Lascano, tesorero, y como vocales, Justino Grane, Claudio Márquez, Domingo Villanueva y otros.

[91] El Congreso Nacional votó una partida de 10 mil pesos y se realizó una suscripción pública, en la que contribuyeron "los soldados y clases de la división del alto Uruguay". También colaboraron la provincia de Corrientes y la Compañía Nacional de Vapores, que transportó gratuitamente los materiales.

[92] Rodolfo W. Carranza, "El monumento a San Martín en Yapeyú", en: *Revista Nacional*, tomo XXVIII, 1899, pp. 299-313.

[93] "Pro-Sarmiento", en: *La Prensa*, 25 de setiembre de 1893.

actividades vinculadas al pasado patrio. En los años noventa, estas asociaciones pro-
liferaron; a Joaquín V. González le llamó la atención "esa inclinación a constituir
sociedades [...] de nuestros gremios estudiantiles de la segunda enseñanza [...]
[que] ha asumido los caracteres de una regla general".[94]

Eran muchas las asociaciones de jóvenes estudiantes que tomaban parte en variadas actividades cívicas y patrióticas, sin duda estimulados por las manifestaciones públicas y también por la enseñanza de la historia.[95] La atención puesta en
esta materia en los colegios se advierte en la edición de manuales de enseñanza y
textos de divulgación. En esos años se publicó una literatura didáctica abundante:
manuales para los colegios secundarios[96] y primarios,[97] y también libros sobre

[94] Joaquín V. González, "Sociedades de adolescentes", en *Problemas escolares (1894-1899),*
O. C., vol. XIII, Buenos Aires, 1935, pp. 259-262.

[95] Véanse: Honorio Leguizamón, *Educación Patriótica* (conferencia en la Escuela Normal de
la Capital, 1893) y J. B. Zubiaur, *Educación Patriótica,* Buenos Aires, Imp. de la Penitenciaría,
1899.

[96] Algunos de los más importantes manuales para la enseñanza secundaria: José Manuel Estrada, *Lecciones sobre la historia de la República Argentina,* 1866-1868; Lucio V. López, *Lecciones
de historia argentina,* 1878; Clemente Fregeiro, *Compendio de historia argentina,* (vol. 1) 1876 y
(vol. 2) 1881 y *Lecciones de historia argentina,* 1886; Benigno T. Martínez, *Curso Elemental,*
1885; Vicente F. López, *Compendio de historia argentina,* 1889-1890, Vicente F. López, *La gran
semana de 1810,* 1889; Vicente F. López, *Crónica de la Revolución de Mayo,* 1896; Manuel
Mantilla, *Páginas históricas,* 1890; Pedro Isbert, *Apuntes de historia argentina,* 1894; Adolfo Carranza, *Resumen de la historia argentina,* 1894; Martín García Merou, *Historia de la República
Argentina,* 1899; Elvira y Ernestina López, Ana Mauthe y otros, *Lecciones de historia argentina*
(curso de 1899 de la Facultad de Filosofía y Letras, profesor Joaquín Castellanos y suplente,
David Peña), Buenos Aires, 1899.

[97] Además de los viejos manuales de Luis Domínguez y Juana Manso de Noronha, existían
cartillas o catecismos históricos entre los que se destacaba el de Juan María Gutiérrez, *La Historia Argentina enseñada a los niños por sencillas preguntas y respuestas, desde el descubrimiento hasta
la adopción de la Constitución Nacional, cuyo espíritu se explica en este compendio histórico,* 1873.
Otros eran S. Diez Mori, *Nociones de geografía y de historia argentina,* 1877; Santiago Estrada,
Catecismo de Historia argentina, 1880; Agustín Pressinger, *Lecciones de historia nacional,* 1880;
Ignacio Garzón, *Historia argentina. Lecciones extractadas de la obra de Luis Domínguez,* Córdo-
ba, 1882; Nicanor Larraín, *Compendio de Historia Argentina,* 1883; R. Cambom, *Breves nocio-
nes de historia argentina,* 1884; Benigno T. Martínez, *Nociones de historia argentina,* 1885; Cole-
gio Negrotto, *Apuntes de historia nacional,* 1889; Ciro Bayo, *Historia Argentina en verso,*
Tucumán, 1892; Mariano Pelliza, *Historia argentina al alcance de los niños,* 1892; Enrique Cusí,
Historia Argentina, 1894; José Tarrés y Marcos Goldstein, *Lecciones de historia argentina,* 1895;
F. Guerrini y C. L. Massa, *Nociones de historia argentina y general,* La Plata 1897; Rafael Fra-
gueiro, *Memorándum de historia argentina,* 1897; José María Aubin, *Curso de historia nacional,*
1897; Luis Farina, *Compendio de historia argentina,* 1898; Eugenio Marín y Mariano Errotabe-
rea, *Lecciones de historia nacional,* 1901.

efemérides, descripciones costumbristas, escenas y relatos patrióticos,[98] además de retratos de próceres.[99] Según Ernesto Quesada, esta "literatura de textos" se vendía bien –a diferencia de otros libros argentinos– debido a que tenía "un público forzado".[100]

Es probable que el entusiasmo de los jóvenes naciera en los mismos colegios, y los estimulara a asociarse para participar con cierto perfil propio en las actividades patrióticas. Esta participación activa y muchas veces autónoma de los jóvenes suscitó una severa crítica de Joaquín V. González:

> todo ese vigor [de esas asociaciones] se pierde en un lamentable desorden, porque nadie encauza, ni encamina tanta fuerza y tanta savia. Cuando ha llegado el momento de volverlas útiles, nada se consigue porque han echado raíces espontáneas, irregulares, dispersas [...] Se ha perdido el tiempo, el tiempo irreparable para las cosas del espíritu y de la civilización; se ha engendrado la lucha, la resistencia, la anarquía.[101]

Para González la proliferación de estas asociaciones proviene de la insatisfacción por no ver colmadas sus necesidades patrióticas en los colegios. No se trata del éxito de la acción escolar sino del fracaso:

> si todos los estudiantes de nuestros institutos sienten ese impulso de honrar por la asociación las memorias y los grandes nombres patrióticos es que en esos institutos no encuentran satisfecha esa necesidad de su espíritu.

[98] Victoriano Montes, director de la Escuela Normal de la Capital, publicó en 1893, *El pintor de batallas*. También era autor de *La tejedora de Ñanduty*, *El tambor de San Martín* y *El abanderado de Belgrano*.

[99] Algunos de estos libros complementarios, con anecdotarios, leyendas y láminas eran Mariano Pelliza, *Glorias argentinas*, 1884; Pedro Rivas, *Lecturas históricas según el orden de las principales efemérides argentinas para el uso diario de las escuelas*, Barcelona, 1884; José María Eizaguirre, *La Patria*, 1894; José M. Aubin, *Lecturas geográficas e históricas*, *Lecturas sobre historia nacional*, *Anecdotario argentino*, *Mármol y Bronce*, 1890-1900; Adolfo P. Carranza, *Los héroes de la Independencia*, 1893; Victoriano Montes, *El mapa histórico de la República Argentina*, 1890; Ángela Menéndez, *Historia argentina ilustrada*, 1902; Juan Ferreyra, *El hombre aborigen: historia de los aborígenes americanos y de los tiempos prehistóricos*, 1899; Pedro Rivas, *Efemérides americanas*, Barcelona, 1884; R. Monner Sans, *Efemérides argentinas*, 1893; Justo Sánchez, *Efemérides militares de la República Argentina*, 1906; M. Navarro Viola, *Fastos de la América española*, 1863.

[100] E. Quesada, "Las letras argentinas y la cuestión del dinero", en: *Revista Nacional*, tomo XIX, 1894, pp. 247 a 263.

[101] Joaquín V. González, "Sociedades de adolescentes", en: *Problemas escolares*, ob. cit., pp, 259-262.

Los colegios fracasan porque no orientan ni dirigen adecuadamente el interés de los jóvenes: "Si todos los argentinos [...] tenemos deberes permanentes de sacrificio y de combate, compréndese que las escuelas nacionales deben subordinarse a esos fines supremos desde sus primeros rudimentos". Los institutos no deberían meramente instruir sino educar el carácter nacional, canalizar las voluntades de los alumnos tras una única dirección nacional. El profesor debía conquistar las voluntades, "distribuir en la lección su personalidad", volcar en ella "el ideal de su corazón"; un mensaje emocional tal "que el alumno [...] al recordar la escuela sienta renacer en la mente las imágenes amadas de la patria y del maestro que en el culto lo educara". En cambio, la sociabilidad espontánea de los jóvenes que tiende "a perpetuar nombres históricos, agrupándose en torno, adoptándolos como bandera intelectual o como guía", no era una buena señal:

> Esos niños no encuentran en las aulas calor de hogar, no reconocen paternidad intelectual en sus maestros, ni superioridad directiva en sus actos externos, porque su deseo es constituir centros distintos, independientes del colegio y de los maestros.[102]

El fracaso de la escuela se debe a que "las lecciones de la cátedra son formuladas sin alma, expresiones sin sentimiento, parece que se cumpliera con un deber por la paga". En los años siguientes, otros prestigiosos intelectuales harán cargos semejantes a las instituciones escolares: les atribuirán haber fracasado en la formación de la conciencia nacional. Se demandaba, en realidad, que la institución escolar se hiciera eco de un único mensaje patriótico. Lo importante no era el conocimiento acabado del pasado, ni tampoco la ejercitación de un criterio propio, sino conmover los sentimientos del alumno, suscitar la adhesión a un pasado heroico adornado por mitos y leyendas.

La historia que debía enseñarse fue también un tema abierto a la discusión. "¿Cuál es la verdad histórica? ¿Estamos en presencia de una leyenda o de una historia?", se preguntaba Ernesto Quesada ante la aparición de un nuevo tomo de la *Historia de la República Argentina* de Vicente F. López, "tan llena de vida, tan palpitante que [...] a veces parece leerse una verdadera novela real y no una fría y mesurada historia".[103] Quesada criticó un trabajo histórico íntimamente emparentado con la leyenda, y renovó una polémica ya famosa entre Mitre y López sobre la forma de hacer historia. En López –decía– "la tradición oral es su fuente, no diré exclusiva, pero sí casi excluyente [...] Desde hace medio siglo ha

---

[102] Idem.

[103] Ernesto Quesada, "La Batalla de Ituzaingó", en: *Revista Nacional*, tomo XVIII, 1893, pp. 374-492.

estado escribiendo [...] nuestra historia por medio de la acumulación de materiales vivos [...] los propios recuerdos y la tradición piadosamente recogida". Tal trabajo no hubiera sido objetable "si en lugar de un historiador severo y de incontestable autoridad por su edad y su saber, se tratara de un escritor joven y entusiasta que viera los acontecimientos bajo su faz poética y se dejara llevar por un patriotismo exuberante y un lirismo caluroso". Esto era explicable en Joaquín V. González, un joven escritor "brillante", que "nos presenta en *La tradición nacional* nuestra historia patria vista con los ojos de la poesía, a la que repugna el análisis de la realidad y que tiende a idealizar [...] las acciones más sencillas"; pero, no se debe "confundir un dominio con otro". Reconocía el atractivo de "la teoría de Carlyle respecto de los héroes y de su culto", pero le parecía pernicioso en la enseñanza: aun con buena fe "se puede convertir involuntariamente la cátedra augusta de la historia en la hoja suelta del polemista de la plaza pública".[104]

Muchos otros cultores de la epopeya siguieron el camino trazado por Joaquín V. González. Se rescataron leyendas, particularmente en las historias locales y en las crónicas sobre algún héroe regional. "El patriota santiagueño Borges", de Miguel Ángel Garmendia, usaba en su relato fragmentos de *Recuerdos Históricos* y de *La tradición nacional* para explicar el efecto ennoblecedor del patriotismo sobre el pueblo:

> Aún más. Necesita ese pueblo, no sólo conservar la tradición de nuestra edad heroica sino también idealizar el pasado, cubrirlo de fantasías y de leyendas, iluminando con la luz de la poesía, a fin de que el sentimiento de la libertad nativa se perpetúe con sus vibraciones eternas en la sucesión del tiempo.[105]

En el campo del patriotismo, que todos creían importante, había concepciones muy distintas, tanto entre quienes hacían la historia como entre quienes la enseñaban, cuyas divergencias se revelaban en el momento de explicitar los fines. Estas diferencias no eran exclusivas de la sociedad argentina: expresaban un conflicto político e ideológico que afectó la vida cívico política de las naciones a fines del siglo XIX y se expresó en Francia en la polémica entre cosmopolitas y patriotas.[106] Emile Durkheim expuso estas diferencias en 1887, al explicar la contraposición de dos concepciones de patriotismo. La cuestión ha planteado

---

[104] Ibíd., p. 383.

[105] Miguel Ángel Garmendia, "El patriota santiagueño Borges", en: *Revista Nacional*, tomo XIX, 1894, pp. 205 a 225 (publicado a lo largo de varios números).

[106] Maurice Barrès aludió a ella en "La querelle des nationalistes et des cosmopolites", en: *Le Figaro*, 4 de julio de 1892, citado en Raoul Girardet, *Le nationalisme français. Anthologie 1871-1914*, París, Seuil, 1992, p. 8.

[uno de los] más graves conflictos morales que turban nuestra época [...] entre dos órdenes de sentimientos igualmente elevados: los que nos vinculan al ideal nacional y al estado que encarna este ideal y los que nos vinculan al ideal humano, al hombre en general, en una palabra, el conflicto entre el patriotismo y el cosmopolitismo.[107]

Durkheim encontraba la solución a este conflicto en "hacer que el ideal nacional se confunda con el ideal humano"; de esta manera, "los deberes cívicos no serán más que una forma particular de los deberes generales de la humanidad". Conclusiones semejantes sostuvieron quienes procuraban no dejarse arrastrar por el creciente belicismo como, por ejemplo, los educadores del CNE que rechazaron la disciplina y la instrucción militar en las escuelas o los diputados que rechazaron el proyecto de obligatoriedad del idioma nacional en el Congreso. Para ellos, el patriotismo implicaba la pertenencia a un orden político y jurídico, una acción cívica compatible con la libertad individual, la tolerancia y la coexistencia pacífica con otras naciones.

Tradiciones en conflicto: el fracaso del panteón nacional

El proyecto de construir un panteón nacional reapareció en 1894 y movilizó a los jóvenes estudiantes, convocados por un profesor del Colegio Nacional, quien "ha lanzado en sus clases la idea de levantar en el cementerio del norte" un panteón para "los próceres de nuestra independencia", idea que fue "acogida con entusiasmo por los estudiantes". La idea, se pensaba, contribuiría a consolidar la unión interior y a respaldar la imagen del Ejército Nacional al mismo tiempo que se tomaban medidas para extender y hacer efectivo el entrenamiento militar. La iniciativa cobró forma a través de una reorganizada comisión de "damas y caballeros" que se reunía en la casa de la señora Dolores Lavalle de Lavalle.[108]

El notable conjunto de personalidades que la integraban parecía anunciar muchas posibilidades de éxito, pero luego de varias reuniones de infructuosa discusión se decidió dejar las resoluciones principales en manos de una Comisión Ejecutiva, presidida por el general Roca e integrada por Mariano de Vedia, Adolfo P. Carranza, José J. Biedma y Ernesto Quesada, que llegó a un primer acuerdo acerca

---

[107] Emile Durkheim, *Lecciones de sociología* (Burdeos, 1887, registro taquigráfico de un curso), México, Ediciones Quintosol, 1985.

[108] "Panteón nacional", en: *La Nación*, 3 de julio de 1894.

de los próceres dignos de integrarse al panteón. Sin embargo, este acuerdo no les permitió avanzar más allá de 1825. Se determinó entonces construir un

> monumento especial que se denominará Panteón Histórico destinado a conservar en mausoleos propios los restos de los distinguidos servidores de la República durante el período de la guerra de la Independencia, es decir, desde 1810 hasta 1825.[109]

Para su realización se fundaría una "institución nacional, popular y permanente, de damas y caballeros". La institución gestionaría ante el Congreso Nacional y las legislaturas provinciales la declaración de "protección de los poderes públicos" y el panteón sería costeado por suscripción popular figurando en un libro de honor "los nombres de los contribuyentes". Se instituiría, "un jurado permanente" que determinaría "en cada caso sobre el mérito que acuerde derecho a un mausoleo en el Panteón Histórico". Quedó sin resolver la discusión sobre el carácter del monumento a levantar: panteón nacional, panteón histórico o panteón de la patria. La cuestión encerraba también el problema de quiénes lo integrarían y hasta qué momento de la historia los hombres públicos podían, sin disenso, ser calificados como próceres por sus servicios a la patria.

A pesar de los desacuerdos sobre el período posterior a 1825, la idea no se había abandonado y se continuó con la labor de reunir los restos de los próceres destinados al monumento.[110] Federico Tobar expresó su convicción en los efectos moralizantes y Belisario Roldán dijo, con prosa encendida:

> Las voluntades se unifican para darle vida y las pasiones se acallan para darle paso [...] todos los espíritus se confunden en una misma evocación, todas las conciencias se hermanan en un mismo fallo y todas las almas se abrazan en un mismo altar [...] el Panteón nacional, silencioso y simbólico será luz, inspiración, ejemplo, enseñanza, gloria y altar. A su alrededor nos congregaremos en las horas oscuras de la duda y como al niño el regazo de la madre, él nos infundirá valor, aliento y fe.[111]

---

[109] Idem.

[110] Repatriación de los restos de Nicolás Rodríguez Peña y José Manuel Estrada, *Registro Nacional*, decretos del Poder Ejecutivo Nacional, 1894, pp. 50, 218, 281 y 314; *La Nación*, 26 de febrero de 1894.

[111] El Centro Nicolás Avellaneda organizó una velada literario musical para recaudar fondos, en el Club Católico, el 30 de julio de 1894, donde habló Belisario Roldán, "El Club Católico", en: *La Nación*, 1º de agosto de 1894 y Federico Tobal, "El panteón nacional", en: *La Quincena*, tomo 2, núms. 3 y 4, octubre de 1894; pp. 76 a 80.

Sin embargo, las diferencias sobre lo que debía ser y representar el panteón nacional no se resolvían. *La Nación* opinó que aquello sería el "Panteón de la Independencia", el más glorioso de todos si se quiere, pero no sería "el Panteón Nacional". Este último hubiera llevado a incluir hechos y hombres más cercanos, sobre los que aún había fuertes disidencias. Un monumento así –se afirmaba– debía contar con un consenso mayor, que todavía no existía, y el panteón quedó, una vez más, postergado.[112]

¿Quiénes merecen monumentos? Los reconocimientos postergados

La postergación reorientó los esfuerzos a erigir monumentos a los próceres en las plazas y paseos públicos de la ciudad. Las iniciativas de este tipo que se discutieron y se pusieron en marcha en la ciudad de Buenos Aires durante los años noventa trasladaban al espacio urbano la frustrada realización del panteón nacional. Hubo algunos viejos proyectos, postergados, como los de Moreno y Rivadavia, y otros nuevos, surgidos al calor del entusiasmo patriótico y las necesidades de la hora, como la estatua a Falucho.[113]

En 1894 se recordó el viejo proyecto pendiente de la intendencia municipal, de "hará unos veinte años", de "levantar estatuas al Dr. Mariano Moreno y a Bernardino Rivadavia."[114] También se proyectó un monumento al ex intendente Alvear frente a la avenida General Alvear.[115] En cambio, la estatua a Sarmiento seguía sin realizarse; en 1894, una nueva ley la trasladó del lugar originalmente designado, en la plaza "situada entre Cerrito y Avenida Alvear", hacia las afueras en el Parque Tres de Febrero.[116] En 1895 se recibieron los bocetos del escultor

---

[112] *La Nación*, 1º de agosto de 1894.

[113] San Martín y Belgrano fueron los dos únicos héroes indiscutidos del panteón nacional, además ya consagrados por las dos obras más importantes de Bartolomé Mitre. Prácticamente todos los demás estuvieron en discusión.

[114] En aquella ocasión se formó una comisión integrada por Juan M. Gutiérrez, J. A. Argerich, E. Bunge, Felipe Llavallol, Manuel J. de Guerrico, Pantaleón Gómez y Félix Bernal. Véase "Moreno y Rivadavia", en: *La Nación*, 3 de julio de 1894.

[115] "Monumento a Alvear", en: *La Nación*, 20 de julio de 1894.

[116] La Ley núm. 3.075 del 2 de julio de 1894 autorizaba al PEN a entregar la suma correspondiente a la instauración de una estatua de Sarmiento y otra ley del mismo año (ley núm. 3.076, del 3 de junio de 1894) cambiaba el lugar de su emplazamiento, que trasladaba a Palermo, y derogaba lo establecido por una ley anterior (la núm. 2.540 del 17 de setiembre de 1889) que había designado un lugar en el centro de la ciudad.

Auguste Rodin y la estatua fue inaugurada cinco años más tarde.[117] Hasta enton-ces, las honras a Sarmiento se hacían en el Cementerio del Norte, aunque el mo-numento tampoco "estaba terminado aún".[118] No obstante, esto no era obstáculo para que en los aniversarios de su muerte, un público muy numeroso se diera cita ante su tumba.[119]

Desde 1894 el mayor interés lo concitó el mausoleo a Belgrano: "Bastó enun-ciar la idea para que la fibra patriótica vibrara con simpático estremecimiento [...] las cenizas de uno de los más preclaros fundadores de la nacionalidad ya-cían cuasi olvidadas bajo una pobre lápida".[120] Los alumnos del Colegio Nacio-nal y de la Escuela Nacional de Comercio fueron sus activos impulsores. El 9 de julio de 1895 convocaron una procesión cívica para rendir honores al pie de la estatua de Belgrano y cubrieron su tumba de flores, acorde con el clima de aprestos bélicos. La celebración tuvo como acontecimiento central la formación de la Guardia Nacional, con la que desfilaron los viejos soldados de la patria.[121] La suscripción popular de fondos, iniciada en 1895, involucró a mucha gente, aunada para homenajear al héroe.[122] A lo largo de 1896 se formaron comisiones en distintas parroquias de la ciudad y en las provincias y de esta manera en poco tiempo el mausoleo de Belgrano se convirtió en una empresa patriótica de alcance nacional. El magnífico mausoleo, acorde con la dignidad de un padre de la patria, se sustentaba en la ofrenda de todo un pueblo.[123]

Los nuevos héroes: Falucho

El panteón nacional debía contar también con el heroico soldado raso, ejemplo de las virtudes que la hora demandaba a las jóvenes generaciones. En el centena-rio del nacimiento de algunos generales, se buscó destacar su condición de "sol-dados de los ejércitos argentinos que lucharon por la emancipación de medio continente", y se los denominó "obreros de nuestra nacionalidad y de la inmar-

---

[117] *La Nación*, 28 de abril de 1895.

[118] "Honras a Sarmiento. El sexto aniversario de su muerte", en: *La Nación*, 11 de setiembre de 1894. Cfr. José Emilio Burucúa y otros, "Influencia de los tipos iconográficos de la Revolución Francesa en los países del Plata", en: *Imagen y recepción de la Revolución Francesa en la Argenti-na*, Buenos Aires, GEL, 1990, pp. 129-140.

[119] "En honor de Sarmiento", en: *La Nación*, 12 de setiembre de 1895.

[120] "La tumba de Belgrano", ibíd., 22 de junio de 1894.

[121] *La Prensa*, 7, 8, 9 y 10 de julio de 1895.

[122] Ibíd., 8, 15, 17, 22, 28 de agosto y 1, 4, 8 de setiembre de 1895.

[123] Ibíd., 9 y 20 de enero; 3 de febrero; 19 de junio y 18 de julio de 1896.

cesible gloria de la patria".[124] También fueron incorporándose a la memoria colectiva los soldados que lucharon en la guerra del Paraguay. En los años noventa, varias obras se dedicaron a esa gesta guerrera, algunas de difusión, como el *Álbum de la guerra del Paraguay*, una obra en fascículos para el gran público, "de patrióticos fines y que gana cada día más en favor del público".[125] Además, aparecieron otras más ambiciosas, referidas a la historia del Ejército y la Marina.[126] La inclusión de la guerra del Paraguay, cercana y conflictiva, en la memoria patriótica nacional contó con la labor de la Asociación de Guerreros del Paraguay, que organizó conmemoraciones de las batallas y reconocimientos a los guerreros, aunando en la misma celebración a "los veteranos del Paraguay" y a los militares y jefes en actividad.[127]

Sin embargo, en esos años de aprestos bélicos se carecía de un héroe que representara el valor del soldado común. Falucho, más que un héroe olvidado, como se lo llamó, fue un nuevo héroe consagrado para glorificar la lealtad sin límites del soldado raso a su bandera. Un viejo relato de Bartolomé Mitre pintaba con estas características al negro Falucho[128] y ya en 1889 se había anunciado el proyecto de levantarle un monumento y recordar "al soldado oscuro del Ejército de los Andes que prefirió la muerte a la ignominia en el motín del 4 de febrero de 1824". Lo había respaldado la *Revista Científica Militar*, pues se buscaba simbolizar en la figura de Falucho los heroicos "servicios de los soldados que han sucumbido, batallando por la independencia", y en 1892 el proyecto se lanzó con mayor impulso. En 1893 Rafael Obligado lo convirtió en tema de su

---

[124] "Pacheco-Escalada-Ramos, 1795-1895", en: *Revista Nacional*, tomo XX, 1895.

[125] El sumario de una de sus entregas incluye una detallada información sobre la guerra, según el anuncio en *La Prensa*, 15 de julio de 1893: "Episodio de Tuyuty: el estandarte del regimiento 3º de caballería de línea. Movimiento de flanco de los ejércitos aliados de Tuyuty a Tuyú-Cué (continuación). El teniente general don Juan Andrés Gelly y Obes (continuación). El general de división don Joaquín Viejobueno (continuación). El general D. Teófilo Ivanowski. El coronel don José Segundo Roca (continuación). Estado Mayor General del 2º Cuerpo de Ejército: capitán don José Ibarra. Noticia biográfica del brigadier general Wenceslao Paunero (continuación). Autobiografía del general don Emilio Mitre (continuación). Sumario de Grabados".

[126] En 1888, apareció *Los números de línea del ejército argentino* de Adolfo Saldías y en 1892 *Los premios militares de la República Argentina* de Manuel Mantilla. *Las campañas navales de la República Argentina* de Ángel J. Carranza fue publicado por entregas en la *Revista Nacional* antes de 1900, y editado como libro en 1914.

[127] *La Nación*, 14 de mayo de 1895.

[128] Aparece en un viejo relato de 1857 (en 1875 otra versión se publica en *La Nación*). Véase Bartolomé Mitre, "Episodios nacionales. Biografías. Estudios y rectificaciones históricas", *Obras Completas*, vol. XII, Buenos Aires, 1949.

poema "El negro Falucho".[129] Al año siguiente, el Congreso acordó recursos para la construcción del monumento, aprobados "sin observaciones luego de escuchar el informe del Sr. Ernesto Quesada sobre la heroica figura de Falucho".[130] En la fundamentación de los méritos de Falucho, Quesada definía al nuevo héroe según el perfil del soldado raso que, por entonces, se convocaba para defender a la patria.

Sin embargo, no hubo unanimidad; otros historiadores estuvieron en desacuerdo con convertir a Falucho en el símbolo del soldado raso. En opinión de Adolfo P. Carranza no estaba suficientemente clara la identidad de Falucho, pues podía atribuírsele aquella gesta por lo menos a dos soldados pardos. Creía adecuado recordar la contribución de los negros a la independencia patria, pero a través de un ejemplo más merecedor de la gratitud nacional, como aquél de los tres sargentos de Tambo Nuevo que en 1813 realizaron la proeza de atacar una guardia enemiga compuesta por fuerzas muy superiores. Aun en desacuerdo, reconocía en Falucho un símbolo del soldado raso: "Aplaudimos el pensamiento pero observaríamos que Falucho puede representar mejor a la masa, y en cambio un grupo de los tres valientes –Gómez, Zalazar y Albarracín– sería más sintético y hasta más bello como obra de arte".[131]

Tampoco Manuel F. Mantilla estaba de acuerdo con los méritos que se atribuían a Falucho, y junto con él, otros opinaron que era desmesurado erigirle un monumento. Mantilla sostuvo que si bien "un plausible sentimiento de patriotismo agita en estos momentos la idea de erigir un monumento a la memoria del soldado Falucho", sería mejor hacerlo a la memoria de todos los negros que lucharon por la independencia, pues se cometería una injusticia y

se levantarían de sus tumbas a disputarle prioridad de derecho los negros mártires de Vilcapugio, Ayohuma y Sipe Sipe, los que sucumbieron por la patria en el Cerrito, Chacabuco, Maypú, Talcahuano y Pasco; y más que ello el olvidado pero jamás igualado Antonio Videla […] alma de la victoria del Cerrito.[132]

Mantilla afirmaba: "Falucho vale poco en comparación a su raza" y el monumento era un homenaje a la infantería argentina, que había tenido una fundamental base en "esos valerosos negros". Un monumento erigido a todos tendría "un significado histórico y patriótico de más trascendencia y justicia", una reparación por el reco-

[129] "Rafael Obligado. Sus Nuevos Poemas", en: *La Prensa*, 15 de marzo de 1893.

[130] "Monumento a Falucho", en: *La Nación*, 6 de setiembre de 1894.

[131] "Falucho-Gómez", en: *Revista Nacional*, tomo X, 1889, p. 94-95.

[132] Manuel F. Mantilla, "Los negros argentinos. El monumento a Falucho", en ibíd., pp. 170-183.

nocimiento mientras que el dedicado a la figura de Falucho, el fiel soldado del Callao, concitaba la fuerza del mito.[133]

Finalmente, en mayo de 1897 fue inaugurado el monumento a Falucho. La estatua, realizada por el escultor argentino Lucio Correa Morales, también autor de la estatua del obispo Oro, estaba destinada a la plaza San Martín; luego fue reubicada en la plazoleta que actualmente lleva su nombre.[134]

Los héroes de la confraternidad: la Reconquista y Garibaldi

El movimiento constructor de estatuas y monumentos en la ciudad fue alimentado también con el aporte de otros héroes que en la década del noventa se pretendió sumar al panteón nacional. ¿Por qué no erigir en la ciudad –se preguntaron grupos vinculados a la colectividad española– un monumento conmemorativo de la gesta de la Reconquista de Buenos Aires? La idea era mejorar la imagen de España y los españoles, incluyendo aquella gesta en una memoria heroica común. En 1892, la celebración del IV Centenario no había aportado mucho en este sentido: en Buenos Aires, los festejos se habían centrado más en Colón que en el Descubrimiento, y los organizados por el Comitato Colombino desbordaron todo lo demás.[135] En 1893, el gobierno de Luis Sáenz Peña dispuso el embanderamiento de la ciudad para la celebración del 12 de Octubre[136] y le imprimió un carácter religioso-militar.[137] Los residentes españoles invitaron al comercio a cerrar

---

[133] Idem.

[134] Véanse "Monumento a Falucho", en: *La Nación*, 6 de setiembre de 1894, "La estatua de Falucho", en: *La Nación*, 13 de junio de 1896 y "La ceremonia de ayer", en: *La Prensa*, 16 de mayo de 1897.

[135] Casi a diario aparecieron noticias sobre los preparativos de los festejos en *La Nación, La Prensa* y otros diarios, entre marzo y octubre de 1892.

[136] "Teniendo presente la invitación del Gobierno de S. M. la Reina Regente de España, para que la República Argentina adhiera a la fiesta permanente establecida el 12 de octubre en conmemoración del descubrimiento de América; no habiendo aún resuelto el H. Congreso sobre dicha declaración y vista de la proximidad de este aniversario igualmente grato para todas las repúblicas americanas, el Presidente de la República decreta: art. 1º invítase a la población argentina y extranjera para que el día 12 de octubre enarbole las banderas de sus respectivas nacionalidades con arreglo a las disposiciones vigentes; 2º, en los edificios públicos, fortalezas y buques de la armada se enarbolará […] la bandera nacional. Luis Sáenz Peña, Valentín Virasoro." (*La Prensa*, 10 de octubre de 1893.)

[137] Se celebró una misa de campaña, con los cadetes del Colegio Militar y de la Escuela Naval, en Palermo, luego del desfile de las tropas. También se repitió en la provincia de Buenos Aires, con un desfile militar y una misa en San Ponciano celebrada por un capellán del Ejército. (*La Prensa*, 13 de octubre de 1893.)

sus puertas con motivo del aniversario del Descubrimiento,[138] y otras varias instituciones de españoles sumaron su apoyo.[139]

Desde 1894, los españoles se concentraron en la conmemoración de la Reconquista; ese año se celebró una ceremonia en el templo de San Ignacio. La Reconquista tenía varias ventajas: ofrecía un punto de acercamiento entre criollos y españoles y, al exaltar el valor de la gente de la tierra, tenía significado simbólico para el Ejército.[140] Entroncaba con la valoración positiva de lo español que había en algunas obras de historia, historia novelada o de leyenda: los combates de los cuerpos milicianos vizcaínos y arribeños, retoños de la raza hispánica en América, o las legendarias muertes de Liniers y Álzaga.[141] En "Don Martín y don Santiago", José Pillado valoró a "Don Martín de Álzaga, un honrado comerciante vizcaíno" que "acaudilló a los peninsulares residentes en su desacuerdo con los nativos", pero que también defendió el futuro suelo patrio con el cuerpo de artilleros que formó, "los tercios de gallegos, vizcaínos y catalanes que actuaron todos en defensa contra los ingleses".[142] En la Reconquista se había evidenciado "el temple y valor de la guardia ciudadana", que podía contrarrestar el empuje de las tropas aguerridas cuando se trataba de defender el suelo de la patria. Merecían el homenaje, pues, "los héroes de la defensa que fueron, quizás, el plantel con los que se trató, tres años más tarde de fundar la nacionalidad argentina".[143]

Este camino se afirmó desde 1895, con la Asociación Patriótica Española: creada para auxiliar a España en la cuestión de Cuba, se interesó por la imagen de los españoles residentes y su cohesión como grupo.[144] Si bien la mayoría de la

---

[138] "Figuraban entre las iniciadoras las de Manuel Durán y Hnos., Goyenechea Bilbao y Cía., Magnaquy Roques y Cía., Urrutia, Magdalena Canel y Cía., Larrechea Hnos., Olaso Castet y Cía., Jauregui, Peña y Cía., Severino Lalanne e Hijos, Juan Maupas y Cía.". ("12 de octubre", en: *La Prensa*, 12 de octubre de 1893.)

[139] "Por la Sociedad de Beneficencia, Cayetano Sánchez; por el Club Español, Conrado A. Lagos; por el Centro Catalán, Guillermo Cavaller; por la Cámara de Comercio, Ramón Sardá; por la Sociedad Española de Socorros Mutuos, Anselmo Villar; por el Laurak Bat, Juan B. Goñi; por el Montepío de Monserrat, Pedro Oliver; por el Centro Unión Obrera, Rafael Mascaró; por el Centro Gallego, José M. Cao." (*La Prensa*, 11 de octubre de 1893.)

[140] "5 de julio de 1807. La defensa de Buenos Aires", en: *La Nación*, 5 de julio de 1894.

[141] Jorge Ocampo, "Un torneo memorable" y "Los presagios de una noche de otoño", en: *Revista Nacional*, tomo XIV, p. 53 y tomo XVI, pp. 112-130.

[142] José Pillado, "Don Martín y don Santiago (noticias sobre la expedición contra Río Grande en 1808)", en: *Revista Nacional*, tomo XX, pp. 49 a 64.

[143] "5 de julio de 1807. La defensa de Buenos Aires", en: *La Nación*, 5 de julio de 1894.

[144] Véase Félix Ortiz y San Pelayo, *Boceto histórico de la Asociación Patriótica Española. Desde su fundación hasta la reunión del Congreso de Sociedades Españolas*, Buenos Aires, La Facultad, 1914.

opinión pública apoyaba la independencia de Cuba, también se empezaba a ver a España con los ojos de la solidaridad. Así lo hacían los residentes españoles y algunos grupos locales afines –próximos a la Asociación Española de Socorros Mutuos–, El Correo Español o la citada Asociación Patriótica Española. Entre ellos, y en el marco de la confraternidad, hubo particular interés en un acercamiento con los españoles. En el aniversario de la Reconquista, el 12 de agosto de 1896, se realizó un homenaje a los héroes de 1806 y 1807 que recuperaron la ciudad virreinal. Se suspendieron las clases y los estudiantes, junto con varias asociaciones de españoles, les rindieron honores en la iglesia de Santo Domingo, y se repartieron, además, medallas conmemorativas. En Flores, en las fiestas españolas del 16 de agosto de 1896, el padre Berro exhortó a contribuir a la confraternidad hispanoargentina.[145]

El día 12 de octubre fue establecido como fiesta permanente y los residentes españoles pidieron a sus connacionales que cerraran los comercios.[146] La organización de la conmemoración reunió a cuarenta sociedades extranjeras y argentinas y se invitó a embanderar la ciudad: una columna popular marcharía desde la Plaza de Mayo al Pabellón Argentino, donde se exponía la maqueta de la futura estatua a Colón.[147] Sin embargo, subsistía aún el obstáculo del Himno Nacional para que la confraternidad fuera plena.

En mayo de 1896, y ante la proximidad de las fiestas patrias, se inició entre los residentes españoles un nuevo movimiento para reformar el Himno. "Anúncianse [...] los sucesos desagradables que ya tuvimos que lamentar hace dos años [...] por las compañías de zarzuela española", pues los artistas españoles se negaban a pronunciar algunos versos que juzgaban ofensivos a su nacionalidad, o bien cambiaban su letra, suscitando protestas del público argentino. Si bien se recordaron los conflictos de 1893, las opiniones fueron muy diferentes. Ahora sí, se decía en 1896, había llegado la ocasión de solucionar los problemas con los residentes españoles, "respetados y queridos en toda la República como hermanos de raza y factores importantes de nuestra cultura nacional."[148] Había conversaciones entre los diputados; Mariano Demaría presentaría un proyecto para reglamentar la ejecución y canto en las representaciones y fiestas públicas y que "el Himno [...] de 1813 se conserve [...] para grandes ocasiones y altas solemnidades."[149] Demaría solicitó, no una modificación sino un cambio en su uso: "para evitar los abusos [...] [de los] conceptos que deben herir profundamente a

---

[145] *La Prensa*, 12, 13 y 16 de agosto de 1896.
[146] Se dictó un decreto ley. Véase *La Prensa*, 2 de octubre de 1895.
[147] Ibíd., 10, 11 y 12 de octubre de 1896.
[148] "El Himno Nacional y los residentes españoles", ibíd., 23 de mayo de 1896.
[149] *La Prensa*, 20 de mayo de 1896.

todos los hijos de esa nación que hasta hace poco tiempo fue también nuestra madre patria".[150]

Habría urgencia por resolver la cuestión, dada la proximidad de las fiestas de julio:

> para que no se tenga que lamentar incidentes desagradables como los que estamos destinados a presenciar año por año en todos los sitios en que asiste el pueblo y se ejecuta o canta el Himno Nacional.[151]

Sin embargo, tampoco en esta ocasión hubo solución. El Himno continuó como un motivo de conflicto en los días patrios, y parecía ser la emergente de una actitud popular de rechazo de los extranjeros, en este caso de los "gallegos". El jefe de Policía informaba: del Himno "se canta su letra en cualquier sitio y en cualquier momento como un derecho absoluto y sin restricción alguna", se producen conflictos cuando "un sentimiento exagerado de patriotismo llega hasta imponer la repetición de sus estrofas a los habitantes que se reputan agraviados con algunos de sus conceptos". De acuerdo con las noticias periodísticas, parecía usarse como elemento de provocación por grupos populares que interrumpían "las representaciones teatrales exigiendo que se cantara la canción nacional". El jefe de Policía creía necesario un decreto que fijara "el límite a que alcanza el derecho de ejecutar y cantar el Himno patrio, como asimismo las oportunidades en que ha de ser obligatoria su ejecución".[152]

La cuestión permaneció sin solución hasta 1898. Ese año, en un momento difícil, el presidente Roca estableció por decreto qué partes del Himno se cantarían públicamente. La colectividad española lo agradeció con una impresionante manifestación pública.[153] También la conmemoración de la Reconquista alcanzó en 1898 mayor relieve. Durante tres días fueron honrados los héroes de 1806 y 1807. Se solicitó al vecindario que embanderara sus casas; se celebró una misa cantada en el templo de Santo Domingo y fray Modesto Becco pronunció una "oración patriótica" ante las autoridades nacionales y municipales. El frente del templo y las calles Defensa y Reconquista fueron especialmente iluminadas; el atrio fue decorado por el célebre parquista Thays, concurrió la Banda de la Policía, hubo luego un solemne *Te Deum* y al final, el Cuerpo de Línea rindió honores.

---

[150] Congreso Nacional, Cámara de Diputados, *Diario de Sesiones*, 22 de junio de 1896, pp. 275 a 277.

[151] *La Prensa*, 23 de junio de 1896.

[152] Ibíd., 30 de mayo de 1896.

[153] Congreso Nacional, Cámara de Diputados, *Diario de Sesiones*, 22 de junio de 1896, pp. 275 a 277 y *La Prensa*, 30 de mayo de 1896.

Garibaldi y los límites de la confraternidad

Una antigua aspiración de la colectividad italiana, postergada desde 1882, era levantar una estatua a Garibaldi. La confraternidad ítaloargentina dio lugar a demostraciones de solidaridad con Italia y facilitó los acuerdos para la compra de naves y armas; en Liorna y Buenos Aires se festejó al mismo tiempo el bautismo de la nave "Garibaldi", construida en Génova para la Armada argentina. En esas circunstancias los residentes italianos creyeron llegado el momento adecuado para erigir la estatua. El 29 de mayo, el diputado Emilio Gouchón presentó un proyecto en Diputados,[154] donde dos días antes se había hecho una "demostración al pueblo y al gobierno italianos" en retribución a la manifestación de los italianos del día 24 de mayo, quienes –según uno de sus dirigentes– habían concurrido espontáneamente a llevar la adhesión al pueblo argentino en la persona de su gobernante.[155]

No obstante, el proyecto suscitó fuerte oposición, ya antes de su tratamiento. En junio, al votarse un subsidio para el mausoleo de Belgrano, el diputado Mansilla manifestó su molestia por la estatua de Mazzini, que desde 1872 se levantaba en la plaza Roma, "en las puertas de la ciudad"; sostuvo que el mausoleo de Belgrano debía corresponder por su dimensión y belleza a la importancia del creador de la Bandera. Encontraba una cierta ofensa en la importancia del emplazamiento de la estatua erigida a un extranjero así como en la calidad y belleza de la obra: "La estatua de Mazzini es la mejor obra de arte que se ostenta en la ciudad de Buenos Aires, como tributo de la posteridad a un hombre del pasado. Yo deseo que el monumento a Belgrano supere a la estatua de Mazzini". Esta desventaja se acentuaría con la estatua a Garibaldi, otro extranjero, cuando aún se carecía "de monumentos conmemorativos de nuestras grandes glorias, de nuestros ilustres patricios".[156] El proyecto hacía resurgir la cuestión de la hegemonía simbólica en los espacios públicos, que en los años finales de la década del ochenta se había puesto de manifiesto en torno a las fiestas patrias.

La proliferación de proyectos sobre monumentos y estatuas como otras actividades relacionadas con la construcción de la nacionalidad en los años noventa, ponía de manifiesto las disidencias políticas e ideológicas entre los grupos empeñados en el armado de la tradición nacional. Esos disensos, que habían obstaculizado la realización del panteón nacional, se trasladaron a la cuestión de quienes merecían una estatua y a los sitios de la ciudad en que se levantarían, de acuerdo

---

[154] Congreso Nacional, Cámara de Diputados, *Diario de Sesiones*, 29 de mayo de 1896, pp. 133-134.

[155] Ibíd., 27 de mayo de 1896, pp. 127-128.

[156] Ibíd., 8 de junio de 1896, pp. 188-192.

con la importancia relativa de los héroes y los méritos y deméritos que se les adjudicaban. A la discusión se sumaron los candidatos de los residentes extranjeros. Se discutió su merecimiento, y también si la ciudad era un espacio abierto, en el que cabía el reconocimiento a todos los hombres de mérito, cualquiera fuera su origen y nacionalidad, o si era un sitio reservado a los próceres del propio panteón: un recinto exclusivo de la nacionalidad, una ciudad "propia".

La cuestión de las prioridades según los méritos se planteó en julio de 1896, al discutirse el emplazamiento de las estatuas de Mariano Moreno, Guillermo Brown y Bernardino Rivadavia en las plazas Rodríguez Peña, Cristóbal Colón y Once de Setiembre, respectivamente. Se trataba de saldar una "deuda de la gratitud nacional";[157] los recursos eran escasos, pero una suscripción pública permitiría levantar las estatuas de "los que fundaron nuestra nacionalidad", lo que ayudaría a levantar el espíritu nacional.[158]

El diputado Manuel Mantilla recordó que había una vieja deuda con Moreno y Rivadavia, los dos hombres civiles más grandes de la patria, y que el proyecto que disponía erigir sus estatuas en la Plaza de Mayo estaba aprobado desde hacía mucho tiempo. Sin embargo, no creía que pudiera ponerse en el mismo nivel a Brown, una figura en ascenso –que había cobrado importancia con la organización de las fuerzas navales argentinas– y a otros nombres. Antes que Brown –decía Mantilla– están Alvear, Güemes, Arenales, Balcarce, Pueyrredón. Por otra parte, la más poderosa nave de la Armada había sido bautizada con el nombre de Brown y también un pueblo de la provincia de Buenos Aires (Adrogué), en cuya plaza principal se levantaba su estatua. Brown tenía méritos menores y además –cuestión que para Mantilla separaba las aguas– "¡Brown sirvió a Rosas!".

En opinión del diputado Astrada, correspondía el homenaje a Brown por sus méritos y porque "representa el poder naciente de la escuadra argentina". Era una figura que tenía importante valor simbólico en momentos de preparativos bélicos; el diputado O'Farrell agregó además otras características: pertenecía a la raza irlandesa y había luchado contra los ingleses por su independencia: él se sentía orgulloso de compartir con Brown la religión y el enemigo.

La discusión llevó a definir quiénes eran los próceres mayores del panteón nacional, llegándose a un cierto acuerdo sobre lo que Estrada llamó "el cuadrilátero argentino: San Martín, Belgrano, Rivadavia y Moreno". Se concedió esto para obtener la aprobación sobre Brown, punto en el que Mantilla no transigía. Se acordó finalmente que las estatuas de Moreno y Rivadavia se levantarían en la Plaza de Mayo y la de Brown en la plaza Cristóbal Colón. Como se sabe, las dos

---

[157] Fue presentado por E. Gouchon, M. G. Morel y Antonio Obligado. Congreso Nacional, Cámara de Diputados, *Diario de Sesiones*, 8 de julio de 1896, p. 320.

[158] Ibíd., 19 de agosto de 1896, pp. 611-622.

primeras nunca se levantaron allí, y Rivadavia recién en la década de 1930 tuvo su mausoleo en la Plaza Once de Setiembre .

Poco después, en julio y agosto, se discutió el proyecto de Gouchón para erigir un monumento a Garibaldi en la plaza Constitución, pero a pesar de la alabada confraternidad persistieron los obstáculos. La estrategia de los opositores combinó el rechazo, la dilación y la contraoferta para desplazarla del centro de la ciudad. Lucas Ayarragaray hizo una moción para que se tratara primero otro proyecto suyo que destinaba un sector del Parque Tres de Febrero, fuera del radio céntrico de la ciudad, para monumentos a los extranjeros ilustres. Ayarragaray pretendía evitar discusiones que pudieran "molestar las susceptibilidades muy respetables de residentes extranjeros", pero su contraproyecto generó nuevas discusiones, nuevas mociones, despachos en minoría en las comisiones y, en suma, dilaciones.[159]

Para solucionar el diferendo, el diputado Gilbert propuso aunar los dos proyectos y autorizar el monumento a Garibaldi en el lugar destinado a extranjeros ilustres del Parque Tres de Febrero. Gouchón se negó a aceptar esta calificación para Garibaldi, un hombre que había prestado "al país el concurso de su sangre y de sus sacrificios"; un aporte similar al que en ese momento se solicitaba de los residentes extranjeros.[160] Los proyectos volvieron a las comisiones, y otra vez se postergó su tratamiento. Debemos "salir de una vez de esta situación molesta", decía Gouchon, y resolver un "asunto que es viejísimo, hace quince años que se está tramitando".

Finalmente, se logró un acuerdo para autorizar el emplazamiento de la estatua de Garibaldi en el Parque Tres de Febrero; se rechazó, en cambio, la fijación de un lugar predeterminado y exclusivo para las estatuas de los extranjeros ilustres. El debate sobre el emplazamiento de las estatuas tenía como trasfondo una discusión más amplia sobre las políticas culturales y las formas de integración de los extranjeros. Una zona cerrada como la propuesta, en vez de contribuir a la asimilación de los extranjeros, crearía divisiones y fomentaría los antagonismos.[161] Sin embargo, la aprobación para erigir la estatua a Garibaldi sólo se logró cuando se convino en desplazarla de la plaza Constitución hacia un lugar más lejano. Si bien se la autorizó, quedó a salvo la idea de que el centro de la planta urbana, la ciudad poblada, estaba reservada para los próceres argentinos.

El diputado O'Farrell se felicitó de que las decisiones sobre los espacios públicos de la ciudad estuvieran en manos del Congreso Nacional —donde pesaba la

---

[159] Congreso Nacional, Cámara de Diputados, *Diario de Sesiones*, julio 16 de 1897, pp. 340-341.

[160] Ibíd., 19 de julio de 1897, p. 366.

[161] Ibíd., 13 de agosto de 1897, p. 511.

opinión de las provincias– y no del municipio de Buenos Aires, pues en ese caso
se llenarían "todas las plazas con las estatuas de los grandes hombres extranjeros":
las colectividades extranjeras se apresurarían a obtener permisos para colocar "en
nuestras principales plazas las estatuas de sus hombres ilustres, cubriendo los lugares que deberán ocupar, cuando llegue el día de la justicia histórica, las estatuas
de nuestros grandes hombres públicos". O'Farrell proponía mantener sin contaminación el área central de la ciudad, una zona preservada para los próceres nacionales; más allá, casi extramuros, habría otra donde concentrar a los restantes
hombres ilustres. Sobre esta idea, Gouchón preguntaba: "¿Qué significa esto de
destinar un paraje de nuestra ciudad expresamente para estatuas de extranjeros
[…] que hay que dividir la ciudad en parte sagrada y en parte profana?". Cada
parte del territorio del país era igualmente argentina y si estaba mal en una de
nuestras plazas estaba mal en los otros sitios. Era indigno decir a beneméritos de
la humanidad: "hay lugares donde no podéis entrar; hay lugares para nuestra familia y hay una especie de lazareto: ¡Tomad allí el sitio!".

El diputado Morel también rechazó esa idea: creía que delimitar un sitio en el
Parque Tres de Febrero para los grandes hombres extranjeros "desnaturaliza por
completo el concepto trascendental de una estatua. En vez de ser una conmemoración […] viene a ser un simple adorno, una pieza ornamental de jardín". Ninguno de los grandes hombres que participaron en la Independencia y que no fueron argentinos, como Bolívar, O'Higgins o Sucre, podrían tener su estatua allí.
"La misma estatua de Cristóbal Colón sería confinada entre las jaulas de las bes-
tias feroces y los establos de la sociedad rural de Palermo".[162]

El desplazamiento respondía, según Indalecio Gómez y Lucas Ayarragaray, a
la defensa de la nacionalidad. Para el diputado O'Farrell, en la solicitud había una
presión oportunista de los italianos. "¿O será acaso que esos grupos de la colectividad italiana […] cuentan que, viéndonos en la necesidad de mantener siempre
expedita esa corriente amistosa, nos sentiríamos obligados a guardar silencio y a
permitir la erección de esa estatua?".

Sobre Garibaldi, Indalecio Gómez consideraba una contradicción odiosa que

> los mismos que hemos reprimido los amagos revolucionarios por amor a la paz, en
> bien y por interés del país, eleváramos, por complacer a un grupo de extranjeros
> una estatua a aquel que receta para América el remedio de la revolución y de la
> guerra constante.

Gouchón replicó: parece "que el general Garibaldi hubiera estado presente en
Ringuelet, en el Rosario.."; si aquellos diputados se oponían como católicos pa-

---

[162] Ibíd., 18 de agosto de 1897, p. 539.

pistas y antiliberales, se oponían a "los principios que hemos inscripto en nuestra carta fundamental".[163]

Héroes propios y ajenos

La cuestión no era banal. Muchos de quienes habían intervenido el año anterior en el debate por la lengua nacional volvieron a hacerlo, con argumentos parecidos, en el caso de las estatuas. Indalecio Gómez fundamentó la importancia de las estatuas en los espacios públicos:

> no se puede desconocer la influencia docente de los monumentos públicos y de las estatuas [...] Las estatuas de los grandes hombres contribuyen a la formación moral y a la edificación de las generaciones venideras. Las estatuas de San Martín y de Belgrano no son tan sólo homenajes de la gratitud popular, sino lecciones de virtudes y modelos que el gobierno ha propuesto a la imitación de las sucesivas generaciones argentinas, a fin de que estimuladas por el ejemplo de aquellos grandes hombres, el carácter nacional se forma a su imagen y semejanza.

Gómez señaló que la estatua de Garibaldi no reflejaba la aspiración de todos los italianos: "Muchos italianos, muy distinguidos, muy vinculados a este país conozco yo que están absolutamente descontentos y confundidos con el proyecto". Sobre todo, Garibaldi no era un modelo digno para los jóvenes argentinos. "Yo no puedo consentir sin una enérgica protesta que se incoporen en el medio ambiente de mi patria elementos que bastardeen el espíritu nacional". Se trata de la misma idea de contraposición entre pureza y contaminación de lo nacional que había sostenido el año anterior en relación con el idioma nacional.[164] Lucas Ayarragaray, por su parte, afirmó en el mismo debate que el Congreso no podía dejar de proceder en estas cuestiones con "un alto concepto político", pues "afectan todo un orden de ideas y de sentimientos que tienen un lugar preferente en el corazón de las naciones" y más aún para la Argentina, tan lejos de haber llegado a un período de estabilidad.

> Estamos [...] en el momento en que más cuidado debemos dedicar al desarrollo de la índole nacional, por actos legislativos y de gobierno, por el carácter que se imprima a la instrucción primaria y por la misma conmemoración de los hombres y de los hechos que nos pertenecen [...] [En esta] situación histórica en que nos

---

[163] Ibíd., pp. 545 y 548.
[164] Ibíd., 13 de agosto de 1897, p. 532.

encontramos [no puede descuidarse] ningún hecho que sea educativo, ningún ejemplo, ningún impulso permanente […] porque todos estos […] refluyen y modelan, al fin, el alma de la multitud, dando a los pueblos el temperamento propio histórico y nacional a que todo pueblo debe aspirar porque es la única manera de formar una personalidad propia, una personalidad histórica, una personalidad única, que se destaca en medio de la familia de naciones.

Y agregaba: "cuando una estatua es exótica, es espuria", por eso exhortaba:

Tengamos una política, inculquemos en el país por medio de la instrucción, por medio de la enseñanza de la historia patria, por medio de los monumentos públicos […] un pensamiento, una conciencia y una voluntad nacional; en una palabra formemos el alma argentina.

Los italianos festejaron la aprobación del proyecto y manifestaron su agradecimiento al doctor Gouchón por su defensa de Garibaldi.[165] El 7 de noviembre de 1898, la colocación de la piedra fundamental del monumento –inaugurado en 1904– en la entrada del Parque Tres de Febrero, sobre la calle Santa Fe, reunió a 50 mil personas.

Sin embargo, el proyecto se había aprobado sólo después de convenir el desplazamiento de la estatua de Garibaldi a Palermo, y con la oposición de los diputados Astrada, Posse, Mantilla, Dávalos, Frías, M. Herrera, Marco M. Avellaneda, Lucas Ayarragaray, O'Farrell, Paunero, Indalecio Gómez y Cortés Funes. En este grupo se encontraban algunos diputados que habían apoyado en 1896 el proyecto de Indalecio Gómez sobre el idioma nacional, y también los políticos santafesinos impugnados por la UCR, los colonos y el Comité Político de Extranjeros en Santa Fe.[166] En ésta y en otras discusiones, este grupo se perfiló como defensor de una concepción cultural esencialista de la nación.

Esta idea defensiva y exclusivista de lo nacional se fue afirmando mientras retrocedía aquella otra, sustentada en el principio constitucional, que postulaba una nación abierta a todos los hombres de la tierra, sostenida hasta entonces con firme convicción. Contra estos principios comenzó a pensarse en el derecho a seleccionar y rechazar extranjeros, aunque tales ideas chocaran con "el espíritu de la Constitución Nacional". Sin embargo, la interpretación de la Constitución empezó a cambiar, de acuerdo con una fórmula reiterada que erosionó sus viejos principios: "la excesiva liberalidad de la Constitución Nacional había legado un problema", que las generaciones presentes debían resolver de acuerdo con las exigencias de la

---

[165] *La Prensa*, 14, 16, 18 y 30 de agosto y 2 y 14 de setiembre de 1897.

[166] Congreso Nacional, Cámara de Diputados, *Diario de Sesiones*, 18 de agosto de 1897, p. 551.

hora. Así, el proyecto de Ley de Expulsión de Extranjeros, presentado el 9 de junio de 1899 en la Cámara de Senadores, recurrió en su fundamentación a las palabras de Roque Sáenz Peña en el Congreso de Derecho Internacional Privado de Montevideo en 1888-1889. La ley daba forma a una idea largamente elaborada.

¿Por qué buscar ídolos prestados?

Con el decreto del presidente Roca de 1898, que reglamentaba la ejecución del Himno Nacional quitando las estrofas que los españoles consideraban ofensivas, parecían allanados los obstáculos para que aflorara con plenitud la confraternidad hispanoargentina. En los años siguientes las fiestas mayas tuvieron rasgos desusados debido a la participación de los españoles. En mayo de 1900 la colectividad organizó un agradecimiento público, marchó en columna a la Casa Rosada, hizo entrega de un álbum conmemorativo, y "todos los orfeones, bandas y masas corales de las sociedades españolas", unas quinientas voces, cantaron el "Himno Nacional y el Canto de la Confraternidad que habían encargado al joven poeta argentino D. Manuel López Weigel y al distinguido maestro, nuestro compañero y consocio D. Félix Ortiz y San Pelayo". Habían acordado invitar también a "las Juntas locales y sociedades españolas establecidas en el interior de la República encareciéndoles la conveniencia de iniciar iguales demostraciones".[167] Ese año, en la celebración del aniversario de Mayo, se escucharon vivas desusados y "los vítores más ardorosos saludaban a España y a nuestra República". Al año siguiente, la celebración del 25 de mayo de 1901 también fue caracterizada como una fiesta de "Españoles y Argentinos", unidos por "vínculos indisolubles: por la herencia, por la tradición y por la raza".[168] Una euforia pro hispana envolvió a la sociedad argentina. Ricardo Monner Sans explicó la significación del término confraternidad para los españoles: podrán confraternizar España con Francia, con Italia, con Portugal; podrán hacerlo dichas naciones con la Argentina, pero

> el afecto que hoy conmueve [...] no [es] fraternal cariño, sino algo más grande, algo más hondo y más trascendental aún, una franca reconciliación de familia [...] Muestra a una madre cariñosa [...] tendiendo [sus brazos] [...] para que a ellos se arroje [...] la hija predilecta de su corazón.

---

[167] Los directivos de la Asociación Patriótica Española concurrieron el 4 de abril de 1900 al despacho presidencial para expresarle el agradecimiento por la demostración en honor de España. Véase Asociación Patriótica Española, *Memoria, 1900-1901*, Buenos Aires, El Correo Español, 1901, pp. 8-10.

[168] *La Prensa*, 24 y 25 de mayo de 1900; y 25 de mayo de 1901.

Ni el argentino se sintió extraño en tierra española, "ni extranjeros se consideraron jamás los españoles en suelo argentino".[169] Esta confraternidad aparecía más íntima: se trataba de iguales, descendientes de un mismo tronco, de una común pertenencia a la raza.[170]

Desde hacía algunos años el movimiento de la confraternidad hispanoargentina había despertado el interés en la valoración de las figuras de Liniers y Álzaga. La *Revista Nacional* había publicado desde mediados de 1898 un estudio de Angel Justiniano Carranza sobre la ejecución de Liniers y sus compañeros. Aunque Carranza buscó presentar de forma no facciosa la figura de Liniers y el episodio trágico, su valoración alejaba toda duda y chocaba con aquellos intentos de reivindicación de los héroes de la Reconquista. Luego de una conmovedora reflexión sobre ese "héroe desgraciado", recordó que Buenos Aires aclamó a Liniers como un héroe, con amor y veneración. Éste, en cambio,

> Obcecado, no depuso su obstinación, encastillado en esa arrogancia desdeñosa que lanzó por encima de todos y de todo […] empeñado en sacrificar a los intereses de la monarquía al pueblo que lo admiraba, hasta que este lo sacrificó a los intereses de la revolución famosa, cuyos anales antes que vengarlo le reservan merecida censura o el olvido despiadado, como mayor condena […] y las [generaciones] que nos sucedan, palpando los fragmentos de su obra envenenada, exclamarán: ¡Liniers, rechazamos tu herencia![171]

Esta interpretación del pasado argentino afectaba la reivindicación de los héroes de la Reconquista. A fines de 1899, una Comisión del Monumento a la Reconquista y Defensa de Buenos Aires, presidida por Luis Caminos Caballos, se propuso erigirles un monumento para consagrar en la opinión aquellas figuras. Adolfo P. Carranza, fundador de la *Revista Nacional* y director del Museo Histórico Nacional, fue invitado a sumarse a la iniciativa.

Sin embargo, Adolfo P. Carranza rechazó indignado la invitación y la *Revista Nacional*, haciendo suyas sus palabras, afirmó que un grupo de ciudadanos con "un criterio histórico extraviado" había iniciado una suscripción para construir un monumento a la Reconquista "sin tener en cuenta que tal victoria no es propiamente argentina", que aún esperan la justicia póstuma los hombres de la Re-

---

[169] Ricardo Monner Sans, "Confraternidad", discurso pronunciado en la Academia Británica el 23 de mayo de 1900, en: *Revista Nacional*, tomo XXIX, junio de 1900, p. 474.

[170] Ricardo Monners Sans, discurso en el Centre Catalá el día 6 de octubre de 1900 en la fiesta celebrada en honor de los marinos de la fragata "Sarmiento".

[171] La última parte del estudio se publicó póstumamente. "La ejecución de Liniers y sus compañeros", en: *Revista Nacional*, tomo XXVIII, 1899, p. 167. También "Las invasiones inglesas al Río de la Plata por A. Gillespie", ibíd., tomo XXIII, 1896, p. 223.

volución de Mayo y que Liniers, al igual que Álzaga, había sido el enemigo más tenaz de los criollos.

No creía Carranza que existiera para los argentinos "ningún deber de glorificación" de los actores de la época colonial: "Es preciso recordar que los enemigos capitales de la revolución fueron Liniers y Álzaga" y reivindicar su memoria "sería renegar de la obra de los grandes hombres de mi patria, de Moreno, de Belgrano, de Pueyrredón, de Rivadavia". Rehabilitarlos le parecía "un atentado contra el sentimiento nacional" y cuando aún no se había erigido el monumento a la Independencia, ni las estatuas de esos próceres y permanecía abandonada y en ruinas la casa que fue santuario de aquélla en Tucumán, "creo que lo que nos corresponde, en su defecto es defendernos de las iniciativas, que se insinúan contra la soberanía, la gloria y la tradición nacional".[172]

La decisión sobre quiénes debían ser considerados héroes nacionales, dignos de ser incluidos en el panteón nacional era, en opinión de Carranza, una cuestión sumamente delicada. No podía quedar al arbitrio de cualquiera, persona o grupo, que se atribuyera a sí mismo la idea nacional. La "comisión de homenaje" de la Reconquista había invocado la "gratitud nacional" sin derecho, y el "nombre de la Nación", sobrepasando los límites de una acción particular.[173] No se trataba en este caso de expresar el reconocimiento de un sector de la ciudadanía, ni de honrar a un "benefactor de la humanidad", como se había fundamentado en el caso de Garibaldi. Lo que indignó a Carranza fue que pretendiera otorgársele carácter nacional, convirtiendo en fundadores de la nacionalidad a quienes habían sido los adversarios de la Revolución.

El historiador J. A. Pillado, que también rechazó aquella iniciativa, hizo notar que "en medio de las transformaciones que sufre Buenos Aires, envuelto en un cosmopolitismo que nos arrastra en alas del progreso, el convento de Santo Domingo con sus balas incrustadas en la torre, la casa de la virreyna vieja, el cuartel de Patricios [...] pueden sugestionar el ánimo"; y ese clima de antigüedad y tradición puede llevar a concluir que aquel "triunfo es argentino". Es necesario mantener las diferencias entre los que combatieron por lealtad a España y quienes lo hicieron por la independencia. Se preguntaba: ¿por qué iríamos con inusitado afán de tributar homenajes "a buscar imágenes prestadas, ídolos ajenos" cuando hay muchos conciudadanos a quienes debemos este tributo?[174]

Carranza convocó a la opinión pública a oponerse a que se le otorgara carácter nacional a ese monumento. Encontró eco entre un grupo de historiadores y profesores "de historia argentina", como algunos anotaron especificando junto a

---

[172] "Monumento a la Reconquista", en: *Revista Nacional*, tomo XXVIII, 1899; pp. 212-214.
[173] "A nuestros conciudadanos", ibíd., p. 270.
[174] J. A. Pillado, "Ídolos prestados", ibíd., pp. 358 a 360.

su nombre. "No es posible conceder –decían recordando el Himno– más de lo acordado o consentido hasta ahora sin falsear la historia o amenguar la dignidad nacional", nivelando a San Martín con Liniers.[175] Permitir esa indiferenciación llevaba a aceptar también el argumento de que Mayo fue un movimiento injusto.

Con el mismo argumento, A. P. Carranza protestó contra las afirmaciones hechas en el pergamino de agradecimiento que las sociedades españolas presentaron al presidente de la República, donde sostuvieron que los campeones de la independencia de América atacaron a España, la nación que las descubriera y civilizara "aun a riesgo de cometer una injusticia olvidando los beneficios recibidos". Con esas afirmaciones –creía Carranza– se tendía a desvalorizar la gesta de la independencia argentina y éste era un tema límite para la discusión histórica: "La independencia de las repúblicas americanas ya no se discute".[176]

La carta recibió el apoyo de un grupo de estudiantes de la Facultad de Derecho, en la "patriótica protesta por los párrafos injuriosos contra los prohombres de nuestra independencia".[177] Al agradecer la adhesión, Carranza dejaba claro que tomaba conciencia del embate pro hispánico: "Uds. vienen, cuando mi generación empieza a descender, y es a quienes les toca mantener la tradición de Mayo [...] contra la que se conspira, sin darse cuenta de que es la piedra angular de nuestra nacionalidad". Unos, historiadores, estudiantes, profesores de "historia argentina", se embarcaban en la defensa de Mayo y las bases de la nacionalidad argentina, que había nacido precisamente entonces, con la nueva nación. Otros, historiadores y hombres públicos, creían en cambio encontrar la clave para la afirmación de la nacionalidad y la nación en la exhibición de una lengua, una raza, una cultura nacional de indudable entidad. En un acto de la Asociación Patriótica Española, el 12 de octubre de 1900, Ernesto Quesada saludó en la gesta del Descubrimiento las virtudes de la raza española, "nuestra raza", y polemizó afanosamente con quienes sostenían la existencia de una lengua "argentina" en formación, afirmando que la lengua nacional no era otra que la lengua española.[178] Hacia 1900 estas diferentes formas de entender la tradición nacional y la historia patria pugnaban por imponerse.

---

[175] "A nuestros conciudadanos", ibíd., pp. 271 a 273.

[176] Adolfo P. Carranza, "Carta de protesta dirigida a *La Nación*", abril 24 de 1900, en: *Revista Nacional*, tomo XXX, mayo de 1900, pp. 415-416.

[177] Ibíd., p. 415.

[178] Véanse Ernesto Quesada, "Nuestra Raza", discurso en la Asociación Patriótica Española, el 12 de octubre de 1900, Buenos Aires, 1900 y "El problema de la lengua en la América española", en: *Revista Nacional*, tomo XXIX, 1900, pp. 58 a 64 y en varios números siguientes. Al respecto, véase también el capítulo VI.

Conclusión

La construcción de la nacionalidad en la Argentina estuvo condicionada simultáneamente por las circunstancias creadas por la sociedad local, las de una nación nueva y aún no completamente formada, y por las que originaba el proceso de formación y expansión de las naciones europeas, de las que provenía una parte de su población. El clima de rivalidad y fuerte competencia, propio de la política internacional, otorgaba otra dimensión a la relación de fuerzas políticas internas, insertándolas en un juego político más general que se dirimía entre las naciones. La centralidad de este problema también puede advertirse en relación con las actividades culturales y educativas que, colocadas en una zona de cruce entre el desenvolvimiento del proceso local y el internacional, se tiñen de una fuerte preocupación por la nacionalidad. Ésta se hizo evidente a fines de la década de 1880 cuando, en opinión de un sector de la elite dirigente, se configuró una situación potencialmente peligrosa para la nación.

Esta situación crítica fue el resultado de la confluencia de un conjunto de factores, entre ellos los perturbadores cambios sociales que se operaron a lo largo de la década de 1880. Muy pronto, el entusiasmo con que se celebraba el inicio de la largamente esperada transformación de la sociedad empezó a ser matizado con críticas, a veces muy duras, cuando se advirtieron algunas de sus consecuencias. Eran notas discordantes con el viejo sueño de los proyectistas, plasmado en la Constitución, de un país abierto "a todos los hombres de buena voluntad que quieran habitar el suelo argentino". Ponían en evidencia la aparición de algunas incertidumbres sobre el rumbo emprendido, y serias dudas sobre los rasgos con que se configuraría la sociedad en el futuro.

Uno de los fenómenos que más preocupó a la elite local fue advertir que, en esas circunstancias, algunas elites extranjeras intentaban constituir, a partir de los vastos y crecientes conjuntos inmigratorios, otras identidades nacionales, y descubrir al mismo tiempo la endeblez de los rasgos que conformaban la propia nacionalidad. La sensación perturbadora de disgregación social que acarreaba la rápida transformación de la sociedad apareció a sus ojos también como una disolución de lo nacional, sobre todo porque se observó en algunos grupos de las elites extranjeras la aparición de nuevas políticas culturales, destinadas a conservar los rasgos nacionales de origen como la lengua, la tradición o la historia, y a fomentar los lazos afectivos de adhesión a las viejas patrias, como parte del movimiento de afirmación de la nación que se desarrollaba por entonces en aquéllas.

Estas inquietudes se agravaron cuando se entrevió la relación que tenían con los nuevos rumbos expansionistas que asumía la política de las potencias europeas, y particularmente al advertirse la relevancia que la nacionalidad adquiría debido a su reconocimiento como principio legitimador de la existencia de las naciones. Desde este punto de vista, podía entenderse que los grandes conjuntos inmigratorios que se mantenían extranjeros, y en los que se procuraban conservar los rasgos culturales que –como la lengua– definían la nacionalidad, constituían otras naciones en germen dentro de la nación. Parecía confirmar esta idea la abrumadora tendencia de los extranjeros a no naturalizarse, que permitía conservar para los hijos nacidos en la Argentina la nacionalidad de sus padres: una cuestión sobre la cual la Argentina y varios de los países de emigración aplicaban criterios opuestos.

Esos hijos, reclamados como propios por las naciones de origen y educados en otros idiomas, desarrollaban adhesión a otras patrias y adquirían así conciencia de otra nacionalidad, mientras la propia, aquella a la que se pertenece por nacimiento, se diluía cada vez más a medida que las otras cobraban fuerza. La existencia de enclaves de otras nacionalidades podía respaldar las pretensiones de intervención de las potencias con el pretexto de defender los derechos de sus connacionales avasallados por los gobiernos locales. Al mismo tiempo, su existencia atentaba contra la unidad cultural propia de una verdadera nacionalidad, y el temor era, en consecuencia, que la República Argentina fuera vista como una *res nullius* y no como una verdadera nación.

Como respuesta a esta delicada situación, en los últimos años de la década de 1880 se tomaron algunas medidas que apuntaban a la construcción de la nacionalidad. Se afirmó internacionalmente el criterio de ciudadanía y de jurisdicción por el principio de la ley territorial, al que respaldaron los países sudamericanos en el Congreso de Derecho Internacional Privado reunido en Montevideo en 1888. Para consolidar la nación –sin por ello encerrarse o limitar la afluencia de inmigrantes, esencial para el proceso expansivo– se consideró fundamental contar con una verdadera nacionalidad que la fundamentara y legitimara, en los mismos términos en que la concebían los Estados europeos; en especial, debía responder al modelo de nación de las nuevas potencias, como Alemania, que surgía envuelta en el prestigio de su exitosa unificación y de su victoria sobre Francia.

Mientras el principio de la ley territorial aseguraba que fueran legalmente argentinos los hijos de los extranjeros nacidos en el país, se procuró que también lo fueran por la lengua, las costumbres, la historia y la adhesión manifiesta a la patria. Con todo ello se esperaba conformar una verdadera nacionalidad, y a la vez contrarrestar los intentos de formar en el país otras nacionalidades. Aglutinante ideal para una sociedad de orígenes tan diversos y en constante transformación, permitiría mantener las puertas abiertas a los nuevos inmigrantes y a la vez disipar los temores suscitados por los potenciales requerimientos externos: frente a ellos se podría esgrimir el argumento irrebatible de que el Estado jurídicamente organizado se fundamentaba en la posesión de una auténtica nacionalidad.

A la luz de los nuevos problemas, las celebraciones y fiestas de los grupos extranjeros, así como sus escuelas y periódicos, perdieron inocencia y suscitaron una atención especial, en particular las escuelas. En torno de ellas, entre fines de los ochenta y primeros años de los noventa se operó un notable cambio de concepción y de actitudes. En las dos décadas anteriores, las escuelas de las asociaciones de extranjeros residentes en el país habían complementado los avances todavía modestos de la escuela pública. Sin embargo, desde mediados de la década de 1880 la escuela empezó a ser considerada en relación con otros propósitos. Fueron las propias escuelas italianas las que pusieron de manifiesto, por primera vez, la función que la escuela podía cumplir en la formación de la nacionalidad, como lo advirtió con preocupación Sarmiento: algunos grupos de la dirigencia política y empresarial en Italia imaginaron –y así lo declararon– la constitución de una Gran Italia más allá del mar a partir de la importante "colonia" espontánea asentada en las márgenes del Río de la Plata, vertebrada por la tarea cultural que desarrollaban sus escuelas coloniales.

Esto puso en evidencia la importancia de la escuela pública argentina en la formación de la nacionalidad. Tan significativa como la ley que estableció la obligatoriedad de la enseñanza primaria (1884), resultó la vigorosa campaña que se emprendió desde 1886 para lograr "una educación que labre pacientemente el cimiento de nuestra nacionalidad". Este propósito se persiguió con nuevos planes, programas y libros con contenidos nacionales (1888), y en particular con un nuevo interés en la enseñanza de la lengua nacional y de la historia patria. Entre 1888 y 1889 se organizó el sistema de inspección de todas las escuelas, incluidas las particulares, que permitió el control en el campo educativo, aspecto que resultó decisivo para la realización de esta empresa nacional. Su inicio coincidió con un fuerte debate sobre el papel de las escuelas extranjeras en el país. La discusión, iniciada en la sociedad Unione e Benevolenza en abril de 1888, se extendió a la opinión pública en general. Diversos medios periodísticos coincidieron en reclamar que el gobierno asumiera la tarea de controlar que se cumpliera la orientación nacional de la enseñanza en todas las escuelas tal como lo disponía la Ley 1.420 de educación. Se procuró también estimular la adhesión patriótica de los niños mediante la cuidadosa celebración de las fiestas patrias en las escuelas y en los espacios públicos. Se impulsó con particular interés la revitalización de las celebraciones, procurando rodear a las conmemoraciones de solemnidad y entusiasmo patriótico. Eran parte de un movimiento más amplio de construcción de la tradición patria que se manifestó en una febril actividad constructora de estatuas y monumentos, en la creación de museos históricos, la definición de los símbolos patrios, en un intensa actividad en el estudio del pasado –desenvuelta a través de revistas especializadas, libros, folletos, conferencias– y en torno a un sinnúmero de homenajes a los prohombres de la patria, conmemoraciones de sus centenarios o solemnes funerales, repatriaciones de los restos ilustres y rescates de los héroes olvidados.

Hacia 1890 se inició una nueva etapa de conflictividad interna. La constitución de un frente opositor al gobierno, que culminó en la Revolución de 1890, abrió un ciclo de fuerte movilización política que se prolongó en los años siguientes, más allá del episodio de la Revolución. Además de las nuevas fuerzas políticas que constituyeron la Unión Cívica, en esta movilización emergió un significativo movimiento de los residentes extranjeros que procuraban obtener los derechos políticos sin optar por la nacionalidad argentina. Poco después, el nuevo Centro Político Extranjero, que había extendido su organización a muchas ciudades y pueblos del país, hacía oír sus reclamos por las dificultades económicas derivadas de la crisis económica de 1890 y cuestionaba la capacidad de conducción del gobierno nacional. Su protesta confluyó en algunos lugares con las de la Unión Cívica Radical y en 1893 su vinculación con la protesta armada de los colonos de Santa Fe aumentó la desconfianza que despertaban sus intenciones políticas. Estos sucesos terminaron de configurar entre 1890 y 1893 una delicada situación, que en opinión de un sector de los grupos dirigentes locales requería una decidida política de defensa de la nacionalidad.

En esos años, a medida que se desenvolvieron estos sucesos se puede advertir, dentro del vasto movimiento patriótico, la constitución de un polo de opinión que manifiesta, de manera activa, una concepción esencialista, excluyente y defensiva de la nación, cuya existencia se afirma más allá de las formalidades legales. Esta actitud emergió con cierta claridad en algunos episodios, como el debate en el Congreso Nacional sobre el diploma del diputado Urdapilleta o las discusiones acerca de la reforma de la Constitución de Santa Fe en 1890. Se manifestó en el ciclo de movilización abierto por la Revolución de 1890, cuando los extranjeros parecieron emerger desafiantes en la política, y también durante los sucesos de 1893, que generaron temores profundos. Esa actitud se expresó, finalmente, cuando en 1894 en el Congreso Nacional la preocupación por la defensa nacional, convertida en argumento, resultó eficaz para justificar exitosamente un cerrado y autoritario control de aquella situación provincial.

Éstas y otras opiniones eran reveladoras de la ruptura del consenso en torno de lo que había sido desde Caseros la concepción liberal y cosmopolita de la nación, expresada en la Constitución Nacional de 1853 y en leyes fundamentales como la de inmigración de 1876 y la de ciudadanía de 1869. Ellas armonizaban con la idea de nación entendida como un cuerpo político basado en el contrato, de incorporación voluntaria, que garantizaba amplias libertades a los extranjeros y ofrecía tolerancia para el desenvolvimiento de sus actividades, tanto económicas como culturales. Armonizaba también con la experiencia de la inmigración espontánea de pequeños grupos, vistos como los agentes de civilización que posibilitarían la transformación y prosperidad del país. La experiencia posterior a 1880 hizo surgir fuertes dudas acerca de la bondad de aquella legislación, que algunos políticos y hombres públicos comenzaron a calificar de "extremadamente" liberal.

A lo largo de la década de 1890 se hizo cada vez más evidente la consolidación de una concepción cultural esencialista de la nación y el vuelco hacia ella de algunos sectores de la elite dirigente estimulando rumbos de acción en ese sentido.

Se afirmó la existencia de una nacionalidad, de una raza concebida de forma ideal que sustentaba y legitimaba la nación a la que se quería dotada de un alma. A tal idea de nación correspondía una nacionalidad cuyos rasgos no serían el futuro producto de la mezcla —como otros creían— sino los ya prefijados y establecidos desde los inicios de la historia patria, como la constante expresión de ese ser único, una de cuyas más importantes manifestaciones era la existencia de un idioma propio. De aquí la importancia asignada a conservar y defender la pureza de sus rasgos y su exclusividad, rechazando la existencia de otras lenguas, manifestaciones de otras razas nacionales que no debían crecer en territorio argentino. "Hoy, señor, la escuela en nuestro país ha perdido ese carácter de misión civilizadora —decía Lucas Ayarragaray en 1896—. Hoy la escuela debe llenar una misión más alta; debe llenar una misión política [enseñar exclusivamente en idioma nacional] porque el carácter esencial de la nacionalidad es la lengua [...] es su alma". El idioma, rasgo y evidencia de la existencia de una raza nacional, debía ser a la vez factor decisivo de su creación, porque paradójicamente, esta raza, cuya existencia virtual se postulaba, debía sin embargo ser creada. Estas ideas estimularon ciertos rumbos de acción y de pensamiento; impulsaron medidas que —sin abandonar los principios y las políticas que se desprendían de la letra de la Constitución y que tenían consenso en la opinión política— suponían sin embargo la progresiva adopción de una concepción trascendente de la nación, que establecía con aquéllos una conflictiva coexistencia.

A lo largo de la década final del siglo XIX y en los años siguientes, estas distintas concepciones de la nación —la eminentemente política o contractualista y la cultural esencialista— coexistieron conflictivamente. Los rasgos de una y otra afloraron en varias discusiones sobre temas específicos: sobre la obligatoriedad de la lengua nacional en la educación, sobre la práctica de la gimnástica y la instrucción de tiro de los escolares, sobre las formas de entender el patriotismo y, especialmente, en torno a la legitimidad de las distintas tradiciones que hacia fines del siglo pugnaban por predominar en el armado de la tradición nacional.

Aquellas posturas iban madurando y definiéndose a través de estas discusiones, ganaban o perdían consenso en la opinión pública, sin que en lo inmediato se definiera con claridad el predominio de alguna de ellas. Sus adherentes no pertenecieron a campos políticos cerrados, sino que se recolectaron en todas partes, siguiendo una preocupación que cruzaba transversalmente la sociedad y los partidos o instituciones. En esos años especialmente, se puso en evidencia que las instituciones estatales no eran monolíticas, y que con frecuencia no se advertía en ellas el predominio definido de una posición. Las instituciones, como el Consejo Nacional de Educación, eran más bien un terreno en disputa, en el que además del funcionamiento vertical pesaban las opiniones o las convicciones de los actores, y donde podían influir las campañas de opinión. También se hizo evidente que la cuestión nacional alcanzaba a teñir casi todos los temas.

Por otra parte, estas discusiones no eran exclusivas del panorama político de la Argentina; en realidad remitían a una polémica contemporánea que se desarrollaba en otras naciones por esa misma época y cuyas ideas alimentaban la polémica local: en ella se enfrentaban quienes decían que debía prevalecer la lealtad a la nación con aquéllos que sostenían como superior el reconocimiento de los valores de la humanidad, orden general al que pertenecían las naciones y los hombres.

Aquellas diferencias, que aparecían con cierta nitidez cuando se referían a la política internacional, se opacaban al aplicarse a las cuestiones internas. Si bien en el terreno de las prácticas patrióticas, celebraciones y rituales, y en todas las formas de expresión de los sentimientos patrióticos, las diferencias parecían borrarse, uno y otro patriotismo diferían en los fines atribuidos a la patria-nación: los diferenciaban, por ejemplo, el espacio y la autonomía atribuidos a los derechos de los ciudadanos en relación a los atribuidos a la defensa del interés nacional.

El movimiento patriótico y nacional, por otra parte, desbordó las instituciones estatales y gubernamentales y fue asumido con fuerte interés por asociaciones e instituciones particulares, las más importantes y caracterizadas de la sociedad, y también por otras muchas, más modestas y hasta barriales. Las actividades desarrolladas por las primeras ensancharon el espectro de las decisiones patrióticas, incluyendo en él a grupos caracterizados, o de intereses específicos, como por ejemplo la Unión Industrial, el Club de Gimnasia y Esgrima de Buenos Aires o el Tiro Federal. La entusiasta participación de estas instituciones muestra la extensión del movimiento nacional patriótico, que teñía también la vida de las asociaciones de grupos medios y populares. La cuestión de la nacionalidad terminó por involucrar de una u otra manera a casi todos los sectores y posturas políticas.

Las diferentes formas de concebir la nación alimentaban también distintas ideas sobre cómo se debía constituir la sociedad y sobre qué rasgos definían la nacionalidad. La oposición entre aquellas distintas ideas se había puesto de manifiesto, por ejemplo, en la discusión sobre la existencia de una cultura nacional que en 1894 sostuvieron en el Ateneo de Buenos Aires Eduardo Schiaffino, Rafael Obligado y Calixto Oyuela; también en la discusión planteada entre Abeille y Ernesto Quesada entre 1899 y 1900 sobre el idioma nacional. De manera diferente, las argumentaciones se hacían cargo del carácter aluvional de la sociedad argentina y del intenso proceso migratorio, que indudablemente constituía un desafío muy fuerte para cualquier concepción de la nacionalidad. Por un lado, circulaba la idea de ésta concebida como el producto de la mezcla, del crisol de razas, cuya resultante futura incluiría rasgos provenientes de los diferentes pueblos y de las distintas culturas que la iban formando: se trataba de una singularidad aún no definida, una virtualidad que sólo con el tiempo y la convivencia cobraría su propia forma. Otros, como Rafael Obligado, creían que la nacionalidad residía en lo local, en lo criollo, en la transformación de lo español en contacto con lo indígena, formas locales a las que atribuía originalidad cultural. Por otro lado, circulaba la idea de una nacionalidad ya existente, establecida en el pasado, de rasgos definidos y permanentes: la de la raza española. Según esta concepción, lo local no era una verdadera raza sino una simple variante de la raza española. Este núcleo de nacionalidad podía absorber la variedad de aportes culturales de los grupos inmigratorios sin perder su esencia, pero esto requería una acción definida, una política: había que mantener puro su núcleo originario, neutralizando los contaminantes extranjeros.

En opinión de estos últimos, la vulnerabilidad de la Argentina derivaba de la heterogeneidad de su población, por lo que su nacionalización se convertía en paso ineludible para la afirmación de la nación, a la que concebían con un carácter esencial, que era –y debía ser– expresión de una singularidad cultural. La existencia de una lengua nacional, un arte nacional, una raza nacional, propia y una a la vez, se convirtió, en su opinión, en la evidencia de la nacionalidad y en la legitimación de la existencia de la nación argentina.

A mediados de la década de 1890, la política de la confraternidad con las colectividades extranjeras pareció a punto de cuestionar la vigencia de las concepciones de la nacionalidad basadas en la singularidad cultural. Como consecuencia de los conflictos limítrofes no resueltos con Chile, creció en esos años la posibilidad de que la Argentina sostuviera una guerra con ese país, que desde el punto de vista militar se presentaba como un oponente muy poderoso. En opinión de algunos sectores de los grupos dirigentes locales, particularmente alertas a las cuestiones internacionales, se consideró prioritaria la consolidación del frente interior y necesario asegurar la lealtad de los residentes extranjeros. La política de la confraternidad buscó el acercamiento con ellos y con sus elites, para recomponer algunos lazos afectados por los sucesos desarrollados entre 1890 y 1893, a fin de volcar el entusiasmo y las fuerzas de los extranjeros hacia la Argentina y asegurar el abandono de su neutralidad. Manifestaciones multitudinarias de solidaridad entre los pueblos, y la formación de legiones extranjeras que combatirían por la Argentina llegado el caso de una guerra, fueron los frutos visibles de aquella confraternidad. También dio lugar a ciertos reconocimientos simbólicos: el levantamiento de una estatua a Garibaldi, vieja y largamente postergada aspiración de los italianos residentes, cuya piedra fundamental se colocó en 1898. También en ese mismo año se dispuso la reglamentación del canto del Himno Nacional, silenciando las estrofas que resultaban insultantes para los residentes españoles. El éxito de la política de la confraternidad parecía confirmar las expectativas puestas en la idea de una construcción plural de la nación.

Sin embargo, la interpretación del significado de la confraternidad no fue unívoca. Muchos coincidieron en considerarla el reconocimiento de la Argentina al aporte de los inmigrantes extranjeros y fortaleció la idea del crisol de razas que corroboraba una larga convivencia y un notorio grado de integración. En muchos residentes alimentó la aspiración de un reconocimiento en la representación simbólica del aporte de los inmigrantes extranjeros a la conformación de la nacionalidad argentina. Pero en otros grupos fue interpretada sólo como la colaboración de grupos fraternos, de huéspedes agradecidos con el país que los había acogido y en el que habían prosperado; colaboradores muy próximos, hermanos, pero distintos. En esta última interpretación volvían a quedar fuera de la nacionalidad los aportes culturales no hispánicos, ya que la nacionalidad se quería fruto de la homogeneidad cultural, no contaminada por la diversidad de influencias. Precisamente allí, en la representación de la nación, en la definición de sus rasgos culturales, fue donde se pusieron de manifiesto los límites de la colaboración entre hermanos.

Por múltiples caminos, hacia el fin del siglo la formación de la nacionalidad se convirtió en un tema ineludible y la cuestión nacional fue asumida por casi todas las posiciones ideológicas y políticas. Dentro del espectro nacional jugaban posturas bien distintas, diferencias que a lo largo de la década de 1890 salieron a la luz en varias discusiones manifestando la existencia de un conflicto de concepciones, tanto para definir la nación y la sociedad nacional como para caracterizar los rasgos de la nacionalidad argentina.

Hacia el cambio del siglo, estaban muy claros los rasgos centrales de aquellas distintas concepciones y, particularmente, podían advertirse las ideas características de lo que más tarde, en la década de 1920, constituyó el repertorio tipificado como nacionalista. Las ideas y actitudes no sólo eran de las elites: estaban difundidas y eran compartidas por sectores más amplios de la población. Conformaban una sensibilidad patriótico-nacionalista extendida en la que, por entonces, pugnaban abiertamente por prevalecer y ganar consenso aquellas distintas concepciones de la nación.

Sin embargo, a lo largo de la primera década del siglo XX puede advertirse la progresiva consolidación de la concepción cultural de la nación y de la idea de una nacionalidad fundada en rasgos culturales propios, históricos e inequívocos. El año 1910 fue un momento consagratorio, por la euforia y el entusiasmo patriótico que envolvieron los festejos del Centenario de la Patria, a pesar de que, más que nunca, la fuerza de esta formulación ideológica contrastaba con la heterogeneidad poblacional y cultural de la sociedad argentina.

Este avance de la concepción cultural hacia el centro de la escena nacional fue resultado de las disputas políticas internas y también del respaldo que le ofreció el auge mundial de ese tipo de nacionalismo. La fuerte rivalidad entre las naciones potencias en el campo internacional durante los años previos a la Gran Guerra fortaleció a los nacionalistas más extremos y alimentó los patriotismos más belicosos, que se presentaban a sí mismos como los defensores de la nación frente a sus amenazas internas o ante sus potenciales agresores. Envueltos en el creciente entusiasmo bélico, los patriotismos moderados y los nacionalismos de integración y de respeto a la diversidad perdieron terreno frente a los nacionalismos que –alentados por las rivalidades nacionales– procuraban afirmarse en la diferencia. También en la Argentina influyó este movimiento. En la primera década del nuevo siglo, la concepción culturalista, en franco avance, fue expulsando poco a poco del campo nacional a toda otra postura nacional que fuera compatible con el universalismo, el cosmopolitismo, la diversidad cultural o la multietnicidad, o que simplemente aceptara la heterogeneidad cultural. Este desplazamiento se percibe en pequeños cambios: en el tono de algunas medidas gubernamentales y en la progresiva penetración de los términos y los contenidos de este nacionalismo en los discursos, inclusive en hombres que antes no se alineaban en esa posición. Las otras formas de patriotismo no desaparecieron; tampoco las posturas críticas. Pero fueron acallándose progresivamente y perdieron fuerza y convicción.

El Centenario ofreció el clima de sentimientos adecuado para que esta concepción nacional pasara a primer plano. Aunque todos los rasgos que la caracterizan estaban ya presentes y habían sido expuestos extensamente en intervenciones públicas durante los últimos años del siglo XIX, en la memoria esta concepción quedó identificada con ese momento y, con exclusión de las otras posturas, identificada con lo nacional. Pero esta identificación también se debió al trabajo de un conjunto de hombres, que la construyeron precisamente en ese momento. Era un conjunto de intelectuales y políticos, como Manuel Gálvez, Ricardo Rojas, José María Ramos Mejía y otros que alcanzaron cierto renombre hacia 1910, luego de haber recorrido un camino en la política o en la administración del Estado, donde habitualmente encontraban inserción los jóvenes de familias "decentes" de las provincias. Ubicados en lugares espectables del mundo social, profesional e intelectual, se declararon hacedores de lo nacional y se atribuyeron el papel de fundadores. Sostuvieron que nada se había hecho hasta entonces para formar la nacionalidad y negaron la validez de las otras posturas y todo el trabajo anterior. Como otras vanguardias, recurrieron a un discurso contundente, recriminaron a sus antecesores por su falta de carácter y eficacia y se encaramaron en la siempre atractiva demanda de una reforma moral de la sociedad. La heterogeneidad de ésta, que no dejaba de recibir grupos crecientes de nuevos inmigrantes, y su integración en continuo proceso, daban permanente excusa para un reclamo de nacionalización. Opusieron a la realidad social un modelo en que se acentuaba la unicidad de la cultura y del espíritu nacional. Esto es evidente en *La restauración nacionalista*, de Ricardo Rojas. Su denuncia de la falta de conciencia y la carencia de una educación nacional en la Argentina coincidió con la que en el mismo sentido hacía José María Ramos Mejía desde la presidencia del Consejo Nacional de Educación. Ambos se ubicaron como protagonistas e iniciadores del movimiento nacional. Pero tanto el libro de Rojas como las órdenes declamadas por Ramos Mejía convertían en tópico político lo que había sido un problema treinta años antes: las viejas cuestiones ya resueltas con las escuelas de los residentes extranjeros eran retomadas para construir el enemigo, componente necesario del nuevo discurso, mientras el Centenario era convertido en el momento de emergencia de lo nacional.

La concepción cultural esencialista de la nación –defensiva y excluyente– se convirtió por entonces en sinónimo de lo nacional y expulsó a las otras versiones hasta dejarlas, junto al cosmopolitismo, fuera de la nación. El empeño puesto por los hombres del Centenario en negar la obra de quienes los precedieron fue también el empeño en borrar otra idea de nación, otra concepción nacional que podía rivalizar con la propia. Aquella idea de nación era compatible con la heterogeneidad cultural y veía la diversidad idiomática como enriquecimiento cultural, valoraba la diferencia, la federación, la coexistencia de distintos –tal como Barroetaveña había sostenido en 1896 en el Congreso Nacional en la discusión sobre la obligatoriedad del idioma nacional en la enseñanza–. Posiblemente, el éxito de la concepción cultural esencialista de la nación se debió a algunas características de sus contenidos. Cuanto más heterogénea era la población por sus orígenes, cuanto más móviles las situaciones, cuanto más cambiantes las realidades y los componentes de la cultura local, cobraba mayor fuerza el modelo contrario basado en la homogeneidad, en la pureza y en la invariabilidad. Una unidad ideal brindaba un punto firme, una deseada estabilidad frente al cambiante mundo social.

Índice

Segunda parte: ¿Cuál nación?
[161]

El libro *Patriotas, cosmopolitas y nacionalistas,*
de Lilia Ana Bertoni,
fue compuesto en caracteres AGaramond,
en cuerpo 10,6:12,6 y corresponde
a la primera edición en español
que consta de una tirada de 1000 ejemplares.
Este ejemplar se terminó de imprimir y encuadernar
a partir del mes de junio de 2001
bajo la norma Acervo
en Fondo de Cultura Económica de Argentina S.A.,
El Salvador 5665, Buenos Aires, Argentina.
E-mail: fondo@fce.com.ar